屈萬里先生全集②

尚書集釋

屈萬里著

魚臺屈翼鵬先生，於民國六十八年二月十六日逝世，翌日治喪委員會成立，以　先生治學勤劬，撰述不懈，其未經刊行之遺著必不在少，因指定當日與會者　先生之門人負整理之責。治喪畢，承　屈夫人費海瑾女士之命，成立遺著整理小組。遺稿若干種，或稿已具而未及細校，或　先生平居治學之手記，或則門人承師命之所為，大率皆屬未定；然片玉鴻裁，信並傳世之作也。

經釐定為四書：曰讀易三種，曰尚書集釋，曰尚書異文彙錄，曰先秦文史資料考辨。分別由劉君兆祐、陳君瑞庚、黃君沛榮、李君偉泰、周君鳳五司董理之職；而事先商略條例，俾相與遵循，事後聚會討論，以集思廣益，間並蒙 夫人有所 垂諭，要皆以保全 先生之原文原意為依歸。整理既竣，悉由聯經出版事業公司梓行。今當書成，爰述始末如此，餘詳各書之後記。

屈萬里先生遺著整理小組謹識

凡例

校者按：「尚書集釋」原稿缺凡例，茲將「尚書釋義」凡例附於此；並請讀者參考本書概說末段，庶幾可知二書撰述體例之差異。

一、本書篇第，據孫星衍尚書今古文注疏。惟孫疏以綴輯之泰誓，列入正文；本書則剔出之，以入於附錄一之尚書逸文中。

一、本書附錄凡三：散見諸書中之尚書逸文，雖皆斷簡殘編；然就史料言，則具有重大之價值：茲以爲附錄一。百篇書序，出自孔壁。其釋尚書，雖間有未合；然究係先秦文獻：茲列之爲附錄二。僞古文尚書二十五篇，雖無史料價值；然傳誦既千有餘年，已成爲學人所應具有之常識：故以爲附錄之殿。

一、本書注釋義例，與拙著詩經釋義略同。注語不主一家之言，而以取於漢人、清人及近人者爲多。凡義訓之習見者，則不著其出處。凡取用諸家之說，但著其結論；非不得已，概不舉其論證之辭。讀者欲知其詳，可就所舉之出處檢閱原書。至於鄙說，則加按字以別之。

一、引用諸家注語，凡用原文者，則以引號（「」）括之。凡檃括其義者，曰「某某說」。凡本其義而有所引申者，曰「本某某說」。凡參用其義而小變之者，曰「參某某說」。惟以行文之便，亦未盡守上述之言：讀者諒之。

一、難字注音悉用國音字母，而以教育部所公布者爲準。惟入聲字則仍其本音而不改；凡國音字母間，有一圓點（・）者，皆入聲字也，又國音與習慣讀法，遇有懸殊過甚之字，則亦間有採用習慣讀法而未依國音處。

一、堯典等篇爲晚出之書，近今學人，雖多公認；然好古之士，或猶有以爲眞當時之書者。按：堯典等篇成書之時代雖遲，而吾國文化自古。由今日已發現之考古學材料驗之，吾國文化之古，蓋遠出好古之士所想像者之外。著者固愛吾國文化，而尤愛眞理；故凡晚出之書，皆推證其著成之約略時代，而不曲爲隱諱。

一、本書所用參考書，多承中央研究院歷史語言研究所友人設法轉借，心感無似。復蒙蔣穀孫先生以秘藏吳汝綸手批本尚書惠假，尤感雅誼。

一、尚書奧衍難究；本編雖已寫定，而注釋之不自安處尚多。繩愆糾繆，謹寄望於博雅君子。

引用書名省稱全稱對照表

省稱	全稱
于氏尚書新證	于省吾雙劍誃尚書新證
于氏新證	同　右
于氏詩經新證	于省吾雙劍誃詩經新證
王氏孔傳參正	王先謙尚書孔傳參正
王氏顧命考	王國維周書顧命考（見觀堂集林）
江氏集注音疏	江聲尚書集注音疏
朱氏古注便讀	朱駿聲尚書古注便讀
朱氏便讀	同　右
吳氏大義	吳闓生尚書大義
俞氏平議	俞樾羣經平議

段氏撰異	段玉裁古文尚書撰異
孫氏注疏	孫星衍尚書今古文注疏
孫疏	同　右
孫氏駢枝	孫詒讓尚書駢枝
孫氏證疑	孫喬年尚書古文證疑
許氏異義	許愼五經異義
曾氏正讀	曾運乾尚書正讀
楊氏覈詁	楊筠如尚書覈詁
蔡氏集傳	蔡沈書集傳
蔡傳	同　右
簡氏述疏	簡朝亮尚書集注述疏
簡氏集注述疏	同　右
釋文	陸德明經典釋文

概說

一、尚書之名義與編集

尚書爲我國今存最古之史書。孔子卽以此書爲教授生徒之課本。戰國晚年，已列爲六經之一。其後五經、七經、九經、以至於十三經中，皆有此書。故歷代皆以此書爲經，而不以史書目之。

惟此書先秦但名曰「書」，未有尚書之稱。鄭玄據書緯說，以爲尚書之名，始於孔子（見尚書僞孔序正義）；尚書正義已辨其非是。又或以爲其名始於墨子，實亦不然。墨子明鬼下云：

故尚書夏書，其次商周之書，語數鬼神之有也。

其所謂尚書者，意謂上古之書；乃泛稱而非專名。故不宜據此以爲尚書之名先秦已有之也。

史記儒林傳，屢稱書曰尚書。如云：「言尚書自濟南伏生」；「學者由是頗能言尚書」云云，例多無庸具舉。是知太史公時，尚書之名，已頗通行。按僞孔尚書序云：「濟南伏生，年過九十，失其本經，口以傳授，裁二十餘篇。以其上古之書，謂之尙書。」僞孔謂尙書之名，始於伏生；其說可信。蓋先秦既無此稱，至史遷時此名已頗流行，知其名當始於漢初。伏生於漢初始傳尙書；其說尙書之書，謂之尙書大傳。故尙書正義（見僞孔序）據僞孔說，謂「尙字乃伏生所加」。其說蓋無可疑也。

僞孔謂伏生「以其上古之書，謂之尙書」。說亦甚諦。按：尙，久也，古也；義見小爾雅廣詁、呂氏春秋古樂篇高注，及史記三代世表索隱引劉氏說。則尙書云者，意謂古代之書（書之義詳下文）耳。馬融以爲「上古有虞氏之書，故曰尙書。」（見僞孔序正義。又，劉熙釋名釋典藝亦有此說。）義猶近是。鄭玄謂：「尙者，上也。尊而重之，若天書然；故曰尙書。」王肅云：「上所言，史所書，故曰尙書。」（以上並見僞孔序正義。王氏之說，蓋畧本論衡須頌篇。）則皆迂曲之說，孔氏正義已辨其非矣。

按：春秋以前，書字用爲名詞而最習見者，厥爲公牘之義。書召誥：「周公乃朝用書命庶殷。」書爲誥命之公文。呂刑：「明啟刑書胥占。」刑書爲政府公佈之法典。詩出車：「豈不懷歸？畏此簡書！」簡書乃徵召服役之命令。皆謂公牘，而非書籍之泛稱。以書字爲書籍之泛稱，始見於昭公二年左傳。傳載韓宣子適魯，觀書於太史氏，見易象與魯春秋。易象與魯春秋，皆謂之書，知此時已有以書爲典籍之通稱者。論語記子路之言，曰：「何必讀書，然後爲學！」墨子天志上云：「今天下之士君子之書，不可勝載。」則春秋晚葉至戰國之時，以書爲典籍之通名者始漸多。尙書之主要部分，皆政府誥命之文；故此書字，當爲公文（或檔案）之義。則尙書者，意卽古代之公文也。此意錢玄同已先言之（見古史辨第一册「答顧頡剛先生書」）；高本漢譯此書名爲 The Book of Documents，是亦以爲公文書。惟二家皆語焉未詳，故復申論之。

尙書之編集，出於何人？今存先秦典籍中，未見記載。至史遷始以爲孔子所編。史記孔子世家云：

> （孔子）序書傳，上紀唐虞之際，下至秦繆，編次其事。

嗣後漢書亦承此說。藝文志云：

> 書之所起遠矣，至孔子纂焉。上斷於堯，下訖于秦，凡百篇；而爲之序，言其作意。

二書雖皆言孔子所編次，然均無孔子刪書之說。刪書之說，出於書緯，而鄭玄述之。尙書正義（見僞孔序）云：

> 鄭作書論，依尙書緯云：「孔子求書，得黃帝玄孫帝魁之書，迄於秦穆公，凡三千二百四十篇，斷遠取近，定可以爲世法者百二十篇，以百二篇爲尙書，十八篇爲中候。」以爲去三千一百二十篇。

按：史記孔子世家，有孔子刪詩之說，謂：「古者詩三千餘篇，及至孔子，去其重，取可施於禮義。……三百五篇。」書緯之言，蓋因史遷此語而臆爲之。刪詩之說，自毛詩正義以來，論之者多，咸以爲不足信。刪書之說，尤爲可疑。孔子嘗求夏殷之禮，而歎文獻之不足。安得既見三千餘篇之書，而僅留百餘篇哉？蓋緯書出哀平之際，知張霸尙書爲百兩篇，又爲十八篇之尙書中候作張本，故有此無稽之談耳。

孔子以詩書教人，則尚書一書，必有教本，當可斷言。此一教本之主要資料，蓋出於魯太史氏所保管之檔案。就伏生所傳尚書二十九篇驗之（顧命及康王之誥，以二篇計。），自堯典迄於金縢，除禹貢及盤庚外，其餘十篇之著成時代，殆皆在孔子以後（說詳各篇解題），此姑不論。自大誥以下十七篇，實皆王朝及侯國之重要公文。且關涉周公及魯國之事者，達十篇以上。此由十七篇資料之性質觀之，知其當出於魯國。昭公二年左傳云：「晉侯使韓宣子來聘，……觀書於太史氏，見易象與魯春秋。曰：『周禮盡在魯矣；吾乃今知周公之德與周之所以王也。』」是周室東遷而後，魯國所存與王朝有關之文獻獨豐。此就十七篇資料之來源觀之，自以取於魯太史所藏者爲便。然則，伏生所傳二十九篇之主要部分（大誥以下十七篇），蓋曾經孔子手也。

國語及左傳所載引述尚書之人，頗有在孔子以前者。按：二書所載此類資料，雖不乏假前人之口而引後出之文獻者；然亦未可一概而論。則尚書中若干篇章，在孔子以前，必有傳錄之本，而爲他國所誦習者。特傳錄篇章之多寡，固未必相同；且誦習之人，率爲官吏，故所傳不廣。孔子有教無類，生徒眾多，故其教本，流傳亦最廣。今傳之尚書二十九篇，雖有後人附益之文；而其主旨皆與儒家思想符合；則此本爲儒家所傳，蓋亦無可疑也。

古人無著作權之觀念，傳錄故書，往往有所增損。尚書中有孔子以後之文獻，事無足異。且孔子所編集者共若干篇，已無可考。至戰國晚年，遂有百篇之書（說詳下文）。此百篇書中，除伏生所傳者外，殆亦有孔子所傳而後世遺佚者。然其詳則難究矣。

自孔子開平民敎育之先河，於是民間知書之士遂多；戰國學術之燦爛，此蓋其主要原因。茲姑不論。惟爾時寫書之工具，厥爲竹帛。帛價昂貴，非一般民眾所能利用；簡冊笨重，收藏固易充棟，運輸亦易汗牛。故師生授受，往往口耳相傳。以是之故，則異文、錯簡、脫簡之事，自所常有。儒家已然，他家尤甚。觀乎墨子引甘誓（墨子以爲禹誓）及呂刑，文辭之繁簡既異，簡編之次序亦殊。故尚書之有異本，先秦已然；漢代今古文尚書之異同，亦緣此故也。

二、百篇尚書與書序

漢書藝文志謂尚書百篇，其說蓋本於書序。書序出自孔壁，其全文今已不見於漢人之記載；而僞孔傳具載之。茲據僞孔本書序，表列百篇之目如次：

一、堯典	二、舜典	三、汩作
四至一二、九共（九篇）	一三、槀飫	一四、大禹謨
一五、皐陶謨	一六、益稷	一七、禹貢
一八、甘誓	一九、五子之歌	二〇、胤征
二一、帝告	二二、釐沃	二三、湯征
二四、汝鳩	二五、汝方	二六、湯誓
二七、夏社	二八、疑至	二九、臣扈

三〇、典寶
三一、仲虺之誥
三二、湯誥
三三、明居
三四、伊訓
三五、肆命
三六、徂后
三七至三九、太甲（三篇）
四〇、咸有一德
四一、沃丁
四二至四五、咸乂（四篇）
四六、伊陟
四七、原命
四八、仲丁
四九、河亶甲
五〇、祖乙
五一至五三、盤庚（三篇）
五四至五六、說命（三篇）
五七、高宗肜日
五八、高宗之訓
五九、西伯戡黎
六〇、微子
六一至六三、泰誓（三篇）
六四、牧誓
六五、武成
六六、洪範
六七、分器
六八、旅獒
六九、旅巢命
七〇、金縢
七一、大誥
七二、微子之命
七三、歸禾
七四、嘉禾
七五、康誥
七六、酒誥
七七、梓材
七八、召誥
七九、洛誥
八〇、多士
八一、君牙
八二、無逸
八三、君奭
八四、蔡仲之命
八五、成王政
八六、將蒲姑
八七、多方
八八、立政
八九、周官
九〇、賄肅慎之命

九一、亳姑　九二、君陳　九三、顧命
九四、康王之誥　九五、畢命　九六、冏命
九七、呂刑　九八、文侯之命　九九、費誓
一〇〇、秦誓

右百篇之目，雖據僞孔之本；然漢代必已有之。蓋史遷述三代史事，依據書序者頗多。史遷曾從孔安國問故，可知其已見百篇之序。又：據尚書正義所載，鄭玄所傳百篇之序，其次第與僞孔不同；此尤僞孔本書序出於漢代之證也。鄭本書序次第，與僞孔本異者，孔氏正義（卷二）云：

> 其百篇次第，於序孔鄭不同。孔以湯誓在夏社前，於百篇爲第二十六；鄭以爲在臣扈後，第二十九。孔以咸有一德次太甲後，第四十；鄭以爲在湯誥後，第三十二。孔以蔡仲之命次君奭後，第八十三；鄭以爲在費誓前，第九十六。孔以周官在立政後，第八十八；鄭以爲在立政前，第八十六。孔以費誓在文侯之命後，第九十九；鄭以爲在呂刑前，第九十七。不同者，孔依壁內篇次及序爲文，鄭依賈氏所奏別錄爲次。孔未入學官，以此不同。

據此可知僞孔本百篇之目，與漢人所傳者同；特次第稍異。惟正義誤以僞孔爲眞孔，遂謂其篇次依於孔壁原本；此則未的。蓋賈氏世傳古文諸經，其父徽，受古文尚書於塗惲（見後漢書逵傳）；逵悉傳父業，然則賈氏所奏、鄭氏所傳者，實孔壁百篇之舊第，僞孔本則略事更易耳。

西漢初葉文獻，無關於百篇書序之記載。百篇書序之說，盛傳於東西漢之際。法言問神篇云：「昔之說書者序以百。」論衡正說篇謂今文家所傳尚書：「按百篇之序，闕遺者七十一篇。」又云：「至孔安國書出，方知有百篇之目。」據此可知百篇之序，當出於孔子壁中。漢人言孔壁出書事，但言經文較伏生傳本多十六篇，而未及書序者，蓋偶疏耳。

書序出於孔壁，孔壁之書，始傳於孔安國。司馬遷曾從安國問故，故史記多述書序之說。今驗之史記，其於伏書二十九篇（顧命及康王之誥爲二篇），或略引經文，或但言篇目，既全部述及。此外，復述及五子之歌、胤征、帝告、湯征、女鳩、女房、典寶、夏社、仲虺之誥、湯誥、咸有一德、明居、伊訓、肆命、徂后、太甲（三篇）、沃丁、咸乂、太戊、原命、泰誓、武成、分器、歸禾、嘉禾、微子之命、將蒲姑、周官、賄肅愼之命、畢命、冏命，凡三十一篇。此三十一篇，史記幾皆本書序爲說，僅辭有詳略、字有別體之異。其惟一不同者，書序於咸乂云：「作咸乂四篇。」史記殷本紀則作：「作咸艾，作太戊。」而百篇中無太戊之篇，「作太戊」三字有無譌誤，雖難遽定；即捨此不論，而以其餘三十篇核之，其本於書序，蓋絕無可疑。案百篇中有一篇分爲三篇者，有分爲四篇者，有分爲九篇者，且有數篇共一序者；如以一標題作一篇計，實爲八十一篇。而史記引述者已達五十九篇（太戊篇未計）；若謂史遷未見此百篇之序，理固難通；而究其來源，亦自以得之安國爲近理也。

孔壁之書，藏於秦漢之際，其字爲古文；則其書傳寫於始皇統一文字之前，當無可疑。既有百篇之序，必有百篇之書，則是百篇之書，定自先秦，亦無可疑。惟謂百篇之書定於孔子，百篇之序爲孔子所作，則皆未的。蓋序緣經文而作，經文既有孔子以後之篇（說見本書堯典等篇解題），則序文自不克早至春秋末葉，此理至明。然則百篇之序與百篇之書，蓋同定於戰國晚年；是否出於孔子裔孫，雖不能知；其爲儒家之書，則可斷言也。

三、今文尚書與古文尚書

經學在漢初，尚無今文、古文之說。自孔壁書出，益以河間獻王所傳、及民間山崖屋壁所得之經籍，皆爲先秦文字所書；漢時通行者爲隸書，遂謂先秦字體爲古文，謂隸書爲今文。故今古文之分，初誼甚簡。嗣因今古文經文既不盡同，傳經者說解亦異；復以劉歆欲立古文經於學官，與博士爭論甚烈，於是今古文兩派，遂儼如火水。而孔壁古文尚書，較伏生所傳之今文尚書，增多十六篇（分之則爲二十四篇），後世或信或疑，故問題尤多。大抵西漢經師所傳者，皆今文尚書；東漢立於學官者雖爲今文尚書，而私家傳古文尚書之風頗盛。鄭玄徧注羣經，且兼採今古文；故自漢末以後，今古文之事漸泯。然欲究尚書傳本，則今古文之源流，不可不略述之也。茲先言今文尚書：

秦始皇三十四年，採丞相李斯議，詔：「非博士官所職，天下敢有藏詩書百家語者，悉詣守尉雜燒之，有敢偶語詩書者，棄市。」自是至漢文帝以前，約三十餘年，雖偶有人稱說詩書（如婁敬）；然未聞以詩書教授生徒者。文帝時，濟南伏生始以尚書傳授於鄉里儒士，朝廷復遣鼂錯受業於伏生，尚書之學，自是復傳。史記儒林傳云：

伏生者，濟南人也。故爲秦博士。孝文帝時，欲求能治尚書者，天下無有；乃聞伏生能治，欲召之。是時伏生年九十餘，老，不能行；於是乃詔太常、使掌故朝錯往受之。秦時焚書，伏生壁藏之。其後兵大起，流亡。漢定，伏生求其書，亡數十篇，獨得二十九篇，卽以教於齊魯之間，學者由是頗能言尚書。諸山東大師，無不涉尚書以教矣。

漢書儒林傳全襲史記此文。是伏生之書，出於壁藏；鼂錯受書，在文帝時（史記鼂錯傳亦謂在文帝時）。僞孔尚書序謂伏生「失其本經，口以傳授」；論衡正說篇，謂景帝遣錯受書於伏生，蓋皆傳聞之誤也。

伏生所傳二十九篇之篇目，自隋書經籍志以來，頗多異說。竊以爲王先謙所考，最爲近是。王氏尚書孔傳參正（序例）云：

漢書藝文志尚書下云：「經二十九卷。」班自注：「大小夏侯二家。」顏注：「此二十九卷，伏生傳授者。」先謙案：此一篇爲一卷也。伏生之二十九篇，堯典一（王氏原注：「連愼徽五典以下。」），皐陶謨二（王氏原注：「連帝曰來禹以下。」），禹貢三，甘誓四，湯誓五，盤庚六、高宗肜日七，西伯戡黎八，微子九，堋誓十，鴻範十一，大誥十二，金縢十三，康誥十四，酒誥十五，梓材十六，召誥十七，雒誥十八，多士十九，無佚二十，君奭二十一，多方二十二，立政二十三，顧命二十四，康王之誥二十五，粊誓二十六，甫刑二十七，文侯之命二十八，秦誓二十九。

王氏所定此一篇目，有可注意者二事：其一爲顧命與康王之誥分作二篇；其二爲無泰誓。以顧命與康王之誥分爲二篇者，王氏乃據史記周本紀爲說。周本紀於周公攝政時，既云：「初作大誥，……次康誥、酒誥、梓材。」又於「成王既崩」，「作顧命」之後云：「康王卽位，徧告諸侯，宣告以文武之業以申之，作康誥。」是康王時之康誥，實卽康王之誥。且顧命與康王之誥分言，可知其非一篇也。惟漢志顏注，以爲大小夏侯之二十九篇卽伏生所傳者，實不盡然。蓋大小夏侯本，已合顧命與康王之誥爲一，而又加泰誓一篇；是篇數雖仍爲二十九，而內容則異於伏生之本矣。

伏生本無泰誓而夏侯本有之者，乃因泰誓晚出之故。尙書正義引劉向別錄云：「武帝末，民有得泰誓書於壁內者，獻之。」又云：「馬融云：『泰誓後得。』鄭玄書論亦云：『民間得泰誓。』」（以上並見僞孔序正義）而論衡言之較詳。正說篇云：

至孝宣皇帝之時，河內女子發老屋，得逸易、禮、尙書各一篇，奏之；宣帝下示博士，然後易、禮、尙書各益一篇；而尙書二十九篇始定矣。

論衡未言河內女子所得尙書爲何篇，以別錄及馬鄭之說證之，知其爲泰誓。惟別錄謂得書之時在武帝末，論衡則謂在宣帝時。按：劉向校書中秘，所言自較王說爲可信。或獻書時在武帝末，而增泰誓於尙書，已迨宣帝之世歟？

歐陽、大小夏侯，皆傳伏生之學者；其尙書原本篇目，必與伏本同。嗣後奉朝廷功令，加泰誓一篇，於是合顧命及康王之誥爲一，仍爲二十九篇。知歐陽、大小夏侯本合顧命與康王之誥爲一者，經典釋文於康王之誥「旬男衞」下云：「歐陽、大小夏侯，同爲顧命。」是其明證。正義謂：「伏生以此篇（里案：謂康王之誥。）合於顧命，共爲一篇。」乃誤以歐陽夏侯之本當伏生之本也。至於增入泰誓，仍保持二十九篇之數者，論衡正說篇云：「或說尚書二十九篇者，法曰（里案：曰，疑當作北。）斗七宿也。四七二十八篇，其一曰斗矣，故二十九。」王氏雖反對此說；然漢人固有以尚書爲天書者（見前文引鄭玄說），則二十九之數，或竟取法於天象也。

漢人言伏生傳書篇數，皆爲二十九。後世謂伏生所傳爲二十八篇者，皮錫瑞今文尚書考證云：

> 其後僞孔書出，別撰泰誓三篇，不數漢之大誓。又當顧命、康王之誥二篇合併之後，於是尚書止有二十八篇，而僞孔叢子及臣瓚漢書劉歆傳注，遂有今文尚書二十八篇之說矣。

案：皮氏此說，似求之過深。蓋歐陽等三家之本，既爲西漢晚葉以後所共傳；河內泰誓之晚出，亦漢代儒生所共知。三家本之二十九篇，去泰誓則爲二十八。世人未詳察，遂謂伏書爲二十八篇；固不必待僞古文尚書之出也。

漢代尚書之立於學官者，爲歐陽及大小夏侯三家。漢志著錄歐陽經三十二卷，章句三十一卷；大小夏侯經及章句各二十九卷。大小夏侯之二十九卷，即合顧命與康王之誥爲一篇，而增入泰誓一篇，前已言之。歐陽經三十二卷、章句三十一卷者，王氏孔傳參正云：

> 云歐陽章句三十一卷者，分盤庚爲三篇故也。云歐陽經三十二卷者，併經三十一卷、序

一卷數之。經三十二卷而章句三十一卷者，西漢人不爲序作解詁也。

案：王氏謂歐陽經三十二卷，乃併序一卷言之，其說蓋是。至謂分盤庚爲三篇，則未詳何據。以漢石經殘字核之，歐陽氏蓋分泰誓爲三篇也。說見拙著漢石經尙書殘字集證，此不贅述。

今文尙書之篇目，略如上述。由是可知隋志所謂伏生口傳二十八篇，加河內泰誓爲二十九；孔氏正義謂伏書二十九篇，併泰誓在內（王氏經義述聞，亦謂伏書有泰誓。）；陳喬樅今文尙書經說考，謂伏生書二十九篇，乃併序一篇數之。凡此諸說，實皆未的也。

古文尙書者，孔子壁中所出先秦簡書之一；以其爲古文字所書，故謂之古文尙書，用別於博士所傳之尙書（卽所謂今文尙書）也。孔壁尙書之發現，史記儒林傳、劉歆移太常博士書、王充論衡、漢書藝文志皆載其事，而以論衡及漢志之說較詳。惟二家之說，亦互有出入。論衡正說篇云：

> 至孝景帝時，魯共王壞孔子教授堂以爲殿，得百篇尙書於牆壁中。武帝使使者取視，莫能讀者；遂祕於中，外不得見。

漢書藝文志云：

> 古文尙書者，出孔子壁中。武帝末，魯共王壞孔子宅，欲以廣其宮，而得古文尙書及禮記、論語、孝經，凡數十篇，皆古字也。共王往入其宅，聞鼓琴瑟鐘磬之音；於是懼，乃止不壞。孔安國者，孔子後也。悉得其書，以考二十九篇，得多十六篇。安國獻之，

遭巫蠱事，未列于學官。

兩家之說，不同者凡二。其一，出書之時，論衡謂在景帝時，漢志謂在武帝末。其二，所出尚書篇數，論衡以爲百篇，漢志以爲較二十九篇多十六篇。今按：兩家之說，各有得失。據史記五宗世家，魯恭王以孝景前三年王魯，二十六年薨（漢書景十三王傳作二十八年薨）。漢書景十三王傳云：「恭王初好治宮室，壞孔子舊宅，……於其壁中得古文經傳。」是孔壁得書，當在景帝之世。此意閻百詩已先言之（見尚書古文疏證卷一）；則論衡之說是也。至論衡所謂孔壁百篇者，蓋因書序百篇而誤。劉歆移太常博士書、及馬融、鄭玄、荀悅（漢紀），皆謂古文尚書多於二十九篇者十六篇，其說與漢志同；鄭玄且列舉十六篇之目（詳下）。是知漢志之說，得其實也。

劉歆、漢志等，並謂孔安國獻古文尚書於朝，遭巫蠱之亂，未得立於學官；說亦未的。閻氏尚書古文疏證（卷二），曾詳考之。以爲計安國之年歲，當不及巫蠱之亂。而荀悅漢紀述古文尚書事，作「武帝時，孔安國家獻之」。以證獻書者爲安國之後人。王鳴盛尚書後案，復據宋本文選所載劉歆移太常博士書，「安國」下亦有家字，以申閻氏之說。是古文尚書之獻，已在安國歿後，閻氏之說審矣。

孔壁古文多出之十六篇，其篇目見於尚書正義（堯典篇）所引鄭注書序。云：

舜典一，汨作二，九共九篇十一，大禹謨十二，益稷十三，五子之歌十四，胤征十五，湯誥十六，咸有一德十七，典寶十八，伊訓十九，肆命二十，原命二十一，武成二十二，旅獒二十三，冏命二十四。以此二十四爲十六卷；以九共九篇共卷，除八篇故爲十六。
此十六篇（析之爲二十四篇）中之舜典、大禹謨、益稷、五子之歌、胤征、湯誥、咸有一德、伊訓、武成、旅獒、冏命凡十一篇，與僞孔本篇題雖同；然僞孔本乃後人所僞撰，而非此眞本矣。

此十六篇，馬、鄭、杜預，皆謂之逸書。其中武成一篇，亡於建武之際（見孔氏正義武成篇引鄭玄說）。經典釋文（序錄）云：「漢始立歐陽尚書，宣帝復立大小夏侯博士，平帝立古文。永嘉喪亂，眾家之書竝滅亡。」似逸書所餘之十五篇，悉亡於永嘉之亂。然隋書經籍志云：「又有尚書逸篇，出於齊梁之間。考其篇目，似孔壁中書之殘缺者。」故隋志著錄尚書逸篇二卷，新唐志尚有徐邈注逸書三卷。是孔壁所出十六篇逸書，至唐猶有殘存者。自是以後，遂不見於記載。蓋全部亡失，約在唐宋之際也。

漢書藝文志著錄尚書古文經四十六卷，班氏自注云：「爲五十七篇。」王氏孔傳參正（序例）云：

> 云四十六卷者，據藝文志云：「孔安國所得壁中古文，以考伏生二十九篇（王氏原注：「云伏生二十九篇，則是無太誓者。」），得多十六篇（王氏原注：「據此，篇爲一卷。」），共四十五卷。釋文云：「馬、鄭之徒，百篇之序，總爲一卷。」以一加四十五，是四十六卷也。

王氏所論甚諦。惟引漢志「以考伏生二十九篇」一語，諸本漢志，實無「伏生」二字。王氏所引，既多伏生二字，復加注以申之，未詳所據何本（王氏補注漢書，亦無伏生二字。）；然所論固甚的也。

云「五十七篇」者，蓋以伏生之二十九篇，加孔壁古文二十四篇，爲五十三。盤庚及後出之太誓，蓋各以三篇計；太誓三篇及溢出之盤庚二篇，合共五篇。并五十三計之，爲五十八篇。而武成已亡於建武之際，故云五十七篇也。

桓譚新論（太平御覽卷六百八引）云：「古文尚書，舊有四十五卷，爲五十八篇。」（里按：宋本御覽引誤作「十八篇」）與班氏之說異。王氏孔傳參正（序例）以爲四十五卷者，乃除序言之。王氏又云：「譚云五十八者，譚沒於世祖時，在建武前，武成未亡。」其說是也。

經典釋文（序錄）云：「案：今馬、鄭所注，竝伏生所誦，非古文也。孔氏之本絕，是以馬、鄭、杜預之徒，皆謂之逸書。王肅亦注今文，而解大與古文相類；或肅私見孔傳而祕之乎？」據此，知馬、鄭、王肅，皆未爲逸書作注。逸書之亡，此蓋其主因。釋文疑王肅私見孔傳者，蓋釋文承僞孔序之說，謂：「安國又受詔爲古文尚書傳，値武帝末，巫蠱事起，經籍道息，不獲奏上，藏之私家。」遂誤疑王肅私見孔傳。實則孔安國受詔作傳之說，於漢無徵。（隋書經籍志云：「安國又爲五十八篇作傳。」蓋亦本僞孔序爲說。）釋文謂肅解「大與古文相類」者，乃僞古文襲王肅，非王肅襲眞孔也。

後漢書杜林傳云：「林前於西州，得漆書古文尚書一卷，常寶愛之。雖遭艱困，握持不離身。」同書儒林傳上又云：「扶風杜林，傳古文尚書。林同郡賈逵爲之作訓，馬融作傳，鄭玄注解；由是古文尚書遂顯於世。」按：「賈逵」以下數語，實皆違失。蓋賈逵馬鄭等，所傳者乃孔壁古文；杜林所傳授者，爲衞宏、徐巡二人，兩者迥非一事。且漆書僅一卷，最多不過二三篇；而馬、鄭所注之古文，其篇數與伏生所傳者相同，則是篇數亦不合。凡此，皆可知儒林傳之說之誤也。

四、僞古文尚書

古文尚書僞本，今可知者凡四。其一，爲張霸百兩篇本；其二，爲梅賾所獻五十八篇本（其中二十五篇僞）；其三，所謂箕子朝鮮本；其四，所謂徐市倭國本。梅本今仍通行，餘三本則旋生旋滅。茲概述如次：

張霸之百兩篇本，論衡正說篇及漢書儒林傳皆載其事，而以儒林傳之說爲詳。傳云：

> 世所傳百兩篇者，出東萊張霸。分析合二十九篇，以爲數十；又采左氏傳、書序，爲作首尾，凡百二篇。篇或數簡，文意淺陋。成帝時，求其（里案：其，涵芬樓影印宋本如此；諸本作爲。）古文者，霸以能爲百兩徵。以中書校之，非是。霸辭受父；父有弟子尉氏樊竝。時大中大夫平當，侍御史周敞，勸上存之。後樊竝謀反，迺黜其書。

是張霸之書，當時卽察其僞，故佚而不傳。而歎世千餘載，至今尚有人未悟其僞者，卽東晉以來之梅氏本也。梅本之來歷，見於經典釋文、隋書經籍志、孔氏尚書正義所載者互有詳畧。釋文（序錄）云：

江左中興，元帝時豫章內史枚賾（里案：枚，隋志孔氏正義並作梅。賾，或作頤），奏上孔傳古文尚書，亡舜典一篇，購不能得，乃取王肅注堯典，從昚徽五典以下分爲舜典篇以續之，學徒遂盛。後范寗變爲今文集注；俗閒或取舜典篇以續孔氏。齊明帝建武中，吳興姚方興（里案：方興，涵芬樓影元本隋書作興方。）采馬王之注，造孔傳舜典一篇，云：「於大航頭買得。」（里案：大航頭，隋志作大桁。）上之。

據隋志，姚方興所上之舜典，比馬鄭本多二十八字。此二十八字，卽僞古文本（亦卽今通行本）舜典開首之「曰若稽古帝舜，曰重華，協于帝。濬哲文明，溫恭允塞。玄德升聞，乃命以位」也。惟此二十八字，亦非同時所加。孔氏正義（舜典篇）云：

「曰若稽古帝舜，曰重華，協于帝。」此十二字，是姚方興所上；孔氏傳本無，阮孝緒七錄亦云然。方興本或此下更有「濬哲文明，溫恭允塞；玄德升聞，乃命以位。」

又云：

昔東晉之初，豫章內史梅賾，上孔氏傳，猶闕舜典自此「乃命以位」以上二十八字，世所不傳，多用王范之注補之；而皆以「愼徽」已下爲舜典之初。至齊蕭鸞建武四年，吳興姚方興於大航頭得孔氏傳古文舜典，亦類太康中書，乃表上之。事未施行，方興以罪致戮。至隋開皇初，購求遺典，始得之。

以正義此兩說核之，知自堯典分出舜典，始於梅賾。增「曰若」至「協于帝」十二字，始於姚方興。再增「濬哲」以下十六字，則當在方興之後至開皇之初。阮氏校勘記，疑此十六字爲劉炫所加；殆可信也。

僞古文本，除自堯典分出舜典外，又自皐陶謨「帝曰來禹」以下，分爲益稷，並分盤庚爲三篇。即較伏生本之二十九篇溢出四篇，共得三十三篇。更加僞造之二十五篇，是爲五十八篇：即隋唐以來所通行之本也。

僞作之二十五篇，其篇目爲：大禹謨、五子之歌、胤征、仲虺之誥、湯誥、伊訓、太甲（三篇）、咸有一德，說命（三篇）、泰誓（三篇）、武成、旅獒、微子之命、蔡仲之命、周官、君陳、畢命、君牙、冏命。此二十五篇之篇目，雖皆見於百篇書序，而內容則全殊矣。

疑二十五篇之僞者，始於宋人吳棫。元吳澄書纂言引述其說（見目錄後識語）云：

> 增多之書（里案：謂僞古文二十五篇。），皆文從字順；非若伏生之書，詰曲聱牙。夫四代之書，作者不一；乃至一人之手，而定爲二體，其亦難言矣。

朱子亦因伏生書難讀，而古文易讀致疑；其言數見於朱子語錄。陳振孫書錄解題，曾疑大禹謨、五子之歌、胤征、泰誓諸篇，並謂趙汝談南塘書說，疑古文非眞者五條。且云：「朱文公嘗疑之，而未若此之決。」是趙氏已斷古文尙書之僞。然其書不傳，莫能詳說。至吳氏作書纂言，乃升伏生所傳之書於前，且爲之訓解；而退古文二十五篇於後，則存其文而不注。其目錄後識語云：

> 梅賾所增二十五篇，體製如出一手。采集補掇，雖無一字無所本；而平緩卑弱，殊不類先漢以前之文。夫千年古書，最晚乃出，而字畫略無脫誤，文勢略無齟齬，不亦大可疑

乎！

吳氏因謂梅賾二十五篇之書，「凡傳記所引書語，諸家指爲逸書者，收拾無遺」；以爲「比張霸僞書遼絕」。是亦明指爲僞書。明梅鷟撰尙書考異，謂孔安國序及增多之二十五篇，悉雜取傳記中語以成文。四庫書目提要，謂其「指摘皆有依據」。梅氏且謂僞古文之作者爲皇甫謐；說雖未的，亦導清人先河。梅氏又有尙書譜一書，四庫提要謂與考異「大旨略同，而持論多涉武斷。」梅氏稍後，有郝敬者，著尙書辨解十卷，其九、十兩卷，專辨古文二十五篇之僞。蓋自吳澄、梅鷟、郝敬三家之書出，則所謂二十五篇之古文尙書，已眞相漸露，搖搖欲墜矣。

清初閻若璩承諸家之後，竭畢生之力，著尙書古文疏證八卷，列舉百二十八證（刻本缺二十二條，蓋原稿頗有殘佚，故刻之未全。），以明二十五篇之僞。稍後，惠棟著古文尙書考，亦申此說。自茲以迨清末，論古文尙書之僞者多家。於是此二十五篇之爲僞書，遂成定讞。其間雖有爲僞古文辨護者，如毛奇齡之古文尙書冤詞，王劼之尙書後案駁正、張崇蘭之尙書私議、林春溥之開卷偶得、趙翼之陔餘叢考（卷二）、洪良品之古文尙書辨惑等；然閻惠諸家之說，證據確鑿；維護僞古文者之說雖辯，亦不足以折其角矣。

僞古文尙書二十五篇及所謂孔安國傳之作者，或以爲皇甫謐（如梅鷟、王鳴盛等），或以爲王肅（如丁晏），或以爲晉之孔安國（如陳壽祺、陳夢家等）；晚清以來學者，則多以爲造於梅賾。從遊周鳳五君，著僞古文尙書問題重探一書，歸納諸家之說，以爲西晉時已有僞孔傳（劉師培以爲王肅僞作）；惟其書但注伏生所傳諸篇（其注亦與今本僞孔傳不同），而不注後出之二十五篇。輯本帝王世紀，所以引及仲虺之誥、湯誥、伊訓諸篇之文者，疑出於何茂材（約隋初人）之續帝王世紀，後人誤混爲一書。是固有此可能。然孔壁逸書、隋志尙存殘本二卷；則皇甫謐曾見逸書，亦不足異。梅本作者，未見殘本逸書，乃擷取帝王世紀所引之文，以入其僞作之篇，亦非不可能者，惟眞象如何，尙難遽斷耳。案：魏正始中刻三體石經，其古文當據孔壁所出之本。由近年出土正始石經殘字核之，所刻古文，與伏生所傳之篇數相同，而無溢出之十五篇（原十六篇，東漢建武時已亡武成一篇。）。是知曹魏所立之古文尙書博士，其所掌之篇數，亦當與官定之正始石經相同。蓋漢代官定之本，卽爲伏生所傳之書；東漢傳古文尙書者，雖不乏人，然皆行於民間。古文尙書既不爲朝廷所尙，故治尙書者，亦不注伏書以外之逸篇；馬融、鄭玄、王肅皆然。故西晉之僞孔傳，既無孔壁多出之十五篇，亦無僞作之二十五篇也。

梅賾所上之書，既自堯典析出舜典，其非依照西晉以前舊本可知。而所以如此者，自是爲符合孔壁所出古文尙書篇數之故。然則自皐陶謨析出益稷，分盤庚爲三篇，更僞造二十五篇之書，亦必於此時。則今傳五十八篇本尙書及孔傳，其僞作之人，雖難遽定；而其爲梅氏所獻之本，則無可疑。東晉元帝時所立太學博士，已有古文尙書孔氏（見晉書荀崧傳），其書自是梅氏所獻之本。惟是本在當時殆未大行，至齊梁之際，始漸有引述之者（詳見僞古文尙書問題重探所引諸家說）。唐孔穎達等作正義，用梅氏本，於是五十八篇本尙書，遂定於一尊。以致欺世千餘年，迄今尙有爲二十五篇辯護者。甚矣錮蔽之難解也。

所謂箕子本及倭國本，皆明豐坊所僞撰。日知錄（卷二）「豐熙僞尙書」條云：

如豐熙之古書世本，尤可怪焉。曰箕子朝鮮本者，箕子封於朝鮮，傳書古文，自帝典至微子止，後附洪範一篇。曰徐市倭國本者，徐氏爲秦博士，因李斯坑殺儒生，託言入海求僊，盡載古書至島上，立倭國，卽今日本是也。二國所譯書，其曾大父河南布政使慶錄得之，以藏於家。

此二本顧亭林已辨其僞。惟作僞者實爲熙子坊，從遊林慶彰君已有文辨之（見所著豐坊與姚士粦）。今二書皆佚而不傳，故於尚書之學殊無影響；亦徒見作僞者之心勞日拙而已。

五、歷代尚書學簡述

百篇尚書，雖定於先秦；然非孔子教學之原本；說已見前。且此百篇之書，乃魯國所傳之本（當是儒家之傳本）；他國傳本，亦未必盡同。墨子（明鬼下）引甘誓之文，以爲禹誓；其文與今本異者甚多。韓非子（說林）引酒誥之文，而謂之康誥。此可見尚書各篇篇題，在先秦尚未完全一致。墨子兼愛篇引禹誓（此另一禹誓，與征有扈之禹誓不同。），非命下引禹之總德，非樂上引湯之官刑；凡此，似皆百篇外之書。尚賢下引豎年，尚同中引相年，此二者墨子皆稱爲「先王之書」。按：墨子尚賢中引呂刑，亦謂之先王之書。則此二篇，蓋亦墨家所傳之「書」。是知墨家所傳之書，與儒家所傳之本，其篇數亦不盡同。不特此也，尚書大傳有揜誥篇（見困學紀聞集證本卷二上）；又有臩命，王氏漢書藝文志考證以爲卽冏命，其說尚難遽定。復有大戰篇，見引於文選宣德皇后令注、後漢書郎顗傳注、能改齋漫錄（卷二）及記纂淵海（卷六十一）等書，史記殷本紀引太戊，諸篇皆不見於百篇之序；是伏生與史公所見之本，且與魯國傳本不盡同也（漢書律歷志下，引古文月采篇曰：「三日曰朏。」此蓋劉歆語。歆所見古文尚書及書序，無超出百篇之外者；則此月采篇，當非尚書之逸篇。）。惟自伏生所傳二十九篇之後，宣帝時更加太誓，終漢之世，遂爲官頒之定本。東晉而後，僞古文本出，乃析伏生之二十九篇爲三十三，更加僞作之二十五篇（刪除漢宣帝時所加之太誓，另撰泰誓三篇。），卽隋唐以來通行之本也。

先秦無注解經學之書（世傳子夏易傳，爲漢韓嬰所作。子貢詩傳，爲明人僞撰。蔡邕明堂論，引魏文侯孝經傳，而其書不見於漢書藝文志，蓋亦後世僞託。）。伏生以尚書教人，其門徒輯其說爲尚書大傳，是爲解說尚書最古之作。伏生弟子歐陽容（字和伯），於漢武帝時爲博士，是爲尚書立於學官之始。漢書儒林傳云：「歐陽生，字和伯，千乘人也。事伏生；授倪寬。寬又受業孔安國。……歐陽、大小夏侯氏學，皆出於寬。寬授歐陽生子，世世相傳，至曾孫高子陽爲博士。……由是尚書世有歐陽氏學。」又云：「夏侯勝，其先夏侯都尉，從濟南張生受尚書，以傳族子始昌；始昌傳勝，勝又事同郡蕳卿。蕳卿者，倪寬門人。勝傳從兄子建，又事歐陽高。……由是尚書有大小夏侯之學。」按：濟南張生，亦伏生弟子，是歐陽及大小夏侯之學，實皆伏生之雲礽也。

大小夏侯之立爲博士，在宣帝甘露二年（見漢書宣帝紀）。自是歐陽、大小夏侯之學，代立學官，以迄東漢之終。是皆所謂今文尚書之學也。

古文尚書，孔安國但以今文讀之，未曾作傳。安國授都尉朝，朝授膠東庸生，遞傳至東漢賈逵，爲之作訓（後漢書儒林傳，謂逵爲杜林漆書作訓，恐非是；說見前。）；其後馬融作傳，鄭玄作注，於是古文尚書，大顯於世。然皆傳於民間，非朝廷所尙。故古文尚書，僅平帝時一度立於學官，終漢之世，皆私家傳授而已。

古文經雖行於民間，然至東漢晚葉，鄭玄遍注羣經，其說以古文爲主，亦兼採今文家言，立說最爲平實；於是學林嚮風，而今文之學漸微。蓋今文家說經，以配合政治教化爲主旨，如以禹貢治河，以春秋斷獄，以三百篇作諫書，此人所習知者。夫政教之事萬端，而羣經所含之事理有限；以有限之事理，自不足以適應萬端之政教。於是說經之儒，不得不就經文推衍引申，甚至雜以陰陽五行、與夫災異讖緯等說，穿鑿附會，往往非經義之本然。古文家雖亦間取陰陽讖緯之說，而究以疏解經文、實事求是者多。重以鄭玄網羅眾家，囊括羣經，而以古文爲主。其後今文學派之一蹶不振，此蓋其主因；固不獨尙書一經爲然也。

漢魏之際，鄭學之盛，達於極致。但就尙書而言，虞翻雖奏上鄭玄解尙書違失者四事（見三國志虞翻傳注），王粲亦有難鄭玄尙書之文（見唐元行沖釋疑）；然皆不足以動搖鄭氏之地位。惟王肅雖好賈馬之學，而專與鄭玄立異。王氏以與司馬氏爲姻親，其經說多種，魏時已列學官。晉初置博士十九人，而特重王肅；於是王學益盛，幾奪鄭玄之席。然自西晉以迄東晉之初，尙書一經之博士，固仍皆治鄭氏之學者也。

永嘉之亂，歐陽大小夏侯之學、及古文尙書皆失傳。南北朝時，北朝崇尙鄭學，治鄭氏尙書者，以北魏徐遵明爲最著。南朝自齊梁以後，則僞孔傳漸行。至隋，混一土宇。而劉焯、劉炫，兼通南北之學，號稱大儒，於是南北經學，亦混而爲一。於尚書，二劉既習鄭注，亦治僞孔傳，蓋尚未定僞孔於一尊也。

唐初孔穎達等撰五經正義，於尚書取僞孔，其正義則採二劉之說爲多。五經正義，既爲朝廷所頒，亦卽士子所必習。武后時，王元感雖有尚書糾謬、禮記繩愆等書，以辨五經正義之失（見新舊唐書儒學傳）：然其書已佚，莫能詳說。代宗大曆間，啖助、趙匡等說春秋，施士匄說詩，蔡廣成說易，皆自立新義，不復墨守舊說（見新唐書儒學傳下啖助傳），然皆未成爲風尚，且注解尚書者甚罕。迨北宋慶曆間，說經之風氣丕變，解說尚書之作，亦紛然並出矣。

困學紀聞（集證本卷八下）云：

> 自漢儒至於慶曆間，談經者守訓故而不鑿。七經小傳出，而稍尚新奇矣；至三經義行，視漢儒之學若土梗。

七經小傳爲劉敞所撰；三經義乃王安石所作。紀聞又云：

> 陸務觀曰：「唐及國初，學者不敢議孔安國鄭康成，況聖人乎！自慶曆後，諸儒發明經旨，非前人所及。然非繫辭，毀周禮，疑孟子，譏書之胤征、顧命，黜詩之序。不難於議經，況傳注乎！」斯言可以箴談經之膏肓。

由陸王二家之言，可見宋代慶曆以還經學家之風尚。但就今傳宋人注解尚書之書觀之，其著者，如蘇軾之東坡書傳，林之奇之尚書全解，呂祖謙之東萊書說，夏僎之尚書詳解，皆能獨抒自見，而不拘泥舊說。蔡沈承朱子之命，作書集傳；其書考序文之誤，訂諸儒之說。自元迄明，最爲言書者所崇尙。清代亦列爲課士之定本，故其書風行至今。此宋儒解說尙書之最著者也。其疑尙書者，則有吳棫之書稗傳，趙汝談之南塘書說；而其書皆不傳。宋儒又有改經之習，於尙書至王柏之書疑，達於極致。其書以脫簡錯簡爲辭，割裂諸篇經文，以臆易置；又以論語「咨爾」以下二十二字，補於堯典（僞古文舜典）「舜讓于德弗嗣」之下；以孟子「勞之來之」以下二十二字，補於堯典（僞古文舜典）「敬敷五敎在寬」之下。竄亂舊章，可謂肆無忌憚者矣。

元明兩代經學，大都崇尙宋儒之說，尤尊朱子說經之書。元仁宗延祐間，定科舉條例，尙書以蔡傳爲主。明洪武間所定舉式，尙書主蔡傳及夏僎詳解。永樂間修五經大全，其書傳大全亦以蔡傳爲主，而輔之以陳櫟之尙書集傳纂疏、及陳師凱之書蔡傳旁通；二家皆申蔡氏之說者也。以是之故，元代治尙書之學、而能翹然自異者，殆無其人。明代則馬明衡之尙書疑義，袁仁之尙書砭蔡編，多糾蔡傳之失。而梅鷟之尙書考異、尙書譜，郝敬之尙書辨解，均能攻所謂古文尙書之僞，可謂傑出之士矣。

清儒治經，明訓詁，重考據，其立說之精者，往往超越漢唐諸儒。尙書自閻惠二家之書出，績學之士，於二十五篇之僞書，遂不復箋注。解書之著者，則有江聲之尙書集注音疏，段玉裁之古文尙書撰異，王鳴盛之尙書後案，孫星衍之尙書今古文注疏，皆見重於士林。而諸家之書，皆偏重古文學派之說。嘉道以還，治經者漸尙今文之學。陳壽祺尙書大傳輯校，首申伏生書說；其子喬樅遂有今文尙書經說考、尙書歐陽夏侯遺說考之作。此外，如魏源作書古微，論者謂其師心自用，未爲學林所重。而皮錫瑞今文尚書考證最後出，則最便初學。餘如專解經文一篇，如胡渭之禹貢錐指；以札記體說經之書，如王引之經義述聞（尚書部分），又皆飲譽士林者也。

清代晚葉以來，研討金文之書，大量傳布；甲骨刻辭，復陸續出土；益以考古學、民族學等之報告與研究之成果，多可與先秦典籍相印證。且家法門戶之見，既非今人所措意；今文古文之爭，亦不復爲漢人之成見所囿。故治尚書者，更能實事求是，作客觀之詁訓。其著成專書者，如孫詒讓之尚書駢枝，楊筠如之尚書覈詁，于省吾之雙劍誃尚書新證，皆不乏獨到之見。近年出土之古器物益多，可資比較研究之材料亦愈夥；有志於尚書之學者，承前修既有之業績，參近世新出之文獻，必能發前人所未發，可斷言也。

二十餘年前，予撰尚書釋義一書，當時既爲課徒而作，出版者且限以字數；致所用字義，既多未注明出處；引用諸家之說，亦僅能概述其結論，不克舉其論證之語。廿餘年來，讀書稍多；且以教學之故，受諸生啟發者亦夥。於是董理歷年所積札記，撰爲此書。凡用詁訓，悉著其義之所自出；引用諸家勝義，則略著其考證之辭。於前書之未詳者，則補苴之；於前書之未安者，則重訂之。唯因冗務紛乘，不克專於此業，故歷時六載，草稿始就。以篇幅言，雖倍於前書；而未能自信之處仍多。譬如積薪，後來居上。並世方家，他日必有補予所未逮，正予之紕謬者，則予所馨香祝禱者也。

目錄

周書

尚書集釋

尚書之名，始於漢代，先秦但稱之曰「書」。孔氏正義引鄭玄書贊，以爲「孔子尊而命之曰尚書」者，鄭氏蓋本尚書璿璣鈐之說，其實非也。僞孔傳云：「伏生以其上古之書，謂之尚書。」蓋得其實。說詳本書概說。世人名之曰「書經」者，乃宋代以來之通稱。今名之曰「尚書」者，仍漢人之舊稱也。

虞夏書

文公十八年左傳，述「愼徽五典，五典克從」等語（里案：語見今文本堯典。），謂之虞書。又僖公二十七年傳，引「賦納以言」等語（里案：語見今文本皐陶謨。），謂之夏書。是先秦本尚書，虞書與夏書分列。孔氏正義謂伏生尚書大傳，於唐傳、虞傳、夏傳之前，各題「虞夏傳」三字。是伏生本尚書，當有「虞夏書」之總名也。嗣後劉向別錄、及馬融、鄭玄、王肅等，皆題曰虞夏書（說見孔氏正義）。僞孔傳則於益稷（里案：卽皐陶謨之後半。）以前諸篇，題曰虞書；禹貢至胤征（里案：胤征爲僞古文。）諸篇，題曰夏書。先秦本已不能詳知，茲依漢人本標題。

堯典

堯，大戴禮五帝德、史記五帝本紀，皆以爲五帝之一。典，金文作典（克簋），小篆同。說文云：「五帝之書也。从册在丌上，尊閣之也。」則是堯典者，記堯事之簡册耳。

孟子（萬章篇）稱本篇曰堯典，大學則稱爲帝典；是本篇標題，在先秦時尚未固定。本篇今文本，起「曰若稽古帝堯」，迄「陟方乃死」；以孟子所引本篇之文證之，知先秦本卽如此。僞孔本分本篇爲二篇，自「嬪于虞。帝曰：欽哉！」以上，謂之堯典；自「愼徽五典」以下，謂之舜典；而又於愼徽五典句上，加「曰若稽古帝舜」等二十八字（說詳下），唐宋以來通行本多如此。乃變亂舊章，不足據也。

書序云：「昔在帝堯，……將遜于位，讓于虞舜，作堯典。」故歷代經師，大都謂本篇爲唐虞時作品。古代學者，惟王充以爲乃孔子自衞反魯後所作（見論衡須頌篇）。近人康有爲亦以爲孔子所作（見孔子改制考）。康氏而後，論者頗多，大率以爲非堯舜時書。然本篇究成於何時，諸說殊紛紜。拙著尚書釋義，曾列舉十證，以明其爲戰國時人述古之作。玆略增損舊說，條述如次：

㈠本篇開首云：「曰若稽古」，明爲後人追述古事之作。

㈡本篇文辭平易，去佶屈聱牙之周誥、及西周時之金文絕遠。知其成書時代，當在東周以來。

㈢殷代及西周文獻，凡帝字皆指上帝言；稱人王爲帝者，僅周易及尚書有「帝乙」一例，甲骨文中又有帝甲帝丁二例（二者皆不能確知爲何人）。以甲骨文、金文中帝字之義驗之，此帝乙等之帝字，當讀爲禘。帝乙云者，謂以禘祭之典所祀之乙，猶盤庚之盤，武丁之武，乃殷人對某一先王之專稱，非謂凡王者皆稱曰帝也。僖公二十五年左傳，始有「今之王，古之帝也」之說。至周赧王二十七年，秦昭王稱西帝，齊湣王稱東帝，是爲人王稱帝之始。本篇旣有帝堯之稱；且臣工但以一帝字稱堯。可知本篇著成之時代，決不能在春秋中葉以前。

㈣甲骨文、春秋以前金文、周易卦爻辭、及詩經等，皆「祖妣」對稱。至戰國時始「考妣」對稱（今人郭某釋祖妣一文有說）。本篇云：「如喪考妣」，知其非戰國以前作品。

㈤荀子非十二子篇，謂五行之說：「子思倡之，孟軻和之。」其說當否，雖難遽斷；然五行之說，至東周以來始有，則絕無可疑（洪範乃戰國時作品，說詳彼篇。）。而以五行配四方及四時，其說尤晚。本篇述四宅觀日事，已隱然以東南西北四方，配春夏秋冬四時；述舜巡守事，亦以四時配四方。可知本篇作成時，五行之說已頗繁賾。以此言之，本篇之著成，亦不得早至戰國以前。

㈥以本篇所載星象，推證本篇之著成時代者頗多，說亦各異（詳見四宅觀日節注）。日本飯島忠夫（支那曆法起源考），謂本篇當著成於西元前三百年前後。橋本增吉（支那古代曆法史研究），以為本篇之著成，當在戰國之世。以前舉二至五諸證觀之，飯島及橋本二氏之說，蓋得其實。

㈦本篇述堯之德，自「克明俊德」至「協和萬邦」六語，與儒家「修身、齊家、治國、平天下」之理論密合。本篇既就此理論述堯之德，知其著成時代，不得前於孔子。

㈧無逸言殷高宗「乃或亮陰，三年不言。」論語以為三年之喪；其實不然（說詳無逸篇）。三年喪之制，孔子提倡最力；然孔門高弟如宰予者，尚不肯行。至戰國時，滕文公之父兄百官謂魯、滕兩國之先君，亦均未施行（見孟子滕文公上）。可見三年之喪，至孟子時，尚非天下之通制。本篇言堯崩後，「百姓如喪考妣；三載，四海遏密八音。」孟子說為三年之喪，是矣。則本篇此一記載，亦當受儒家思想之影響。

就右舉諸證觀之，可知本篇之著成，決不能早至春秋時代。今人有謂本篇當著成於秦統一之後，甚至有謂成於漢武帝時者，說皆未的。蓋孟子及楚辭天問篇，皆曾引述本篇之語或櫽栝本篇之文也。其證如下：

㈨孟子萬章上引「流共工于幽州」至「四罪而天下咸服」五句。又同篇引「二十有八載，放勳（此二字今本作帝）乃殂落」至「四海遏密八音」五句；且明著「堯典曰」三字。可知當孟子時，本篇已傳世。

㈩楚辭天問篇云：「不任汩鴻，師何以尚之？僉曰：『何憂？何不課而行之？』」此四句顯櫽栝本篇「僉曰：『於！鯀哉！』帝曰：『吁！咈哉！方命圮族。』岳曰：『异哉。試可，乃已』」等語之意為之。天問為屈原所作；是屈原亦已見及本篇。

（校者按：原稿有簽條云：「加五岳一條。」關於五岳，請參考先生所著論禹貢著成的時代，收入書傭論學集中。）

由是觀之，可知本篇著成之時代，當在孔子之後，孟子中晚年以前。此外，大學曾引本篇之文。然大學究爲何人所作，尚無定論（今人大都以爲非曾子所作），故未舉以爲證。惟文公十八年左傳，載太史克之語，引述本篇「愼徽五典」等六句，且爲之解說。或據此以爲春秋中葉本篇已行世之證。然左傳一書，著成於戰國中葉；而左傳作者，慣假古人之口引述後出之書，此類例證，左傳中習見。且左傳中亦可能有漢人竄入之語；故此一記載，不足爲反證也。

蓋本篇乃戰國時人，就所聞堯舜之事蹟筆之於書者。述古之作，自不免帶有著者時代之色彩；除前舉諸例外，如謂中國曰夏，謂「金作贖刑」等，皆以後代之觀念記述古事，康有爲（孔子改制考）、梁啓超（中國歷史研究法）已言之矣。此類述古之作，所言史事，雖未可盡信，然究非僞書。今人有以本篇爲僞書者，實謬悠之說也。

曰若稽古：帝堯曰放勳[1]。欽、明、文、思、安安[2]，允恭克讓[3]，光被四表[4]，格于上下[5]。克明俊德，以親九族[6]；九族既睦，平章百姓[7]；百姓昭明，協和萬邦[8]。黎民於變時雍[9]。

1 僞孔傳以「曰若稽古帝堯」爲句，余作尚書釋義時從之。段氏古文尚書撰異（卷一）云：「曰若稽古，四字爲句，不獨臯陶謨也，蓋堯典亦然；下文「帝堯曰放勳」五字爲句。逸周書武穆解『曰若稽古：曰昭天之道，……』此可證也。」按：段說是，茲改從之。曰若，王延壽魯靈光殿賦作粵若，漢書律歷志引武成亦作粵若，召誥作越若，小盂鼎作雩若，麥尊作𩂣若。二字連讀，乃古代習用語。劉安世尚書解

(戴氏尚書義考引)云:「粵若,發語之辭。」其後蔡傳從之。是也。稽,考也。「曰若稽古」,謂考之古昔也。卽此一語,可知本篇乃後人述古之作。堯,經典釋文(卷三)云:「馬融云:諡也。」又云:「馬云:放勳,堯名。皇甫謐同。一云:放勳,堯字。」按:殷代晚年,始有類似諡號之廟號(說見拙著諡法濫觴於殷代論,原文載書傭論學集。),西周中葉後,始有眞正之諡法(見王國維遹敦跋,原文載觀堂集林。),堯時自不應有諡號。然本篇旣爲述古之作,述古者常以後世之習,加之古代。故以堯爲諡,亦不足異。惟以下文「曰虞舜」例之,則堯亦當爲名。顧氏日知錄(卷二),以爲堯舜禹皆名,其說較勝。至放勳是否爲堯字,則難定耳。

2 欽,爾雅釋詁:「敬也。」文,質之反,猶今言文雅也。思,計慮也;義見禮記曲禮上正義。此謂善謀慮也。安安,尚書考靈耀作晏晏。按:當與詩氓「言笑晏晏」之晏晏同義,和柔貌。

3 允,爾雅釋詁:「信也。」義猶今語「誠然」。克,爾雅釋言:「能也。」

4 光,漢書王莽傳、後漢書馮異傳引此句並作橫。戴震云:「橫被,廣被也。」(見戴氏與王內翰鳳喈書)按:禮含文嘉、漢樊毅復華下民租田口算碑,引此文光並作廣。王氏經義述聞更申此說。是也。被,義如禹貢「西被于流沙」之被,及也。義見禹貢僞孔傳。吳汝綸尚書故云:「廣雅:『方,表也。』四表,猶四方也。」

5 格,甲骨文、金文通作各(金文又作佫客等)。甲金文中,各字用法,多與祭祀之事有關,金文中此義尤顯;予曾有文說之(見詩三百篇成語零釋、「昭假」節,原文收入書傭論學集)。各,甲金文俱作,小篆亦然。,爲倒止(古趾字但作止),示有足(意謂神靈之足)自上降臨之狀。口則示祝禱以祈神降臨之意(予曩以爲口示神憑尸傳語,非是。)。由神降臨之意引申,故格有「至」、「來」等義(此二義習見);由祝禱之意引申,故格有告義(見下文註64及湯誓註1)。神之降臨,由於祭祀者之精誠所感召；故格有感動、感召之義。此義雖不見於古字書，然由此處之「格于上下」，後文之「不格姦」，及君奭之「格于皇天」、「格于上帝」等語證之可知也。故此格字應爲感動之義。按：上，謂天神；下，謂地祇。

6 俊，大學引作峻；與詩經常用之駿字同義，大也；義見爾雅釋詁。九族，經典釋文云：「上自高祖，下至玄孫，凡九族；馬鄭同。」按：此古文家說也。歐陽氏謂父族四：五屬之內爲一族；父女昆弟適人者，與其子爲一族；己女昆弟適人者，與其子爲一族；己之女子子適人者，與其子爲一族。母族三：母之父姓爲一族；母之母姓爲一族；母女昆弟適人者，與其子爲一族。妻族二：妻之父姓爲一族，妻之母姓爲一族。此今文家說，見桓公六年左傳正義所引許氏五經異義。按：顧氏日知錄（卷二），曾辨九族當爲同姓。簡朝亮尚書集註述疏（卷一）更引鄭玄駁今文家之說，復據周官、禮記及爾雅，以爲「九族同姓，萬世不易」。其說蓋是。

7 平，尚書大傳作辨（見詩采菽正義）；鄭玄本作辯（見後漢書劉愷傳注）。惠棟九經古義云：「說文：『釆，辨別也，讀若辨。』古文作𠂹，與平相似。」則平本作釆，卽辨字也（古辨、辯字通。）。鄭玄云：「章，明也。」（見劉愷傳注）百姓，百官也；義見詩天保毛傳、及國語韋注。

8 昭，明也。協，古作叶，和也。昭與明、協與和，義各相同。萬邦，謂諸侯之國也。

9 黎，爾雅釋詁：「衆也。」於，乃古文烏字。此爲歎詞；義見詩文王毛傳。雍，同雝。詩何彼襛矣毛傳：「雝，和也。」

乃命羲和，欽若昊天[10]；歷象日月星辰，敬授人時[11]。分命羲仲，宅嵎夷，曰暘谷[12]。寅賓出日，平秩東作[13]。日中、星鳥，以殷仲春[14]。厥民析；鳥獸孳尾[15]。申命羲叔，宅南交[16]。平秩南訛[17]。敬致[18]。日永、星火，以正仲夏[19]。厥民因；鳥獸希革[20]。分命和仲，宅西，曰昧谷[21]。寅餞納日，平秩西成[22]。宵中、星虛[23]，以殷仲秋。厥民夷，鳥獸毛毨[24]。申命和叔，宅朔方，曰幽都[25]。平在朔易[26]。日短、星昴[27]，以正仲冬。厥民隩；鳥獸氄毛[28]。帝曰：「咨！汝羲暨和[29]。朞三百有六旬有六日，以閏月定四時成歲[30]。允釐百工，庶績咸熙[31]。

10 周禮賈疏序引鄭玄云：「堯育重黎之後羲氏和氏之子賢者，使掌舊職天地之官。」以羲和爲二氏，與本篇合。離騷：「吾令羲和弭節兮。」天問：「羲和之未揚，若華何光？」王逸注皆謂羲和爲日御。是羲和爲神而非人，是一而非二也。山海經大荒南經，謂有羲和之國，有女子名曰羲和，乃帝俊之妻，生十日。是又爲半神半人之女性。傳說各異，本不足怪。然楚辭、山海經之羲和，皆與日有關，則與本篇羲和兩氏之職掌，固有近似處也。欽，敬也；已見前文。若，爾雅釋言：「順也。」爾雅謂「夏爲昊天」。歐陽尚書說，謂「春爲昊天」（見詩黍離正義引）。詩黍離正義引許氏異義所述古尚書說，謂「元氣廣大，則稱昊天」。按：古尚書說是。昊天，猶今語老天也。

11 歷象，史記五帝本紀作「數法」，蓋以數釋歷，以法釋象。數，歷也。人時，尚書大傳及史記五帝本紀皆作民時。作人時者，蓋唐天寶三載衞包所改；避唐諱也。民時，謂耕種收穫之時。

12 羲仲，與下文羲叔及和仲、和叔，鄭玄謂皆羲和氏之子（見周禮賈疏序引），茲從之。宅，爾雅釋言：「居也。」嵎（ㄩ）夷，又見禹貢。史記夏本紀同，五帝本紀作郁夷。司馬貞云（見夏本紀索隱）：「今文尚書及帝命驗竝作禺鐵。」說文作嵎銕。胡氏禹貢錐指（卷四）云：「銕字見金部（里案：謂說文金部。），云：『古文鐵从夷。』从夷則可讀爲夷。……其作鐵者，蓋後人傳寫之誤。」按：胡氏說是也。嵎夷，當在今山東濱海之處。山東通志，謂嵎夷在棲霞縣東北二十里；蓋後人據堯典及禹貢而指定之也。暘（一ㄤ），說文：「日出也。」暘谷，相傳爲日出之處。楚辭天問作湯谷，淮南子天文篇作暘谷（據商務印書館影印傳抄北宋本）。以上二語，意謂居嵎夷之地，其地號曰日出之谷也。

13 寅，爾雅釋詁：「敬也。」寅賓，史記五帝本紀作「敬道」。張氏正義云：「道音導。」史公蓋讀賓爲儐，故訓爲導也。此謂敬導出日。平，馬融本作苹，云：「使也」（見釋文）。秩：史記五帝本紀作程。程，謂課其技能也；義見文選西京賦薛注。史記五帝本紀正義云：「三春主東，故言日出；耕作在春，故言東作。」東坡書傳（卷一）云：「東作，春作也。」按：五行家言，以東方配春；故東作卽春作，謂春日之農事也。

14 日，謂晝間。中，猶均也；義見考工記鄭注。日中，謂晝夜之長均等也；指春分時言。鳥，僞孔傳云：「南方朱鳥七宿。」星鳥，謂春分初昏時，鳥之七宿畢見也（本僞孔說）。殷，正也；義見僞孔傳及廣雅釋詁。正，猶今語所謂定準也。

15 厥，其也。析，分散也；謂散在原野，從事耕作也。孳（ㄗ）、尾，僞孔傳云：「乳化曰孳，交接曰尾。」孔氏正義云：「產生爲乳，胎孕爲化。」交接，謂交尾也。

16 申，爾雅釋詁：「重也。」南交，史記、及伏生本並同（伏生本見孔氏正義）。此語與上下文羲仲、和仲、和叔等節文例不同。孔氏正義引鄭玄云：「夏不言曰明都，三字磨滅也。」是鄭君以爲「宅南交」下，應脫「曰明都」三字。然殊乏明據。大戴禮少閒篇謂虞舜嗣堯，「朔方幽都來服，南撫交址」。墨子節用中亦云：「古者堯治天下，南撫交阯，北降幽都。」韓非子十過篇亦有是言。似皆據本篇爲說。則南交者，蓋謂南方交阯也。本篇及大戴禮少閒、墨子節用中、韓非子十過，皆戰國以來書，故已知交阯之地。經義述聞據尚書大傳，以爲「宅南」句，交上當有「曰大」二字；且謂「大交」蓋山名。存以備參。

17 訛，周禮馮相氏鄭注引作僞。宋黃善夫本史記作譌。據索隱，唐本史記作爲。司馬貞云：「爲，依字讀。春言東作，夏言南爲，皆是耕作營爲，勸農之事也。」按：爲、譌、僞，古蓋皆讀譌音（僞讀譌音，見周禮馮相氏釋文）。爲，或書作譌，故僞孔本又作訛也。五行家以南方配夏，故曰南爲。南爲，謂夏之農事也。

18 蔡傳云：「敬致，周禮所謂『冬夏致日』（里案：見周禮馮相氏。），蓋以夏至之日中，祠日而識其景。」按：考工記玉人云：「土圭尺有五寸以致日。」是古者以土圭測量日影也。

19 永，長也。夏至晝最長，故言日永。火，星名；即大火，亦即心宿，東方七宿之一。星火，謂初昏時大火在正南方出現也。此夏至時之景象。

2) 孫氏尚書今古文注疏（卷一）云：「因者，釋詁云：『儴，因也。』說文云：『漢令解衣耕謂之襄。』」是因者，解衣而耕也。簡氏述疏云：「釋詁云：『仍，因也。』則因者，仍於前之謂也。」其說亦通。

希，稀之省。吳氏尚書故謂：革通作翮，毛羽也。希革，毛羽稀疏也。

21 昧谷，淮南子天文篇作蒙谷；蒙亦昧也。昧谷，即昏暗之谷，謂日入處。

22 餞，送別也。納，史記五帝本紀作入。納日，即入日、落日也。西成，東坡書傳（卷一）云：「秋成也。」謂秋日農作物之收成。五行家以西方配秋。

23 宵中，言夜長與晝長均等也。虛，北方七宿之一；此謂秋分初昏時虛宿在正南方出現也。

24 夷，悅也；義見詩風雨毛傳。秋高氣爽，又慶收成，故悅。毨（ㄒㄧㄢˇ），玉篇云：「毛更生也。」

25 朔方，北方。幽都，意謂幽暗之地也。日不至北方，故云。

26 在，爾雅釋詁：「察也。」易，高本漢謂古與役同音，即工作、治理之義，舉詩甫田「禾役長畝」及孟子「易其田疇」等語爲證。說見高氏尚書注釋及詩經注釋「禾役穟穟」條。朔易，謂冬日之農事也。五行家以北方配冬。

27 昴，（ㄇㄠ）西方七宿之一。星昴，謂冬至初昏時昴宿出現於正南方也。

28 隩，釋文引馬融云：「煖也。」氄（ㄖㄨㄥ）毛，僞孔傳以爲「耎毳細毛」。則氄，卽今之絨也。

29 咨，嗟也。暨，與也。並見爾雅釋詁。

30 朞，通作期；說文作稘，云：「復其時也。」復其時，卽周年之謂。三百，三百日也。有，讀爲又。下有字同。十日爲旬；六旬，六十日也。地球繞日一周計三百六十五又四分之一日；此舉成數言之也。月繞地球一周，需二十九又九百四十分之四百九十九日，卽二十九日半而強。旣有奇零，故月有大盡（三十日）、小盡（二十九日）之別。每年以大小月各六計算，則年得三百五十四日，與地球繞日之數，相差十一日餘，故必以閏月補足之。計每十九年中，置閏月七次，年月始能配合。四時，春夏秋冬也。

31 允，猶用也；經傳釋詞有說。釐，理也(卽治理)；義見詩臣工鄭箋。工，官也；義見詩臣工毛傳。庶，衆；績，功；咸，皆；熙，興。以上諸義，並見爾雅釋詁。

〔附記〕近世中外學者，以本篇所言四中星推算其成書年代者頗多，而所得結果各異。J. B. Boit 謂四中星之年代，當在西元前二千三百餘年。L. de Saussure 之說同。W. H. Medhurst 謂當在西元前二千二百餘年（以上見劉朝陽從天文曆法推測堯典之編成年代一文所引，劉文見燕京學報第十一期。）。董作賓先生（堯典天文歷法新證，見淸華學報新一卷二期）、日本新城新藏（支那上代之曆法，見藝文第四年第五、六、七、九期），皆以爲本篇中星爲距今四千餘年前之現象。竺可禎（論以歲差定尚書堯典之四仲中星之年代，見中國古史的傳說時代、附錄二），則以爲本篇之時代，當在殷末周初。劉朝陽（出處見前）謂堯典編成之時限，其最大範圍，爲殷代至春秋中葉；最小範圍，爲自西元前七七六年至西元前六百年。日本飯島忠夫所著支那曆法起源考（昭和五年出版），謂本篇著成之時代，當在西元前三百年左右。橋本增吉所著支那古代曆法史研究（昭和十八年出版），謂本篇及洪範皆戰國以來之作品。岑仲勉（兩周文史論叢）亦謂本篇爲戰國中期（西元前三六〇頃）時所作。諸說所以如此紛歧者，竺可楨以爲（出處見前）：㈠、觀測之日期，如相差十五日，則推定之年代，可相差千餘年。㈡、觀測之時間，如相差一小時，則推定之年代，亦差至千餘年。㈢、觀測之緯度如不同，則推算之結果，差異亦大。㈣、堯典所言星宿，除虛宿、昴宿較爲確切外；其餘二者，解釋之人，各執一辭。觀測之星宿，既難確定，自不易得正確之論斷。竺氏復云：「如堯時冬至星昴昏中，則春分、夏至、秋分時，鳥、火、虛三者，皆不能昏中。」則是本篇所記中星，自身卽有問題。故以中星推證本篇之著成時代，似若可據，而實難得定論也。

帝曰：「疇咨若時登庸[32]？」放齊曰：「胤子朱啟明[33]。」帝曰：「吁！嚚訟可乎[34]！」

32 疇，爾雅釋詁：「誰也。」疇咨，猶言「誰哉」也：吳氏尚書故說。若，順也；已見註10。若時，謂順應天時。登，成也；義見詩崧高毛傳。周禮夏官司勳：「民功曰庸。」此句意謂誰能順應天時成就人民之事功。蓋帝堯詢臣工何人可繼其爲天子也。

33 放齊，堯臣名。胤，爾雅釋詁：「繼也。」胤子，謂堯之子。朱，卽丹朱，堯子。啓，史記訓開；啓明，開明也。

34 嚚（ㄧㄣ），僖公二十四年左傳：「口不道忠信之言爲嚚。」訟，說文：「爭也。」謂爭論。

帝曰：「疇咨若予采[35]？」驩兜曰：「都！共工方鳩僝功[36]。」帝曰：「吁！靜言庸違，象恭滔天[37]。」

35 采，爾雅釋詁：「事也。」此義，本篇及皐陶謨篇習見。若予采，謂順成予事。

36 驩兜，堯臣名。都，爾雅釋詁：「於也。」按：於，歎辭；見註9。共工，人名；與後文作官名解之共工異義。方，史記作旁。古方、旁通義，普也。鳩，爾雅釋詁云：「聚也。」僝（ㄔㄢˊ），說文引作僝，云：「具也。」言共工多攬事務而具有功績也。

37 靜，史記訓善。庸，用也；義見詩南山毛傳。象，似也；義見太玄、守、范註。滔，慢也；義見詩蕩毛傳。此言共工貌似恭敬，實則並天亦可傲慢之也。

帝曰：「咨！四岳[38]。湯湯洪水方割[39]，蕩蕩懷山襄陵[40]，浩浩滔天[41]；下民其咨[42]。有能俾乂[43]？」僉曰[44]：「於！鯀哉[45]！」帝曰：「吁！咈哉！方命圮族[46]。」岳曰：「异哉。試可，乃已[47]。」帝曰「往，欽哉[48]！」九載，績用弗成[49]。

38 漢書百官公卿表，謂四岳爲四方諸侯。楊筠如尚書覈詁，謂四岳爲四方諸侯之長。按：楊說蓋是。蔡傳以爲一人，非也；觀下文「僉曰」可知（路史後紀炎帝紀羅苹註云：「言僉，非一人也。」）。又按：後文言舜巡守四岳。蓋四方各以一山岳爲鎭，亦各有一岳官爲諸侯之長也。述古之辭，未必皆可信據；故古代有無此官，殊難定。

39 湯，音傷。湯湯，水盛貌；義見詩氓毛傳。洪，大也。方，普也。僞孔傳：「割，害也。」方割，言普遍爲害。

40 蕩蕩，廣平之貌；義見漢書王莽傳上集註。懷，文選北征賦註引蒼頡篇云：「抱也。」此處乃包圍之意。襄，僞孔傳云：「上也。」

41 浩浩，廣大貌；義見楚辭懷沙王註。滔，僞孔傳訓漫；是。

42 下民，因對上天而言，故曰下民；卽民衆也。經傳釋詞云：「其，猶乃也。」咨，嗟也；義見詩蕩毛傳。

43 俾，使也。乂（ㄧˋ），治也。並見爾雅釋詁。此言有無其人能使其治理也。

44 僉（ㄑㄧㄢ），爾雅釋詁云：「皆也。」

45 於，歎詞。鯀，禹父名。

46 咈（ㄈㄨˊ），說文云：「違也。」蔡傳以爲甚不然之詞；是。方，逆也；義見孟子梁惠王下「方命虐民」趙註。圮（ㄆㄧˇ），爾雅釋詁云：「毀也。」僞孔傳：「族，類也。」圮族，謂毀害同類。

47 异（ㄧˋ），說文：「舉也。」已、以古通。說文：「以，用也。」試可乃已，言試其可乃用之也。俞樾羣經平議說。

48 往，謂命鯀往治水。欽，敬也；已見註2。謂敬謹也。

49 績，功也；已見註31。用與以互訓（見註47）；此用字，猶以也。

帝曰：「咨！四岳。朕在位七十載；汝能庸命，巽朕位[50]。」岳曰：「否德忝帝位[51]。」曰：「明明揚側陋[52]。」師錫帝曰：「有鰥在下，曰虞舜[53]。」帝曰：「俞，予聞[54]。如何？」岳曰：「瞽子；父頑，母嚚，象傲[55]。克諧，以孝烝烝，乂不格姦[56]。」帝曰：「我其試哉。」女于時，觀厥刑于二女[57]。釐降二女于嬀汭，嬪于虞[58]。帝曰：「欽哉[59]！」

50 朕，我也；義見爾雅釋詁。庸，用也；已見註37。用命，謂能依照天命行事也。巽，讓也；義見釋文引馬融說。巽朕位，謂以己位讓之也。

51 否，音鄙，惡也；義見周易師卦釋文。史記作鄙。忝，爾雅釋言：「辱也。」

52 按：上明字爲動詞，義猶顯揚；下明字爲名詞，謂明哲之人也。明字此類用法，尚書中習見。揚，舉也；義見儀禮燕禮鄭註。側陋，蔡傳以爲微賤之人；是也。按：側，伏也；義見淮南子原道篇註。陋，隱也；義見爾雅釋言。故側陋爲微賤之人。

53 師，爾雅釋詁：「眾也。」四岳，故言眾。錫，與禹貢「九江納錫大龜」之錫同義，獻也。無妻曰鰥。下，謂民間。僞孔傳云：「虞，氏。舜，名。」按：下文帝呼舜曰：「格汝舜！」知其說是。

54 兪，然也；義見爾雅釋言。聞，謂曾聞其人。

55 瞽（ㄍㄨˇ），僞孔傳：「無目曰瞽。」舜父瞽叟，目盲。頑，愚也；義見廣雅釋詁一。嚚，見註[34]。傲，傲慢不恭。

56 克，能也；已見註[3]。諧，爾雅釋詁：「和也。」烝烝，厚美貌；謂孝德之盛也。王氏經義述聞說。舊讀「克諧以孝」句，「烝烝乂」句，茲從述聞說斷句。乂，治也；已見註[43]。此謂自治。不、丕古通；此讀爲丕，語詞。說見註[5]。姦，奸也；義見釋名釋言語。此言舜能自治而又能感化邪惡之人（謂父母及弟）也。

57 孔氏正義云：「以女妻人謂之女。」時，爾雅釋詁：「是也。」戴氏尚書義考（卷二）云：「女于時，言于是女之。史記云：『于是堯妻之二女。』是也。」按：就文法言，女于時應解作嫁女於是人（或是地）。史記之說，乃用此事，非釋此文也。楊氏覈詁以爲此女字因下文兩女字而衍；于時二字屬下讀。其說較勝。厥，爾雅釋言：「其也。」刑，法也；義見詩思齊毛傳。厥刑，謂舜之儀法。二女，列女傳謂長曰娥皇，次曰女英。

58 釐，史記作飭。飭，令也。降，下也；謂下嫁。嬀（ㄍㄨㄟ），水名。戴氏尚書義考（卷二）：「嬀水，在今山西蒲州府南三十里。」汭（ㄖㄨㄟˋ）、芮古通，詩公劉鄭箋：「芮之言內也。」謂河流曲處之內側也。水經註（卷四）河水註引皇甫謐曰：「納二女於嬀水之汭。」是也。或以嬀汭爲二水，非是。嬪，爾雅釋親：「婦也。」此作動詞用；義猶嫁也。虞，謂虞氏也；參註[53]。

59 僞古文本堯典止此。

愼徽五典，五典克從[60]。納于百揆，百揆時敍[61]。賓于四門，四門穆穆[62]。納于大麓，烈風雷雨弗迷[63]。

60 自「愼徽五典」以下，僞古文以爲舜典；而於「愼徽五典」上，加「曰若稽古帝舜，曰重華，協于帝。濬哲文明，溫恭允塞。玄德升聞，乃命以位」二十八字。說詳概說。徽，釋文引馬融云：「善也。」此作動詞用，謂善美之也。文公十八年左傳，言舜舉八元，使布五教于四方，父義、母慈、兄友、弟恭、子孝。孟子說五教，則以爲父子、君臣、夫婦、長幼、朋友之教(詳後)。按：二說以孟子爲勝。本篇後文所謂五教，當卽此處之五典。典，常也；法也。義見儀禮士昏禮記鄭註。五典，五種經常之法則也。從，順也；此義古書習見。

61 納，使入之也。文公十八年左傳，言舜舉八愷，「使主后土，以揆百事，莫不時序」。當卽據「納于百揆，百揆時敍」二語爲說。揆，爾雅釋言：「度也。」卽計畫之意。百揆，卽各種計畫也，此指官府之事言，故史記以百官說之。納于百揆，意謂使舜任各種官職也。時，是也。敍，古與序通；謂有序而不亂也。

62 賓，與儐、擯通，天子使迎接賓客之人也；義見禮記曲禮下正義。此作動詞用，謂迎接賓客。四門，都城四方之門，賓於四門。謂迎接四方之諸侯也。周禮春官大宗伯：「以賓禮親邦國。」言以諸侯爲賓。故諸家謂此爲使舜迎接諸侯。穆穆，爾雅釋訓云：「敬也。」

63 麓，山足也；義見周禮地官序官鄭註。僖十四年穀梁傳：「林屬於山曰鹿。」鹿、麓通。山足多林木，故有山足之義。烈，方言（十三）：「暴也。」迷，謂迷失道路。史記謂：「暴風雷雨，舜行不迷。」是也。

帝曰：「格汝舜[64]！詢事考言，乃言厎可績，三載[65]；汝陟帝位[66]。」舜讓于德、弗嗣[67]。

64 吳氏尚書故訓格爲告；說詳湯誓註[1]，今從之。本篇註[5]亦有說。

65 詢事，謂堯以事詢舜；考言，謂考察其言之驗否。乃，廣雅釋言：「汝也。」厎（ㄓ），爾雅釋言：「致也。」曾運乾尚書正讀云：「可字應在厎字上，作乃言可厎績。知者，厎績二字當時成語。禹貢亦言『覃懷厎績』也。皐陶謨：『朕言惠可厎行。禹曰：兪；乃言厎可績。』上文可字在厎上，下文可字在厎下，其義一也。」楊氏覈詁，亦有此說，更擧禹貢「和夷厎績」、「原隰厎績」、「震澤厎定」、「東原厎平」，及孟子「瞽瞍厎豫」、皐陶謨「朕言惠可厎行」爲證。按：二家之說是。可厎績，言可以致功也。三載，謂至今已三年。

66 陟，爾雅釋詁：「升也。」史記作登；登卽升也。

67 林之奇尚書全解引王氏云：「讓于德者，（讓）有德之人也。弗嗣，弗肯陟帝位以嗣堯也。」

正月上日，受終于文祖[68]。在璿璣玉衡，以齊七政[69]。肆類于上帝[70]，禋于六宗[71]，望于山川[72]，徧于羣神[73]。

68 鄭玄以爲此正月指堯之正月言；且謂堯正建丑、舜正建子。說見孔氏正義。按：三正之說，起於戰國之世。戰國以前，無以地支配月者。鄭氏云云，或戰國以來有此傳說也。上日，經義述聞云：「謂上旬吉日。」受終，謂接受堯已終之帝位；卽代堯攝行政事也。史記五帝本紀：「帝堯老，命舜攝行天子之政。」文祖，史記以爲堯太祖。按：文祖、文考、文母、前文人等，乃周人之習用語；以詩、書及金文資料證之，皆謂亡故之人也。本篇成於戰國之世，故用周人語。史記謂文祖爲堯太祖，是也。

69 在，察也；已見註[26]。璿（ㄒㄩㄢˊ）璣（ㄐㄧ）玉衡，孔氏正義引馬融云：「渾天儀，可旋轉，故曰璣。衡，其橫簫；所以視星宿也。以璿爲璣，以玉爲衡，蓋貴天象也。」予作尚書釋義時，承用其說。

今按：戴氏尚書義考（卷二）云：「案：璿璣玉衡，先儒徒據漢以後之渾天儀爲說，皆失之。揚雄法言，或人問渾天於雄。雄曰：『洛下閎營之，鮮于妄人度之，耿中丞象之，幾幾乎莫之違也。』渾天之器，創於此三人，遂以其轉旋名之曰璇璣；以其中之窺管，名之曰玉衡。雖襲取古名，非唐虞時所謂機衡也。」是知西漢以前，無渾天之器，則馬氏說非矣。史記天官書：「北斗七星，所謂旋璣玉衡，以齊七政。」晉書天文志謂北斗：「魁四星爲璇璣，杓三星爲玉衡」。則璿璣玉衡者，即北斗七星也。又按：古人以爲星象影響政事。七政，蓋謂七種政事。意者古人以爲北斗七星，每一星主一政事，故云在璿璣玉衡以齊七政也。齊，正也；義見詩小宛毛傳。

70 肆，史記訓爲遂。夏小正傳云：「肆，遂也。」類，史記正義引五經異義云：「非時祭天謂之類。」

71 禋（一ㄣ），祭祀之名。王國維謂：置牲於柴上而燎之，使其香味隨煙而達於上也。說見觀堂集林雒誥解。宗，僞孔傳：「尊也。」六宗，說者紛紜。桂氏札樸（卷一）云：「蔡氏月令章句說天宗云：『日爲陽宗，月爲陰宗，北辰爲星宗。』五經異義賈逵說六宗云：『天宗三：日、月、星辰；地宗三：泰山、河、海。』蔡說天宗，與賈六宗同。賈說六宗，與古尚書說同。」以上下文核之，賈說較近理。曩作尚書釋義時，取馬融說，茲改從賈氏說。

72 望，謂望山川而祭之也；義見漢書王莽傳上註。

73 徧，普遍；謂徧祭之。

輯五瑞[74]；既月乃日[75]，覲四岳羣牧，班瑞于羣后[76]。歲二月，東巡守，至于岱宗，柴[77]；望秩于山川[78]。肆覲東后[79]。協時、月，正日；同律、度、量、衡[80]。修五禮，五玉，三帛，二生，一死，贄[81]。如五器，卒乃復[82]。五月，南巡守，至于南岳[83]，如岱禮。八月，西巡守，至于西岳[84]，如初。十有一月，朔巡守，至于北岳[85]，如西禮。歸，格于藝祖，用特[86]。五載一巡守，羣后四朝[87]；敷奏以言，明試以功，車服以庸[88]。

74 輯，爾雅釋言：「合也。」瑞，說文云：「以玉爲信也。」周禮春官典瑞：「公執桓圭，侯執信圭，伯執躬圭，……子執穀璧，男執蒲璧，以朝覲宗遇會同于王。」當卽此所謂五瑞也。輯五瑞者，言諸侯執瑞來朝，天子以冒合其圭，以驗其眞僞也。

75 旣月乃日，史記作擇吉月日。旣月，言旣已決定其月。乃日，戴氏尚書義考（卷二）云：「日者，擇其日之謂也。」僞孔傳以乃日屬下文讀，非是。

76 覲，見也；義見爾雅釋詁。牧，州長也。下文云：「咨十有二牧。」卽十二州之長；可證。班，還也；義見僞孔傳。后，君也；義見爾雅釋詁。此謂諸侯。太平御覽（卷五）引尚書大傳云：「故圭冒者，天子所以與諸侯爲瑞也。諸侯執所受圭以朝天子。……無過行者，復其圭以歸其國。有過行者，留其圭。能改過者，復其圭。」上文言輯，此言還瑞於諸侯也。

77 天子巡行，謂之巡守。孟子云：「巡守者，巡所守也。」岱宗，卽泰山；東岳也。柴，爾雅釋天云：「祭天曰燔柴。」釋文引馬融云：「祭時積柴加牲其上而燔之。」則與禋、燎等祭相類。或以此爲祭泰山（見史記集解引鄭玄說），予作尚書釋義時從之。今按：孔氏正義云：「郊特牲云：『天子適四方，先柴。』是燔柴爲祭天告至也。」玆改從之。

78 秩，爵秩，尊卑之次序也。公羊隱公八年傳疏引鄭玄云：「望秩於山川者，徧以尊卑祭之。五嶽視三公，四瀆視諸侯；其餘小者，或視卿大夫，或視伯子男矣。」

79 同上又云：「東后，東方之諸侯也。」

80 協，和也；已見註8。協時、月，言調和四時十二月，使不紊亂。正，謂定準。同，謂使之齊一。律，釋文引馬融云：「法也。」史記集解引鄭玄云：「度，丈尺；量，斗斛；衡，斤兩也。」周禮秋官大行人云：「十有一歲，達瑞節，同度量，成牢禮，同數器，修灋則。」與此可以互證。

81 五禮，史記集解引馬融曰：「吉、凶、賓、軍、嘉也。」五玉，即五瑞。三帛，孔氏正義引王肅云：「纁、玄、黃也。」史記集解引鄭玄云：「帛，所以薦玉也。」此謂諸侯尊卑不同，因以不同顏色之絲織品，墊於圭下而進獻之也。二生、一死，孔氏正義云：「曲禮云：『贄，諸侯圭、卿羔、大夫鴈、士雉。』雉不可生，知一死是雉，二生是羔鴈也。」贄，相見時所贈之禮品也。

82 如，若也。五器，亦即五瑞。鄭玄云：「卒，已也。復，歸也。」說見公羊隱公八年傳疏所引。史記集解引馬融云：「五玉，禮終則還之；三帛已下不還也。」此言若五瑞者，禮終則還於諸侯也。

83 南岳，衡山也。

84 西岳，華山也。

85 北岳，恒山也。

86 格，祭告也；說見註64。藝祖，禮記王制及史記皆作祖禰。釋文引馬融云：「藝，禰也。」父廟曰禰。此言祭告於父廟及祖廟也。用特，史記作「用特牛禮」。禮記王制鄭註：「特，特牛也。」特牛，謂一隻牛。

87 史記集解引鄭玄云：「巡守之年，諸侯見於方嶽之下；其間四年，四方諸侯分來朝於京師也。」

88 敷奏，史記作徧告。敷，猶徧也；義見詩賚鄭箋。孫氏尚書今古文注疏云：「書大傳注云：『奏，猶白。』白之義，與告相近。」又云：「言使諸侯徧以治術奏告也。」明試以功，謂就其所言以明試其功效。車服以庸，謂賜之車馬衣服使用之。庸，用也；此義前已數見。

肇十有二州，封十有二山，濬川[89]。

89 肇，爾雅釋詁：「始也。」此謂始設置。漢書地理志云：「堯遭洪水，褱山襄陵，天下分絕為十二州。使禹治之，水土既平，更制九州。」馬融謂所增之三州為幽、并、營（見史記集解）；蓋本周禮及爾雅為說。崔述唐虞考信錄（卷二）云：「至十二州之名，經傳皆無之。幽、并、營之為州，雖見於周官、爾雅；然彼自記九州之名，與舜之十二州初無涉也。……大抵儒者之患，皆好強不知以為知。古書既缺，十二州名無可考證，則亦已矣。適見周官、爾雅有幽、并、營三州名為禹貢所無，遂附會之，以補舜十二州之數。」按：崔氏所論甚諦。九州之名，已多異說；此十二州之名，更難確知矣。封，聚土為壇也；義見禮記王制鄭註。此謂為壇以祭。周禮夏官職方氏，言每州有一山為鎮；此十二山，謂十二州之鎮山也。濬，爾雅釋言：「深也。」此作動詞用，謂掘深之。

象以典刑[90]。流宥五刑[91]。鞭作官刑，扑作教刑，金作贖刑[92]。眚災肆赦，怙終賊刑[93]。「欽哉，欽哉！惟刑之恤哉[94]！」

90 象，周禮太卜鄭註：「謂有所造立也。」典，爾雅釋詁：「常也。」言設立常刑也。儒者多據大傳以「象刑」說之，恐非是。

91 史記集解引馬融曰：「流，放；宥，寬也。」言犯五刑之罪者，以流放之法寬宥之也。五刑，鄭玄謂墨、劓、剕、宮、大辟也；說見周禮司刑疏引。按：鄭氏蓋本呂刑為說。

92 鞭，鞭笞。作，為。官刑，官府之刑。衛獻公鞭師曹三百（見襄公十四年左傳），是其例也。扑（ㄆㄨ），偽孔傳云：「榎楚也。」榎，或作夏。榎，山楸。楚，荊屬。用以扑人。教刑，學校之刑也。史記集解引馬融曰：「金，黃金也。意善功惡，使出金贖罪。」梁啓超以為三代以前，無金屬貨幣；金作牘刑一語，恐出春秋以後人手筆（見中國歷史研究法第五章第二節）。按：梁氏之說固是。惟今既知本篇爲戰國時人述古之作，則此語自不足異。

93 眚（ㄕㄥˇ）爲孔傳：「眚，過。」又云：「災，害。」東坡書傳：「眚災者，猶曰不幸，非其罪也。」按：康誥：「乃惟眚災適爾。」眚災，亦謂過失犯罪也。肆，爾雅釋詁：「故也。」怙（ㄏㄨˋ），爾雅釋言：「恃也。」按：終，猶永也。怙終，言怙恃其惡，久而不改。于省吾雙劍誃尚書新證云：「賊，从則聲；賊、則古通。」言怙惡不悛者則刑之也。

94 之，是也；說見經傳釋詞（卷九）。恤，爾雅釋詁：「憂也。」惟刑之恤，言惟刑罰是憂慮；意謂愼刑也。

流共工于幽洲[95]，放驩兜于崇山[96]，竄三苗于三危[97]，殛鯀于羽山[98]：四罪而天下咸服[99]。

95 流，流放。洲，孟子萬章上引作州，禮記射義註引亦作州。幽州，說者以爲舜十二州之一。史記正義引括地志云：「故龔城，在檀州燕樂縣界；故老傳云：舜流共工幽州居此城。」

96 放，亦卽流放。驩兜，見前。崇山，孫氏尚書今古文注疏引太平御覽（四十九）所引盛宏之荆州記曰：「崇山，在澧陽縣南七十五里。」

97 竄，孔氏正義云：「投棄之名。」三苗，蓋謂三種不同族之苗民。戰國策謂三苗之居，右有彭蠡，左有洞庭。蓋在今江西、湖南接界處也。三危，山名；詳見禹貢。

98 殛，誅也；義見爾雅釋言。孫氏注疏以爲責遣之。是也。楚辭天問言鯀事云：「永遏在羽山，夫何三年不施？」是知殛乃誅責，非誅死也。洪範言：「鯀則殛死。」蓋謂被誅責以致於死耳，非謂誅殺之。羽山，相傳有二：一說在今山東郯城縣東北，一說在今山東蓬萊東南。據禹貢，以在今郯城東北者爲當。

99 咸，說文：「皆也。」

二十有八載，帝乃殂落[100]。百姓如喪考妣[101]，三載，四海遏密八音[102]。

100 帝，孟子萬章上引作放勳。殂（ㄘㄨˊ）落，爾雅釋詁：「死也。」

101 百姓，民眾也。西周早期文獻，率以百姓爲百官；作民眾解，蓋後起之義。爾雅釋親：「父爲考，母爲妣。」郭註云：「禮記曰：『生曰父母妻，死曰考妣嬪。』今世學者從之。」按：考妣對稱，乃戰國以來之習；古者皆祖妣對稱。說見本篇解題。

102 四海，猶言天下。遏，止也。密，靜也。併見爾雅釋詁。八音，金、石、絲、竹、匏、土、革、木。

月正元日，舜格于文祖[103]。詢于四岳，闢四門，明四目，達四聰[104]。咨十有二牧[105]，曰：「食哉，惟時[106]！柔遠能邇[107]，惇德允元[108]，而難任人[109]，蠻夷率服[110]。」

103 月正，僞孔傳云：「正月。」文選薛綜東京賦註引作正月。元日，善日也；吉日也。經義述聞有說。按：呂氏春秋孟春紀正月：「天子乃以元日祈穀于上帝。」高註：「元，善也。」格，祭告。文祖，祖廟。說並見前。此謂舜祭於祖廟，以告己即天子之位也。

104 詢，爾雅釋詁：「謀也。」闢，說文：「開也。」言不閉四方城門。四目，謂四方之視綫。聰，聞也；義見詩兔爰毛傳。此言通達四方之聽聞也。

105 說文：「謀事曰咨。」牧，州長也；義見周禮大宰鄭註。

106 蔡氏書集傳云：「王政以食爲首，農事以食爲先。舜言足食之道，惟在於不違農時也。」

107 柔，安也；義見爾雅釋詁。能、而、如、若，一聲之轉。柔遠能邇語，詩書中習見，善夫克鼎亦有類似之語。言安定遠方使如近方之安定也。參戴氏尚書義考、王氏經義述聞、及孫氏注疏說。

108 惇（ㄉㄨㄣ），爾雅釋詁：「厚也。」元，善也；已見註103。言惇厚其德誠能至於良善也。

109 難，僞孔傳：「拒也。」任，爾雅釋詁：「佞也。」史記作佞。

110 率，用也；義見詩思文毛傳。

舜曰：「咨！四岳。有能奮庸熙帝之載[111]，使宅百揆[112]，亮采惠疇[113]？」僉曰：「伯禹作司空[114]。」帝曰：「俞，咨！禹。汝平水土，惟時懋哉[115]。」禹拜稽首，讓于稷、契、暨皋陶[116]。帝曰：「俞，汝往哉[117]。」

111 奮，發也；義見史記樂書集解引孫炎說。庸，爾雅釋詁：「勞也。」孔氏正義云：「勞，亦功也。」奮庸，奮發於事功也。熙，興也；已見註[31]。周書謚法篇：「載，事也。」

112 宅，居也；已見註[12]。百揆，已見註[61]。

113 亮，相也；義見詩大明釋文引韓詩說。按：相，謂輔助。采，事；已見註[35]。惠，猶語詞之「惟」。楊氏覈詁大誥篇及君奭篇並有說；唐蘭天壤閣甲骨文存考釋更申明之。疇，類也；義見易否卦九家註。以上三語，謂有能奮發於事功以興盛帝之事業，使居各官之位，依類輔導諸事者乎？

114 司空，始見詩大雅緜；鄭箋云：「掌營國邑。」金文通作司工。此四岳薦禹爲司空之官也。

115 俞咨，猶言然哉。時，是也。懋，爾雅釋詁：「勉也。」史記作勉。言禹平水土，能勉力從事也。此嘉禹平水土之功，亦即同意其任司空之官。

116 跪而俯身，以手撫地曰拜。叩首至地曰稽首。稷，即后稷，本爲官名，掌農事。棄曾爲是官，後世遂以稷及后稷，代棄之名。此處稷指棄言，亦以見本篇著成之晚。契（ㄒㄧㄝˋ），漢書百官表序引作卨；相傳爲商之始祖。皋陶（ㄧㄠˊ），唐六典引作咎繇。

117 汝往哉，言命禹往任司空之官。

帝曰：「棄！黎民阻飢[118]。汝后稷，播時百穀[119]。」

118 帝，謂舜。黎，眾也；已見註9。阻，厄也；義見詩思文孔氏正義所引鄭玄說。

119 后，主也；義見漢書百官公卿表敍注引應劭說。主，主持也。汝后稷，言汝主管農事；即為農官也。播，說文：「穜也。」時，詩思文孔氏正義引鄭玄云：「時，讀曰蒔。」蒔，亦種也。此節所記，乃帝舜呼棄而嘉美之之辭。棄非新命，故無推讓之言。下文契、皋陶同。

帝曰：「契！百姓不親，五品不遜[120]。汝作司徒，敬敷五教，在寬[121]。」

120 百姓，謂民眾。說文：「品，衆庶也。」五品，史記集解引鄭玄云：「父母兄弟子也。」此蓋據文公十八年左傳言之，而不如孟子之說為長（見下文）。遜，說文引作愻；云：「順也。」

121 司徒，官名。詩大雅緜鄭箋云：「司徒，掌徒役之事。」金文中習見之嗣土，當即此官。周禮司徒之官掌邦教，與孟子之說合（詳下）。或此官初掌役眾，後復掌教民之事也。敷，布也；義見說文。即傳布之意。五教，孟子滕文公上言舜使契為司徒，「教以人倫：父子有親，君臣有義，夫婦有別，長幼有序，朋友有信。」孟子之說，當據本篇；則五教者，乃父子、君臣、夫婦、長幼、朋友之教也。寬，嚴之反；在寬，謂不嚴急也。中庸所謂「寬柔以教」者，亦即此意。

帝曰：「皋陶！蠻夷猾夏，寇賊姦宄[122]。汝作士，五刑有服，五服三就[123]；五流有宅，五宅三居。惟明克允[124]。」

122 猾夏，史記集解引鄭玄云：「侵亂中國也。」是訓猾為侵亂；訓夏為中國。謂中國曰夏，自是夏代以來之語，說見本篇解題。寇賊，史記集解引鄭玄云：「強取為寇；殺人為賊。」姦宄（ㄍㄨㄟˇ），成公十七年左傳云：「亂在外爲姦，在內爲宄。」國語晉語六同。史記集解引鄭玄云：「由內爲姦，起外爲軌。」按：宄、軌通。鄭說與左傳及國語異。

123 士，史記集解引馬融云：「獄官之長。」五刑，見前。有，猶以也。皐陶謨「車服以庸」，春秋繁露度制篇作「輦服有庸」；詩皇矣「臨下有赫」，潛夫論班祿篇有作以；可證有以互通。于省吾雙劍誃墨子新證有說。服，蔡傳云：「服其罪也。」三就，言就三處行刑。國語魯語上臧文仲云：「故（刑）大者陳之原野，小者致之市、朝；五刑三次。」韋註：「次，處也。」言犯五刑而服其罪者就三處行刑也。

124 宅，居處也。五流有宅，五宅三居，言流放之刑凡五，各有流放之處；而犯五種流放之刑者其居處則有三地也。史記集解引馬融云：「大罪，投四裔；次，九州之外；次，中國之外。」明，明察。允，信也。史記集解引馬融云：「當明其罪，能使信服之。」

帝曰：「疇若予工？」僉曰：「垂哉[125]。」帝曰：「兪咨！垂。汝共工[126]。」垂拜稽首，讓于殳斨暨伯與[127]。帝曰：「兪。往哉，汝諧[128]。」

125 疇，誰。若，順。說皆見前。工，工務也。垂，臣名。顧命有「垂之弓矢」；禮記明堂位有「垂之和鍾」；蓋相傳古巧於工者也。

126 共，與供通；猶掌管也。

127 殳（ㄕㄨ）斨（ㄑㄧㄤ）、伯與二臣名。漢書古今人表，殳斨作朱斨，伯與作柏譽。蔡傳以殳與斨爲二人。今從漢書說。

128 諧，爾雅釋詁：「和也。」此言協和、適當也。

帝曰：「疇若予上下草木鳥獸？」僉曰：「益哉[129]。」帝曰：「兪咨！益。汝作朕虞[130]。」益拜稽首，讓于朱、虎、熊、羆[131]。帝曰：「兪。往哉，汝諧。」

129 史記集解引馬融曰：「上謂原；下謂隰。」卽高原與低窪處也。益，臣名；卽伯益。史記秦本紀之伯翳，索隱以爲卽此人。

130 虞，漢書百官表注引應劭曰：「掌山澤禽獸官名也。」

131 朱、虎、熊、羆，蔡氏集傳、孫氏注疏，段氏撰異皆以爲四臣名；僞孔傳以爲二臣名。茲從蔡氏、孫氏等說。

帝曰：「咨！四岳。有能典朕三禮？」僉曰：「伯夷[132]。」帝曰：「兪咨！伯。汝作秩宗[133]。夙夜惟寅，直哉惟淸[134]。」伯拜稽首，讓于夔、龍[135]。帝曰：「兪。往，欽哉！」

132 典，主也；義見周禮天官序官鄭注。今語謂之主持。三禮，史記集解引馬融曰：「天神、地祇、人鬼之禮。」伯夷，臣名。

133 伯，史記作伯夷，蓋是。白虎通（王者不臣篇）以「先王老臣、不名」說之，恐非是。秩宗，史記集解引鄭玄曰：「主次秩尊卑。」僞孔傳云：「主郊廟之官。」二說雖不盡同，皆謂禮官也。

134 夙，早也；義見爾雅釋詁。寅，敬也；已見註13。直，謂正直。淸，史記作靜絜。按：淸，當如詩周頌淸廟之淸。孔氏正義引賈逵左傳注云：「肅然淸靜，謂之淸廟。」

135 夔（ㄎㄨㄟˊ）、龍，二臣名。

帝曰：「夔！命汝典樂，敎胄子[136]。直而溫[137]，寬而栗[138]，剛而無虐[139]，簡而無傲[140]。詩言志，歌永言，聲依永，律和聲[141]；八音克諧，無相奪倫[142]：神人以和。」夔曰：「於！予擊石拊石，百獸率舞143。」

136 典，主持；見上節。胄，釋文引馬融云：「長也。」胄子，僞孔傳云：「謂元子以下至卿大夫子弟。」

137 孔氏正義云：「正直者失於太嚴，故令正直而溫和。」

138 栗，文公二年公羊傳注：「栗，猶戰栗；謹敬貌。」按：寬緩者常失於疎略，故使其謹敬。

139 虐，害也；義見淮南覽冥篇高注。剛強者易於苛刻害人，故使其無虐。

140 簡，略也；義見論語公冶長篇孔注。性簡略者常致傲慢，故使其無傲。以上四語，言以音樂陶冶性情，使得中和之道。

141 詩，謂歌辭；所以表達意志。永，長也。永言，謂其言曼長。使語言（歌辭）之聲曼長乃成歌。樂聲之曲折緩急，即依此曼長之歌聲爲之，故曰聲依永。律，指律呂言。律呂，古代正樂之器，截竹爲筒，筒之長短不同，其聲音遂有清濁高低之異；樂器之音，即依之爲準則。律和聲者，言宮商角徵羽五聲與律呂調協也。

142 八音，見前。諧，和也；已見注128。奪，猶亂也；義見禮記仲尼燕居鄭注。倫，序也；義見孟子離婁下趙注。奪倫，言亂其旋律也。

143 於（ㄨ），歎詞；已見注9。拊（ㄈㄨˇ），拍也；義見襄公二十五年左傳釋文。又：與撫同；說見荀子富國篇楊注。按：即輕擊也。石，僞孔傳云：「磬也。」率，詩賓之初筵孔氏正義云：「言率者，非一之辭。」按：義猶皆也。自「夔曰」至「率舞」十二字，東坡書傳及蔡氏集傳，皆以爲乃益稷（里案：即皋陶謨）之文，因錯簡重見於此。按：其說蓋是。史記亦有此文者，蓋自西漢時即已錯簡也。

帝曰：「龍！朕堲讒說殄行，震驚朕師144。命汝作納言，夙夜出納朕命，惟允145。」

144 堲（ㄐ·ㄧ）說文：「疾惡也。」讒說，卽讒言。按：殄（ㄊㄧㄢˇ），病也；義見周禮地官稻人鄭注。殄行，意謂毛病之行爲，卽惡行也。震，動也；義見爾雅釋詁。震驚，驚動也。師，眾也；已見注53。

145 納言，官名。僞孔傳云：「喉舌之官，聽下言納於上，受上言宣於下。」孔氏正義云：「納言不納於下，朕命有出無入；官名納言，云出納朕命，互相見也。」允，信實也。

帝曰：「咨！汝二十有二人146，欽哉！惟時亮天功147。」

146 二十二人，說者分歧。史記以爲禹、皐陶、契、稷、伯夷、夔、龍、垂、益、彭祖、十二牧（本皮錫瑞今文尚書考證說）。史記集解引馬融云：「稷、契、皐陶，皆居官久，有成功，但述而美之，無所復勑；禹及垂已下皆初命，凡六人，與上十二牧四嶽，凡二十二人。」僞孔傳從之。孔氏正義云：「鄭以爲二十二人，數殳斨、伯與、朱虎、熊羆（里案：鄭氏以朱虎、熊羆爲二人），不數四岳。」蔡氏集傳以爲四岳（蔡氏以四岳爲一人）、九官、十二牧。王氏經義述聞，謂二十二人，應作三十二人；卽四岳、十二牧、禹、稷、契、皐陶、垂、益、伯夷、夔、龍、殳、斨、伯與、朱、虎、熊、羆也。諸說紛紜，莫衷一是。茲姑從馬氏說。

147 亮，輔導；已見注113。天功，史記作天事。功，事也；義見詩七月毛傳。古人以爲事皆天定，故云天功。

三載考績；三考，黜陟幽明148，庶績咸熙149。分北三苗150。

148 績，爾雅釋詁：「功也。」黜，大誥序孔氏正義引鄭玄云：「貶退也。」陟，升也；已見注66。幽，謂昏暗之官。明，謂明達之官。

149 此語已見前，詳注31。

150 三國志虞翻傳注引翻別傳述虞氏之說曰：「分北三苗，北，古別字。又訓北，言北猶別也。」惠棟九經古義，亦申此說。分北，卽分別之也。三苗，已見注[97]。

舜生三十，徵庸三十，在位五十載[151]，陟方乃死[152]。

151 徵，爾雅釋言：「召也。」徵庸，召用也。簡朝亮尚書集注述疏云：「徵庸三十者，試舜三載，受終攝政二十八載；其試舜末年，卽受終初年，凡三十年也。在位五十載者……經曰：『朕在位七十載。』其爲文同也。」僞孔傳讀「舜生三十徵庸」句，「三十在位」句。簡氏句讀，蓋本鄭玄，其義較長，茲從之。孔氏正義云：「鄭玄讀此經云：『舜生三十，謂生三十年也。登庸二十。謂歷試二十年。在位五十載，陟方乃死，謂攝位至死爲五十年，舜年一百歲也。』」按：大戴禮五帝德云：「舜之少也，惡顇勞苦，二十以孝聞乎天下，三十在位嗣帝所，五十乃死，葬于蒼梧之野。」史記五帝本紀：「舜年二十以孝聞，年三十堯舉之，年五十攝行天子事，年五十八堯崩，年六十一代堯踐帝位，踐帝位三十九年南巡狩，崩於蒼梧之野。」史記五帝本紀，多取大戴禮五帝德及帝繫姓之說；上引史記說，蓋亦本諸五帝德。惟五帝德之言，含混不詳，史記更詳之。要之，史記及鄭玄，皆謂舜年百歲，而依本經經文計之，則爲百一十歲（僞孔傳更加三年之喪二年，謂舜年百十二歲。）。則是「徵庸三十」之三字，應以作二爲正也。

152 陟，登也；義見詩皇矣鄭箋。方，卽多方之方，國也；此義甲骨文中習見。陟方，意謂巡行各國。巡行而曰陟者，蓋猶後人出行曰登程之比。

皋陶謨

皋陶，說文（謨字下）、漢書顏師古注、後漢書李賢注，俱作咎繇。謨，爾雅釋詁：「謀也。」本篇皆記皋陶等謀議之言，故篇題曰皋陶謨。僞古文本分爲二篇，自「思曰贊贊襄哉」以上，謂之皋陶謨；「帝曰來禹」以下，謂之益稷。

本篇之著成，約與堯典同時而稍後，由以下諸事證之可知：本篇言「予決九川，距四海」；又言「弼成五服，至于五千」。皆顯據禹貢之說言之。曰「撫于五辰」，曰「以出納五言」。皆五行說盛行後之語。而「洪水滔天，浩浩懷山襄陵」；及「敷納以言，明庶以功，車服以庸」，語皆與堯典雷同（僅一二字之異）。由他例互證（見下），知其當襲自堯典，而非堯典襲本篇。「何憂乎驩兜？何遷乎有苗？何畏乎巧言令色孔壬？」當據堯典流放四凶之事言之；知本篇之著成，當遲於堯典。而習用之字，如僉、都、亮采等，在他書皆罕見，而獨習見於堯典及本篇。是知本篇與堯典如非同出一手，亦必同地區之人所作也。孟子公孫丑上言：「禹聞善言則拜。」趙岐及朱子，皆以爲乃據本篇「禹拜昌言」而言。其說可信。是孟子時本篇已傳世；其情形與堯典同。要之，本篇與堯典，蓋皆戰國初葉人，就傳聞之說筆之於書者；而本篇之成，則當稍遲於堯典也。說詳拙著「尚書皋陶謨篇著成的時代」（見書傭論學集）。

曰若稽古，皋陶曰：「允迪厥德，謨明弼諧[1]。」禹曰：「俞。如何？」皋陶曰：「都！愼厥身修，思永[2]。惇叙九族，庶明勵翼，邇可遠，在茲[3]。」禹拜昌言[4]，曰：「俞。」

1 允，信也；已見堯典。迪，廣雅釋言：「蹈也。」即履行之意。厥，其也；已見堯典注[57]。謨，謀也。弼，爾雅釋詁：「輔也。」此謂輔佐之臣。諧，和也；已見堯典。

2 愼厥身修，言愼修其身。思永，言謀慮永久之道。

3 惇，厚也；已見堯典。此謂親厚。叙，史記（夏本紀）作序。集解引鄭玄說惇叙九族，庶明勵翼曰：「次序九族而親之，以眾賢明作羽翼之臣。」按：此明字當與堯典「明明揚側陋」之下一明字同義，謂明哲之人。「勵翼」，蔡傳以「勉輔」釋之，是也。庶明勵翼，謂眾明哲之人皆奮勉輔佐之。予舊用羣經平議說，讀明爲甿；今改正。茲，爾雅釋詁：「此也。」邇可遠在茲者，僞孔傳云：「近可推而遠者在此道。」其說是也。

4 昌，史記譯作美。說文：「昌，美言也。」孟子謂昌言爲善言；善言即美言。

皐陶曰：「都！在知人，在安民[5]。」禹曰：「吁！咸若時；惟帝其難之[6]。知人則哲，能官人[7]；安民則惠，黎民懷之[8]。能哲而惠，何憂乎驩兜？何遷乎有苗？何畏乎巧言令色孔壬[9]？」

5 言君主任用官員之道，在能知人；爲政之道，在能安民。

6 咸，爾雅釋詁：「皆也。」史記作皆。時，是也；已見堯典。帝，舊謂指帝堯言。按：當指舜言。蓋本篇所言之帝，皆謂舜；而放逐四凶，亦舜攝政時事也。

7 哲，爾雅釋言：「智也。」官人，謂任人爲官。

8 惠，爾雅釋詁：「愛也。」懷，歸也；義見詩匪風毛傳。懷之，謂歸附之。

9 令，爾雅釋詁：「善也。」孔，爾雅釋言：「甚也。」壬，爾雅釋詁：「佞也。」巧言令色孔壬，指共工言；堯典謂共工「靜言庸違，象恭滔天」，與巧言令色孔壬近似也。四凶僅舉其三者，史記集解引鄭玄云：「禹爲父隱，故言不及鯀。」

皐陶曰：「都！亦行有九德。亦言其人有德，乃言曰：載采采[10]。」禹曰：「何？」皐陶曰：「寬而栗[11]，柔而立[12]，愿而恭[13]，亂而敬[14]，擾而毅[15]，直而溫[16]，簡而廉[17]，剛而塞[18]，彊而義[19]；彰厥有常，吉哉[20]。日宣三德，夙夜浚明有家[21]。日嚴祗敬六德，亮采有邦[22]。翕受敷施，九德咸事[23]，俊乂在官，百僚師師，百工惟時[24]；撫于五辰，庶績其凝[25]。無敎逸欲有邦。兢兢業業，一日二日萬幾[26]。無曠庶官，天工人其代之[27]。天敘有典，勑我五典五惇哉[28]。天秩有禮，自我五禮有庸哉[29]。同寅協恭和衷哉[30]。天命有德，五服五章哉[31]。天討有罪，五刑五用哉[32]。政事懋哉懋哉[33]。天聰明，自我民聰明[34]；天明畏，自我民明威[35]。達于上下，敬哉有土[36]！」

10　亦行、亦言之亦，皆語詞無義，亦非承上之詞；經傳釋詞有說。按：載、在，雙聲疊韻，義可互通。此當訓在。采，事也；已見堯典。采采，猶今言某事某事。

11　見堯典注138。

12　言和柔而能樹立（不爲外物所動搖）。

13　愿，謹善也；義見襄公三十一年左傳杜注。恭，史記作共。楊筠如尚書覈詁云：「共與供通；言能供職有才能。」愿謹者失於遲鈍，故以能供職爲佳。

14　亂，爾雅釋詁：「治也。」史記作治。此謂有治才。敬，謹也。有治才者，往往恃才輕物，故以敬謹爲佳。

15　擾，猶馴也；義見周禮太宰鄭注。毅，果敢也；義見論語子路篇集解引王肅注。

16 見堯典注[137]。
17 簡，略也；已見堯典注[140]。廉，禮記中庸鄭注引作辨。辨，謂能辨別是非也。俞氏羣經平議有說。
18 塞，猶實也；義見禮記中庸鄭注。
19 按：詩烈文毛傳：「競，彊也。」則彊者，猶今語所謂要強；卽求勝也。求勝者以合乎義爲佳。
20 彰，著也；猶今語所謂顯示。常，謂常度。吉，說文云：「善也。」
21 宣，明也；義見僖公二十七年左傳杜注。又：發揚也；義見國語周語下韋注。三德，謂九德中之三。
浚，敬也；義見方言六。明，孫氏注疏云：「與孟通。……孟，勉也。」僞孔傳云：「卿大夫稱家。」
以上二語，謂如能每日宣明三德，且早夜敬謹勉力行之，卽可保有大夫之家也。意謂大夫須具三德。
22 嚴，馬融讀魚檢反（見釋文），卽讀爲儼。儼，矜莊貌。祗，亦敬也；已見堯典。六德，謂九德中之
六。亮采，輔導事業也；已見堯典注[113]。有邦，謂保有諸侯之國也。以上二語，意謂諸侯須具六德。
23 翕，爾雅釋詁：「合也。」敷，史記夏本紀作普，徧也；參堯典注[88]。翕受，謂合受九德；敷施，謂普
徧施行九德。咸事，皆從事也。
24 孔氏正義云：「馬、王、鄭皆云：『才德過千人爲俊，百人爲乂。』」僚，爾雅釋詁：「官也。」師師，
謂互相師法。工，官也；已見堯典注[31]。時，善也；義見詩頍弁毛傳。
25 撫，循也；義見楚辭懷沙王注。循，順循也。五辰，僞孔傳謂「五行之時」。孔氏正義申之云：「五行
之時，卽四時也。禮運曰：『播五行於四時。』土寄王四季，故爲五行之時也。」按：詩東方未明毛傳
云：「辰，時也。」是五辰卽五時。白虎通五行篇謂：「土王四季，各十八日，合九十日爲一時。」孔
氏正義，蓋本此爲說。史記天官書，則以季夏爲一時。說雖不同，而分一年爲五時，以配五行，則一
也。凝，孔氏正義引鄭玄云：「成也。」庶績其凝，謂衆事功乃成也。

26 無，史記作毋；古無毋通。敎，令也；義見淮南主術篇注。逸欲，謂逸樂貪欲之人。有邦，謂爲諸侯。爾雅釋訓：「兢兢，……戒也。」又云：「業業，……危也。」戒，謂戒愼。危，謂危懼。一日二日，孔氏正義謂鄭（玄）王（肅）皆云：「猶日日也。」幾、機古通；漢書王嘉傳作機。幾，謂機兆；事態尚未顯著時也。

27 曠，空也；義見詩何草不黃毛傳。曠庶官，史記以爲「非其人居其官」；是也。天工，卽堯典之天功。事功雖天定，而天不自作，故云人代。

28 天敘，天定之倫序。典，常也；已見堯典注[60]。勑，同敕，謹也；義見廣雅釋言。五典，見堯典注[60]。五惇，使五典惇厚也。本篇首段云：「惇敘九族」；可與此互證。

29 秩，僖公三十一年公羊傳何注：「秩者，隨其大小尊卑高下所宜。」按：堯典「平秩東作」，說文引秩作豑。云：「豑，爵之次第也。」是秩、豑古通；何許二家之說亦相合。則天秩，乃天定之爵秩也。自，由也；義見詩文王有聲鄭箋。又：率也；義見禮記雜記鄭注。按：率，循也。由亦循也。五禮，孔氏正義引鄭玄云：「天子也，諸侯也，卿大夫也，士也，庶民也。」庸，常也；義見爾雅釋詁。有庸，釋文云：「馬本作五庸。」按：有作五，雖與上下文句法一致；然各本皆不如是作，玆不從。

30 寅，敬也；已見堯典。協，與叶同，合也；義見漢書五行志集注引應劭說。又：同也；義見國語周語上韋注。衷，廣雅釋詁一：「善也。」言君臣能同敬謹、共謙恭，則和善也。

31 有德，謂有德之人。五服，依職位尊卑所定五等之服也。陳祥道禮書（卷三）引尙書大傳，謂五服爲天子、諸侯、子男、大夫、士之服。章，文理也；義見易說卦傳虞注。五章，謂五種不同之文彩。

32 五刑，見堯典注[91]。刑有五，故言五用。

33 懋（ㄇㄠˋ），勉也；義見堯典「惟時懋哉」釋文引王肅注。

34 自，由也；已見注[29]。

35 明，顯揚也；義見堯典注[52]。畏，釋文云：「馬本作威。」按：畏、威古通。此威，謂懲罰也。明，謂顯揚善人。威，謂懲罰惡人。

36 達，通也。孫氏注疏云：「上謂天，下謂民。」達於上下，意謂天人相通。敬，謹也。有土，謂有國之君。

臯陶曰：「朕言惠可厎行[37]。」禹曰：「俞。乃言厎可績[38]。」臯陶曰：「予未有知，思曰贊贊襄哉[39]。」

37 惠，予曩從舊說訓順。今按：楊氏尚書覈詁，讀惠爲惟。唐蘭天壤閣甲骨文存考釋，更申論之，云：「朕言惠可厎行，猶言朕言惟可厎行。」茲從之。厎，致也；已見堯典注[65]。可厎行，謂可施行也。

38 厎可績，可致績也；說見堯典注[65]。

39 曰，東坡書傳、張載（見林之奇尚書全解引）、及蔡氏集傳，皆謂當作日，茲從之。贊，佐也；助也。此義習見。贊贊，言佐助而又佐助；勤力輔佐之意也。襄，成也；義見定公十五年左傳杜注。此言惟思日日勤勉輔佐以成之也。　僞古文本臯陶謨止此。

帝曰：「來！禹。汝亦昌言[40]。」禹拜曰：「都！帝。予何言？予思日孜孜[41]。」臯陶曰：「吁！如何？」禹曰：「洪水滔天，浩浩懷山襄陵；下民昏墊[42]。予乘四載，隨山刊木[43]。暨益奏庶鮮食[44]。予決九川，距四海；濬畎澮，距川[45]。暨稷播奏庶艱食、鮮食，懋遷有無化居[46]。烝民乃粒，萬邦作乂[47]。」臯陶曰：「俞。師汝昌言。」

40 自帝曰以下，僞古文本謂之益稷。帝，謂舜。昌言，見注[4]。
41 按：思，當爲句中語助詞；經傳釋詞有說（惟未舉此例）。孜（ㄗ），說文：「汲汲也。」予思日孜孜，
謂予惟日汲汲不怠。
42 洪水二語，與堯典文相似，說見堯典注[39]至[41]。正義引鄭玄云：「昬，沒也。墊，陷也。」
43 四載，四種乘載之具。史記謂：陸行乘車，水行乘舟，泥行乘橇（形似箕，滑行泥上。），山行乘檋（
說文作欙，卽山轎。）。刊，史記作栞，說文作栞（云：篆文从幵。）。說文云：「槎識也。」段注：「
槎，衺斫也。槎識，衺斫以爲表志也。」
44 暨，與也；已見堯典。益，卽伯益。奏，進也；義見僞孔傳。庶，謂民衆。鮮，釋文引馬融云：「生
也。」詩思文正義引鄭玄云：「鱻（同鮮）食，魚鼈也。」
45 決，說文：「行流也。」謂疏導河川，使之暢流。按：九川，卽禹貢九系之川也。九系之川，其首川爲
弱水、黑水、河、漾、江、沇、淮、渭、洛。距，僞孔傳：「至也。」此義亦見莊子漁父篇釋文所引李
注。濬，爾雅釋言：「深也。」此謂掘之使深。畎（ㄑㄩㄢ）澮（ㄎㄨㄞ），史記集解引鄭玄云：「田
間溝也。」按：周禮考工記，畎，廣深各一尺；澮，廣二尋，深二仞。
46 播，詩噫嘻鄭箋：「猶種也。」此謂播種穀物。艱，釋文云：「馬本作根。云：根生之食；謂百穀。」
按：釋名：「艱，根也。」是艱、根音同義通。此應作根解。既言艱食，又言鮮食者，謂兼食穀物及魚
鼈等。懋，宋王天與尚書纂傳、元吳澄書纂言，皆云大傳作貿；申鑒時事篇亦作貿。說文：「貿，易財
也。」今謂之貿易。遷，謂遷移貨物。化，與貨通；賣也。日知錄（卷二）：「化者，貨也。」自注云：「古
化貨二字多通用，史記仲尼弟子傳：『與時轉貨貲。』索隱曰：『家語貨作化。』」按：古貨幣齊刀銘文，
貨字皆作化。居，謂儲也；義見漢書張湯傳「居物致富」注引服虔說。貨，謂賣出。居，謂囤積貨物。

烝，爾雅釋詁：「眾也。」烝民乃粒，史記作「眾民乃定」。王氏經義述聞云：「粒，當讀爲周頌思文『立我烝民』之立；立者，成也，定也。」按：作，甲骨文及早期金文但作「乍」。甲骨文中乍字，往往與「則」字義同；說見胡小石甲骨文例、及郭某甲骨文字研究「釋作」篇。乂，治也；已見堯典。此謂治平。萬邦作乂，謂萬邦則治平也。

禹曰：「都！帝。愼乃在位[48]。」帝曰：「俞。」禹曰：「安汝止，惟幾惟康；其弼直，惟動丕應[49]。徯志以昭受上帝，天其申命用休[50]。」

48 乃，汝也；已見堯典注65。此言汝在位應謹愼。

49 安汝止四句，高本漢書經注釋，以爲應讀作「安汝止——惟幾惟康」，「其弼德——惟動丕應」。其說較勝；今從之（其解說則未盡從）。止，處也；義見孟子公孫丑上趙注。此指本分言。史記集解引鄭玄云：「安汝之所止，無妄動。……」是也。幾，與上文「一日二日萬幾」之幾同義。康，爾雅釋詁：「安也。」二語意謂：安於汝之本分，能把握機宜則能安定。弼直，史記作「輔德」，江聲尚書集注音疏、及孫氏注疏，皆謂「直」乃「悳」（即德字）之壞字；是也。德，謂有德之人。丕，語詞，經傳釋詞有說。詩、書丕字，多爲語詞；先儒率訓爲大，非也。此二語意謂：其輔佐者爲有德之人，則（天子）有所舉動諸臣皆應之也。

50 史記以「清意」說徯志。孫氏注疏以「虛心平意」釋之，蓋是。昭，明也。以昭受上帝，謂用以昭然接受上帝之命也。其，將然之詞，猶今語所謂「將會……」。申，重也；義見爾雅釋詁。用，猶以也；經傳釋詞有說。休，福祿也；義見襄公二十八年左傳杜注。此言天將重疊命（賜與）汝以福祿也。

帝曰：「吁！臣哉鄰哉！鄰哉臣哉[51]！」禹曰：「俞。」

人乃臣也。

51 鄰，近也；義見詩正月毛傳。臣哉二語，句法雖異，義實無殊。蓋上句謂臣乃親近之人；下句謂親近之人乃臣也。

帝曰：「臣作朕股肱耳目，予欲左右有民，汝翼[52]；予欲宣力四方，汝爲[53]；予欲觀古人之象，日、月、星辰、山、龍、華蟲、作會，宗彝、藻、火、粉米、黼、黻、絺繡，以五采彰施于五色，作服，汝明[54]；予欲聞六律、五聲、八音，在治忽，以出納五言，汝聽[55]；予違，汝弼；汝無面從，退有後言[56]。欽四鄰，庶頑讒說，若不在時，侯以明之，撻以記之[57]；書用識哉，欲並生哉[58]。工以納言，時而颺之[59]；格則承之庸之，否則威之[60]。」

52 左右，爾雅釋詁：「相導也。」按：佐佑，古但作左右，故有輔導之義。經傳釋詞云：「有，語助也。一字不成詞，則加有字以配之。」曾舉此「左右有民」之有爲證。其說是也。翼，廣雅釋詁四：「輔也。」

53 宣，用也；義見昭公二十七年左傳杜注。

54 觀，爾雅釋言：「示也。」象，仿肖事物之形像也。華蟲，僞孔傳云：「雉也。」會，馬融、鄭玄（並見釋文）及說文皆作繪。繪，畫也。言以日、月至華蟲六物，作爲繪畫，以繪於衣。宗彝，馬融、鄭玄皆云：「虎也。」按：彝，甲骨文作[illegible]，金文亦相似，象雙手捧雞奉獻之形；祭於宗廟時蓋如此。則所謂宗彝者，殆卽雙手捧雞之狀歟？藻，水草名。粉米，孔氏正義云：「白米也。」黼（ㄈㄨˇ）、黻（ㄈ・ㄨ），考工記：「白與黑謂之黼，黑與青謂之黻。」此言其色。爾雅釋器：「斧，謂之黼。」本篇孔氏正義引孫炎云：「黻，謂兩己相背。」此言其形。按：黼、黻，實皆[illegible]形花紋，因顏色配合不同，而有黼、黻之別耳。說詳拙著釋黹屯一文（見書傭論學集）。絺（ㄔ），釋文引鄭玄云：「刺也。」絺繡，卽刺繡。言以宗彝至黼、黻六物，繡於裳也。孔氏正義引鄭玄云：「性曰采，施曰色。」又禮記月令正義引鄭玄書注云：「未用謂之采。」則采者，乃顏料也。彰，明也。彰施，猶言明著。于，讀曰爲；義見儀禮聘禮記鄭注。言以五種顏料明著爲五色也。明，爾雅釋詁：「成也。」汝明，汝成之也：吳氏尚書故說。

55 六律，括六呂言之。陽聲六——黃鐘、太蔟、姑洗、蕤賓、夷則、無射——爲律；陰聲六——大呂、應鐘、南呂、林鐘、仲呂、夾鐘——爲呂；詳見史記律書。此言六律而不言呂者，孔氏正義引鄭玄云：「舉陽，陰從可知也。」五聲，宮、商、角、徵、羽也。八音，見堯典。在，察也；已見堯典注[23]。在治忽，史記作「來始滑」，今文作「采政忽」。史記索隱云：「蓋來采字相近，滑忽聲相亂，始又與治相似，因誤爲來始滑。」按：采與在亦聲相近之誤。尚書本文，疑當爲「在治滑」。治，爲治平。滑，亂也；義見淮南精神篇注。在治忽，察治亂也。古人謂樂律關係政治，故云。又：在治，大傳作七始。段氏古文尚書撰異，謂七亦作桼，因誤爲采；其說良是。然七始之說，亦多附會，今不取。五言，僞孔傳以爲仁義禮智信五德之言；孫氏注疏更據漢書律歷志申論之。蓋以宮商角徵羽五聲，配信義仁禮智五常也。此亦足徵本篇之著成，在五行說盛行之後。

56 違，失也；義見後漢書朱祐等傳注。此謂錯誤。弼，輔也；已見前。面從，謂當面聽從。後言，今語所謂背後之言也。

57 欽，敬也。鄰，卽臣哉鄰哉之鄰。四鄰，天子前後左右之臣也。禮記文王世子正義引尚書大傳云：「古者天子必有四鄰：前曰疑，後曰丞，左曰輔，右曰弼。……其爵視卿，其祿視次國之君也。」其說未詳何據。頑，謂頑愚之人。讒說，已見堯典。時，善也；已見注[24]。侯，維也；義見詩下武毛傳。撻，打也；義見列子黃帝篇釋文。記，孫詒讓尚書駢枝讀爲誋。誋，誡也；言儆戒之。

58 書，孫氏注疏以爲書其邪惡著之背。按：周禮秋官大司寇「以明刑恥之」，鄭注云：「書其罪惡於大方版，著其背。」孫說是也。欲其改過自新，不致陷於刑戮，故云欲並生哉。

59 工，官。時，善。颺，與揚通，舉也；謂舉用之。

60 格，蔡氏集傳讀爲論語有恥且格之格，云：「謂改過也。」孫氏注疏謂：「承，同烝；進也。」庸，用。威，懲罰。皆已見前。言改過者則進用之，否則懲罰之。

禹曰：「俞哉！帝。光天之下，至于海隅蒼生，萬邦黎獻，共惟帝臣[61]。惟帝時舉，敷納以言，明庶以功，車服以庸[62]。誰敢不讓？敢不敬應？帝不時敷，同日奏、罔功[63]。無若丹朱傲，惟慢遊是好，傲虐是作，罔晝夜頟頟[64]；罔水行舟，朋淫于家；用殄厥世[65]。予創若時，娶于塗山，辛壬癸甲；啟呱呱而泣，予弗子，惟荒度土功[66]。弼成五服，至于五千；州十有二師[67]。外薄四海，咸建五長[68]。各迪有功，苗頑弗即工，帝其念哉[69]！」

61 光，廣也；已見堯典注[4]。光天之下，猶云普天之下。隅，角也；義見詩緜蠻鄭箋。孫氏注疏云：「文選史岑出師頌『蒼生更始』，李善注云：『蒼生，黔首也。』說文云：『黔，黎也。』……是蒼生猶言黎民。」黎，眾也；已見堯典。獻，猶賢也；義見論語八佾篇集解引鄭玄注。惟，玉篇：「爲也。」共惟帝臣，皆爲帝臣也。

62 時舉，謂隨時舉用。敷納，普遍採納也。明，顯揚。庶，眾人。義皆見前。敷納二語，與堯典小異，義亦有別。車服語與堯典同。

63 讓，謂讓於賢人。敬應，謂敬謹順應天子。時敷，承上文言；謂隨時敷納以言也。奏，說文：「進也。」孫氏注疏說爲進用；是也。

64 丹朱，即堯典之朱。漢書律歷志云：「堯使子朱，處於丹淵，爲諸侯。」故有丹朱之號。傲，傲慢不恭。慢，怠慢不謹。遊，遊樂。傲，段氏古文尚書撰異謂本作敖，衞包改爲傲字。說文：「敖，出游也。」僞孔傳釋爲「傲戲」，知本字應作敖。虐，孫氏注疏讀爲謔；引爾雅釋詁云：「戲謔也。」傲虐，卽戲樂之意。作，爲也。罔晝夜，無分晝夜也。頟（˙ㄜ）頟，孔氏正義申僞孔傳云：「是不休息之意。」

65 罔，史記作毋。罔水，不用水也。朋，僞孔傳云：「羣也。」殄（ㄊㄧㄢˇ），爾雅釋詁：「絕也。」史記作絕。世，世代也。

66 創，僞孔傳云：「懲也。」若時，如是也；指丹朱所爲言。塗山，山名，有四；以在今安徽懷遠縣者爲近理。辛壬癸甲，僞孔傳云：「辛日娶妻，至于甲日，復往治水。」水經淮水注引呂氏春秋云：「禹娶塗山氏，不以私害公，自辛至甲，復往治水。」蓋僞孔所本。啓，禹子名。呱（ㄍㄨ），說文云：「小兒啼聲。」子，猶愛也；義見禮記中庸鄭注。荒，大也；義見詩天作毛傳。度，計量也；義見漢書韓信傳注。土功，謂平治水土之事。

67 弼，輔也；已見前。五服，卽禹貢之甸、侯、綏、要、荒五服。五千，五千里也。禹貢言五服疆域，謂環王城之外，每五百里爲一服；東西、南北合計，各爲五千里也。十有二師，太平御覽卷百五十七（州郡部三）引尙書大傳云：「古之處師，八家而爲鄰，三鄰而爲朋，三朋而爲里，五里而爲邑，十邑而爲都，十都而爲師；州十有二師焉。」（里按：宋本御覽引作「州有十師焉」誤）

68 外，謂九州之外。薄，僞孔傳：「迫也。」此義亦見僖公二十三年左傳杜注。迫，卽逼近之意。咸，皆。建，立。五長，謂九州之外，每五國立一長也：本詩蓼蕭正義所引鄭玄說。

69 迪，蹈也；義見廣雅釋言。有功之有，語助詞（說見前）。各迪有功，謂各實踐（致力）其平治土水等工作也。卽，就也；義見詩東門之墠毛傳。此謂苗人頑愚不從事於工作。念，說文：「常思也。」今語所謂常常放在心裡。

帝曰：「迪朕德，時乃功惟叙[70]。皐陶方祇厥叙，方施象刑，惟明[71]。」

70 此節乃帝舜告禹之言。迪，爾雅釋詁：「道也。」迪朕德，史記作「道吾德」；是道乃啓導之意。時，是。乃，汝。叙，爾雅釋詁：「緒也。」此謂就緒。

71 祇，敬。厥，其。叙，緒也。緒，業也；義見詩常武鄭箋。言皐陶方敬謹於其事業。方施之方，新序節士篇、白虎通聖人篇、蔡邕司空烈侯楊君碑，並作旁。旁，普也。施，行也；義見論語爲政篇集解引包注。象刑，象徵性之刑也。荀子正論篇云：「治古無肉刑，而有象刑。」太平御覽卷六百四十五（刑法部十一）引尚書大傳云：「唐虞之象刑，上刑赭衣不純，中刑雜屨，下刑墨幪。」不純，謂不緣邊。雜，說文：「五采相合也。」雜屨，蓋謂不純色之屨。墨幪，以黑色巾蒙面也。惟明，言能明察。

夔曰戛擊鳴球，搏拊琴瑟，以詠，祖考來格[72]。虞賓在位，羣后德讓[73]。下管鼗、鼓，合止柷敔，笙鏞以間；鳥獸蹌蹌[74]。簫韶九成，鳳皇來儀[75]。夔曰：「於！予擊石拊石，百獸率舞，庶尹允諧[76]。」

72 夔曰，史記作於是夔行樂。孫氏注疏云：「史公說爲於是夔行樂者，以夔曰至鳳凰來儀爲虞史之言，故說「曰」爲於是。釋詁云：『爰，曰也。』洪範『土爰稼穡』，史記爰作曰。……曹大家注幽通賦云：『爰，于是也。』」戛（ㄐ一ㄚ），釋文引馬融云：「櫟也。」櫟，即刮也，說見朱駿聲尚書古注便讀。戛擊，言或刮或擊也。鳴球，玉磬也；孔氏正義申鄭玄說如此。搏拊，禮記樂記正義引尚書大傳云：「以韋爲鼓，謂之搏拊。」按：搏拊與上文戛擊，同爲動詞，非器名也。搏，擊也；義見成公十二年左傳

73 杜注。拊，輕擊也；已見堯典注[143]。詠，歌也。格，神降臨也；說見堯典注[64]。虞賓，鄭玄以爲丹朱；是也。鄭說見周禮大司樂疏引。在位，謂在助祭之位。羣后，眾諸侯也。德讓，以德相讓。

74 下，謂堂下。管、鼗、鼓等皆堂下之樂。管，孫氏注疏謂竹樂之總名；笙、簫之屬也。鼗（ㄊㄠ），說文作鞀，又作鞉，形如小鼓，長柄，旁有耳，搖之使自擊。說見禮記王制正義引漢禮樂制度。合，謂合樂。止，謂止樂。柷（ㄓˋㄨ）、敔（ㄩˇ），合樂用之。柷，狀如漆筩，中有椎，搖之以節樂。敔，狀如伏虎，擽之以止樂。此鄭玄說，見周禮大司樂疏引。鏞，大鐘也；義見爾雅釋樂。間，謂間代而作。蹌（ㄑㄧㄤ）蹌，爾雅釋訓：「動也。」言鳥獸感於樂聲而舞動。

75 簫韶，哀公十四年公羊傳疏引鄭玄云：「舜所制樂。」簫，說文作箾，云：「虞舜樂曰箾韶。」襄公二十九年左傳作「韶箾」。見於先秦舊籍者，則以單稱韶者爲多。成，孔氏正義引鄭玄云：「猶終也。」九成，九奏也。鳳皇，僞孔傳云：「雄曰鳳，雌曰皇。」蓋本爾雅釋鳥爲說。儀，按詩柏舟：「實維我儀。」毛傳：「儀，匹也。」國語周語上：「丹朱憑身以儀之。」韋注同。則儀者，乃配合之意也。

76 夔曰至率舞，見堯典注[143]。庶，眾。尹，爾雅釋詁：「正也。」正，即官長。允，誠然。諧，和。說均見前。

帝庸作歌。曰：「勑天之命，惟時惟幾[77]。」乃歌曰：「股肱喜哉，元首起哉，百工熙哉[78]。」

皐陶拜手稽首，颺言曰：「念哉！率作興事，愼乃憲，欽哉[79]！屢省乃成[80]，欽哉！」乃賡載歌曰：「元首明哉，股肱良哉，庶事康哉[81]。」又歌曰：「元首叢脞哉，股肱惰哉，萬事墮哉[82]。」

帝拜曰：「兪。往，欽哉[83]！」

77 庸，史記以「用」釋之。用，猶因以也。勑，同敕，謹也；義見廣雅釋言。時，謂適時。幾，謂機宜。以上二語非歌辭。

78 股肱，謂臣。元首，謂君。喜，樂。起，謂振起。百工，各種工作。熙，興也；前已數見。

79 颺，與揚通；已見注59。颺言，發言也。念，放在心裡；說已見前。率，猶皆也；已見堯典注143。興，盛也；義見詩天保鄭箋。興事，卽興盛之事。憲，爾雅釋詁：「法也。」

80 省，爾雅釋詁：「察也。」成，謂成功。

81 賡（ㄍㄥ），爾雅釋詁：「續也。」載，爲也；義見周禮春官大宗伯鄭注。此言皐陶續爲歌。康，美也；義見易晉卦象傳侯果注。

82 叢脞（ㄘㄨㄛ），孔氏正義引鄭玄云：「揔聚小小之事，以亂大政。」僞孔傳云：「細碎無大略。」蓋本鄭義。墮，史記樂書云：「萬事墮壞。」是墮卽壞也。

83 按：往，義當如雒誥「孺子其朋，其往」之往，謂自今已往也。

禹貢

貢，廣雅釋言：「獻也。」又同書釋詁二：「稅也。」本篇所記，爲禹平治水土情形、及制定賦稅、貢獻方物之事，故以禹貢名篇。

書序多言各篇作者，而於本篇則未之及。孔氏正義，以爲治水在堯末時，此篇乃史述時事。歷代經師，亦大都以爲當時所作。金履祥尚書表注，雖以爲「此篇葢夏史之追錄」；然亦未疑爲夏代以後之作品。清末以來，今文學家，或謂六經皆孔子所作（如皮錫瑞、康有爲）。如其說，則本篇亦當爲孔子所作。惜二家均未詳言。近五十年來，論本篇著成之時代者頗衆，大率以爲春秋以來之作品；而說爲戰國時人所作者尤多。按：本篇言梁州貢鐵鏤；而吾國春秋時始有鐵器，至戰國時，鐵器之用，始較普遍。本篇所記梁州疆域，約當今四川西部、西康東部、及貴州北部一帶；而巴蜀與內地之交通，始於秦穆公時，在此以前，內地似無人對梁州地帶有如此頗詳之知識。九州之說，甲骨文、西周時金文，易、詩、書等作於西周時代之篇章，皆未之見。國語周語、左傳昭公四年、及哀公六年所言之九州，只是局部地區，而非指中國疆域之全部。指中國而言之九州，僅見於齊侯鐘（周靈王時器）、及襄公四年左傳。五服之說，甲骨文、及眞正西周時文獻（國語、左傳，皆戰國時人所作），皆未言及。見於本書康誥、酒誥、及顧命等西周初年之作品者，雖有侯、甸、男、采、衞等諸侯，然與本篇五服之說，絕不相同。五服之說，與本篇相同者，始見於國語周語上所記祭公謀父諫周穆王之言。國語此一記載，是否根據舊傳史料，抑根據傳說？今不可知。要之，西周初年，尚無五服之迹象，則無可疑。由上舉諸證觀之，則本篇之著成，不但不得早至西周初年，且不得早至春秋以前也。然本篇言羣山而無四岳、五岳之稱，言六府不言五行；可知本篇著成時，五行之說尚未盛行。況鄒衍大九州之說，必當在九州說盛行之後。以此言之，本篇之成，當不遲至戰國中葉以後。按：哀公九年左傳：「城邗，溝通江淮。」杜注以為「通糧道」；其說甚允。而本篇言揚州貢道云：「沿于江海，達于淮泗。」可知本篇著成時，江淮尚未通。然則，本篇之著成，蓋在春秋末年也。說詳拙著「論禹貢著成的時代」一文（見書傭論學集）。又按：周書職方篇（周禮夏官職方氏同）所言九州，有幽、并而無徐、梁；呂氏春秋有始覽所言九州，有幽而無梁；爾雅釋地所言九州，有幽、營而無梁、青。則是關於九州之傳說，亦殊紛紜。本篇所載，只是諸說之一耳。

禹敷土，隨山刊木，奠高山大川[1]。

1 敷，史記作傅。廣雅釋言：「傅，敷也。」是敷傅音近義通。孫氏注疏據孟子滕文公趙注，訓敷為治；茲從之。敷土，治理土地也。隨山刊木，見皐陶謨注43。奠，定也；史記作定。

冀州：既載壺口，治梁及岐[2]。既修太原，至于岳陽[3]。覃懷厎績，至于衡漳[4]。厥土惟白壤，厥賦惟上上錯，厥田惟中中[5]。恆、衞既從，大陸既作[6]。島夷皮服[7]，夾右碣石入于河[8]。

2 冀州之域，約當今之山西、河北兩省，及河南之北部。九州始於冀者，偽孔傳云：「堯所都也。」相傳堯都平陽，作禹貢者，故以冀州為九州之首。按：春秋時有冀國，後為晉所滅，故地在今山西河津縣東北。疑其處古有地名曰冀，冀國、冀州之名，皆緣之而起也。載，始也；義見皐陶謨（偽古文本益稷）孔氏正義所引鄭注。壺口，山名。漢書地理志，謂在河東郡、北屈縣東南；即今山西吉縣西北。南距龍門約百四十里。壺口以上，黃河寬約半里；至此，寬僅二十餘公尺。致懸崖直瀉，成為瀑布，上下流水面，相差約十五公尺。水衝石槽，儼如壺形，因名壺口。梁，山名，即成公五年公羊傳所謂「河上之山」之梁山。在今陝西韓城縣北、與山西河津縣之間，橫亘河上。楊守敬禹貢本義說如此；程發軔禹貢地理補義更申論之。岐，山名；卽狐岐山。困學紀聞（卷二）云：「治梁及岐，若從古注，則雍州山距冀州甚遠，壺口太原不相涉。晁以道用水經注，以爲呂梁狐岐。」蔡氏集傳用晁氏說而未言所承。淸朱鶴齡禹貢長箋、沈彤尙書小疏、徐文靖禹貢會箋、楊守敬禹貢本義等，皆從其說。楊氏本義云：「狐岐山在孝義之西，石樓之東。山之東，水入汾；山之西，水入河。」

3 太原，地名。王國維鬼方昆夷玁狁考、及周葊京考，並謂卽詩六月之大原，當漢河東郡之地。楊氏覈詁申其說，謂其地當在今山西榮河、聞喜之間。岳，卽霍山，一名霍大山，在今山西霍縣東。陽，山南也。

4 覃懷，地名。孔氏正義謂卽漢書地理志之懷縣；胡渭禹貢錐指從其說。其地當在今河南武陟、沁陽、溫縣一帶。厎績，致功也；已見堯典。衡，與橫古通。漳，水名；在覃懷北。孔氏正義引鄭玄云：「橫漳，漳水橫流。」

5 厥，其。僞孔傳云：「無塊曰壤。」卽柔細土也。賦，田賦。僞孔傳云：「上上，第一。錯，雜；雜出第二之賦。」中中，第五等。蔡氏集傳云：「九州九等之賦，皆每州歲入總數，以九州多寡相較而爲九等；非以是等田，而責其出是等賦也。」按：田之等第，疑就地勢高低言之；雍州田爲上上，揚州爲下下，此最顯見者也。他州田之等第，亦大致與地勢相合。其有未盡合者，蓋古人不知測量大地，僅憑目驗臆度，故不能精確耳。

6 恒、衞，二水名。漢書地理志，謂恒水出恆山北谷；衞水出靈壽縣。胡氏禹貢錐指據水經注，以爲：「曲陽以下之滱，本名恆；靈壽以下之滹沱，本名衞。」曲陽、靈壽，皆今河北省縣名。滱水，今名唐河。從，順也；言水已歸槽，順流而下。大陸，澤名。呂氏春秋有始覽言九藪，云：「晉之大陸。」爾雅釋地十藪，亦云：「晉有大陸。」本篇孔氏正義引孫炎等云：「今鉅鹿縣北廣阿澤也。」其地當在今河北任縣。定公元年左傳，載韓簡子田於大陸。杜注以爲其地當在汲郡，非禹貢之大陸。其說是也。作，與堯典「平秩東作」之作同義；謂耕作也。洪水既退，大陸附近之地，可以耕作。

7 島，大戴禮五帝德、史記、漢書地理志、馬融（見釋文）、鄭玄（見史記集解）、王肅（見孔氏正義）俱作鳥。按：作鳥是也。孔氏正義引鄭玄云：「鳥夷，東方之民，搏食獸者也。」皮服，以獸皮爲衣服。此記異俗，非貢物也。

8 此言入貢之道。（ㄐㄧㄝ）石，山名；其所在眾說紛紜。漢書武帝本紀：「東巡海上至碣石。」文潁注謂碣石「在遼西絫縣」。郭璞山海經注，酈道元水注。均同此說。茲從之。絫縣故城，在今河北昌黎縣南。蔡氏集傳云：「冀州北方貢賦之來，自北海入河（里按：古黃河在今天津東入海），南向西轉，而碣石在其右；轉屈之間，故曰夾右也。」河，即後世之黃河。

濟、河惟兗州[9]：九河既道，雷夏既澤，灉、沮會同[10]；桑土既蠶，是降丘宅土[11]。厥土黑墳。厥草惟繇，厥木惟條[12]。厥田惟中下，厥賦貞[13]。作十有三載乃同[14]。厥貢漆絲，厥篚織文[15]。浮于濟漯，達于河[16]。

9 濟，漢書地理志作泲，水名；其上流爲沇水。禹貢錐指（卷三）云：「今歷城以東有小清河，即濟水入海之故道。」河，即後世之黃河；說詳後文導水節。兗（ㄧㄢ）說文作沇。言濟、河之間，爲兗州之域。其地約當今河南東北部、河北南部、及山東西北至東北等地區。

10 古黃河下游分爲九支，謂之九河。孟子滕文公上：「禹疏九河。」爾雅釋水，所載九河之名爲：徒駭、太史、馬頰、覆鬴、胡蘇、簡、絜、鉤盤、鬲津。相傳齊桓公塡塞其八，故僅餘一支。困學紀聞（卷二）云：「鄭康成注禹貢九河云：『齊桓公塞之同爲一。』詩正義云：『不知所出何處。』愚按：書正義引春秋緯寶乾圖云：『移河爲界在齊呂，塡閼八流以自廣。』鄭蓋據此文。」閻若璩云（見困學紀聞集證）：「尚書中侯亦云：『齊桓之霸，遏八流以自廣。』」桓公塞河之說，蔡氏集傳疑之。然諸河堙於何時，已莫能詳矣。道，與導通。雷夏，澤名；一名雷澤。漢書地理志謂雷澤在濟陰成陽縣西北。已堙；故蹟當在今山東菏澤與濮縣之間。既澤，謂既已匯爲澤。灉（ㄩㄥ）、沮，二水名。顧頡剛注釋禹貢（見中國古代地理名著選讀），據元和郡縣志，謂灉、沮二水，俱出雷澤縣西北平地，俱會同流入雷夏澤（唐雷澤縣，在今山東濮縣東南）。舊說：宋時河決曹、濮間，此二水與雷澤並堙。會同，猶言會合也。

11 桑土，宜於種桑之土地。既蠶，謂已養蠶。是，於是也；經傳釋詞有說。宅，居也；已見堯典注12。土，謂平地。洪水時，民居丘陵；水既退，故降自丘陵，居於平地。

12 墳，釋文引馬融云：「有膏肥也。」黑墳，言色黑而肥沃。繇（一ㄠ），說文作䌛，云：「艸盛貌。」條，長也；義見詩椒聊毛傳。

13 中下，第六等。貞，史記集解引鄭玄云：「正也。治此州正作不休。」僞孔傳亦訓正，云：「州第九，賦正與九相當。」說均紆曲。金履祥尚書表注云：「貞，本下下。篆文重字，但於字下从二一。兗賦下下，古篆作下二；或誤作正，遂譌爲貞。」其說甚有理致。

14 同，謂與他州同。云十三載，言費時特多。

15 貢，謂貢獻方物。篚（ㄈㄟˇ），說文作匪，云：「器似竹匧。」即筐屬也。古者進獻幣帛，盛以筐篚。織文，僞孔傳：「錦綺之屬。」即有花紋之絲織品也。

16 浮，浮於水上；謂以舟運輸貢物也。漯（ㄊㄚˋ），說文作濕，水名。漯水上承河水於宿胥口（在今河南濬縣），東北流，至今山東濱縣、利津入海。古濟、漯相通，合流處在今山東茌平縣境；顧氏禹貢注釋有說。云達于河，則由河達於冀州，不言可知。

海岱惟青州[17]：嵎夷既略，濰、淄其道[18]。厥土白墳，海濱廣斥[19]。厥田惟上下，厥賦中上[20]。厥貢鹽、絺，海物惟錯[21]，岱畎絲、枲、鉛、松、怪石[22]。萊夷作牧[23]。厥篚檿絲[24]。浮于汶，達于濟[25]。

17 海，指今之渤海、及黃河言。岱，卽岱宗，泰山也；已見堯典。言青州之域，東至海，西至泰山；卽今山東東部。

18 嵎夷，見堯典注12。略，廣雅釋詁：「治也。」濰（ㄨㄟ），水名，卽今之濰水；源出今山東莒縣東北，由昌邑入海。淄（ㄗ），亦水名，卽今之淄水；源出今山東萊蕪縣西南原山下，由壽光縣入海。其，猶乃也；經傳釋詞有說。道，已見注10。

19 白墳，謂色白而肥沃。釋文引鄭玄云：「斥，謂地鹹鹵。」說文：「鹵，西方鹹地也。東方謂之斥，西方謂之鹵。」廣斥，謂含鹹份之土地廣大也。

20 田，第三等。賦，第四等。

21 絺（ㄔ），詩葛覃毛傳：「精曰絺。」謂葛布之細者。海物，史記集解引鄭玄云：「海魚也。」簡氏集注述疏云：「鄭獨言魚者，蓋據釋魚，以鱗物該介物也。」則海物卽海產。錯，雜；已見注5。

22 畎，谷也。義見詩節南山「有實其猗」孔氏正義引鄭玄禹貢羽畎注。枲（ㄒㄧˇ），麻也；義見爾雅釋草。怪石，奇異之石。據記載，泰山出紫石英，齊州出雲滑石，歷城出鵝管石，皆怪石之類。

23 萊，國名，魯襄公六年爲齊所滅；見左傳。杜預注，謂萊在東萊、黃縣。作，猶則也；說見皐陶謨「萬邦作乂」注。作牧，謂水退草生，已可放牧牲畜。據此，萊夷此時，尚非農業社會。此亦記異俗。

24 檿（一ㄢˇ），山桑；義見爾雅釋木。檿絲，食山桑之蠶之絲也；今仍有之。

25 汶，水名，源出今山東萊蕪縣。禹貢錐指（卷四）云：「以今輿地言之，汶水自萊蕪歷泰安、肥城、寧陽至東平入濟，合流以注於海，此禹迹也。迨元人引汶絕濟爲會通河，明永樂中又築戴村壩，遏汶水，盡出南旺以資運，而安山入濟之故道，塡淤久矣。」言達于濟，不更言達于河者，省文也。

海岱及淮惟徐州[26]：淮、沂其乂，蒙、羽其藝[27]；大野既豬，東原厎平[28]。厥土赤埴墳[29]。草木漸包[30]。厥田惟上中，厥賦中中[31]。厥貢惟土五色[32]，羽畎夏翟，嶧陽孤桐，泗濱浮磬，淮夷蠙珠暨魚[33]；厥篚玄、纖、縞[34]。浮于淮、泗，達于河[35]。

26 言徐州之域，東至海（今黃海）、北至泰山，南至淮水；卽今山東南部、江蘇北部一帶；或兼及河南東部、安徽東北部之地。

27 淮，水名；詳後導水節。沂（ㄧ），水名，俗名大沂河，源出今山東蒙陰縣，南流，至今江蘇邳縣入泗。元至元間，南北運河成，泗水下游爲運河所奪，故今沂水入運河。其，乃也。乂，治也；前已數見。蒙，山名。禹貢錐指（卷五）云：「在今蒙陰縣南四十里，西南接費縣界。」羽，山名；見堯典注98。其，乃。藝，廣雅釋詁：「治也。」

28 大野，澤名。禹貢錐指（卷五）云：「左傳哀十四年：『西狩于大野，獲麟。』杜注云：『在高平鉅野縣東北大澤是也。』秦漢之際，稱鉅野澤。……後又稱巨澤。」又云：「自漢以來，（河）衝決塡淤，凡四五度。……迨元至正四年，河又決入此地。……及河南徙，澤遂涸爲平陸，而畔岸不可復識矣。」豬，與瀦通。釋文引馬融云：「水所停止，深者曰豬。」東原，地名。史記集解引鄭玄云：「今東平郡，卽東原。」禹貢錐指（卷五）云：「今東平州及泰安之西南境是也。」厎，致；前已數見。平，定也。

29 埴（˙ㄓ），黏土也；義見史記集解引徐廣注。

30 漸，釋文云：「又作蔪。」又云：「包，或作苞。」文選蜀都賦：「柯葉漸苞。」劉逵注云：「漸苞，相包裹而同長也。」

31 田，第二等。賦，第五等。

32 史記集解引鄭玄云：「土五色者，所以爲大社之封。」周書作雒篇云：「諸侯受命于周，乃建大社于國中。其壝：東青土，南赤土，西白土，北驪土，中央釁以黃土。將建諸侯，鑿取其方一面之土，……以爲社之封。」鄭氏蓋本此爲說。按：禹貢尚無五行說之迹象，前已言之。而作雒篇所言，當出於五行說盛行之後。恐非本篇貢五色土之原意。殷墟帝王墓中遺物有所謂花土者，以諸色土爲泥，交互塗於壁上，構成各色相間之花紋。此所貢之土五色，或爲塓圬宮室墳墓牆壁之用歟？姑存此疑，以待確證。

33 羽，羽山。畎，山谷；已見前。翟，漢書地理志、周禮天官染人鄭注引本經皆作狄。夏翟，雉也。爾雅釋鳥云：「翟，山雉。」夏翟，蓋山雉之總名。孫氏注疏云：「周禮天官有夏采，注云：『夏采，夏翟羽色。禹貢徐州貢夏翟之羽。』又染人：『狄染夏。』注云：『染夏者，染五色。謂之夏者，其色以夏狄爲飾。禹貢曰：羽畎夏狄，是其總名。其類有六：……其毛羽五色皆備成章。』」嶧（ˋ一），山名。漢書地理志謂是下邳之葛嶧山；後世解禹貢者多從之。按：此當是詩閟宮「保有鳧繹」、及文公十三年左傳「邾文公卜遷於繹」之繹；亦卽秦始皇二十八年東巡，所上之鄒嶧山。今名嶧山，在山東嶧縣。陽，山之南面。孤桐，孤獨生長之桐也。桐可以爲琴瑟。泗，水名，源出今山東泗水縣東陪尾山，有四源，故名泗水。西南流，經今山東曲阜、滋陽、濟寧、鄒縣、魚臺、滕縣，及江蘇沛縣、銅山、邳縣、宿遷等縣，至淮陰縣入淮。元至元間，其下游於濟寧南境爲運河所奪。浮磬，孔氏正義云：「水中見石，似若水中浮然。」按：疑其石較輕，浮置沙上，而可以爲磬，故曰浮磬也。淮夷，淮水下游之夷。蠙（ㄆ一ㄣ）珠，孔氏正義云：「蠙是蚌之別名。此蚌出珠，遂以蠙爲珠名。」

34 玄，詩七月毛傳云：「黑而有赤也。」僞孔傳以此爲黑色繒。禮記閒傳：「中月而禫，禫而纖。」鄭注：「黑經白緯曰纖。」蔡氏集傳取其說以注禹貢此文，茲從之。縞，僞孔傳云：「白繒。」玄、纖、縞，謂黑赤色、黑白間雜色、及白色之絲織品也。

35 河，史記及漢書同；說文及水經濟水注並作菏。金履祥通鑑前編，以爲應作菏；胡氏禹貢錐指更申明之。是也。菏水於定陶東北自濟水分出，東南流，至今魚臺縣入泗；今已堙。禹貢錐指（卷五）以爲淮通泗，泗通菏，菏通濟，濟通漯，漯通河。是也。

淮海惟揚州[36]：彭蠡既豬，陽鳥攸居[37]。三江既入，震澤厎定[38]。篠、簜既敷；厥草惟夭，厥木惟喬[39]。厥土惟塗泥。厥田惟下下，厥賦下上、上錯[40]。厥貢惟金三品，瑤、琨、篠、簜、齒、革、羽、毛惟木[41]。島夷卉服[42]。厥篚織貝；厥包橘、柚，錫貢[43]。沿于江海，達于淮泗[44]。

36 言揚州之域，北至淮水，東南至東海；即今江蘇南部、安徽南部、及江西、浙江等地。或疑閩、粵兩地亦在揚州域中；然經文未言及此兩地山川，恐揚州之域，尚未至此。

37 彭蠡，湖名。漢書地理志謂彭蠡在彭澤縣西；即今鄱陽湖也。陽鳥，詩匏有苦葉正義引鄭玄云：「陽鳥，鴻雁之屬。」淮南時則篇：「季秋之月，……候雁來。」注云：「是月，時候之雁從北漠中來，南之彭蠡。」是彭蠡爲鴻雁居處。攸，爾雅釋言：「所也。」

38 三江之說，至爲紛歧。本經揚州雖有三江之名，而未詳言。導水節僅記北江及中江，而未及南江。按：導水節以今漢水之下游爲北江，長江之下游爲中江；蓋誤以爲漢水及長江下游亦分流，故如此云云。而三江之名，國語越語、周書職方篇、周禮夏官職方氏等皆言之。蓋古者知今江浙地區有三大江，故作禹貢者以其所聞記之，而未能審知耳。朱子語類（卷七十九）云：「因說禹貢，曰：『此最難說；蓋他本文自有繆誤處。……蓋禹當時，只治得雍冀數州爲詳，南方諸水，皆不親見，恐只是得之傳聞，故多遺闕，又差誤如此。今又不成說他聖人之經不是，所以難說。」朱子雖不敢謂聖人之經不是，然已明言本篇記水道，多遺闕差誤。實爲卓識。水經沔水注引郭璞云：「三江者，岷江、松江、浙江也。」岷江，卽今之長江；松江，卽今之吳淞江；浙江，卽今之錢塘江。竊意此說最爲合理。三江諸說，詳見拙著「禹貢著成的時代」一文（見書傭論學集）。入，謂入海。震澤，澤名；周禮職方氏、漢書地理志等，皆謂之具區；卽今之太湖。

39 篠（ㄒㄧㄠ），爾雅釋草云：「箭。」史記以爲竹箭。蓋小竹可以爲箭者也。簜（ㄉㄤ），說文云：「大竹也。」敷，史記作布；謂布於地上。夭，詩隰有萇楚毛傳云：「少也。」蓋幼嫩之意。喬，爾雅釋詁：「高也。」又釋木云：「小枝上繚爲喬。」

40 塗，泥也；義見詩角弓毛傳。田，第九等；賦，第七等，雜出第六等。

41 孔氏正義引鄭玄云：「金三品者，銅三色也。」僞孔傳云：「金銀銅也。」禹貢錐指（卷六）據史記平準書、及漢書食貨志，以爲金有黃白赤三品。黃金卽金，白金卽銀，赤金卽銅。因謂鄭氏銅三色之說非是。按：品有式樣、等差諸義。三品者，卽今語之三種或三等。以此言之，僞孔之說爲長。瑤，說文云：「玉之美者。」琨，說文云：「石之美者。」齒，謂象牙。革，說文云：「獸皮治去其毛曰革。」羽，鳥羽。毛，獸毛。下文（荊州）毛字，史記作旄。旄，謂旄牛尾。或謂本節毛字亦應作旄；然否殊難定。惟木，史記夏本紀、漢書地理志，均無此二字。江氏集注音疏，以二字爲衍文。經傳釋詞云：「惟猶與也；及也。」且擧本經「惟木」語爲例。按：金履祥尚書表注，已釋惟爲與。玆從此說。

42 島夷，疑指今舟山羣島等地之民。卉，草也；義見爾雅釋草。卉服，編草爲服也。此亦記異俗。

43 織貝，孔氏正義引鄭玄云：「貝，錦名。」引詩貝錦爲證。僞孔謂織爲「細紵」，貝爲「水物」；則以織貝爲二物。按：臺灣山地同胞，往往以貝殼磨成圓粒，正中穿孔，以線貫之成串，再織成布，以爲巾、帶、裙等之用。研究民族學者，稱之爲珠布。日本尾崎秀眞，於所著臺灣四千年史之研究一書中（原書日本大正十四年出版。此據張光直「臺灣土著貝珠文化叢及其起源與傳播」一文所引，原文載中國民族學報第二期。），謂此卽禹貢之織貝。復按：貝錦，爲織有貝形花紋之錦，其義甚明。織貝，當是以貝織成之物，其義亦甚明。然則，尾崎之說是也。由此及荊州之「璣組」證之，知先秦時大陸與臺灣，已有交通矣。包，謂以包盛之。錫，與堯典「師錫帝曰」之錫同義，獻也。錫貢，卽進貢。

44 僞孔傳云：「順流而下曰沿。沿江入海，自海入淮，自淮入泗。」東坡書傳謂：吳王夫差闕溝通水，而江始有入淮之道，禹時則無之。按：此可證禹貢成書，在魯哀公九年吳王夫差溝通江淮之前。

荊及衡陽惟荊州[45]：江漢朝宗于海[46]，九江孔殷[47]，沱、潛既道[48]，雲土夢作乂[49]。厥土惟塗泥。厥田惟下中，厥賦上下[50]。厥貢羽、毛、齒、革，惟金三品，杶、榦、栝、柏、礪、砥、砮、丹[51]；惟箘簵、楛，三邦厎貢厥名[52]；包匭菁茅[53]；厥篚玄、纁、璣組[54]；九江納錫大龜[55]。浮于江、沱、潛、漢，逾于洛，至于南河[56]。

45 荊，山名；漢書地理志謂之南條荊山，謂在臨沮東北。臨沮，今湖北南漳縣。衡，山名，卽南岳；在今湖南衡山縣。言荊山之南至衡山之南爲荊州之域；其地約當今湖北、湖南、安徽西部、江西西部一帶。

46 江、漢二水，詳見下文導水節。周禮春官大宗伯，言諸侯朝見天子：「春見曰朝，夏見曰宗。」此借以喻水，言以小就大。

47 九江，漢書地理志謂在廬江郡尋陽南。蔡氏集傳以爲，如漢志說，則九江當屬揚州，非荊州地。因據水經注及楚地記，以爲此九江卽洞庭。云：「今沅水、漸水、元水（里按：禹貢錐指（卷七）謂：元當作無。因無或寫作无，而誤爲元。）、辰水、敘水、酉水、灃水、資水、湘水，皆合於洞庭，意以是名九江也。」或謂如以此爲禹貢之九江，則經文不應先言江漢朝宗於海，而後言九江孔殷。按：此說亦太泥。禹貢此文，祇言荆州有九江，非謂疏導江水，於江漢合流之後，又東導九江也。惟蔡氏以洞庭爲九江，似亦未的。蓋洞庭之名，雖見於楚辭九歌，而禹貢未言及；則作禹貢者，是否知九水皆入洞庭，殊難斷定。此處所言，殆祇謂荆州有較大之九水耳，非以湖爲江也。大抵漢人多以爲九江在廬江郡，故太史公亦有登廬山觀禹疏九江之言；而實與禹貢不合也。後世紛紜之說，亦多可商；玆姑取蔡氏說。孔，甚；前已數見。孔氏正義引鄭玄云：「殷，猶多也。」

48 沱、潛二水，荆梁二州皆有之。爾雅釋水云：「水自河出爲灉，……漢爲潛，……江爲沱。」荆梁二州，皆有江水及漢水，故各有沱、潛。荆州之沱，漢書地理志南郡枝江縣下云：「江沱出西，東入江。」孔氏正義引鄭玄云：「今南郡枝江縣有沱水，其尾入江耳，首不於江出也。華容有夏水，首出江，尾入沔，蓋此所謂沱也。潛則未聞象類。」楊守敬禹貢本義因水經注所載與漢志合，以鄭說爲非是。玆從漢志說。漢枝江縣，卽今湖北枝江縣。潛，史記作涔。此潛水，朱駿聲尚書古注便讀疑其當在今湖北潛江縣。待考。

49 今本史記夏本紀作「雲夢土」。而索隱及所引韋昭說，皆作「雲土夢」，是知史記原本固作「雲土夢」也。唐石經亦作「雲土夢」。夢溪筆談（卷四）云：「舊尚書禹貢云：『雲夢土作乂。』太宗皇帝時，得古本尚書，作『雲土夢作乂』；詔改禹貢從古本。」阮氏校勘記謂：「至宋初監本，始倒土夢二字。」其說是也。史記索隱謂雲土、夢本二澤名。並引韋昭「雲土，今爲縣」，及漢書地理志「雲杜縣」爲說。後世沈括、羅泌等，皆謂雲在江北，夢在江南。按：定公四年左傳載吳敗楚後：「楚子涉睢、濟江，入于雲中。」則雲在江南無疑。楚辭招魂：「與王趨夢兮課後先。」王逸注云：「夢，澤中也；楚人名澤中爲夢中。」是夢乃澤義。昭公三年左傳：「鄭伯如楚，……王以田江南之夢。」江南之夢，卽江南之澤。先秦文獻，如周書職方篇（周禮職方氏同）、戰國策、宋玉高唐賦，所謂雲夢，卽雲澤也。昭公三年左傳杜注云：「楚之雲夢，跨江南北也。」其說良是。其澤約當今湖北江陵以東至沔陽，及江南公安一帶。雲，又稱雲土者，國語楚語下：「又有藪曰雲，連徒洲。」韋注云：「連，屬也。水中可居者曰洲。徒，其名也。」孫氏注疏云：「徒、土，音相近。」則雲土者，雲澤與土洲也。以澤洲連屬，故合稱雲土；後世因以爲縣名。雲土夢作乂者，言雲土之澤則已治理也。

50 田，第八等。賦，第三等。

51 杶（ㄔㄨㄣ），說文及釋文，均謂或作櫄。山海經中山經郭璞注，謂櫄木似樗樹，材中車轅。孫氏注疏據本草，以爲卽椿樹。榦（ㄍㄢˋ），僞孔傳云：「柘也。」孔氏正義申之云：「考工記云：『弓人取榦之道七，以柘爲上。』知此榦是柘也。」栝（ㄍㄨㄚ），詩竹竿正義引鄭玄云：「柏葉松身曰栝。」爾雅釋木云：「檜，柏葉松身。」則栝卽檜也。礪，砥（ㄓˇ），孔氏正義引鄭玄云：「礪，磨刀刃石也。精者曰砥。」山海經西山經言苕水多砥厲。郭璞注云：「精爲砥，麤爲厲。」厲、礪通。是磨石之細者曰砥，粗者曰礪也。砮（ㄋㄨˊ），孔氏正義引國語魯語賈逵注云：「砮，矢鏃之石也。」丹，卽丹砂。

52 箘（ㄐㄩㄣˋ）簵（ㄌㄨˋ），僞孔傳云：「美竹。」孔氏正義引鄭玄云：「簵風也。」說文簵作簬，云：「簬，箘簬也。」是皆以箘簬爲一物。蔡傳亦以爲一物。云：「箘簵，竹之堅者，其材中矢之笴。」孔氏正義以爲是二種竹，未詳所據。玆從許鄭等說。孫氏注疏據馬融長笛賦，以爲簵風是竹之別名。又以爲簵从竹，是俗字。楛（ㄏㄨˋ），釋文引馬融云：「木名，可以爲箭。」三邦，僞孔傳云：「近澤三國。」其名未詳。厎貢厥名者，朱氏尙書古注便讀云：「貢其有名之善材也。」

53 包匭（ㄍㄨㄟˇ）菁茅，史記集解引鄭玄云：「匭，纏結也。菁茅，茅有毛刺者，給宗廟縮酒。重之，故包裹又纏結也。」

54 玄，黑赤色繒；已見揚州節。纁（ㄒㄩㄣ），說文：「淺絳也。」此謂淺絳色絲織品。璣組，僞孔傳云：「璣，珠類，生於水。組，綬類。」歷代解者多以璣組爲二物。經義述聞以璣非帛組之類，不應以篚入貢。因疑璣當讀爲曁，及也。玄纁璣組，謂玄纁及組也。余曩從其說。今按：禹貢錐指據禮記玉藻，謂璣組爲組貫珠。江氏集注音疏亦云：「組以毌珠，謂之璣組。璣非匪實，匪實止是組尒。」高本漢從江氏說。張光直「臺灣土著貝珠文化叢及其起源與傳播」一文（出處見揚州節），更就臺灣高山諸族所流行之珍珠串（以線貫聯磨成珠狀之貝殼，爲裝飾之用。），以申明此說。茲改從之。

55 九江，謂九江一帶。納，釋文引馬融云：「入也。」史記作入。納錫，猶言入貢也。龜，所以爲卜。

56 洛，水名，以作「雒」爲正。雒水源出今陝西雒南縣，流經今河南洛陽，至今鞏縣入河。另有洛水，在陝西東北部，非此雒水也。逾，越也。江、沱、潛、漢，皆不通雒，故言逾。黃河自潼關以東，東西流之一段，古人謂之南河；蓋晉人語也。

荊、河惟豫州[57]：伊、洛、瀍、澗，既入于河[58]，滎波既豬，導菏澤，被孟豬[59]。厥土惟壤，下土墳壚[60]。厥田惟中上，厥賦錯上中[61]。厥貢漆、枲、絺、紵，厥篚纖、纊，錫貢磬錯[62]。浮于洛，達于河。

57 言豫州之域，南至荊山，北至黃河；約當今河南省黃河以南，或兼及安徽西部之地。

58 伊，水名；源出今河南盧氏縣熊耳山，東北流至偃縣入洛水。瀍（ㄔㄢˊ），水名；源出今河南洛陽西北谷城山，至洛陽東入洛水。澗，水名；源出今河南澠池縣東北白石山，南流合穀水，復東流，至洛陽入洛水。伊、瀍、澗三水皆入洛，洛入於河。言伊、洛、瀍、澗，既入于河者，省文也。

59 波，史記作播。滎（ㄧㄥ）波，澤名；即閔公二年及宣公十二年左傳之滎澤。孔氏正義引鄭玄云：「今塞為平地。」故蹟在今河南滎陽縣境。菏（ㄍㄜ）澤，澤名；已堙。漢書地理志謂在定陶東。漢定陶故址，在今山東定陶縣西北七里。孟豬，澤名；左傳（僖十八年、文十年）、爾雅（釋地）均作孟諸，周書職方篇及周禮職方氏作望諸，史記作明都，漢書地理志作盟豬。漢書地理志謂在梁國睢陽東北，即今河南商丘縣境。禹貢錐指（卷八）云：「自元至元二十三年以後，歸德府城南北，屢被黃河衝決，禹迹不可復問。」孟豬蓋堙於此時。

60 墳，肥沃；前已數見。壚（ㄌㄨˊ），說文云：「黑剛土也。」

61 田，第四等。賦，第二等，又雜出第一等。

62 紵（ㄓㄨˋ），說文云：「檾屬。」詩東門之池：「可以漚紵。」陸氏草木鳥獸蟲魚疏云：「紵，亦麻也。」纖，黑經白緯之繒；說見注34。纊（ㄎㄨㄤˋ），說文：「絮也。」錫貢，獻貢，進貢也。錯，磨石。詩鶴鳴云：「他山之石，可以為錯。」毛傳：「錯，石也；可以琢玉。」磬錯，可以磨磬之石也。

華陽黑水惟梁州[63]：岷、嶓既藝，沱、潛既道[64]；蔡蒙旅平，和夷厎績[65]。厥土青黎[66]。厥田惟下上，厥賦下中三錯[67]。厥貢璆、鐵、銀、鏤、砮、磬，熊、羆、狐、貍、織皮[68]。西傾因桓是來，浮于潛，逾于沔，入于渭，亂于河[69]。

63 華，山名，即西岳；在今陝西省華陰縣南。黑水，說者不一。禹貢錐指（卷九）云：「薛氏（里按：名士龍。）曰：『梁州北界華山，南距黑水。黑水，今瀘水也。……』渭按：……蓋古之若水，即禹貢梁州之黑水；漢時名瀘水，唐以後名金沙江，而黑水之名遂隱。然古記間有存者。地理志，滇池縣有黑水祠，一也。山海經，黑水之間有若水，二也。水經注，自朱提至僰道有黑水，三也。輿地志（里按：梁顧野王撰。），黑水至僰道入江，四也。今瀘水西連若水，南界滇池，東經朱提、僰道，其爲梁州之黑水無疑矣。」按：壚爲黑剛土，盧弓矢爲黑色弓矢，是盧有黑義；禹貢錐指引夢溪筆談云：「夷人謂黑爲盧。」則瀘水爲黑水，就字義言之，亦允合也。此言梁州之域，北至華山之南，西南至黑水；約當今陝西南部、四川之大部分、西康東部、貴州北部一帶。

64 岷（ㄇㄧㄣ），山名；在今四川松潘縣北。嶓（ㄅㄛ），卽嶓冢山。後漢書郡國志漢陽郡、西縣下云：「有嶓冢山。」山在今陝西寧強縣北九十里。藝，治也；已見注[27]，沱，水名；非荆州之沱水。漢書地理志蜀郡郫縣下云：「江、沱在西。」本經導水節云：「岷山導江，東別爲沱。」則此沱卽今之沱江，上流自今四川灌縣南由岷江分出，東南流至今四川瀘縣入江。潛，水名，亦非荆州之潛水。孫氏注疏云：「水經云：『潛水出巴郡宕渠縣。』注云：『潛水，蓋漢水枝分潛出，故受其稱。今爰有大穴，潛水入焉，通岡山下，西南潛出，謂之伏水。』……劉逵注蜀都賦云：『禹貢梁州云：沱潛旣道。有水自漢中沔漢陽縣南流，至梓潼、漢壽縣，入大穴中，通岡山下，西南潛出，今名複水，舊說云：禹貢潛水也。』……案：宕渠縣故城，在今四川渠縣界。渠江在縣東，卽此水也。」

65 蔡蒙，僞孔傳以爲二山名。孔氏正義云：「地理志云：『蒙山，在蜀郡靑衣縣。』……蔡山，不知所在。」史記集解引鄭玄云：「地理志：蔡蒙在漢嘉縣。」禹貢錐指（卷九）云：「今按：志有蒙山，無蔡山。而鄭云然，蓋以蔡蒙爲一山也。」後世主一山之說者爲多。其主二山之說者，多據宋歐陽忞輿地廣記。記云：「蔡山，在雅州嚴道縣。」然此說於古無徵；故禹貢錐指疑蔡山卽峨眉山。恐亦未諦。茲姑從一山說。山在今西康雅安、蘆山等縣界。旅，經義述聞（禮記部分）云：「道也。」卽導通意。和夷，水經桓水注引鄭玄云：「和上夷所居之地也。和，讀曰桓。地理志曰：桓水出蜀郡蜀山，西南行羌中者也。」禹貢錐指以鄭說爲非是。因謂：和水卽涐水（謂：漢志涐訛作渽）；涐水與大渡河合而入江（里案：此江指岷江言。）。茲從其說。厎績，致功也；前已數見。

66 黎，史記作驪；黑色也。青黎，青黑色。

67 田，第七等。賦，第八等，雜出第七及第九等。

68 璆（ㄑㄧㄡˊ），史記集解引鄭玄云：「黃金之美者謂之鏐。」是鄭本作鏐。同書又引鄭氏云：「鏤，剛鐵，可以刻鏤也。」羆，爾雅釋獸云：「如熊，黃白文。」狐，說文：「妖獸也。」貍，說文：「伏獸似貙。」詩大東云：「舟人之子，熊羆是裘。」又七月云：「取彼狐貍，為公子裘。」是此四獸之皮，皆可為裘。則所貢者，蓋四獸之皮也。織皮，偽孔傳云：「今罽。」爾雅釋言云：「氂，罽也。」孔氏正義引舍人曰：「胡人績羊毛作衣。」蓋以毛織之粗布及氈類也。

69 西傾，山名。漢書地理志謂在隴西臨洮縣西。顧氏禹貢注釋，謂卽今魯察布拉山，在今青海同德縣東北，接甘肅夏河縣界。桓，水名。王鳴盛尚書後案，謂此桓水卽白水。曾氏尚書正讀，謂卽今之白龍江。因桓是來，言貢物由桓水而來也。沔（ㄇㄧㄢˇ），水名。簡氏集注述疏云：「漢志：『隴西郡、氐道縣，養水所出，至武都縣為漢。』『武都郡、武都縣，東漢水，受氐道水，一名沔。……』」按：潛，雖有沔水之名，而實非古之沔水。潛、沔二水不相通，故曰逾于沔。沔渭亦不相通，故曰入于渭。爾雅釋水：「正絕流曰亂。」此謂貢物浮於渭水自西來，衡入黃河由北南流之處也。

黑水西河惟雍州[70]：弱水既西，涇屬渭汭[71]；漆、沮既從，灃水攸同[72]；荊、岐既旅，終南惇物，至于鳥鼠[73]；原隰厎績，至于豬野[74]；三危既宅，三苗丕敘[75]。厥土惟黃壤，厥田惟上上，厥賦中下[76]。厥貢惟球、琳、琅玕[77]。浮于積石，至于龍門西河，會于渭汭[78]。織皮：崑崙、析支、渠搜，西戎卽敘[79]。

70 此黑水，程發軔禹貢地理補義以爲卽今甘肅之黨河。云：「黨河流於哈喇淖爾。哈喇淖爾，番語『黑水』之義，卽黑水也。……今考黨河，漢志謂之氐置水；上源曰沙拉果勒河（一統圖作西爾噶爾近河，漢書補注作錫爾噶勒津河。），源出青海北部山中（漢志：氐置水出南羌中。正合。），曲折西北流，入甘肅境，經黨城西（其東有千佛洞），折西北流，有黨河自西南來會，遂有黨河之名。又北流經故沙州城東，又東北經三危山西麓；禹貢『導黑水至于三危』是也。……西流入哈喇淖爾。」西河，今黃河在陝西山西之間南流之一段，古謂之西河。言雍州之域，東至西河，西至黑水；約當今陝西北部，青海東部、及甘肅之大部分。

71 弱水，禹貢錐指（卷十二）：「弱水，經不言所出。桑欽以爲出張掖刪丹縣。鄭康成曰：『衆水東流，此獨西流。』……今按近志，弱水出山丹衞西南窮石山。……又西，徑合黎山，與張掖河合。」旣西，言已導之西流。涇，水名，有二源：北源出甘肅固原縣，南流折東，至平涼縣與南源會合。南源出今甘肅涇源縣大關山，東北流會北源，東南流至涇川縣東入陝西境，至高陵縣入於渭。屬，儀禮士冠禮鄭注云：「注也。」此謂注入。渭汭，渭水北岸曲處。

72 漆、沮，二水名，下流合爲一，名漆沮水。漆水，源出今陝西銅川縣大神山，東南流至耀縣，與沮水合。沮水源出今陝西黃陵縣子午嶺，東南流折而南會漆水，至富平縣入渭。從，謂已順河槽而下。灃水，出今陝西鄠縣終南山，西北流至咸陽入渭。攸，語詞。朱氏古注便讀云：「同，會合也。」

73 荆，山名，在今陝西朝邑縣西南；非荆州之荆山。岐，山名，在今陝西岐山縣東北；非冀州之岐山。旅，導通也；已見注[65]。終南，山名，卽秦嶺之太白峯；在今陝西郿縣東南。惇物，山名；禹貢錐指據漢書地理志，以爲卽太壹山（卽太白山）之北峯。茲從之。鳥鼠，山名，卽導水節之鳥鼠同穴山；在今甘肅渭源縣西南。

74 原隰，爾雅釋地：「下溼曰隰；……廣平曰原。」豬野，漢書地理志武威郡武威縣有休屠澤，云：「古文以爲豬壄澤。」故說者多據漢志以豬野爲澤名。僞孔傳則以爲地名。楊氏覈詁謂：豬，猶澤也。豬野，謂荒蕪之地；與上原隰，均非地名。茲從其說。

75 三危，山名；在今甘肅敦煌縣南。三苗，已見堯典注[97]。丕，語助詞。叙，謂就緒；說見皐陶謨注[70]。

76 田，第一等。賦，第六等。

77 球、琳、琅（ㄌㄤ）玕（ㄍㄢ），鄭玄謂球爲美玉，琳爲美石，琅玕爲珠，說見詩韓奕正義引。

78 積石，山名，卽大積石山，一名大雪山；在今青海同德縣西南。下文云：「導河自積石」。此言浮于積石，謂浮于山下河中也。龍門，山名，有四。此龍門，在今山西河津，及陝西韓城之間。

79 織皮，已見注[68]。崑崙、析支、渠搜，或以爲三山名，或以爲三國名；茲姑從國名說。據諸家說：崑崙，在今青海西寧市附近；析支，卽後漢書西羌傳之賜支，在今青海貴德縣；渠搜，卽漢書地理志之渠搜縣，在今陝西懷遠縣北，蒙古額爾多斯右翼後旗之間。三者皆西戎之國，此言三國貢織皮。卽叙，就緒也。東坡書傳（卷五）以爲「織皮」至「卽叙」十二字，當在「厥貢惟球琳琅玕」之下，「浮于積石」之上。其說可取。

導岍及岐，至于荆山，逾于河[80]。壺口、雷首，至于太岳[81]。底柱、析城，至于王屋[82]。太行、恆山，至于碣石，入于海[83]。西傾、朱圉、鳥鼠，至于太華[84]。熊耳、外方、桐柏，至于陪尾[85]。導嶓冢，至于荆山[86]。內方，至于大別[87]。岷山之陽，至于衡山，過九江，至于敷淺原[88]。

80 本節言導山。山分九系，岍（ㄑㄧㄢ）爲第一系之首。岍，漢書地理志作汧，以爲卽吳山，亦卽周禮職方氏鄭注之吳嶽；在今陝西隴縣南七十里。岐，謂雍州之岐山，已見注[73]。荆山，亦謂雍州之荆山，亦見注[73]。荊山東接黃河，一若山越河而過者，故云逾于河。

81 壺口至太岳，爲第二系。壺口山，已見注[2]。雷首，山名，在今山西永濟縣南。太岳，卽冀州「岳陽」之岳，已見注[3]。

82 厎柱至王屋，爲第三系。厎柱，卽三門山，在今河南陝縣東北黃河中流。析城，山名，在今山西陽城縣西南七十里。王屋，山名，在今山西垣曲縣東北百里。

83 太行至碣石，爲第四系。太行山，綿延千里，其主峯在今山西晉城縣南。恆山，一名常山(因避漢諱)；卽北岳，水經注謂之玄嶽。山起自今山西代縣，東北至今河北陽源縣，主峯在今山西渾源縣東南。碣石，見注[8]。

84 西傾至太華，爲第五系。西傾，山名，見注[69]。朱圉（ㄩˊ），山名，卽漢書地理志之朱圄山，在今甘肅甘谷縣西南三十里。鳥鼠山，見注[73]。太華，卽華山，見注[63]。

85 熊耳至陪尾，爲第六系。熊耳山，在今河南盧氏縣南。外方，山名，卽嵩山，在今河南登封縣北。桐柏，山名，在今河南桐柏縣西北。陪尾，史記夏本紀作負尾，漢書地理志作橫尾，山名。漢志云：「江夏郡安陸，橫尾山在東北，古文以爲陪尾山。」說者多以此山爲禹貢之陪尾。胡氏禹貢錐指非之，謂陪尾當在山東泗水縣；余曩從其說。今按：以陪尾在山東，似嫌過遠。近年王保德有「禹貢陪尾山在那裡」一文（見民國五十八年六月二十二日中央日報副刊），以爲卽今河南光山縣之光山。因光山一名浮弋，一名扶弋。光、橫古音既相通；浮、扶與陪之古讀，弋與尾之今讀（今北方讀尾如弋音），音亦相似。而寰宇記謂此山「俯映長淮」，與僞孔「淮出桐柏，經陪尾」之說合也。其說較勝，茲姑從之。

86 嶓冢至荊山，爲第七系。嶓冢，卽嶓山，見注[64]。荊山，謂荊州之荊山，見注[45]。

87 內方至大別，爲第八系。內方山，卽漢書地理志之章山，在今湖北鍾祥縣西南。大別山，漢書地理志，謂在安豐西南。正義引鄭玄說，亦謂在安豐縣。漢安豐，在今安徽霍邱縣境。本經導水節，言漢水「過三澨至于大別」。定公四年左傳，言楚拒吳師：「乃濟漢而陳，自小別至于大別。」是知大別在漢水附近。而霍邱距漢水甚遠，故說者疑之。杜預注左傳，謂大小別二山在江夏界。其後，元和郡縣志，則以今湖北漢陽縣之魯山，爲大別山。後世多從其說；余作尚書釋義亦從之。今按：洪亮吉釋大別山一文（卷施閣文甲集）曾列舉十二證，以明漢志及鄭玄之說之可信。王先謙漢書補注引沈堯說，云：「大別山，在光州西南，黃州西北，漢陽東北，霍邱西南，班志屬之安豐，但據山之東北一面言也；若論其西南，則直至漢水入江處。故商城西南，麻城、黃陂之山，古人皆目爲大別。」然則班、鄭之說固不誤，惟未詳耳。

岷山至敷淺原，爲第九系。岷山，見注[64]。衡山，見注[45]。九江，見注[47]。敷淺原，說者紛如。漢書地理志豫章郡、歷陵縣，有傅昜山，云：「古文以爲傅淺原。」歷陵，卽今江西安德縣。杜佑通典（卷一八二潯陽）云：「又有蒲塘驛，卽漢歷陵縣也。……今驛前有敷淺原，在西數十里有傅陽山。」是杜氏不以敷淺原爲山名。朱子、蔡沈，皆疑爲今之廬山，禹貢錐指更申述之。按：曾氏尚書正讀云：「按漢志，歷陵在今江西九江縣東；傅陽卽鄱陽。鄱、傅聲相近，敷、傅聲亦同。傅陽山卽鄱陽山，亦卽敷淺原，亦卽今之廬山。……或謂高平曰原，當爲地名，不爲山名。不知本文導山，凡言至于皆爲山名。……若作地名，則于經例不合矣。」玆姑取廬山說。

導弱水，至于合黎，餘波入于流沙[89]。導黑水，至于三危，入于南海[90]。導河積石，至于龍門，南至于華陰，東至于厎柱，又東至于孟津；東過洛汭，至于大伾；北過降水，至于大陸；又北播爲九河，同爲逆河，入于海[91]。嶓冢導漾，東流爲漢，又東爲滄浪之水，過三澨，至于大別，南入于江；東匯澤爲彭蠡，東爲北江，入于海[92]。岷山導江，東別爲沱，又東至于澧，過九江，至于東陵，東迆北會于匯，東爲中江，入于海[93]。導沇水，東流爲濟，入于河，溢爲滎，東出于陶丘北，又東至于菏，又東北會于汶，又北東入于海[94]。導淮自桐柏，東會于泗、沂，東入于海[95]。導渭自鳥鼠同穴，東會于灃，又東會于涇，又東過漆沮，入于河[96]。導洛自熊耳，東北會于澗、瀍，又東會于伊，又東北入于河[97]。

89 本節言導水。水道亦分九系；弱水爲第一系。弱水，見注[71]。合黎，山名；括地志謂之蘭門山，云：「一名窮石山。」在今甘肅山丹、張掖等縣之北。流沙，即沙漠。漢書地理志張掖郡居延縣云：「居延澤在東北，古文以爲流沙。」水經「禹貢山水澤地所在」篇及注，說與漢志同。顧氏禹貢注釋云：「居延澤，即今內蒙古額濟納旗居延海，有東西兩泊，東泊名索果諾爾，爲張掖河所匯，張掖河即古弱水。」按：此蓋後人已知弱水入居延澤，故有此說；味本經此語，似禹貢作者，但知弱水流入沙漠耳，未嘗實指其地也。

90 黑水爲第二系。此爲雍州之黑水，見注[70]。三危，山名，見注[75]。南海，說者紛如。程發軔禹貢地理補義，以爲即羅布泊。云：「考哈喇淖爾（黑水）之水，經英人斯坦因之考證，古時入羅布泊，至今沙迹猶在，潛流尚存。羅布泊即漢志之蒲昌海，一名鹽海，或黝澤，又稱臨海，或牢蘭海；樓蘭國因此得名（原注：見漢書補注所引水經注及括地志。）。牢與蘭雙聲，急讀爲蘭、爲臨。……臨與南古音通轉。……是南海即臨海，即牢蘭海，聲韻皆可互通。」其說較長，茲從之。

91 河爲第三系。河，即黃河。導河積石，謂導河自積石始也。積石、龍門，並見注[78]。華陰，華山之北。底柱，見注[82]。孟津，一作盟津，黃河北岸渡口名，在今河南孟縣南。洛汭，謂洛水入黃河處。洛，當作雒。大伾，山名。顧氏禹貢注釋據水經河水注，以爲大伾山卽九曲山，在今河南鞏縣氾水鎭西北一里。降水，卽冀州衡漳之上源，或稱絳水。顧氏禹貢注釋謂：今山西屯留、長治、襄垣、黎城、平順，河南林縣、安陽，河北涉縣、武安、成安、肥鄉、永年、曲周等縣，皆古降水所經之地。大陸，澤名，見注[6]。播，猶散也；義見詩般正義引本句鄭注。九河，見注[10]。逆河，正義引鄭玄云：「下尾合，名爲逆河，言相向迎受。」僞孔傳云：「同合爲一大河，名逆河。」正義引王肅云：「同逆一大河。」正義謂王肅說：「其意與孔同。」是皆謂黃河旣分爲九，復合爲一也。按：九河分布甚廣，其下游無復合爲一之理。禹貢錐指（卷三）引夏允彝禹貢合注云：「今九河之下，卽爲逆河；殆謂自此而下，卽海潮逆入矣。」然則，同猶俱也；言九河俱爲逆河（皆爲海潮所倒灌），以入於海。海，渤海也。

92 漾（ㄧㄤ）至北江爲第四系。嶓冢，山名，見注[64]。漾，水名，源出今陝西寧強縣嶓冢山，東北流經沔縣，西南流合沔水，又東經褒城、南鄭，稱爲漢水。滄浪水，亦見於孟子及楚辭漁父篇。史記夏本紀正義引庾仲雍漢水記云：「武當縣西四十里，漢水中有洲，名滄浪洲。」則滄浪水，當是漢水此一段之別名。其地在今湖北均縣。三澨（ㄕ），史記夏本紀索隱云：「水經云：三澨，地名，在南郡郘縣北。」孔安國、鄭玄，以爲水名。今竟陵有三參水，俗云是三澨水。」茲姑取正義說。竟陵，今湖北天門縣。大別，見注[87]。彭蠡，見注[37]。北江，見注[38]。

93 江至中江爲第五系。岷山，見注[64]。沱，亦見注[64]。東別爲沱，言江之東別有一水曰沱也。澧（ㄌㄧˇ），說者多以爲卽湖南之澧江。按：澧，史記夏本紀作醴。集解引鄭玄曰：「醴，陵名也。」楊氏禹貢本義云：「會萃往籍，綜覽形勢，禹貢之醴，終當以鄭氏爲正。」九江，見注[47]。東陵，水經江水注：「（利水）出廬江郡東陵鄉；江夏有西陵縣，故是言東矣。尚書云：『江水過九江，至於東陵』者也。」其說與漢書地理志合。則東陵當在今湖北廣濟縣境。迤（ㄧˇ），說文：「衺行也。」匯，舊說指彭蠡言。

然彭蠡在東陵東南，不在東北。顧氏禹貢注釋謂：水廻旋停蓄豬而為澤者皆謂之匯，此當指今安徽宿松以東，懷寧、樅陽、無為等地、長江北岸一帶之湖泊言。按：顧氏此說較長。中江，見注[38]。

94 沇（一ㄢˇ）水至汶為第六系。沇水，乃濟水之上流，源出今山西垣曲縣王屋山下。滎，即滎澤，見注[59]。陶丘，漢書地理志謂在定陶西南。漢定陶縣治，在今山東定陶縣西南。菏，水名，見注[37]。汶，水名，見注[25]。

95 淮至沂為第七系。桐柏，山名，見注[85]。泗，見注[35]。沂，見注[27]。

96 渭至漆沮為第八系。鳥鼠同穴，即鳥鼠山，見注[73]。灃，見注[72]。涇，見注[71]。漆沮，見注[72]。

97 洛至伊為第九系。熊耳，山名，見注[85]。澗、瀍、伊，三水名，並見注[58]。

九州攸同，四隩既宅[98]；九山刊旅，九川滌源，九澤既陂[99]。四海會同，六府孔修[100]。庶土交正，厎愼財賦，咸則三壤，成賦中邦[101]。錫土姓，祗台德先，不距朕行[102]。

98 九州，即冀至雍九州。攸，語詞。同，孫氏注疏云：「猶和也；平也。」隩（ㄠˋ），與澳通，隈崖也；義見禮記大學鄭注。四隩，蔡傳以為四海之隩；是。宅，居也。既宅，言已有人居住。

99 九山，即導山所言九系之山。九川，即導水所言九系之水。九澤，即見於各州之澤，其數凡九。滌，廣雅釋水：「清滌……水也。」滌源，謂疏導水源，使澄清不淤塞也。陂，詩陳風澤陂毛傳云：「澤障也。」既陂，言已有堤岸。

100 會同，皆諸侯朝見天子之名。周禮春官大宗伯：「時見曰會，殷見曰同。」四海會同，意謂天下皆歸附。六府，水、火、金、木、土、穀也；見文公七年左傳。修，治也；義見禮記中庸、檀弓等篇鄭注。孔修，謂甚為治理。

101 庶土，衆土地。交，俱也；義見孟子粱惠王上趙注。交正，謂美惡之等俱得其正。厎，致也；前已數見。財賦，謂賦稅。咸，皆也。則，準則。三壤，謂田上中下三等。成，定也；義見國語周語下韋注。中邦，卽中國；別於夷狄之國而言。

102 錫，賜也。舊解多據隱公八年左傳：「天子建德，因生以賜姓，胙之土，而命之氏」之文，以說此錫土姓之義。友人楊希枚先生著「先秦賜姓制度理論的商榷」一文（見中央研究院歷史語言研究所集刊第二十六本），據姓字古義及楚語資料，謂賜姓乃「賜民、分民、或授民」之義。茲取其說。錫土姓，言賜之土而授之民也。台（ㄧˊ），音飴；古與以通。于氏雙劍誃尚書新證云：「台卽以；晚周以每作台。王孫鐘：『用亯台孝，用匽台喜。』陳侯因資鐘：『台䕒台嘗。』……此例金文習見。」其說甚諦。祗台德先，言祗以德化爲先也。距，與拒通，抵拒不順也。

五百里甸服：百里賦納總，二百里納銍，三百里納秸服，四百里粟，五百里米[103]。五百里侯服：百里采，二百里男邦，三百里諸侯[104]。五百里綏服：三百里揆文敎，二百里奮武衞[105]。五百里要服：三百里夷，二百里蔡[106]。五百里荒服：三百里蠻，二百里流[107]。

103 五百里，謂環王城之外，四方各距王城五百里；卽東西、南北，相距各千里；此地區謂之甸服。國語周語上：「邦內甸服。」韋注云：「甸，王田也。服，服其職業也。」百里，謂環王城百里以內。總，說文：「聚束也。」僞孔傳云：「禾稾曰總。」正義申之云：「總者，總下銍、秸、禾、穗與稾，總皆送之，故云禾稾曰總。」二百里，謂王城百里之外，二百里之內也。以下類推。銍（ㄓˋ），詩大雅臣工毛傳云：「穫也。」僞孔傳云：「謂禾穗。」正義云：『禾穗用銍以刈，故以銍表禾穗也。」秸（ㄐㄧ・ㄧㄚ），釋文引馬融云：「去其潁。」詩甫田正義引鄭玄尚書注，說與馬氏同。陳奐詩毛氏傳疏（見大雅生民）

謂：「帶稃言，謂之秸服」（稃服音近）。粟、米，說文：「粟，嘉穀實也。」又云：「米，粟實也。」是粟爲穀實之未去穀者，米爲粟之去穀者。

104 五百里，謂環甸服之外四方各五百里也。以下類推。侯，爾雅釋詁：「君也。」侯服爲分封諸侯之區域，故謂之侯服。采，東坡書傳云：「卿大夫之采也。」卽卿大夫之采邑。男邦，東坡書傳云：「小國也。」三百里，與前文異例；董鼎書集傳輯錄纂注（卷二）引朱子云：「三百里，謂自三至五，爲百里者三。」卽男邦以外其餘之三百里也。諸侯，大國、次國也；亦東坡書傳說。

105 綏，爾雅釋詁：「安也。」此蓋取綏靖安撫之義。揆，爾雅釋言：「度也。」奮，振奮。衞，保衞。

106 要，約也；義見呂氏春秋審應篇高注。正義云：「約束之義。」是也。夷，蔡氏集傳云：「夷狄之地。」蔡，定公四年左傳云：「王於是乎殺管叔而蔡蔡叔。」杜注：「蔡，放也。」蔡氏集傳謂：「流放罪人於此。」是也。

107 荒，廣雅釋詁一：「遠也。」蠻，謂蠻荒之地。流，流放罪人也。蔡氏集傳云：「蔡與流，皆所以處罪人；而罪有輕重，故地有遠近之別也。」

東漸于海，西被于流沙，朔南暨聲敎，訖于四海[108]。禹錫玄圭，告厥成功[109]。

108 漸，易漸卦象傳：「進也。」漸于海，謂進入於海。被，僞孔傳：「及也。」朔，北方。南，南方。暨，及也；義見禮記表記鄭注。按：聲，謂政令。敎，謂敎化。訖，與迄通。迄，爾雅釋詁：「至也。」

109 按：錫，與上文「錫貢」及「納錫」之錫同義；獻也。玄，黑赤色。圭，瑞玉之一；說見堯典「輯五瑞」注。此言禹獻玄圭於天子。蓋天子命禹治水，以圭爲符信；及功成而還，乃獻其圭於天子也。蔡傳及禹貢錐指並有說。僞孔傳謂帝賜禹玄圭；恐非是。告，禹告天子也。厥，其也；此指禹言。

甘誓

甘，史記集解引馬融云：「有扈氏南郊地名。」漢書地理志右扶風鄠縣下云：「古國，有扈谷亭。扈，夏啓所伐。」以其說按之，扈國當在今陝西鄠縣。楊氏覈詁引王國維說，以爲：卜辭地名，有甘有扈。甘，疑卽春秋甘昭公所封之邑；扈，疑卽諸侯會于扈之扈：地當在周鄭間。按：相傳禹都平陽，在今山西西南部；鄠在今陝西中部，去禹都較遠。以地理按之，似王說爲勝。周禮秋官士師：「一曰誓，用之于軍旅。」則甘誓者，在甘地誓師之辭也。

書序云：「啓與有扈戰于甘之野，作甘誓。」史記亦謂本篇爲夏啓與有扈戰之誓辭。墨子明鬼下引本篇以爲禹誓。莊子人間世云：「禹攻有扈，國爲虛厲。」呂氏春秋召類篇云：「禹攻有扈，以行其敎。」說苑政理篇云：「禹與有扈氏戰，三陳而不服。」則皆謂禹與有扈氏戰。而呂氏春秋先己篇，又謂夏后相與有扈戰（太平御覽卷八十二引先己篇，作夏后伯啓。劉恕、王應麟引先己篇，則皆作夏后相。疑御覽此文，爲人所誤改。）。又：困學紀聞（卷二）云：「蔡邕銘論：『殷湯有甘誓之勒。』」原注云：「引見御覽五百九十。」傳說紛紜，莫衷一是。要之，以爲夏君與有扈氏戰於甘之誓辭，則除蔡邕外，衆家所同也。

淮南子齊俗篇云：「有扈氏爲義而亡。」高注云：「有扈，夏啓之庶兄也。以堯舜擧賢，禹獨與子，故伐啓；啓亡之。」曾氏尙書正讀云：「按：楚語觀射父云：『堯有丹朱，舜有商均，夏有觀、扈，周有管、蔡。』以扈與丹朱、商均、管、蔡竝擧，則有扈爲夏啓之庶兄，誠如淮南高注所云也。」按：據此可知古者有以扈爲夏啓庶兄之傳說；然眞象如何，尙待確證。

本篇文辭淺易，與堯典、皐陶謨、及湯誓、牧誓等篇相近，而去周誥及西周時金文絕遠。即此可知其不特非夏初或商初作品，亦不可能成於西周。復就六卿、五行、三正等辭按之，知本篇乃戰國時人述古之作也。本篇開首云：「大戰于甘，乃召六卿。」而六卿之官，實始於春秋時之宋國，事在魯文公七年；前此絕無六卿之職。友人史景成教授有六卿溯源一文論之（見大陸雜誌二十五卷七期）。是本篇不得成於春秋中葉以前。本篇言「威侮五行」，已用鄒衍終始五德之說；知其著成時代，不得前乎戰國中葉。本篇又云：「怠棄三正。」三正為夏正建寅，殷正建丑，周正建子。夏初固不可能知殷周之正建於何月；且三正之名，始見於史記周本紀所引泰誓。就其文辭之淺易觀之，彼泰誓亦當為戰國人述古之作。蓋泰誓既為武王伐紂之誓辭，則爾時僅可能有二正，如何「毀壞其三正」？況三正之說，基於以干支紀月；而以干支紀月，始見於周書周月篇。此周月篇，亦戰國時之作品。以此證之，本篇亦不得成於戰國之前也。而墨子明鬼下既引述本篇之文；明鬼下篇出於墨者之徒，約成於戰國晚年。則本篇之著成，蓋當戰國中晚葉時也。余有「尚書甘誓篇著成的時代」一文論之（見書傭論學集），此不具述。

大戰于甘，乃召六卿[1]。

1 甘，地名；說見解題。六卿，詩大雅棫樸正義引鄭玄云：「六卿者，六軍之將。」周禮夏官序云：「王六軍，……軍將皆命卿。」鄭氏蓋據此為說。按：周禮乃戰國時作品，所言不盡合於古制。西周時有六師，未聞六軍之名；尤無六卿之說。春秋時宋以右師、左師、司馬、司徒、司城、司寇為六卿，其後各國遂多有之。本篇作者，蓋已習聞六卿之名，故以後世之官名敍述古代之史事，而不自覺也。

王曰：「嗟！六事之人，予誓告汝[2]：有扈氏威侮五行，怠棄三正[3]，天用勦絕其命[4]，今予惟恭行天之罰。

2 六事，指六卿言。詩十月之交言「三有事」；雨無正言「三事大夫」。是其比。正義引鄭玄云：「變六卿言六事之人者，言軍吏下及士卒也。」

3 威，經義述聞疑爲烕之訛。謂：烕，蔑之假借；蔑，輕也。烕侮，卽輕慢之意。五行，僞孔傳云：「五行之德，王者相承所取法。」按：此謂終始五德也。其說謂：王者之興，必於五行中佔一行；如伏羲以木德王，周以火德王是也。烕侮五行，意謂輕侮應運而興之帝王，其罪重大。故天用勦絕其命。五德終始之說，創自鄒衍；而本篇爲戰國時人述古之作，故及用之。三正，釋文引馬融曰：「建子、建丑、建寅，三正也。」三正與五行對言，知馬說脗合經義。史記集解引鄭玄云：「三正，天地人之正道。」簡氏集注述疏評鄭氏說，云：「經言三正，非汎言正道也。」駁之是也。三正之本義，實謂周正建子、殷正建丑、夏正建寅。而本篇爲夏書，何以知殷周歲首之月建？鄭氏以天地人之正道說之，蓋以此故。孫氏注疏，乃歷引緯書及宋書禮志等說，以明夏以前已有三正。然以干支紀月，始於戰國，前已言之。又：日本新城新藏，於所著東洋天文學史研究一書中，證知春秋以前，所用者爲接近夏正之曆法；春秋前期，爲接近殷正之曆法；春秋後期至戰國中葉，爲接近周正之曆法。則是曆有三正，至春秋後期之人始知之，故戰國時乃有三正之說。是知此言「怠棄三正」，亦後人述古之辭也。持三正之說者，謂易代之後，新王必改正朔，易服色。怠棄三正，謂怠慢廢棄三正；亦卽不奉時王之正朔耳。

4 用，猶因也。勦（ㄔㄠ），說文作劋，云：「絕也。」勦絕，卽斷絕。命，謂國運。

左不攻于左，汝不恭命；右不攻于右，汝不恭命；御非其馬之正，汝不恭命[5]。用命，賞于祖；弗用命，戮于社[6]。予則孥戮汝[7]。

5 上左字，謂車左之甲士。上右字，謂車右之甲士。下左、右，則謂左右之敵人也。詩魯頌閟宮鄭箋云：「兵車之法：左人持弓，右人持矛，中人御。」此常兵車也。孔氏正義云：「若將之兵車，則御者在左，勇力之士在右；將居鼓下，在中央，主擊鼓。」攻，說文：「擊也。」恭命，謂順從命令。御，謂御者。正，適當之意。非其馬之正，謂進退旋轉不得其當。

6 用命，謂聽命。孫氏注疏云：「祖者，廟主。社者，社主。太平御覽三百六引摯虞決疑要注曰：『古者帝王出征伐，以齊車載遷廟之主及社主以行。……』」賞于祖，謂賞於齊車所載遷廟祖主之前。戮于社，謂殺於齊車所載社主之前也。說文：「戮，殺也。」

7 孥，史記作帑，古通。詩常棣毛傳云：「孥，子也。」湯誓篇亦有孥戮語，孔氏正義於彼篇引鄭玄云：「大罪不止其身，又孥戮其子孫。」此句上有省文，意謂如不用命，則孥戮之也。

〔附記〕墨子明鬼下引本篇謂之「夏書禹誓」。所引之文，與今本甘誓異處頗多，具錄如次：

大戰于甘，王乃命左右六人，下聽誓于中軍。曰：有扈氏威侮五行，怠棄三正；天用勦絕其命。有曰：日中，今予與有扈氏爭一日之命。且爾卿大夫庶人，予非爾田野葆士之欲也，予恭行天之罰也。左不共于左，右不共于右，若不共命。御非爾馬之政，若不共命。是以賞于祖而僇于社。

墨子所引尚書，往往與今本尚書不同。蓋古者帛書昂貴，簡書携帶不便，故典籍每由口授流傳。因出記誦，遂有詳略及字句之異。儒家傳本，異文已多，更無怪乎墨家矣。

商書

湯誓

湯，商湯。湯誓，商湯伐夏桀時誓師之辭也。論語堯曰篇云：「予小子履，敢用玄牡，敢昭告于皇皇后帝：有罪不敢赦。帝臣不蔽，簡在帝心。朕躬有罪，無以萬方；萬方有罪，罪在朕躬。」何晏論語集解引孔安國說，謂：「墨子引湯誓，其辭若此。」國語周語上，內史過引湯誓曰：「余一人有罪，無以萬夫；萬夫有罪，在余一人。」按：墨子兼愛下引此文謂之湯說，云：「湯曰：惟予小子履，敢用玄牡，告於上天后。曰：今天大旱，卽當朕身履，未知得罪于上下。有善不敢蔽，有罪不敢赦，簡在帝心。萬方有罪，卽當朕身；朕身有罪，無及萬方。」以論語、周語及墨子互證，則本篇之外，尚有一湯誓（一名湯說）。彼爲因旱祈禱之辭，本篇則爲伐桀誓師之辭，二者非一事也。

按：商湯，名履。曰唐（見殷墟卜辭、齊侯鎛鐘、及太平御覽卷八十二與九百一十二所引歸藏）、曰湯、曰成湯、曰太乙，皆後人追稱類似廟號之名也。本篇標題旣曰湯誓，已有後人述古之嫌；且文辭淺易，又有弔民伐罪之思想。疑與甘誓、牧誓、及已佚之先秦泰誓，同爲戰國時人述古之作也。前引禱旱之湯誓，或稍早於本篇，或亦同時作品。蓋論語爲孔門弟子或再傳弟子所記，且有更後之人所附益之辭。國語則爲戰國時人所作。論語中固可有春秋以後之資料；而國語左傳之作者，往往假古人之口引後出之書；內史過之引湯誓，卽其一例也。然孟子梁惠王篇，已引本篇之文；知孟子時本篇已傳世。

王曰：「格爾眾庶，悉聽朕言[1]！非台小子，敢行稱亂[2]；有夏多罪，天命殛之[3]。

1 格，爾雅釋言：「來也。」吳氏尚書故云：「格與假同字。格爾者，告爾也。呂覽士容篇：『其鄰假以買取鼠之狗。』高誘注：『假，猶請也。』爾雅釋詁：『請，告也。』孟康漢書注：『古者名吏休假曰告。』是假有告義也。格爾，卽假爾。禮之假爾大龜，假爾大筮，是其例，皆謂告爾也。」按：高宗肜日：「祖己曰：惟先格王正厥事。」孔氏正義引王肅注云：「（祖己）言于王。」是訓格爲告也。來、告二義，於此俱通。庶，亦衆也；衆庶，卽衆人。悉，爾雅釋詁：「盡也。」

2 台（ㄧˊ），音飴，爾雅釋詁：「我也。」稱，一作偁，舉也；義見爾雅釋言。稱亂，謂發動亂事；卽作亂也。

3 有，如有虞、有殷、有周之有、語助也；經傳釋詞有說。殛，爾雅釋言：「誅也。」

今爾有眾，汝曰：『我后不恤我眾，舍我穡事，而割正夏[4]？』予惟聞汝眾言；夏氏有罪，予畏上帝，不敢不正[5]。

有衆之有，與上文有夏之有同；語助也。汝曰，爲假設之辭；意謂「汝如曰」也。后，君也。恤，憂也。義並見爾雅釋詁。舍，與捨同；廢棄也。割，說文：「剝也。」下文「率割夏邑」之割，史記作奪；是割有奪義。正，古與征通。割正，謂剝奪之、征伐之。

5 正，舊解爲征。按：周禮夏官大司馬：「賊殺其親則正之。」鄭注云：「正之者，執而治其罪。」不敢不正之正字，以用周禮此義爲長。

今汝其曰：『夏罪其如台[6]？』夏王率遏眾力，率割夏邑，有眾率怠弗協[7]。曰：『時日曷喪？予及汝皆亡[8]！』夏德若茲[9]，今朕必往。

6 其曰，猶今語「要說」也。台，音飴。如台，史記作奈何。孫氏注疏，以爲「台、何，音之轉」；並據一切經音義所引蒼頡篇「奚，何也」之語，因謂：「台聲近奚，故爲何。」高本漢尚書注釋駁其說，以爲台與何通假，絕無可能。經傳釋詞，則歷引法言問道篇、漢書敘傳、文選典引，以明漢時說尚書者，皆以如台爲奈何。按：如台語除本篇外，又見於盤庚、高宗肜日、及西伯戡黎；其他先秦典籍，絕無此語法。而此四篇皆商書。疑此乃宋地之習語，固不必以音轉或字訛說之也。夏罪其如台，謂夏之罪過如何也。

7 率，語助也；說見經傳釋詞。遏，絕也；義見易大有象傳虞注。絕，盡也。楊氏覈詁以盡竭說之，是也。割，害也；義見堯典僞孔傳。夏邑，意謂夏國。怠，謂怠慢不恭。協，和也。

8 時，是。曷，何時也；說見丁聲樹所著詩經中的胡曷何（見中央研究院歷史語言研究所集刊第十本）。皆，孟子梁惠王上引作偕；俱也；共也。

9 德，行爲也。若茲，如此也。

爾尚輔予一人，致天之罰，予其大賚汝[10]。爾無不信，朕不食言[11]。爾不從誓言，予則孥戮汝，罔有攸赦[12]。」

10 尚，說文：「庶幾也。」希冀之詞。予一人，猶今語「我個人」；古者天子每如此自稱。致，說文：「

送詣也。」按：即給與之意。賚（ㄌㄞ），爾雅釋詁：「賜也。」

11 食言，言不實踐其言也。哀公二十五年左傳：「是食言多矣，能無肥乎？」

12 孥戮，見甘誓注7。罔，無也；義見詩民勞鄭箋。攸，爾雅釋言：「所也。」赦，舍也；義見爾雅釋詁。此謂免其罪。

盤庚

盤，甲骨文及漢石經並作般。般、盤古通用。盤庚，殷王名；祖丁之子，陽甲之弟，小辛之兄也。孔氏正義引汲冢古文云：「盤庚自奄遷于殷。」奄，在後之魯地（本王國維說，詳見多方注[1]。）。殷，在今河南安陽縣。自奄至殷，必北渡黃河。故本經云：「惟涉河，以民遷。」則本篇乃記盤庚自奄遷殷之事者也。書序云：「盤庚五遷，將治亳殷。」史記殷本紀遂謂：「盤庚之時，殷已都河北；盤庚渡河南，復居成湯之故居。」按：孔氏正義述束晳所引孔子壁中尚書云：「將始宅殷。」是書序「治亳」二字，乃「始宅」之訛。史公蓋亦據誤本書序爲說也。王國維有說殷一文（見觀堂集林），論之甚詳。

哀公十一年左傳，謂本篇爲「盤庚之誥」。蓋尚書諸篇標題，皆後人所定；至東周晚年，尚未完全一致。如墨子稱甘誓爲禹誓，韓非子稱酒誥爲康誥之類是也。本篇舊分爲上中下三篇，然自僞孔傳以前，未嘗標題曰上、中、下云云；僅於上篇及中篇之末，各空一格，並加圓點，以爲識別；今存漢石經殘石可證也。楊氏覈詁云：「按：此篇首云：『盤庚遷于殷，民不適有居。』則當在遷後而未定居之時。中篇首言：『盤庚作，惟涉河，以民遷。』則明在未遷之前；故又曰『今予將試以汝遷』也。下篇首言：『盤庚旣遷，奠厥攸居。』則明在遷後，民已定居之時；更在上篇之後。惟上中二篇，何以倒置，殊不可解。」今篇第悉仍舊本，亦不標上中下之目，而另以分篇之記號別之。

書序謂本篇作於盤庚時。史記殷本紀則謂：「帝小辛立，殷復衰；百姓思盤庚，迺作盤庚三篇。」按：本篇雖佶屈聱牙，然決非盤庚時作品。以爲作於小辛時者，恐亦未的。蓋盤庚之名，乃其後人所命，而非當時之稱。以甲骨卜辭證之，小辛時當稱盤庚爲兄庚，武丁時當稱爲父庚，祖庚以下則當稱爲祖庚。若盤庚、武丁、文武丁等類似諡號之稱謂，出現尤晚（說詳拙著諡法濫觴於殷代論，見書傭論學集。）。盤庚之號，約始於祖甲之世。本篇既屢稱盤庚，知其非當時或小辛時之作也。且中篇言：「殷降大虐。」爾時尚未遷殷，已以殷爲國號。是必後人以習慣之稱謂，而誤加於古昔者。然文辭古奧，似非西周晚年以後作品。以是言之，本篇蓋殷末人、或西周時宋人追述古事之作也。

盤庚遷于民不適有居[1]。率籲衆慼出矢言[2]。

1 適，孫氏注疏云：「一切經音義引三蒼云：『悅也。』」有，經傳釋詞以爲語助。有居、有邦、有家、有廟之有，釋詞皆以語助說之。經詞衍釋則訓爲「於」；予舊從其說。今按：以爲語助，此類語句皆可通解；訓「於」則有通有不通。茲改從釋詞說。

2 率，用也；義見詩思文毛傳。籲，說文：「呼也。」慼，說文引作戚。俞氏羣經平議以爲戚謂近臣，矢義爲陳，言盤庚呼其親近之臣，出而向民陳言也。按：如此乃與下文聯貫，故俞說較衆家說爲長。

曰：「我王來，既爰宅于茲[3]；重我民，無盡劉[4]。不能胥匡以生，卜稽曰其如台[5]？先王有服，恪謹天命[6]；茲猶不常寧，不常厥邑，于今五邦[7]。今不承于古，罔知天之斷命，矧曰其克從先王之烈[8]？若顚木之有由櫱[9]，天其永我命于茲新邑，紹復先王之大業，厎綏四方[10]。」

3 曰，爲衆近臣之言。爰，於是也；義見張衡思玄賦舊注（經傳釋詞說）。宅，居也；已見堯典。茲，此也；指殷地言。

4 劉，爾雅釋詁：「殺也。」

5 胥，爾雅釋詁：「相也。」匡，救也；義見成公十八年左傳杜注。稽，廣雅釋言：「考也。」此與洪範稽疑之稽同義；謂考詢之。曰，句中語助詞，兪氏羣經平議有說。如台（音飴），如何也；說見湯誓。

6 服，事也。恪，敬也。並見爾雅釋詁。

7 邑，指國都言。邦，亦謂國都。五邦，楊樹達積微居讀書記（尚書說）云：「湯未得天下以前，卽已居亳，見孟子；五邦不得數亳。此時尚未遷殷（里按：應云：此時甫遷殷。），亦不得數殷在內。五邦，仲丁遷囂（史記作隞），一也；河亶甲遷相，二也；祖乙遷耿（史記作邢），三也；耿圮遷庇，四也；南庚遷奄，五也。仲丁遷囂，河亶甲遷相，祖乙居庇，南庚遷奄，並見古本竹書紀年。祖乙圮于耿，見書序。」按：楊氏此說，較衆說爲勝。

8 承，繼也；義見詩權輿毛傳。斷命，謂國運斷絕。矧，爾雅釋言：「況也。」烈，爾雅釋詁：「業也。」

9 顚，廣雅釋言：「倒也。」由蘖（ㄋ一ㄝ），說文引作𠧪櫱；云：「𠧪，木生條也。」「櫱，伐木餘也。……或从木，辥聲。」蘖，後漢書虞延傳注云：「伐木更生也。」則𠧪蘖，謂仆倒之木又新生之枝條也。

10 永，爾雅釋詁：「長也。」茲新邑，謂殷。紹，爾雅釋詁：「繼也。」厎，致也；前已數見。綏，爾雅釋詁：「安也。」

盤庚斆于民，由乃在位，以常舊服，正法度[11]。曰：「無或敢伏小人之攸箴[12]！」王命衆，悉至于庭。

11 斆（ㄒ一ㄠ），僞孔傳：「敎也。」說文云：「斆，覺悟也。」按：覺悟之，亦卽敎也。由，當讀爲論語泰伯篇「民可使由之」之由，從也。乃，高本漢尚書注釋，以爲當是厥之訛（金文乃厥二字形近）。

12 按：在位，謂在位之官吏。由乃在位，謂順從官吏也。常，守也；義見詩閟宮鄭箋。舊服，意謂舊規。曰字以下，爲盤庚告官吏之言。伏，隱也；義見國語晉語二韋注。小人，猶言細民；謂民衆也。箴，釋文引馬融云：「諫也。」小人之攸箴，民衆諫諍之言也。

王若曰：「格汝衆。予告汝訓[13]。汝猷黜乃心，無傲從康[14]。古我先王，亦惟圖任舊人共政[15]。王播告之，脩不匿厥指，王用丕欽[16]。罔有逸言，民用丕變[17]。今汝聒聒，起信險膚，予弗知乃所訟[18]。

13 王，盤庚也。東坡書傳（卷八）云：「書凡言若曰者，非盡當時之言，大意若此而已。」按：若曰，猶言如此說也。格，來也；說見湯誓注[1]。衆，指衆官吏言。訓，教也；義見詩大雅抑毛傳。此作名詞用，卽訓敎之辭。

14 猷，爾雅釋言：「可也。」黜，說文：「貶下也。」卽降低之意。乃，汝。無，勿。傲，與敖通，遊樂也；說見皐陶謨注[64]。從，與縱通；此讀爲縱。康，安也。

15 圖，爾雅釋詁：「謀也。」任，廣雅釋詁一：「使也。」共政，謂共理政事。

16 播，廣雅釋詁三：「布也。」說文作譒，云：「敷也。」按：敷亦布也。王播告之，言以政令告諸臣（使其傳布於民）也。脩，羣經平議、吳氏尚書故、及孫詒讓尚書駢枝，皆謂應讀爲攸，語詞也。按：漢婁壽碑云：「曾祖父攸春秋。」又云：「不攸廉隅。」皆以攸爲脩，是脩攸互通之證。又：章炳麟古文尚書拾遺定本，引薛季宣書古文訓，本句作：「攸弜匿卑指。」則脩應爲攸，審矣。匿，廣雅釋詁四：「隱也。」指，與旨同；說見荀子大略篇楊注。旨，意也。丕，語詞。欽，吳氏尚書故云：「善之也。堯典『欽哉』，史記釋爲『善之』。」

17 逸，爾雅釋言：「過也。」變，謂改變不良之舊習。

18 聒（ㄍㄨㄚ），孔氏正義引鄭玄云：「讀如聒耳之聒。聒聒，難告之貌。」釋文云：「馬及說文皆云：拒善自用之意。」起，猶更也；義見禮記內則鄭注。信，江氏集注音疏云：「讀當爲引而信之之信。信，申說也。」險，險詖，不正也；義見詩卷耳序釋文引崔注。膚，義當如論語顏淵篇「膚受」之膚；淺薄也。起信險膚，言更申說險邪膚淺之言也。乃、汝。訟，說文：「爭也。」謂爭論。

非予自荒茲德；惟汝含德，不惕予一人[19]。予若觀火[20]。予亦拙謀，作乃逸[21]。

19 荒，廢也；義見本篇中「無荒失朕命」僞孔傳。含，史記作舍；是也。舍，讀爲捨。惕，懼也；義見易乾卦九三釋文引鄭注。

20 觀火，言見之明。

21 作乃逸，謂造成汝等之過錯也。

若網在綱，有條而不紊；若農服田力穡，乃亦有秋[22]。

22 綱，繫網之大繩。條，猶理也；義見文選四子講德論注。有條，條然也。紊，說文：「亂也。」服田，從事於田畝工作。穡，通指稼穡言。有秋，猶言有年；謂穀物收成也。

汝克黜乃心，施實德于民，至于婚友[23]；丕乃敢大言，汝有積德[24]。乃不畏戎毒于遠邇，惰農自安，不昬作勞，不服田畝，越其罔有黍稷[25]。汝不和吉言于百姓，惟汝自生毒；乃敗禍姦宄，以自災于厥身[26]。乃既先惡于民，乃奉其恫，汝悔身何及[27]！

23 施，與也；義見漢書武帝紀集注引應劭說。婚友，僞孔傳以爲「婚姻僚友」；是也。

24 丕乃，經傳釋詞云：「猶言於是也。」下文「丕乃告我高后」、「丕乃崇降弗祥」、及立政之「丕乃俾亂」之丕乃，義並同。

25 戎，爾雅釋詁：「大也。」毒，害也；義見國語周語中韋注。遠邇，意謂遠日與近日。昬，正義謂鄭玄讀爲暋，訓爲勉。作勞，操作勞動。越其，經傳釋詞云：「猶云爰乃也。」罔，無也；此義習見。

26 羣經平議謂和、桓、宣古互通；此和字應讀爲宣，宣布也。吉，善也；義見詩摽有梅毛傳。百姓，僞孔傳以爲百官。孔氏正義云：「此篇上下皆言民，此獨云百姓，則知百姓是百官也。」自生毒，謂自作禍害。敗，謂禍烖也；義見禮記孔子閒居鄭注。

27 奉，說文：「承也。」按：此爲承受之意。恫（ㄊㄨㄥ），爾雅釋言：「痛也。」卽痛苦之意。悔身，悔恨自身也。

相時憸民，猶胥顧于箴言[28]。其發有逸口，矧予制乃短長之命[29]？汝曷弗告朕，而胥動以浮言，恐沈于眾[30]？若火之燎于原，不可嚮邇，其猶可撲滅[31]。則惟汝眾自作弗靖，非予有咎[32]。

28 相，視。時，是。憸（ㄒㄧㄢ）民，釋文引馬融云：「憸利小小見事之人。」意謂無遠見之民。茲從其說。胥，相。箴，義見注12。箴言，諫諍之言。

29 其，意謂如其。發，猶禮記月令「雷乃發聲」之發，鄭注：「猶出也。」逸口，蔡傳云：「過言也。」矧，爾雅釋言：「況也。」制，猶今語控制，卽掌握之意。制汝短長之命，意謂操生殺之權也。

30 胥，相。動，謂鼓動。浮言，猶云無根之言。沈，孫氏注疏謂當讀爲說文「告言不正曰抌」之抌。按：說文：「抌，深擊也。从手，冘聲。讀若告言不正曰抌。」段注云：「曰抌之抌，未知何字之誤。」王氏說文句讀云：「告言不正曰抌，不見經典，則是俗語也。」葉德輝說文讀若考，亦以爲「此以本字讀本字」。王葉二家之說，似可採信。即使「曰抌」之抌爲誤字，而其正字必从冘聲，且有「告言不正」之義，可以斷言。則孫氏注疏之說，自可取也。

31 燎，說文：「放火也。」於此爲焚燒之意。原，說文作邍；云：「高平之野人所登。」嚮邇，接近也。猶，尚也。以上三語，意謂燎原之火，其烈雖不可接近，然尚能撲滅。以喻鼓動是非之人雖多，政府終能管制之也。

32 靖，善也；經義述聞有說。咎，過也；義見詩伐木毛傳。

遲任有言曰：『人惟求舊；器非求舊，惟新[33]。』古我先王，暨乃祖乃父，胥及逸勤；予敢動用非罰[34]？世選爾勞，予不掩爾善[35]。茲予大享于先王，爾祖其從與享之[36]。作福作災，予亦不敢動用非德[37]。

33 遲任，古賢人，其詳未聞。人，指官吏言。舊，謂久於其職者。惟新，言惟求新者。

34 胥，相。逸，與佚通；安也，義見呂氏春秋重己篇高注。又：樂也；義見廣雅釋詁一。勤，爾雅釋詁：「勞也。」敢，意謂豈敢。非罰，不當之罰。

35 選，遜氏注疏引漢書注孟康云：「數也。」按：即計算之意。勞，功勞。掩，掩蔽。

36 享，祭也；義見易升卦六四釋文引馬融注。又：鄭玄云：「獻也。」出處同上。與，釋文音預；參預也。

37 作福作災，謂先祖降福降災。德，猶恩也；義見呂氏春秋報更篇高注。非德，不當之恩惠。

予告汝于難，若射之有志[38]。汝無侮老成人，無弱孤有幼[39]。各長于厥居，勉出乃力，聽予一人之作猷[40]。無有遠邇，用罪伐厥死，用德彰厥善[41]。邦之臧，惟汝眾；邦之不臧，惟予一人有佚罰[42]。

38 于，猶以也；楊樹達古書疑義舉例續補有說。志，孫氏注疏云：「志字古作識。論語子張篇：『賢者識其大者，不賢者識其小者。』熹平石經作志。是古文識，今文作志也。」按：志，當指「的」言，射之標的也。儀禮既夕記云：「志矢一乘。」鄭注云：「志猶擬也；習射之矢。書云：『若射之有志。』」鄭說志矢之義，是矣；而以志矢說本經，似有未允。

39 侮老，熹平石經作翕侮，唐石經作老侮。孔氏正義引鄭玄云：「老、弱，皆輕忽之意也。」是鄭本亦作老侮。老侮，謂以其老邁而輕忽之也。成人，成年人。弱孤，經義述聞云：「弱孤連讀，言以為弱孤而輕忽之也。」有，如有眾、有民之有，語助也；經傳釋詞有說。

40 長，廣雅釋詁三：「久也。」聽，聽從也。猷，爾雅釋詁：「謀也。」作猷，所作之謀畫也。

41 無有，意謂不論也。用罪，謂依照罪惡行事。按：伐，甲骨文作㺸，象以戈斬首之意；即殺也。伐厥死，即殺死之。用德，謂依照美德行事。彰，顯揚也。

42 臧，爾雅釋詁：「善也。」佚，與逸同；爾雅釋言：「過也。」佚罰，謂過錯之懲罰。

凡爾眾，其惟致告[43]：自今至于後日，各恭爾事，齊乃位，度乃口[44]。罰及爾身，弗可悔[45]。」

43 蔡氏集傳云：「致告者，使各相告戒也。」

44 恭，爾雅釋詁：「敬也。」即敬謹之意。齊，古齋字但作齊，此當讀為齋，敬也；義見詩采蘋毛傳。齊乃位，謂敬謹於汝等之職位。度，桂馥札樸（卷一）云：「釋文：『度，徐如字；亦作渡。』案：渡，傳寫之誤，當為敷。說文：『敷，閉也。』言閉口毋浮言。」

45 罰及上有省文，意謂「如不然」則罰及爾身也。

上篇止此。

盤庚作，惟涉河以民遷[46]。乃話民之弗率，誕告用亶[47]。其有衆咸造，勿褻在王庭[48]。

46 作，起也；義見詩無衣毛傳。惟，吳氏尚書故云：「爾雅：惟，謀也。」涉河，謂渡河而北。自奄遷殷，必渡黃河。以，猶與也；義見詩江有汜鄭箋。

47 話，江氏集注音疏云：「會合也。……說文言部云：『話，會合；善言也。从言，𠯑聲。譮，籀文話，从言會。』是話有會合之誼。」俞氏羣經平議、吳氏尚書故，並有相似之說。率，爾雅釋詁：「循也。」即順從之意。誕，發語詞，經傳釋詞有說。按：誕爲發語詞，習見於周誥及詩大雅，蓋西周時之習慣用法。用，以也；義見一切經音義七引蒼頡篇。亶（ㄉㄢˇ），爾雅釋詁：「誠也。」

48 咸，皆。造，猶至也；義見周禮地官司門鄭注。勿，猶無也；義見詩東山鄭箋。褻，慢也；義見禮記曲禮鄭注「此皆不欲人褻之」釋文。

盤庚乃登進厥民[49]。曰：「明聽朕言，無荒失朕命[50]。嗚呼！古我前后，罔不惟民之承保，后胥慼，鮮以不浮于天時[51]。殷降大虐，先王不懷；厥攸作，視民利用遷[52]。汝曷弗念我古后之聞[53]？承汝俾汝，惟喜康共；非汝有咎，比于罰[54]。予若籲懷茲新邑，亦惟汝故，以丕從厥志[55]。

49 登，爾雅釋詁：「陞也。」僞孔傳云：「升進，命使前。」

50 無，勿。荒，僞孔傳訓爲「廢」，是也。

51 后，君也；前已數見。前后，猶言先王。之，是也；經傳釋詞有說。承保，古習用語，亦見洛誥。按：承，佐也；義見呂氏春秋貴信篇高注、及哀公十八年左傳杜注。輔佐與保護義近。金文中習見之[illegible]字，象抱子高舉之狀，疑卽承之初文。保字金文作[illegible]、[illegible]等形，象負子之狀。以此言之，承保義相似，二字連用，卽保護之義也。胥，爾雅釋詁：「皆也。」慼，親也。吳氏尚書故云：「鄭禮記注：『戚，親也。』慼者，戚之借字。夏承碑：『君之羣慼。』是其證也。」鮮，少也；義見昭公元年左傳杜注。浮，朱氏古注便讀云：「孚也；猶符合也。」按：高宗肜日：「天既孚命正厥德。」孚，史記作附，漢石經（見隸釋）作付。是孚、附、付古音相通。孚从孚，符从付，自亦互通也。此語意謂少有不符合天時者。

52 殷，乃遷殷後之國號。本篇上「底綏四方」下，孔氏正義云：「鄭玄云：『商家自徙此而號曰殷。』鄭以此前未有殷名也。中篇云：『殷降大虐。』將遷於殷，先正其號名，知於此號爲殷也。」按：本篇爲後人追述之作；作此篇時，殷之國號，相沿已久，作者習於此稱，遂以之爲國號，而偶忽此時尚在遷殷之前也。虐，謂災難。成湯以後數遷，大都在今豫東、魯西、及皖北一帶。而此數地區，常因黃河泛濫成災。此所謂大虐，殆指河水泛濫而言。不，按：當讀爲丕，語助詞。懷，說文：「念思也。」於此卽顧慮之意。厥，指先王言。攸，敦煌卷子本古文尚書作逌。漢書地理志「酆水逌同」；五行志「彝倫逌敍」，今禹貢、洪範，逌俱作攸。是逌攸通用。石鼓文田車石云：「君子逌樂。」亦以逌爲攸，皆語助也。作，起；已見注46。利，利益。用，以也。

53 古后，猶言先王。按：聞，當與詩葛藟「亦莫我聞」之聞同義。王氏經義述聞，謂葛藟聞字當爲恤問之義；是也。

54 承，義同上文承保之承。俾，說文：「益也。」喜，樂；康，安：義並見爾雅釋詁。共，共同也。咎，詩伐木毛傳：「過也。」比，比擬也。

55 若，猶今語「如此地」。籲，呼也；已見注[2]。懷，來也；義見爾雅釋言。丕，語詞。厥，指先王言。

今予將試以汝遷，安定厥邦。汝不憂朕心之攸困，乃咸大不宣乃心，欽念以忱；動予一人[56]。爾惟自鞠自苦；若乘舟，汝弗濟，臭厥載[57]。爾忱不屬，惟胥以沈[58]。不其或稽，自怒曷瘳[59]。

56 咸，皆。孫氏注疏云：「宣，讀爲和。」並述王引之說，以明宣和二字相通。按：宣，通也；義見呂氏春秋古樂篇高注。不宣乃心，言其心不通暢，意卽鬱悶也。義亦與和相近。欽，敬也；義見爾雅釋詁。忱，說文：「誠也。」此語承上文不字言，謂不能敬謹以誠篤之心考慮之也。動，驚動。

57 鞠，窮也；義見詩南山毛傳。作動詞用，卽困戹之意。濟，渡過。臭，僞孔傳訓爲敗。按：臭有敗義，亦見後漢書梁鴻傳注。載，謂舟中所載之物。

58 屬，足也；義見昭公二十八年左傳杜注。胥，相。

59 稽，朱氏古注便讀云：「計也；猶考也。」按：猶今語檢討之意。怒，漢石經作怨（見孫氏注疏）。按：作怨較勝。瘳，說文：「疾愈也。」此以病愈爲喻。

汝不謀長，以思乃災；汝誕勸憂[60]。今其有今罔後，汝何生在上[61]？今予命汝一，無起穢以自臭[62]，恐人倚乃身，迂乃心[63]。予迓續乃命于天；予豈汝威？用奉畜汝眾[64]。

60 長，說文：「久遠也。」乃，廣雅釋言：「汝也。」誕，語詞。勸，廣雅釋詁二：「助也。」勸憂，謂助長其憂慮。

61 在上，簡氏集注述疏云：「謂在天也。」按：簡氏說是。古者謂人之生命由天所賦予，故云。此語意謂上天何能使汝生存也。故下文云：「予迓續乃命于天。」

62 一，謂一心不貳。起，猶舉也；義見戰國策秦策二高注。穢，不絜淸也；義見文選東都賦注引字書。此謂不潔之物。

63 倚，孫氏注疏云：「倚，同掎。說文：『掎，偏引也。』詩小弁云：『伐木掎矣。』……疏云：『掎者，倚也。』」乃，汝。迂，邪也；義見國語晉語一韋注。

64 迓，段氏撰異謂匡謬正俗作御；作迓者乃衞包所改。按：御，用也；義見楚辭涉江王注。按：尚書中威字，多有懲罰之義，皐陶謨「天明畏自我民明威」；康誥「威威」；多方「大動以威」，皆是也。奉，畜，孫氏注疏云：「高誘注淮南子云：『奉，助也。』鄭氏注易云：『畜，養也。』」

予念我先神后之勞爾先；予丕克羞爾，用懷爾然[65]。失于政，陳于茲，高后丕乃崇降罪疾，曰：『曷虐朕民！』[66]汝萬民乃不生生，暨予一人猷同心[67]；先后丕降與汝罪疾，曰：『曷不暨朕幼孫有比！』[68]故有爽德，自上其罰汝，汝罔能迪[69]。

65 先神后，謂已爲神靈之先王。爾先，爾祖先。克，能。羞，蔡氏集傳云：「養也。」按：昭公二十七年左傳杜注云：「羞，進食也。」故引申有養義。懷，安也。義見詩終風鄭箋。然，吳氏尚書故云：「鄭禮記注：『然之言焉也。』」按：詩定之方中：「終焉允臧。」焉，魯詩作然；說詳王先謙詩三家義集疏。

66 陳，久也；義見史記平準書集解引韋昭說。茲，謂奄地。按：高后，高遠之君，謂先王也。崇，爾雅釋詁：「重也。」此言先王將降罪疾於盤庚自身。「曷虐朕民」，謂先王將以此語責盤庚也。

67 生生，孫氏注疏云：「莊子大宗師云：『生生者不生。』釋文引崔云：『常營其生爲生生。』」按：即謀生之意。下文「生生自庸」之生生，義同。按：猷，與大誥、及多方「王若曰猷」之猷同義，語詞。

68 比，按：義當如周易比卦、及詩正月「洽比其鄰」之比，親也。此義甲骨刻辭亦習用之，說詳拙著甲骨文从比二字辨（見書傭論學集）。有比之有，語詞；經傳釋詞有說。

69 爽，蔡傳云：「失也。」簡氏集注述疏云：「詩蓼蕭云：『其德不爽。』釋言云：『爽，差也。』失，猶差也。史記云：『爽然自失。』是也。」上，指上天言；祖先之靈在天，故云。迪，吳氏尚書故云：「當訓逃。迪者，由之借字，聲轉而為逃。」並引微子為證，云：「『詔王子出迪』，告王子出逃也。」

古我先后，既勞乃祖乃父，汝共作我畜民[70]。汝有戕則在乃心，我先后綏乃祖乃父[71]；乃祖乃父，乃斷棄汝[72]，不救乃死。茲予有亂政同位，具乃貝玉[73]；乃祖乃父，丕乃告我高后曰：『作丕刑于朕孫[74]。』迪高后丕乃崇降弗祥[75]。

70 畜，即上文「奉畜汝眾」之畜；養也。畜民，養護之民也。

71 戕，傷也；義見易豐卦「自藏也」釋文引鄭注。又：殘也；義見詩十月之交鄭箋。則，吳氏尚書故云：「則，賊之借音字。史記律書云：『夷則，言陰氣之賊萬物也。』是則有賊訓也。」按：劉逢祿、曾運乾、高本漢諸家，皆讀則為賊。散氏盤賊字作[illegible]，王國維謂从戈从則反書。是則賊相通之又一證也。戕、賊，皆傷害之意，此指禍亂言。綏，尚書故云：「綏，當訓告。下篇『綏爰有眾』，告於有眾也。大誥『綏予曰』，告予曰也。……鄭士相見禮注：『古文妥為綏。』嚴可均云：『妥，即娷字。』說文：『娷，諉也。』爾雅『諈諉』郭注：『以事相屬累。』是告義也。綏即諈諉二字之合音。」

72 斷棄，棄絕也。

73 東坡書傳：「亂政，猶言亂臣也。」按：政、正古通；正，官長也；說詳立政。同位，共在官位也。

具，說文：「共置也。」言亂臣同在官位，共置其貨財也。

74 丕刑之丕，大也；義見爾雅釋詁。

75 迪，發語詞；經傳釋詞有說。丕乃，猶於是也；已見註24。崇，重也；義已前見。弗祥，不吉之事也。

嗚呼！今予告汝不易[76]：永敬大恤，無胥絕遠[77]；汝分猷念以相從，各設中于乃心[78]。乃有不吉不迪，顚越不恭，暫遇姦宄[79]；我乃劓殄滅之，無遺育，無俾易種于茲新邑[80]。往哉生生！今予將試以汝遷，永建乃家。」

76 蔡氏集傳云：「告汝不易，即上篇告汝于難之意。」

77 敬，謹也。恤，爾雅釋詁：「憂也。」胥，爾雅釋詁：「相也。」絕，棄絕。遠，疏遠。絕遠，言不相親也。即詩角弓「無胥遠矣」之意。

78 分，漢石經作比。按：比，與上文「曷不暨朕幼孫有比」之比同義，親也。猷，語詞，已見註67。念，顧念。從，順從也。設，漢石經作翕。翕，爾雅釋詁：「合也。」翕中，猶和衷也；吳氏尚書故說。

79 吉，善也；義見詩摽有梅毛傳。迪，爾雅釋詁：「道也。」不迪，言不合道理。顚越，楚辭惜誦作巔越。王逸注云：「巔，殞。越，墜。」孔氏正義云：「隕越，是遺落廢失之意。」不恭，指不順從命令言。暫，讀爲漸，詐欺也。遇，讀爲隅，姦邪也。並經義述聞說。

80 孫氏注疏云：「劓者，說文剸之或字。廣雅釋詁云：『剸，斷也。』」殄，爾雅釋詁：「絕也。」育，詩谷風：「昔育恐育鞠。」鄭箋：「昔育，育，稚也。」無遺育，言並幼童殺之也。俾，爾雅釋詁：「使也。」易種，哀公十一年左傳杜注云：「轉生種類。」即移其種類也。

中篇止此。

盤庚既遷，奠厥攸居。乃正厥位，綏爰有眾[81]。

[81] 奠，定也；義見周禮天官職幣鄭注。厥，其。攸，所也。正厥位，謂正立於其位；即就其位也。綏，告也；說見注71。綏爰有衆，告於衆人也。

曰：「無戲怠，懋建大命[82]。今予其敷心腹腎腸，歷告爾百姓于朕志[83]。罔罪爾眾，爾無共怒，協比讒言予一人[84]。

[82] 懋，說文：「勉也。」大命，詩書中習見之成語，謂國運也。

[83] 敷，布也；義見詩小旻毛傳。布卽宣示之意。腹腎腸，夏侯等本作「憂賢陽」，見孔氏正義卷二一。腎字當爲賢之誤。憂、優，揚、陽，當爲同聲假借。文選左太沖魏都賦：「優賢著於揚歷。」張載注云：「尚書盤庚曰：『優賢揚歷。』……。」可證。且知夏侯等本以歷字屬上讀也。按：優、賢、揚三字，當是腹腎腸三字形近之訛。宣公十二年左傳，鄭伯云：「敢布腹心」，卽敷心腹腎腸之意。歷，爾雅釋詁：「相也。」百姓，百官。志，意也；義見禮記檀弓上鄭注。

[84] 協比，與洽比同。詩正月：「洽比其鄰。」僖公二十二年左傳引作「協比其鄰」。毛傳：「洽，合。」比，親也；此義前已數見。協比，蓋互相親暱朋比之意。予一人，天子自謂，猶今語我個人也。

古我先王，將多于前功，適于山[85]；用降我凶，德嘉績于朕邦[86]。今我民用蕩析離居，罔有定極[87]。爾謂朕：『曷震動萬民以遷[88]！』肆上帝將復我高祖之德，亂越我家[89]。朕及篤敬，恭承民命，用永地于新邑[90]。肆予沖人，非廢厥謀，弔由靈[91]。各非敢違卜，用宏茲賁[92]。

85 將，與詩將仲子、及丘中有麻「將其來施施」等字同，發語詞。前功，舊時功業。適，往。山，謂高地。

86 降，罷退也；義見昭公元年左傳杜注。按：罷退，猶減除也。凶，謂災難。至凶字絕句，從孫氏注疏說。德，與得通；詩碩鼠「莫我肯德」，呂氏春秋離俗覽舉難篇高注引德作得；是德得相通之證。嘉，美也；績，功也：並見爾雅釋詁。

87 蕩，動也；義見呂氏春秋仲秋紀論威篇高注。此指遷徙言。析，廣雅釋詁一：「分也。」此謂分散。極，止也；義見漢書成帝紀集注。

88 曷，說文：「何也。」震，驚也；義見易繫辭釋文引馬注。

89 肆，故也；經傳釋詞有說。德，行為也；指遷徙（適于山）言。亂，治也。越，于也；義見夏小正「越有小旱」傳。家，謂國家。

90 及，猶汲汲也；義見隱公元年公羊傳：江氏集注音疏、孫氏注疏並有此說。篤，爾雅釋詁：「厚也。」謂惇厚。敬，謹也。承，義同上文承保之承，保護也。永地，意謂久住。新邑，謂殷。

91 肆，故。沖人，周書中習見。孫氏注疏云：「後漢書沖帝紀引諡法曰：『幼少在位曰沖。』」漢書翟義傳集注云：「沖，稚也。」此予沖人，盤庚自謂也。厥謀，謂先祖遷徙之謀。弔，龍君宇純及杜其容女士，並疑為弗之訛；茲從其說。由，用也；義見詩君子陽陽毛傳。靈、命古通；呂刑「苗民弗用靈」，禮記緇衣篇引作「苗民匪用命」，可證（以上參孫氏尚書駢枝說）。弔由靈，與呂刑之弗用靈同意；此承上文非字言，謂不能不依從上帝及先祖之命令也。

各，指衆人言。上帝及先祖之意旨，皆由龜卜知之，故告衆人勿敢於違卜。孫氏注疏云：「宏，與洪同；釋詁云：『大也。』賁者，廣雅釋詁云：『美也。』」用宏茲賁，言用以光大此美事也。

嗚呼！邦伯、師長、百執事之人，尚皆隱哉[93]。予其懋簡相爾，念敬我衆[94]。朕不肩好貨；敢恭生生、鞠人、謀人之保居，敘欽[95]。今我既羞告爾于朕志，若否，罔有弗欽[96]。無總于貨寶，生生自庸[97]。式敷民德，永肩一心[98]。」

93 邦伯，邦國之長，謂諸侯也；楊氏覈詁說。師，爾雅釋詁：「衆也。」師長，衆官長也。百執事之人，一般官吏也。尚，庶幾也；義見詩兔爰鄭箋。隱，廣雅釋詁一：「度也。」

94 懋，說文：「勉也。」簡，擇也；義見詩簡兮鄭箋。此與多士「簡在王庭」之簡同義，選擇之而任以官也。相，猶助也；義見易井卦象傳王注。念，顧念。吳氏尚書故云：「敬，讀爲矜。」按：呂刑「哀敬折獄」，尚書大傳作「哀矜哲獄」（困學紀聞卷二引），是敬矜相通之證。矜，憐也；義見詩鴻雁毛傳。

95 肩，僞孔傳：「任也。」好貨，謂喜好財貨之人。敢，與召誥「我不敢知」、「我非敢勤」，顧命「敢執壤奠」等敢字同義，語助詞。恭，古但作共；此當爲共同之義。鞠，養也；義見詩蓼莪毛傳。保，安也；義見詩山有樞毛傳。敘，謂銓敘爵位。欽，爾雅釋詁：「敬也。」敘欽，謂敘其官爵而敬重之。

96 羞，爾雅釋詁：「進也。」若，順也；義見詩烝民毛傳。此謂順從者。否，謂不順從者。罔有弗欽，言勿得有不敬謹者也。

97 總，衆聚也；義見淮南子原道篇注。庸，用也；義見詩兔爰毛傳。

98 式，語詞之用也；說見經傳釋詞。敷，布也；義見詩小旻毛傳。此謂布施。德，恩惠之德也；義見論語憲問篇「以德報怨」何氏集解。肩，爾雅釋詁：「克也。」克，今語能够之意。
下篇止此。

高宗肜日

高宗，殷高宗武丁也。肜（ㄖㄨㄥ），祭名；爾雅釋天：「繹，又祭也（郭注：「祭之明日，尋繹復祭。」）；周曰繹，商曰肜，夏曰復胙。」故諸儒皆謂肜爲祭之明日又祭。按：甲骨文中記肜祭之事甚多，肜字作彡、彡等形。凡當日祭先祖者，謂之肜日；先一日祭者，謂之肜夕；後一日祭者，謂之肜龠。以此證之，爾雅之說，實未盡合。吳其昌殷虛書契解詁，董作賓先生殷曆譜，皆謂肜爲伐鼓而祭。然否，尚待論定。

書序云：「高宗祭成湯，有飛雉升鼎耳而雊；祖己訓諸王，作高宗肜日、高宗之訓。」史記殷本紀，亦謂「帝武丁祭成湯」。惟云：「帝武丁崩，子帝祖庚立，祖己嘉武丁之以祥雉爲德，立其廟爲高宗，遂作高宗肜日及訓。」二者皆謂高宗肜日爲武丁祭成湯，亦皆謂本篇爲祖己所作；惟書序謂作於武丁之世，史記則謂作於祖庚之時耳。

按：甲骨文肜日之祭，凡肜日上之人名，皆爲被祭之祖先。如：「壬寅卜，貞：王賓示壬彡日，亡尤？」（殷虛書契前編卷一第一葉）又：「丁未卜，貞：王賓武丁肜日，亡尤？」（同上第十八葉）且祖己之稱，必當在其孫輩以後。故王國維著高宗肜日說（見觀堂集林），以爲㈠、高宗肜日，乃祖庚祭高宗；㈡、本篇當作於武乙之後；㈢、祖己卽孝己。今按：第㈠點之說蓋是，而宋金履祥書經注（卷六）已先言之。武丁之稱高宗，甲骨文中未見；此稱最早亦不前於殷代晚年。本篇既稱高宗，又稱祖己，知其必爲後人追述之作。以文辭之淺易覘之，本篇作成時代，似當在戰國之世。而祖己、孝己，漢書人表，以爲二人，故殷曆譜從班氏說。且孝己爲祖庚之兄，祖庚立時，孝己已歿；以此言之，亦可知祖己非孝己也。

高宗肜日，越有雊雉[1]。祖己曰：「惟先格王，正厥事[2]。」

1 越與粵通，曰也；聿也；語詞。經傳釋詞有說。雊（ㄍㄡ），雉鳴也；義見詩小弁鄭箋。

2 格，告也。正義引王肅注云：「（祖己）言于王。」是訓格爲告。餘參湯誓注[1]。事，謂祭祀之事。

乃訓于王曰：「惟天監下民，典厥義[3]。降年有永有不永；非天夭民，民中絕命[4]。民有不若德，不聽罪；天既孚命正厥德，乃曰：『其如台[5]？』

3 訓，告也；義見漢書揚雄傳下集注。監，爾雅釋詁：「視也。」典，主也；義見周禮天官序官鄭注。義，中庸云：「宜也。」典厥義，謂主持正道。

4 年，謂壽命。永，長久。「民中絕命」，史記作「中絕其命」；是也。

5 若，順也。若德，謂順從美德行事。聽，廣雅釋詁一：「從也。」聽罪，謂聽從上天所降予之罪責。孚，史記作附、漢石經作付。付，說文：「與也。」命，指天之命令言。正，糾正。其如台，已見湯誓；此謂其奈我何也。

嗚呼！王司敬民。罔非天胤，典祀無豐于昵[6]。」

6 司，史記作嗣。王嗣，繼承先王之嗣君也。此指祖庚言。敬民，吳氏尚書故云：「敬勉也。民爲敃之省文。敃，亦作暋。……敃之省爲民，猶暋之省爲昬也。民之爲勉，猶昬之爲勉也。」胤，爾雅釋詁：「紹、胤、嗣……繼也。」天胤，天之繼嗣者，即天子也。此指先王言。典，爾雅釋詁：「常也。」無，勿也。豐，盛也；義見呂氏春秋當染篇高注。昵（ㄋㄧˋ），經典釋文引馬融云：「昵，考也；謂禰廟也。」按：亡父曰考，父廟曰禰廟。味此言，知祖庚祭高宗過於豐盛，故祖己因雊雉之異而諫之。

西伯戡黎

西伯，孔氏正義引鄭玄云：「周文王也。時國於岐，封爲雍州伯也。」按：周在殷西，故文王有西伯之稱。惟此稱始於何時，殊難稽考。爾雅釋詁：「勝、肩、戡、……克也。」黎，尚書大傳作耆（見釋文），史記周本紀同，殷本紀作飢。徐廣云：「飢，一作阢。」說文作𩚬。舊說黎即春秋時之黎國，在今山西長治縣。楊氏覈詁以爲其地距周太遠，疑舊說非是。因謂此黎乃驪戎，其國在驪山下（今陝西臨潼縣），距文王所都之豐邑甚近。其說當否，亦難遽定。本篇記西伯勝黎後，祖伊戒紂之事。由祖伊之稱覘之，知本篇亦後人述古之作。而文辭淺易，與甘誓、湯誓、高宗肜日等篇相似，蓋亦戰國時作品也。

（校者按：原稿附夾簽條一紙，上有資料三則，茲略依時代先後謄錄如下：「呂氏春秋貴因篇：『武王至鮪水，殷使膠鬲候周師，武王見之。膠鬲曰：西伯將何之？無欺我也。』雷學淇竹書紀年義證，引此以爲武王稱西伯之證。宋薛季宣書古文訓：『西伯，武王也。舊說以爲文王。說苑膠鬲謂武王爲西伯，武王亦嘗爲商伯也。』呂東萊、王文叔書說，亦以西伯爲武王。王夫之尚書稗疏謂『呂伯恭諸儒，皆以西伯爲武王。……竹書記周之伐黎，在殷紂四十四年，爲武王嗣位之三年。』王氏以爲其說皆不足信。」）

西伯既戡黎，祖伊恐，奔告于王[1]。

1 史記謂祖伊爲紂之臣，其詳無可考。殷代稱先人習慣，凡祖若父若兄下，皆爲天干字。蓋亡故之祖先，後人以其生日稱之，而不直呼其名也。祖伊之稱，與殷人通習不同，是可異者。王，謂紂。

曰：「天子！天既訖我殷命，格人元龜，罔敢知吉[2]。非先王不相我後人，惟王淫戲用自絕[3]。故天棄我，不有康食，不虞天性，不迪率典[4]。

2 訖，爾雅釋詁：「止也。」格，朱氏古注便讀讀爲叚，借也。按：潛夫論卜列篇引此語，格正作假。元龜，大龜。敢，與盤庚「敢恭生生」之敢同義，語詞；說見盤庚注95。此言天既將大龜之靈，借予他人，故殷人不能由卜而知吉凶。

3 相，助也；義見詩生民毛傳。自絕，謂自己斷絕其國運。

4 康，爾雅釋詁：「安也。」孫氏駢枝云：「不有康食，謂饑饉；不虞天性，謂疲癘：皆天災也。虞，樂也；娛之借字。」迪，由也；義見漢書揚雄傳下集注。率，金履祥尚書表注讀爲律，孫氏注疏更申此義，法也。不迪率典，不遵從法典。

今我民罔弗欲喪，曰：『天曷不降威？大命不摯，今王其如台[5]！』」

5 喪，謂滅亡；指殷朝言。威，謂懲罰。大命，此指天命言；意謂天命代殷而興之君王也。摯，史記作至。爾雅釋詁：「摯，臻也。」又云：「臻，……至也。」史記命下有胡字，則爲反問語氣，義亦無殊。今王其如台，史記譯作「今王其奈何」；言對於今王（紂）將奈何也。

王曰：「嗚呼！我生不有命在天？」祖伊反曰：「嗚呼！乃罪多參在上，乃能責命于天[6]！殷之即喪，指乃功；不無戮于爾邦[7]。」

6 反，復也；義見昭公二十年左傳杜注。按：復，猶對也；孟子梁惠王上：「有復於王者曰……」，可證。反曰，即對曰也。乃罪之乃，汝也。參，列也。簡氏集注述疏云：「論語云：『立，則見其參於前也。』言參列也。呂氏春秋云：『夏至，日行近道，乃參于上。』蓋參列在天也。」責，謂責求。

7 指，示也；義見爾雅釋言。功，事也；義見詩七月毛傳。指乃功，言顯示乃汝所作之事以致之也。不無戮于爾邦，言殷邦不能免于殺戮之禍。

微子

呂氏春秋仲冬紀當務篇云：「紂之同母三人，其長曰微子啓，其次曰仲衍，其次曰受德；受德，乃紂也（里案：紂名受；此云受德，疑因立政「其在受德暋」之文致誤。）；甚少矣。紂母之生微子啓與仲衍也，尚爲妾。已而爲妻，而生紂。紂之父紂之母，欲置微子啓以爲太子，太史據法而爭之，曰：『有妻之子，而不可置妾之子。』紂故爲後。」史記（殷本紀、宋世家）亦以微子啓爲紂之庶兄。孟子告子上：「或曰：……以紂爲兄之子、且以爲君，而有微子啓、王子比干。」則以微子啓爲紂之叔父。二說未詳孰是；而以信呂覽及史記之說者爲多。論語集解馬（融）曰：「微、箕，二國名；子，爵也。」

史記宋世家：「微子度紂終不可諫，欲死之及去，未能自決，乃問於太師、少師。」即述本篇大意者。

按：本篇文辭淺易，蓋亦戰國時人述古之作也。

微子若曰：「父師、少師！殷其弗或亂正四方[1]。我祖底遂陳于上；我用沈酗于酒，用亂敗厥德于下[2]。殷罔不小大，好草竊姦宄[3]；卿士師師非度，凡有辜罪，乃罔恆獲[4]。小民方興，相爲敵讎[5]。今殷其淪喪，若涉大水，其無津涯[6]。殷遂喪，越至于今[7]。」

1　若曰，如此說也；已見盤庚注14。父師、少師，皇侃論語疏引鄭玄云：「父師者，三公也，時箕子爲之奴。」「少師者，太師之佐，孤卿也，時比干爲之死也。」僞孔傳與鄭說同，後人多承用之，予作釋義時亦用此說。今按：父師，史記殷本紀、周本紀、宋世家，均作太師。周本紀謂太師名疵，少師名彊，以爲皆樂官。孫氏注疏、段氏撰異，皆本今文家說，以爲太師疵卽論語之太師摯，少師彊卽論語之少師陽。崔述考信錄，更詳辨以父師、少師爲箕子、比干之非是。吳氏尚書故云：「父師，當依史記作太師。……禮記疏引書傳略說云：『大夫士七十而致仕，大夫爲父師，士爲少師，敎於州里』云云，蓋沿此經已誤之本爲說，不足爲據。若經本作父師，史公無緣改爲樂官之太師也。」茲改從史記說。（校者按：原稿夾有簽條云：父師、少師，參淸儒書經彙解。）亂，治也；此義前已數見。

2 厎，爾雅釋言：「致也。」遂陳，吳氏尚書故云：「猶遂古、遂遠也。」按：遂，成也；義見國語晉語三韋注。陳，義同古詩「下有陳死人」之陳。史記平準書集解引韋昭云：「陳，久也。」遂陳，猶言作古；謂亡故也。上，謂上天。沈，僞古文胤征：「沈亂于酒。」僞孔傳云：「沈，謂醉冥。」酗(ㄒㄩ)，說文作酌，云：「醉醟也。」漢書趙充國傳集注云：「醉怒曰酗。」則沈酗，謂沈醉而逞凶也。下，謂人間。

3 小大，與詩泮水「無小無大」之小大同義，猶言老少也。草，孫氏注疏謂與鈔音近。朱氏便讀謂草，鈔也，掠也。按：鈔，掠也；義見廣雅釋言。姦宄，已見堯典。

4 師師，謂互相師法。非度，不合法度。辜，罪也；恆，常也；義皆習見。獲，捕獲。

5 方，並也；義見淮南氾論篇注。與，爾雅釋言：「起也。」

6 淪，沒也；義見楚辭愍命王注。淪喪，意謂滅亡。津，濟渡處也；義見論語微子篇集解引鄭注。卽今所謂渡口。

7 遂，廣雅釋詁三：「竟也。」越，於是也；經傳釋詞有說。至於今，意謂在于今也。

曰：「父師、少師！我其發出狂？吾家耄、遜于荒[8]？今爾無指告予，顚隮若之何其[9]？」

8 父師，史記宋世家作太師；下同。狂，史記作往；是也。此作狂，蓋因形近而誤。史記集解引鄭玄曰：

「發，起也。……我其起作出往也。」按：卽起而出走之意。「耄遜于荒」，史記作「保于喪」。段氏撰異謂作保于喪乃今文尙書，且謂：「其字旣異，其義亦殊。」是也。今從古文。耄（ㄇㄠˋ），老也；義見詩抑毛傳。遜，爾雅釋言：「遯也。」荒，廣雅釋詁一：「遠也。」此指荒野言。以上二語，意謂：我將起而出走乎？抑終老於家而隱遯於荒野乎？

9 指，指點。顚，仆也；義見詩蕩毛傳。隮（ㄐㄧ），史記作躋；集解引馬融云：「躋，猶墜也。」顚隮，猶今語跌交之意。何其之其，史記集解引鄭玄曰：「語助也；齊魯之間聲如姬。」

父師若曰：「王子！天毒降災荒殷邦，方興沈酗于酒[10]。乃罔畏畏，咈其耇長、舊有位人[11]。今殷民，乃攘竊神祇之犧牷牲用，以容，將食無災[12]。降監殷民，用乂；讎斂，召敵讎不怠[13]。罪合于一，多瘠罔詔[14]。

10 微子爲帝王之子，故稱王子。毒，史記作篤；荒作亡。篤，爾雅釋詁：「厚也。」意猶重也。方，並；興，起：義皆前見。

11 下畏字讀爲威；威，罰也。咈（ㄈㄨˊ），說文：「違也。」耇（ㄍㄡˇ），老也；義見詩南山有臺毛傳。舊，久也；義見詩抑鄭箋。以上二句意謂：違背老人及長者，此老人及長者，乃久在官位之人也。

12 攘，釋文云：「因來而取曰攘。」神，天神；祇（ㄑㄧˊ），地神：義見呂氏春秋季冬紀高注。犧，牲之純色者；義見山海經西山經郭注。僞孔傳云：「體完曰牷。」則牷乃整體之牲。此言攘竊祭祀之牲而用之。舊讀用字屬下句，今依吳氏尙書故，改屬上句。容，謂寬容之。將，朱氏便讀云：「猶持也。」按：將，持也；義見荀子成相篇楊注。災，指刑罰言。

13 降，下；監，視；義皆習見。乂，爾雅釋詁：「治也。」此謂治理之使乂安。讎斂之讎，釋文云：「馬本作稠，云：『數也。』」按：卽繁多之意。斂，釋文云：「馬鄭力豔反，謂賦斂也。」召，招來。不怠，朱氏便讀云：「猶不已也。」

14 罪合于一，簡氏述疏云：「君臣上下，同惡相濟，合而爲一。」瘠，瘦也；此義習見。又：病也；義見莊公二十年公羊傳注。此謂痛苦之人。詔，告也；義見一切經音義二引蒼頡篇。罔詔，謂無可告語。

商今其有災，我興受其敗[15]。商其淪喪，我罔爲臣僕[16]。詔王子出迪，我舊云刻子[17]；王子弗出，我乃顚隮[18]。自靖，人自獻于先王；我不顧、行遯[19]。」

15 興，擧也；皆也。參詩抑「興迷亂于政」俞氏羣經平議說。敗，猶禍烖也；義見禮記孔子閒居鄭注。

16 古時戰勝者以敗者爲臣僕。罔爲臣僕，意謂不待殷亡，將出走也。史記周本紀云：「紂昏亂，暴虐滋甚，殺王子比干，囚箕子。太師疵、少師彊，抱其樂器而犇周。」可爲此語佐證。

17 詔，告。迪，逃也；吳氏尚書故說，見盤庚注69。舊，久。刻，孔氏正義云：「傷害之義。」按：刻、克古通。詩雲漢「后稷不克」，鄭箋：「克，當作刻。」可證。克有殺義（見牧誓鄭注、及隱公元年公羊傳。），故刻有傷害之義。

18 弗出，不出走。我，指殷言。我乃顚隮，意蓋謂不出走則將同歸於盡，致使殷亡後無繼主祭祀之人也。

19 靖，爾雅釋詁：「謀也。」獻，貢獻。東坡書傳（卷八）云：「人各以其意貢于先王。」顧，眷也；義見文選東京賦薛注。此言不再眷顧殷紂。行，猶且也；義見文選與吳質書注。史記宋世家云：「微子曰：『父子有骨肉，而臣主以義屬。故父有過，子三諫不聽，則隨而號之。人臣三諫不聽，則其義可以去矣。』於是太師、少師乃勸微子去；遂行。」此言微子奔周，由於太師、少師之勸，似本本篇末數語爲說。然我不顧云云，乃太師之言。則行遁者，實太師自謂也。

周書

牧誓

牧，地名。牧誓，相傳爲周武王伐紂時，在牧野誓師之辭也。書序云：「武王戎車三百兩，虎賁三百人，與受戰于牧野，作牧誓。」史記周本紀亦謂本篇爲武王伐紂時所作。按：本篇文辭淺易，與甘誓、湯誓相似，知其非西周初年作品。又按：崔氏洙泗考信錄云：「凡夫子云者，稱甲於乙之詞也；春秋傳皆然。未有稱甲於甲而曰夫子者。至孟子時，始稱甲於甲而亦曰夫子，孔子時無是稱也。故子禽、子貢，相與稱孔子曰夫子；顏淵、子貢自稱孔子亦曰夫子，蓋亦與他人言之也。」近年李宗侗撰論夫子與子一文（載中央研究院歷史語言研究所集刊二十八本），更申崔氏之說。而本篇旣曰「夫子勖哉」，又曰「勖哉夫子」，皆稱甲於甲之詞。是知本篇亦戰國時人述古之作也。

時甲子昧爽[1]，王朝至于商郊牧野[2]，乃誓。

1 甲子，史記周本紀，以爲武王十二年二月甲子，齊太公世家則以爲武王十一年正月甲子。董作賓先生著武王伐紂年月日今考一文（載臺灣大學文史哲學報第三期），據逸武成推算，斷定應爲武王十一年殷二月（周三月）。其說當否，尙待論定。昧爽，釋文引馬融云：「昧，未旦也。」孫氏注疏云：「說文云：『旦，明也。』……以昧爲未旦者，內則云：『昧爽而朝，日出而退。』是昧爽爲日未出也。」

2 王，周武王。朝，吳氏尙書故云：「爾雅釋詁：『朝，早也。』……非晨朝之朝。」牧，說文作坶，即酒誥之妹，亦即詩桑中之沬；詩大明及閟宮，則皆作牧，與本篇同。說文謂坶在朝歌南七十里；即今河南淇縣之南。野，孔氏正義引鄭玄云：「郊外曰野。」牧野，即牧之郊野；詩閟宮所謂「于牧之野」也。

王左杖黃鉞，右秉白旄以麾[3]。曰：「逖矣西土之人[4]！」

3 左，左手。杖，說文：「持也。」鉞（ㄩㄝˋ），大斧；義見顧命孔氏正義引鄭玄注。右，右手。秉，亦持也；義見楚辭天問王注。旄，旄牛尾也；義見禮記樂記鄭注。古者以旄牛尾繫於旗杆之上端；此謂右手持繫有白旄之旗也。麾，說文作摩；云：「旌旗所以指摩也。」指摩，今通作指揮。

4 逖，說文：「遠也。」西土，西方也。周在西方，武王率以伐殷者，皆西方之人，故云。

王曰：「嗟！我友邦冢君，御事：司徒、司馬、司空、亞、旅；師氏：千夫長、百夫長[5]；及庸、蜀、羌、髳、微、盧、彭、濮人[6]。稱爾戈，比爾干，立爾矛，予其誓[7]。」

5 冢，爾雅釋詁：「大也。」冢君，尊稱各友邦諸侯之詞。御事，孫氏注疏云：「謂治事。鄭箋思齊詩云：『御，治也。』引書『越乃御事』。」僞孔傳以御事爲治事三卿（司徒、司馬、司空），簡氏述疏以爲統下諸臣言。按：御事一詞，周書中習見，大誥云「大誥爾多方，越爾御事。」又云：「爾庶邦君，越爾御事。」召誥云：「王先服殷御事，比介于我有周御事。」洛誥：「予旦以多子越御事。」文侯之命：「即我御事，罔或耆壽俊在厥服。」據此，是各類官吏，皆可謂之御事。又，大誥：「肆予告我友邦君，越尹氏、庶士、御事。」「爾庶邦君，越庶士、御事。」「義爾邦君，越爾多士，尹氏、御事。」顧命：「師氏、虎臣、百尹、御事。」與尹氏、百尹、庶士、師氏、虎臣並稱，則又非統攝羣官之稱。蓋渾言之，御事可括百官；析言之，乃主管官、武官以外之一般官吏也。此處當從簡氏說。司徒，見堯典注121。司空，見堯典注114。司馬，金文作嗣馬。僞孔傳謂司馬主兵。亞、旅，僞孔傳云：「亞，次；旅，衆也。衆大夫，其位次卿。」諸家多從其說。按：亞、旅，當爲二事。酒誥：「越在內服，百僚、庶尹、惟亞、惟服、宗工。」亞爲次官。詩載芟：「侯亞侯旅。」毛傳謂亞爲仲叔，旅爲子弟。是亦以亞爲次，以旅爲衆也。此處亞字，當指副貳之官。旅，當指衆文官言。因師氏以下皆武官也。師氏，詩十月之交及金文中皆見之。于氏詩經新證云：「師氏，掌師旅之官。毛公鼎：『師氏、虎臣。』彔卣：『女其以成周師氏，戍于古𠂤。』……」疑師氏乃武士之泛稱，猶今語所謂軍人也。蔡氏集傳云：「千夫長，統千人之帥；百夫長，統百人之帥也。」

6

庸，東坡書傳：「春秋傳：楚饑，庸與百濮伐之。庸，上庸縣。濮，卽百濮也。」蘇氏上庸之說，本文公十六年左傳杜注。上庸，在今湖北竹山縣。蜀，在今四川北部。羌，說文：「西戎牧羊人也。」以甲骨文資料覘之，今山西霍山一帶，殷時爲羌人聚居之地。其後，居於今陝西、甘肅邊區之地。髳(ㄇㄠ)，楊氏覈詁謂卽茅戎，在舊陝州河北縣西二十里，當今山西南部濱河之地。微，與眉通；古國名，其地當在今陝西郿縣境。王國維散氏盤跋（見觀堂集林）云：「古眉微二字又通用。少牢饋食禮：『眉壽萬年。』古文眉爲微。春秋左氏傳莊二十八年：『築郿。』公穀二傳作築微。」因謂散氏盤之眉，卽牧誓及立政之微。且謂其本國原在南山，而其族有一部移居渭水之北。茲從其說。盧，簡氏述疏云：「桓十三年左傳云：『楚屈瑕伐羅，羅與盧戎兩軍之。』水經注云：沔水，『過中盧縣東，春秋盧戎之國也。』……中盧，今湖北襄陽府南漳縣東北，有中盧故城。」彭，簡氏述疏云：「後漢書岑彭傳云：征公孫述：『至武陽，所營地名彭亡。』此彭亡者，古之彭也。蓋西夷也。武陽，今四川眉州彭山縣也。」濮（ㄆㄨ．ㄨ），昭公九年左傳：「王使詹桓伯辭於晉，曰：『……巴、濮、楚、鄧，吾南土也。』」國語鄭語：「楚蚡冒於是乎始啓濮。」韋注：「濮南蠻之國。」孫氏注疏引杜預釋例云：「建寧郡南有濮夷，無君長總統，各以邑落自聚，故稱百濮。」朱氏便讀，謂其地在湖北荆州府。以上八國，皆蠻夷也。（校者按：原稿夾有簽條云：「庸、蜀、羌、茅……參錢氏周初地理考。」）

7 稱，一作偁；爾雅釋言：「舉也。」比，相比附也；義見漢書陳湯傳集注。比爾干，謂以干附於身。干，方言九：「盾，自關而東……或謂之干。」

王曰：「古人有言曰：『牝雞無晨。牝雞之晨，惟家之索[8]。』今商王受，惟婦言是用[9]。昏棄厥肆祀，弗荅；昏棄厥遺王父母弟，不迪[10]。乃惟四方之多罪逋逃，是崇是長[11]，是信是使，是以爲大夫卿士；俾暴虐于百姓，以姦宄于商邑。

8 晨，謂司晨。之索之「之」，是也。之，有是義，見莊子知北遊釋文引司馬注。索，孔氏正義引鄭玄云：「散也。」廣雅釋詁一：「盡也。」此謂家業敗落。今閩、臺等處，及日月潭邵族，皆謂：如牝雞晨鳴，則其家必有凶災，蓋猶是古俗之遺。

9 受，紂名；又見立政。婦，謂妲己。列女傳（卷七）：「妲己之所譽，貴之；妲己之所憎，誅之。」可爲本經此語作注脚。

10 昬，經義述聞云：「蔑也。讀曰泯。昬棄，卽泯棄也。昭二十九年左傳曰：『若泯棄之。』泯棄，猶蔑棄也。周語曰：『不共神祇，而蔑棄五則。』泯、蔑，聲之轉耳。」肆，周禮春官典瑞：「以肆先王。」鄭注：「肆，解牲體以祭。」又大祝：「凡大禋祀肆享祭示。」鄭注：「肆享，祭宗廟也。」此謂紂不肆祭其宗廟。荅，同答。答，報也；義見漢書五行志下之上集注。遺，留也。王父母，爾雅釋親云：「父之考為王父。」按：是說乃後起之義。此蓋因紂之父為王者，故謂其父母曰王父母。易晉卦六二：「受茲介福，于其王母。」蓋亦因父為王者，故稱母曰王母也。王父母弟，卽紂之兄弟。紂之兄弟，乃重要宗室，而不之用，故罪過重大也。迪，史記作用。經傳釋詞云：「迪，詞之用也。」自注云：「史記周本紀，不迪，作不用。迪為不用之用，又為語詞之用，義相因也。」

11 逋（ㄅㄨ），說文：「亡也。」謂逃亡。崇，猶尊也；義見禮記祭統鄭注。長，謂崇貴之也；義見漢書杜欽傳集注。

今予發[12]，惟恭行天之罰。今日之事，不愆于六步、七步，乃止齊焉。夫子勖哉[13]！不愆于四伐、五伐、六伐、七伐[14]，乃止齊焉。勖哉夫子！尚桓桓，如虎、如貔、如熊、如羆，于商郊[15]。弗迓克奔，以役西土[16]。勖哉夫子！爾所弗勖[17]，其于爾躬有戮！」

12 發，周武王名。

13 愆，過也；義見詩氓毛傳。齊，謂整齊行列。勖（ㄒㄩˋ），爾雅釋詁：「勉也。」

14 伐，禮記曲禮上正義引鄭玄云：「伐，謂擊刺也。」又詩維清正義引鄭玄云：「一擊一刺曰一伐。」按：此蓋後起之義。甲骨文伐作狂，象以戈斬首之形，卽殺也。已見盤庚注41。

15 尚，庶幾也（希冀之詞），義見詩兔爰鄭箋。桓桓，史記集解引鄭玄云：「威武貌。」貔（ㄆㄧˊ），說文：「豹屬。」羆，爾雅釋獸：「如熊，黃白文。」

16 迓，史記作禦，匡謬正俗作御。按：迓，御古通。禮記曲禮上：「大夫士必自御之。」鄭注：「御當為迓。」可證。御、禦古通，例多不具舉。此謂抵禦。克奔，謂敵人能奔而來降者。役，使也；此義習見。

17 所，猶若也；經傳釋詞有說。

洪範

洪，史記作鴻，古通。洪，大也；範，法也：義並見爾雅釋詁。本篇述武王克殷後，訪於箕子，箕子所陳治國之大法也。

書序云：「武王勝殷殺受，立武庚，以箕子歸，作洪範。」意蓋謂洪範作於箕子。漢書五行志上：「劉歆以爲……禹治洪水，賜雒書，法而陳之，洪範是也。……降及于殷，箕子在父師位而典之。」是劉歆以洪範爲夏禹所作。簡氏述疏云：「今考經言『王訪于箕子』，稱王者，周史之辭，非箕子之辭也。箕子之告武王，稱而、稱女、不稱王也。」因謂：「此箕子述禹以告武王，而史敍之也。」按：劉歆之說，蓋據本篇「天乃錫禹洪範九疇」之語而言，其說固難徵信。簡氏之說，雖較書序爲勝，而亦未的也。

今人劉節，有洪範疏證一文（原載東方雜誌二十五卷二期，修改本收入古史辨第五册、及古史考存。此據古史考存本。），以爲本篇之著成，當在秦統一中國之前，戰國之末。茲歸納其論證要點，簡述如次：

㈠襲用詩小雅小旻篇之文。本篇五事節云：「恭作肅，從作乂，明作哲，聰作謀，睿作聖。」劉氏謂肅、乂、哲、謀、聖五義，本於詩小雅小旻。云：「其詩曰：『國雖靡止，或聖或否；民雖靡膴，或哲或謀，或肅或艾；如彼泉流，無淪胥以敗！』……且詩義有六，此節其五，其爲襲詩，顯然有據。（里案：于省吾雙劍誃尚書新證，亦有此說。）王應麟謂小旻爲洪範之學，不言襲詩，乃信經之蔽，倒果爲因之說也。」

㈡皇字之用法。劉氏歷述金文及詩經皇字之用例，皆無君王之義，而本篇皇字，已作此解。因云：「在春秋戰國以前，皇決無訓王、訓君之說。今洪範曰：『惟皇作極』，『皇則受之』，皆作王字解，其非古義可知矣。戰國時皇作王字用者，如莊子天運篇『是謂上皇』，離騷『詔西皇使涉予』，九歌東皇太一『穆將愉兮上皇』。亦可證洪範非春秋以前之作矣。」按：劉氏說春秋以前皇字，無作君王解者，所論甚諦。惟所舉戰國時皇字三例，則皆謂上帝，而非人王。戰國時皇字作人王解者，其例甚多；離騷「恐皇輿之敗績」，周禮春官外史「掌三皇五帝之書」，乃人所習知者也。爾雅釋詁有「皇，……君也」之訓。爾雅一書，成於西漢（說詳四庫全書總目提要），宜有此說矣。

(三)師尹地位在卿士之下。　劉氏引述王國維釋史篇之語，據尚書大誥、詩常武兩篇，及頌鼎、寰盤、克鼎、師嫠毀諸器銘中尹氏之文，證知尹氏「職在書王命與制祿命官，與大師同秉國政」。劉氏申之云：「而洪範置之卿士之下。周禮太師爲下大夫之職。亦可證二書皆非殷周間之作。」按：本篇「師尹」二字，似應作「衆官長」解；而非「師氏」、「尹氏」之合稱。劉氏此說，尚有商討之餘地。

(四)用戰國時韻。　劉氏解「曰王省惟歲」至「則以風雨」章云：「此章成、明、章、康、寧爲韻。上章（里案：指五事章。）明、恭、從、聰、容（里案：睿，劉作容。）爲韻。下章（里案：指稽疑章。劉氏於洪範章次，有所改易，故與通行本不同。）疆、同、逢韻。皆與詩經不合。戰國時東、陽、耕、眞諸韻多相協，例在荀子最多，老子亦然。……亦可爲洪範作於戰國時之一證。」

劉氏又因史記既載洪範全文，呂氏春秋亦數引洪範之語，於是斷定本篇著成時代，當在戰國之末，秦統一中國之前。且云：「惟左傳亦三引商書，皆洪範之文。襄公三年傳曰：『無偏無黨，王道蕩蕩。』文公五年傳曰：『沈潛剛克；高明柔克。』成公六年傳曰：『三人占則從二人。』左傳著作時代，既無定說，而引書之句亦未必舊在洪範。再考之國語，惟成公六年一條未見，其餘文公襄公二條，文句相同，而不稱引書。則左傳之證不足爲我說害。……」按：左傳引書處頗多，皆曰虞書、夏書、商書、周書，如此劃一之稱謂，必係作者之辭，而非雜出衆口者。文五年爲甯嬴引商書，成六年爲「或人」引商書，襄三年爲「君子」引商書。尚書自漢以來傳本，洪範皆列爲周書；而左傳中不同之三人引此篇，皆謂之商書，此尤可異。蓋襄三年之「君子」，卽左傳之作者；文五、成六之引洪範，皆此君子假甯嬴及或人之口爲之。國語作者亦往往假古人之口，引其所讀之書。左傳之著成，約當周安王晚年至愼靚王初年（約西元前三八〇——三二〇）；國語成書，殆亦不前於此時。此時洪範蓋已傳世，故左傳及國語作者得引述之也。

荀子修身篇、天論篇，韓非子有度篇，皆引洪範，參以左傳之引此篇，知洪範之著成，不當遲至戰國之末秦皇統一之前。蓋愼靚王初年至始皇統一六國之歲，尚有百年之久也。至墨子兼愛下引周詩曰：「王道蕩蕩，不偏不黨；王道平平，不黨不偏。其直若矢，其易若底；君子之所履，小人之所視。」劉氏以爲：「假使此數語確在洪範，墨子決不名之爲詩。」以證洪範之出，當在兼愛下著成之後。按：兼愛下乃墨者之徒所爲；而墨家引詩書，往往與儒家傳本異。蓋古者簡册笨重，攜帶不便，詩書多憑口傳。由於記誦之不能無誤，故詩書輾轉傳至墨家，遂多歧異。兼愛下所謂周詩，蓋誤合洪範及詩大東之文（寥寥八句中，異文甚多。），而概以詩名之。兼愛下之成書，殆已至戰國中葉，故亦得引洪範也。

由以上諸證觀之，本篇之著成，蓋約當戰國初葉至中葉時也。

惟十有三祀，王訪于箕子[1]。王乃言曰：「嗚呼！箕子。惟天陰騭下民，相協厥居，我不知其彝倫攸敘[2]。」

1　有，又也。爾雅謂商曰祀，周曰年。按：盂鼎云：「惟王廿又三祀。」師遽毀云：「惟王三祀。」是周人亦或稱年曰祀，爾雅之說非也。史記周本紀云：「武王已克殷，後二年，問箕子殷所以亡。……」周本紀謂克殷在武王十二年，齊世家謂在十一年，蓋古者有此二說，故史公兼採之。本篇言十三祀，蓋據十一年克殷之說也。宋世家云：「武王既克殷，訪問箕子。」或據此以爲克殷在武王十三年。按：云「既克殷」者，謂在克殷之後，非必謂克殷之年也。王，周武王。箕子，史記索隱引馬融、王肅說，以爲紂之諸父；又謂服虔、杜預以爲紂之庶兄。莊子大宗師篇有「箕子胥餘」語，司馬彪注謂胥餘爲箕子名。劉寶楠論語正義謂尸子亦有「箕子胥餘」語，以爲彪說可信。按：箕子是否名胥餘？又是否爲紂之諸父或庶兄？均難遽定。

2 陰，經典釋文引馬融云：「覆也。」騭（ㄓˋ），或作隲；史記譯爲定。陰騭，謂覆蔭之使安定；意謂保護之也。協，和也。彝，常也。義並見爾雅釋詁。倫，道也；義見詩正月毛傳。攸，所也。敘，次也；義見國語楚語下韋注。謂先後之次序。

箕子乃言曰：「我聞在昔，鯀陻洪水，汨陳其五行[3]；帝乃震怒，不畀洪範九疇，彝倫攸斁[4]。鯀則殛死，禹乃嗣興，天乃錫禹洪範九疇，彝倫攸敘[5]。

3 鯀，禹父名。陻，或作堙，說文作垔，云：「塞也。」汨（ㄍㄨˇ），漢書五行志上集注引應劭云：「亂也。」陳，施也；義見漢書劉向傳集注引應劭說。汨陳，亂施行也。

4 帝，上帝。震，爾雅釋詁：「動也。」畀，與也；義見國語鄭語韋注。疇，類也；義見戰國策齊策三高注。攸，與由通，用也；經傳釋詞有說。斁（ㄉㄨˋ），說文作殬，云：「敗也。」攸斁，言用以（因而）敗壞也。

5 殛，見堯典「殛鯀于羽山」注。錫，賜也。敘，緒也。義並見爾雅釋詁。攸敘，用以（因而）就緒也。

初一，曰五行；次二，曰敬用五事[6]；次三，曰農用八政[7]；次四，曰協用五紀[8]；次五，曰建用皇極[9]；次六，曰乂用三德[10]；次七，曰明用稽疑[11]；次八，曰念用庶徵[12]；次九，曰嚮用五福，威用六極13。

6 初，爾雅釋詁：「始也。」敬，謹。用，經傳釋詞云：「詞之由也。」詩抑：「無易由言。」鄭箋云：「由，於。」則用亦有於義。敬用五事，謹於五事也。

7 農，吳氏尚書故云：「廣雅：『農，勉也。』」用，亦於也。注8協用之用，同。

8 協，爾雅釋詁：「和也。」紀，釋名釋言語：「記也。」僞古文尚書胤征篇：「俶擾天紀。」僞孔傳云：「紀，謂時日。」又：日月謂之二紀，見後漢書張衡傳注。此謂記歲月日星等。

9 建，立也；義見周禮天官序官鄭注。此指君權之建立言。用，使用。皇，爾雅釋詁：「君也。」極，則也；法則也。詩殷武：「四方之極。」後漢書樊準傳作「四方是則」。可證此義。

10 乂，爾雅釋詁：「治也。」此謂治民。

11 明，謂欲明哲。稽，廣雅釋言：「考也。」稽疑，謂稽考疑事（指考於卜筮言）。

12 念，猶識錄也；義見論語公冶長「不念舊惡」皇疏。庶徵，禮記禮器正義云：「庶，衆也。徵，驗也。謂衆行得失之驗。」

13 嚮，漢書谷永傳引作饗。饗，與享通。廣雅釋詁一：「享，養也。」猶今言享受。威，懲罰也；此義前已數見。極，困也；義見漢書匈奴傳上集注。六極，六種困戹也。

一、五行：一曰水，二曰火，三曰木，四曰金，五曰土。水曰潤下，火曰炎上，木曰曲直，金曰從革，土爰稼穡14。潤下作鹹，炎上作苦，曲直作酸，從革作辛，稼穡作甘15。

14 以上五句言五行之性。潤，廣雅釋詁一：「溼也。」炎，說文：「火光上也。」按：作動詞用，即焚也。曲直，言可揉之使曲，亦可使其直。從革，言其形任從人改變。爰，史記作曰，二字古通。

15 以上五句言五行之味。潤下，謂水也。下文炎上等仿此。作，甲骨文作乍，其用法有時與則字義同。此下五作字，義猶則也。辛，辣也；韻會辣字下引通俗文云：「江南曰辣，中國言辛。」

二、五事：一曰貌，二曰言，三曰視，四曰聽，五曰思。貌曰恭，言曰從，視曰明，聽曰聰，思曰睿[16]。恭作肅，從作乂，明作哲，聰作謀，睿作聖[17]。

16 從，漢書五行志中之上云：「順也。」吳氏大義云：「順於理也。」睿，史記同；尚書大傳、春秋繁露五行五事篇並作容；漢書五行志（中之上）作容，集注引應劭曰：「容，通也；古文作睿。」鄭注大傳云：「容，當爲睿；睿，通也。」錢氏十駕齋養新錄，謂容與恭、從、明、聰協韻，以爲應作容。段氏古文尚書撰異云：「說文容在谷部，深通川也。睿在𣦼部，通也；小篆作叡，古文作睿。是容與睿，截然二字。」按：容，說文謂古文作濬；容、睿二字又皆有「通」義，是二字古可通。此字疑本當作睿，通也。

17 作，則也；下同。肅，敬也；義見詩何彼襛矣毛傳。乂，爾雅釋詁：「治也。」哲，爾雅釋言：「智也。」謀，謀畫。聖，說文：「通也。」

三、八政：一曰食，二曰貨，三曰祀，四曰司空，五曰司徒，六曰司寇，七曰賓，八曰師[18]。

18 食，謂司民食之官。貨，謂掌財物之官。祀，謂掌祭祀之官。司空、司徒，並見堯典。司寇，孔氏正義引鄭玄云：「掌詰盜賊之官。」鄭氏又云（出處同上）：「賓，掌諸侯朝覲之官。……師，掌軍旅之官。」

四、五紀：一曰歲，二曰月，三曰日，四曰星辰，五曰歷數[19]。

19 史記集解引馬融曰：「星，二十八宿。辰，日月之所會也。」孫氏注疏云：「辰當爲䀢。……說文：『

日月合宿爲簪。』」歷，歷法。數，算數。歷法資於算數，故二字連言。

五、皇極：皇建其有極；斂時五福，用敷錫厥庶民[20]。惟時厥庶民于汝極，錫汝保極[21]。凡厥庶民，無有淫朋；人無有比德，惟皇作極[22]。凡厥庶民，有猷有爲有守，汝則念之[23]。不協于極，不罹于咎，皇則受之[24]。而康而色，曰：『予攸好德。』汝則錫之福[25]。時人斯其惟皇之極[26]。無虐煢獨，而畏高明[27]。人之有能有爲，使羞其行，而邦其昌[28]。凡厥正人，既富方穀，汝弗能使有好于而家，時人斯其辜[29]。于其無好德，汝雖錫之福，其作汝用咎[30]。無偏無陂，遵王之義[31]；無有作好，遵王之道；無有作惡，適王之路[32]。無偏無黨，王道蕩蕩；無黨無偏，王道平平[33]。無反無側，王道正直[34]。會其有極，歸其有極[35]。曰，皇極之敷言，是彝是訓，于帝其訓[36]。凡厥庶民，極之敷言，是訓是行，以近天子之光[37]。曰，天子作民父母，以爲天下王。

20 皇建其有極，言君權之建立，應有法則。斂，爾雅釋詁：「聚也。」時，是。五福，見下文五福章。敷，徧也；已見堯典注88。錫，與也；此義習見。

21 時，是。于，猶爲也；經傳釋詞有說。于汝極，謂依汝之法則而行。吳氏尚書故云：「錫汝之錫，爲相與之與。」錫汝保極，言與汝（君）共守此法則也。

22 淫，邪也；義見國語晉語七韋注。楊氏覈詁謂：人與民對文，則人指官吏言。比，論語集解引孔云：「阿黨爲比。」德，謂行爲。皇，君。作，爲。極，準則。

23 猷，爾雅釋詁：「謀也。」爲，作爲。守，操守。念，方言一：「常思也。」

24 協，合也；義見禮記禮運鄭注。罹，漢書文帝紀集注云：「遭也。」咎，過也；義見詩伐木毛傳。皇，君。受，容受也。

25 經傳釋詞云：「而，猶如也。」又云：「而，猶乃也。」又云：「乃，猶其也。」按：而康之而，如也。而色之而，其也。康，和也；義見史記樂書正義。攸，經傳釋詞云：「語助也。……洪範曰：『予攸好德。』言予好德也。」

26 時，是。斯，經傳釋詞云：「猶乃也。」皇，君。之，猶是也；義見詩蓼莪鄭箋。極，則也。

27 煢（ㄑㄩㄥˊ），與惸通。詩正月：「哀此惸獨。」孟子引作煢獨。煢，楚辭離騷王注云：「孤也。」惸，周禮秋官大司寇鄭注：「無兄弟曰惸。」孟子梁惠王下：「老而無子曰獨。」高明，當與三德之高明同義，謂明智之人。

28 羞，漢李尤雲臺銘作修，潛夫論思賢篇作循。段氏古文尚書撰異云：「循，葢脩之誤。」是也。按：使脩其行，謂不橫加阻撓。而，汝也；義見淮南氾論篇注。昌，盛也；義見國語楚語上韋注。

29 正人，蔡氏集傳云：「在官之人，如康誥所謂惟厥正人者。」按：正、政古通。正人，亦卽康誥「不于我政人得罪」之政人也。方，猶常也；義見禮記檀弓上鄭注。穀，爾雅釋言：「祿也。」好，善也；義見禮記仲尼燕居鄭注。而，汝。家，謂國家。辜，罪也；義見詩正月鄭箋。

30 于，經傳釋詞：「猶如也。」好，善。史記述此語無德字，是；經義述聞有說。雖，龍君宇純云：「當讀爲惟。」雖惟古通，經傳釋詞有說。作，作爲。汝用咎，吳氏尚書故云：「猶言汝受其咎。」

31 偏，不正。陂，本作頗。新唐書藝文志謂唐開元十四年，玄宗以無頗聲不協，詔改頗爲陂。册府元龜（帝王部文學）謂此事在天寶四載。段氏古文尚書撰異，以爲作天寶四載是。頗，說文：「頭偏也。」此謂偏邪不正。義，法也；義見呂氏春秋孟春紀貴公篇高注。

32 作好、作惡，孔氏正義云：「無有亂爲私好，謬賞惡人；……無有亂爲私惡，濫罰善人。」路，亦道也；義見說文。

33 國語晉語五韋注：「阿私曰黨。」蕩蕩，平易也；義見呂氏春秋貴公篇高注。平平，史記張釋之馮唐傳贊引作便便。集解引徐廣曰：「便，一作辨。」按：詩采菽：「平平左右。」毛傳：「平平，辯治也。」諸家多據詩義以說本篇之平平，義似未協。蔡氏集傳：「平平，平易也。」茲從其說。

34 側，詩賓之初筵鄭箋：「傾也。」反側，不正直也。

35 會，謂君王會聚臣屬。歸，謂臣屬歸附君主。極，法則。

36 曰，更端之詞。敷，陳也；義見漢書宣帝紀集注引應劭說。彝，法也；義見周禮春官序官鄭注。是訓之訓，敎也；義見詩抑毛傳。其訓之訓，順也；義見廣雅釋詁一。于帝其訓，言順於上帝。

37 訓，順。光，光明。

六、三德：一曰正直，二曰剛克，三曰柔克[38]。平康正直，彊弗友剛克，燮友柔克[39]。沈潛剛克，高明柔克[40]。惟辟作福，惟辟作威，惟辟玉食[41]。臣無有作福作威玉食；臣之有作福作威玉食，其害于而家，凶于而國。人用側頗僻，民用僭忒[42]。

38 正，不邪。直，不曲。克，勝也；義見詩小宛毛傳。剛克、柔克，謂過剛、過柔。

39 平，正也；義見詩何彼襛矣毛傳。康，和也；義見史記樂書正義。彊，同強。友，僞孔傳云：「順也。」燮，爾雅釋詁：「和也。」

40 沈潛、高明，蔡傳：「沈潛者，沈深潛退，不及中者也。高明者，高亢明爽，過乎中者也。」曾氏正讀云：「沈潛者，柔克之徵，宜以剛治之。高明者，剛克之徵，宜以柔治之。」按：此二克字皆當讀爲論語顏淵「克己復禮」之克。皇氏義疏本作尅，云：「尅，猶約也。」卽約制之義。故曾氏以「治」說之。

41 辟，爾雅釋詁：「君也。」作福、作威，僞孔傳云：「言惟君得專威福。」按：威，謂懲罰。玉食，王氏尚書稗疏云：「周禮玉府：『王齊，則供食玉。』鄭司農衆云：『王齊，當食玉屑。』」按：周禮春官典瑞：「大喪，供飯玉、含玉、贈玉。」鄭注：「飯玉，碎玉以雜米也。」是古有食玉之說。

42 人，指官吏言。側，不正也；義見莊子列禦寇釋文。頗，見注31。僻，史記、漢石經皆作辟。辟、僻古通，邪也；義見淮南精神篇高注。僭，詩抑毛傳：「差也。」忒（ㄊㄜˋ）釋文引馬融云：「惡也。」

七、稽疑：擇建立卜筮人，乃命卜筮[43]。曰雨，曰霽，曰蒙，曰驛，曰克，曰貞，曰悔[44]。凡七；卜五，占用二，衍忒[45]。立時人作卜筮[46]，三人占，則從二人之言。汝則有大疑[47]，謀及乃心，謀及卿士，謀及庶人，謀及卜筮。汝則從，龜從，筮從，卿士從，庶民從，是之謂大同：身其康彊，子孫其逢[48]：吉。汝則從，龜從，筮從，卿士逆，庶民逆[49]：吉。卿士從，龜從，筮從，汝則逆，庶民逆：吉。庶民從，龜從，筮從，汝則逆，卿士逆：吉。汝則從，龜從，筮逆，卿士逆，庶民逆：作內吉，作外凶[50]。龜筮共違于人：用靜，吉；用作，凶[51]。

43 擇，選也；義見淮南子本經篇注。建，立也；義見周禮天官序官鄭注。以龜占吉凶，曰卜。以蓍，曰筮。

44 雨，龜兆之色作雨形也；以下四事仿此。霽，史記及周禮春官大卜鄭注引洪範並作濟。爾雅釋天：「濟謂之霽。」是二字義通。孔氏正義引鄭玄云：「霽，如雨止者，雲在上也。」蒙，史記作霧，周禮大卜鄭注作蟊。蟊者，蒙之假；霧，即蒙也。驛，史記作涕，周禮大卜鄭注作圛。說文亦作圛，云：「升雲半有半無。」克，史記集解引鄭玄云：「如祲氣之色相犯也。」又云：「內卦曰貞。……外卦曰悔。」

45 凡七，謂自雨至悔七事。卜五，謂占龜兆用雨至克五事。占用二，謂以易占用貞、悔二事。衍，演也；義見易繫辭傳釋文引鄭注。忒，變也；義見詩瞻卬毛傳。演忒，謂推演兆象而變化之以占吉凶。

46 時，是。是人，謂知卜筮者。

47 則，猶若也；經傳釋詞有說。

48 大同，言意見完全一致。至逢字絕句，從經義述聞引李惇（成裕）說。述聞謂：逢，大也。按：意猶盛也。

49 逆，不順從也。

50 內，內事。外，外事。僞孔傳謂內事爲祭祀冠婚之事；外事爲出師征伐之事。茲從之。

51 靜，不動作。作，動作。

八、庶徵：曰雨、曰暘、曰燠、曰寒、曰風、曰時[52]。五者來備，各以其敘，庶草蕃廡[53]。一，極備凶；一，極無凶[54]。曰休徵[55]：曰肅，時雨若；曰乂，時暘若；曰哲，時燠若；曰謀，時寒若；曰聖，時風若[56]。曰咎徵：曰狂，恆雨若；曰僭，恆暘若；曰豫，恆燠若；曰急，恆寒若；曰蒙，恆風若[57]。曰，王省惟歲，卿士惟月，師尹惟日[58]。歲月日時無易，百穀用成，乂用明，俊民用章，家用平康[59]。日月歲時既易，百穀用不成，乂用昬不明，俊民用微，家用不寧[60]。庶民惟星；星有好風，星有好雨[61]。日月之行，則有冬有夏；月之從星，則以風雨[62]。

52 暘（一ㄤ），說文：「日出也。」此謂晴日。燠（ㄩˋ），爾雅釋言：「煖也。」時，謂適時。

53 五者，謂雨至風。蕃，一作繁，古通；盛也。廡（ㄨˇ），與蕪通。蕪，爾雅釋詁：「豐也。」

54 一，謂雨至風五者之一。極備，謂過多；極無，謂過少。

55 休，爾雅釋詁：「美也。」

56 肅、乂、哲、謀、聖，參注17。時雨，適時之雨也；以下仿此。若，語助詞；經傳釋詞有說。

57 咎，過也；義見詩伐木毛傳。狂，狂妄。僭，差錯。豫，爾雅釋詁：「樂也。」急，孔氏正義引鄭玄云：「急促自用也。」蒙，孔氏正義引王肅云：「瞀蒙。」卽昏瞶不明也。

58 朱氏古注便讀云：「省，察視也。」師，爾雅釋詁：「衆也。」尹，爾雅釋言：「正也。」正，爾雅釋詁：「長也。」師尹，衆長官也。

59 易，國語晉語八章注：「變也。」此謂改變常態。用，以也；義見一切經音義七引蒼頡篇。成，成熟。乂，謂治理政事。俊，說文謂「材過千人」。章，顯也；義見易豐卦六五李氏集解引虞翻注。康，安也。

60 微，隱而不顯也。爾雅釋詁云：「隱，……微也。」是微隱同義。

61 好，喜好。周禮春官大宗伯鄭注云：「風師，箕也。雨師，畢也。」故相傳箕星好風，畢星好雨。

62 相傳月經箕星則多風，遇畢星則多雨。以，由也；經傳釋詞有說。由，卽因而之意。東坡書傳云：「言歲之寒燠由日月，其風雨由星；以明卿士之能爲國休戚，庶民之能爲君禍福也。」自「曰王省惟歲」以下八十七字，東坡書傳以爲皆五紀之文，云：「簡編脫誤，是以在此；其文當在『五曰歷數』之後。」日知錄（卷十）謂蘇氏此說，「至當無可復議」。金氏尚書表注云：「東坡蘇氏，無垢張氏，石林葉氏，容齋洪氏，皆曰此章當爲五紀之傳。」又：中吳紀聞，亦謂余燾曾上書，欲移此節於五紀「五曰歷數」之下。按：諸家之說可取。

九、五福：一曰壽，二曰富，三曰康寧，四曰攸好德，五曰考終命[63]。六極：一曰凶短折，二曰疾，三曰憂，四曰貧，五曰惡，六曰弱[64]。」

63 攸好德，與皇極章之「予攸好德」異義。朱氏古注便讀云：「攸，修也。」好德，美德也。考，說文：「老也。」考終命，謂老而善終。

64 凶短折，史記宋世家集解引鄭玄云：「未齔曰凶，未冠曰短，未婚曰折。」皆謂早死。惡，與攸好德對文，當謂過惡。弱，身體弱也。

金縢

縢，詩閟宮毛傳：「繩也。」又小戎傳：「約也。」金縢者，金屬之繩，以之約束物也。本篇有「乃納冊于金縢之匱中」之語，因以名篇。

書序云：「武王有疾，周公作金縢。」按：本篇文辭淺易，且篇中屢言「周公」，或但稱周公曰「公」，則不特非周公自作，亦非西周初年之作也。東坡書傳云：「金縢之書，緣周公而作，非周公作也。周公作金縢求書爾。」洪氏容齋四筆（卷一），亦有類此之言。顧氏當代中國史學（一二七頁）云：「今文尚書二十八篇中，最先爲人所懷疑的是金縢。程頤已認這篇非聖人之言。後來王廉、王夫之、袁枚，都曾對此懷疑（原注：「袁枚著有金縢辨。」）。」今按：本篇謂占兆之辭爲書（啓籥見書），言「下地」不言「下土」，皆東周以來之語。孟子公孫丑上引鴟鴞「迨天之未陰雨」五句後，復引孔子曰：「爲此詩者，其知道乎？」尚未以鴟鴞之詩爲周公所作。似孔子孟子，均未見本篇。疑本篇之著成，蓋當戰國時也。

既克商二年，王有疾弗豫[1]。二公曰：「我其爲王穆卜[2]。」周公曰：「未可以戚我先王[3]。」

1 二年，孫氏注疏云：「史記周本紀云：『十一年伐紂。』則此爲武王十三年。」參洪範注[1]。豫，爾雅釋詁：「安也。」

2 二公，史記魯世家以爲太公、召公。穆，敬也；義見楚辭東皇太一王注。

3 戚，吳氏尚書故云：「戴鈞衡云：『戚，讀若孟子有戚戚焉之戚。趙岐注：戚戚然，心有動也。』此言僅卜未足以動先王也。」

公乃自以爲功，爲三壇同墠[4]。爲壇於南方，北面、周公立焉[5]。植璧秉珪[6]，乃告太王、王季、文王。

4 公，謂周公。功，事也；義見詩七月毛傳。壇、墠（ㄕㄢ），禮記祭法鄭注云：「封土曰壇，除地曰墠。」則壇爲土臺，墠爲掃地，皆爲備祭祀也。三壇，太王、王季、文王各一。

5 於，諸本並同；阮氏校勘記有說，見注25。爲壇於南方，言另設一壇於三壇之南。周公北面立於此壇。

6 植，孔氏正義引鄭玄云：「植，古置字。」秉，爾雅釋詁：「執也。」璧，圓形玉器。珪，史記作圭；義同。此璧與珪，皆爲禮神之用者。

史乃册祝曰[7]：「惟爾元孫某，遘厲虐疾[8]。若爾三王，是有丕子之責于天，以旦代某之身[9]。予仁若考[10]，能多材多藝，能事鬼神；乃元孫不若旦多材多藝[11]，不能事鬼神。乃命于帝庭，敷佑四方，用能定爾子孫于下地[12]；四方之民，罔不祗畏[13]。嗚呼！無墜天之降寶命，我先王亦永有依歸[14]。今我卽命于元龜[15]，爾之許我，我其以璧與珪，歸俟爾命[16]；爾不許我，我乃屏璧與珪[17]。」

7 楊氏覈詁云：「史，謂內史；主作册之事。」按：册祝，謂作册文以祝告於鬼神也。蘇東坡謂册書爲周公所作，似亦未的。且此册書，是否爲當時之史所作，抑爲後人傳述之作，亦難遽定。

8 元，長也；此義習見。此某字與下文某字，史記魯世家皆作「王發」。發，武王名。因避諱，故以某代發字。遘，爾雅釋詁：「遇也。」厲，危也；義見詩民勞毛傳。虐，論衡譴告篇云：「威、虐，皆惡也。」厲虐疾，即危惡之疾。

9 是，實也；義見淮南脩務篇注。丕，史記作負。負，擔也；義見禮記曲禮下孔氏正義。此言三王在天之靈，有負擔子孫休戚之責任。以旦代某之身，言以己之死代武王之死。

10 予仁若考，史記魯世家作「旦巧」。江氏集注音疏以「仁若」二字爲衍文，謂考當爲巧。按：論衡死僞篇引此文，即作「予仁若考」；史記蓋省仁若二字，而又讀考爲巧也。仁，墨子經說下：「愛也。」王氏經義述聞云：「若，而；語之轉。」于氏雙劍誃尚書新證，謂金文考、孝二字通用；如師奎父鼎：「用追考于剌仲。」師𩰫父鼎：「用享考于宗室。」皆以考爲孝。此考字當讀爲孝。則本句意謂「予仁愛而孝順也」。

11 乃，汝。元孫，長孫也；謂武王。

12 命于帝庭，言武王受命于天。王國維與友人論詩書中成語書二（見觀堂集林）云：「書金縢云：『敷佑四方。』……案：盂鼎云：『匍有四方。』知佑爲有之假借，非佑助之謂矣。」按：敷，溥也；此義前已數見。敷佑四方，言普遍保有天下也。定，安定。下地，對上天而言；即地上，亦即人間。

13 祗，爾雅釋詁：「敬也。」

14 無，勿也。墜，廣雅釋詁二：「失也。」寶命，謂國運。依歸，猶今語依靠。

15 即命，就而聽命也。元龜，史記集解引馬融云：「大龜也。」

16 「爾之」之「之」，猶若也；經傳釋詞有說。以，用也；義見詩載芟毛傳。用，謂獻於三王。

17 屏，僞孔傳：「藏也。」

乃卜三龜，一習吉[18]。啟籥見書，乃幷是吉[19]。

18 三王各卜一龜，故三龜。一，皆也；義見荀子禮論篇注引王肅說。習，重也；義見易坎卦象傳陸績注。吉非一，故云重。

19 經義述聞云：「書者，占兆之辭。籥者，簡屬，所以載書。……啓，謂展視之。」此二句意謂：開籥以對證占辭，亦皆吉也。

公曰：「體，王其罔害[20]。予小子新命于三王，惟永終是圖[21]；茲攸俟，能念予一人[22]。」

20 體，兆象也；義見周禮春官占人鄭注。罔，爾雅釋言：「無也。」

21 予小子，周公自謂；謙辭也。新命，言新受命。永終，猶言永久。圖，爾雅釋詁：「謀也。」永終是圖，言三王能謀其久遠，意謂不使武王卽死。

22 攸，猶用也；以也。經傳釋詞有說。念，顧念。予一人，周公自謂也。友人周法高先生有明保予沖子辨一文（見金文零釋），謂今文尚書二十八篇中，予字凡百四十見。其用於同位者，計三十七見。凡言予小子、予一人、予小臣、予沖子等，予字皆用於同位，無一例外。證知此處之予一人，乃周公自謂，非謂武王。按：予一人之辭，雖爲天子所專用，然亦有例外。秦誓穆公卽自稱「一人」。又：哀公十六年左傳，哀公誄孔子，卽自稱余一人。雖子貢譏爲非名；然究有此例。

公歸，乃納册于金縢之匱中。王翼日乃瘳[23]。

23 納，放入。册，卽前文所祝之册。匱，匣也；義見楚辭謬諫篇王注。金縢之匱，金屬繩索所束紮之匣也。翼，與翌通；一作翌。瘳，說文：「疾瘉也。」

武王既喪[24]，管叔及其羣弟乃流言於國，曰：「公將不利於孺子[25]。」周公乃告二公曰：「我之弗辟26，我無以告我先王。」

24 喪，亡也。史記封禪書云：「武王克殷二年，天下未寧而崩。」梁氏史記志疑云：「武王在位之年，無經典明文可據。此作二年，漢書律歷志作八年，竝爲西伯十一年。……而詩豳風譜疏，謂鄭氏以武王疾瘳後二年崩，是在位四年。疏又引王肅云：伐紂後六年崩。周書明堂解、竹書紀年、及周紀集解引皇甫謐竝云六年。管子小問篇作七年。淮南子要略訓作三年。路史發揮夢齡篇注，合武王嗣西伯爲七年。所說不同，後儒多從管子。」

25 管叔名鮮，見史記周本紀。羣弟，謂蔡叔、霍叔。周書作雒篇云：「武王克殷，乃立王子祿父，俾守商祀。建管叔于東，建蔡叔、霍叔于殷，俾監殷臣。」是管叔等皆監殷民者。流，孫氏注疏云：「荀子致仕篇云：『凡流言流說。』楊倞注云：『流者，無根之謂。』是流言卽散布謠言。於，阮氏校勘記云：「葛本作于，下於孺子同。按：語助之於，尚書皆作于。惟堯典於變時雍、此篇爲壇於南方、及此兩句，酒誥人無於水監，當於民監，各本竝作於。薛氏古文訓亦然。蓋傳寫舛錯，初無義例。葛本獨於此兩句仍作于，又葛本之誤也。」按：殷代至春秋期間，凡作介詞用者作于，作歎詞用者作於。春秋晚年以來，于、於始漸混用。甲骨文及金文可證。酒誥兩於字，原本當作于。堯典於字，當讀爲嗚。本篇爲晚出之書，原本作于抑作於，則殊難定。孺，穉也；義見禮記檀弓下鄭注。孺子，謂成王。（校者按：原稿夾有簽條云：「賈誼新書修政語下：『周成王年二十歲，卽位享國，親以其身見於粥子之家而問焉。』查原書！」今查建本作二十歲，潭本別本竝作六歲。詳抱經堂本新書盧文弨校語。）

26 之，猶若也；經傳釋詞有說。辟，蔡氏集傳云：「讀爲避。」謂避去攝政之位。史記魯世家：「周公乃告太公望召公奭曰：『我之所以弗辟而攝行政者，恐天下畔周，無以告我先王。』」是說「我之弗辟」

為所以不避去攝政之位之故，茲不取。

周公居東二年，則罪人斯得[27]。于後，公乃為詩以貽王，名之曰鴟鴞[28]。王亦未敢誚公[29]。

27 史記魯世家云：「管叔及其羣弟流言於國，曰：『周公將不利於成王。』……管蔡武庚等，果率淮夷而反。周公乃奉成王命，興師東伐，……寧淮夷東土，二年而畢定。」史記蓋不以居東為避居，故云奉成王命東伐。實則東征亦即暫避攝政之位，二者固一事也。惟周本紀云：「初管蔡畔周，周公討之，三年而畢定。」魯世家云二年者，蓋據本篇；本紀言三年者，蓋據東山之詩也。本篇既為後人述古之作；日人白川靜謂豳風諸詩，乃夷厲時作品，詩中之周公，乃周公旦之後人（見所著詩經蠡說，載中央研究院歷史語言研究所集刊外編第四種），其說似可信。則二說之不同，自無足異。罪人，謂管、蔡、武庚等。

28 王，謂成王。鴟鴞之詩，見詩豳風。

29 誚，與譙同，責讓也；義見方言七。

秋，大熟，未穫，天大雷電以風[30]；禾盡偃，大木斯拔[31]。邦人大恐。王與大夫盡弁，以啟金縢之書[32]；乃得周公所自以為功、代武王之說。二公及王，乃問諸史與百執事[33]。對曰：「信[34]。噫！公命，我勿敢言。」王執書以泣。曰：「其勿穆卜[35]。昔公勤勞王家，惟予沖人弗及知[36]；今天動威，以彰周公之德[37]；惟朕小子其新逆，我國家禮亦宜之[38]。」

30 熟，穀物成熟也。史記魯世家：「周公卒後，秋，未穫，暴風雷雨，禾盡偃，大木盡拔。……」是以此章所記為周公沒後之事。孫氏注疏因謂「秋大熟」以下有脫文，且謂此乃亳姑逸文。恐非是。葉大慶考古質疑（卷一）云：「……秋熟未穫，雷電以風，拔木偃禾之事，乃周公居東未還之時。故成王曰：『惟朕小子其新逆，我國家禮亦宜之。』王出郊天雨，反風禾起，歲熟，書所載甚明也。遷史于魯世家，乃云：『周公卒後，秋，未穫。』此亦遷史之誤。」雷電，孫氏注疏據史記、漢書周舉傳注應劭引洪範五行傳、及論衡感類篇，以爲電當作雨。茲從其說。

31 偃，仆也；義見論語集解引孔注。拔，謂根拔出。

32 弁，史記說爲朝服。孫氏注疏以爲卽皮弁，云：「周禮司服云：『視朝，皮弁。』玉藻云：『皮弁以日視朝。』故史公以朝服釋弁也。」啓，開也，此義習見。

33 百執事，衆官吏也。

34 信，說文：「誠也。」

35 穆，敬也。

36 予沖人，見盤庚注[91]。

37 彰，明也；義見廣雅釋詁四。

38 新，釋文引馬融本作親；茲從之。逆，爾雅釋言：「迎也。」禮亦宜之，言爲報周公之德，禮應親迎於郊。

王出郊，天乃雨[39]；反風，禾則盡起。二公命邦人，凡大木所偃，盡起而築之[40]。歲則大熟。

39 雨，當作霽；經義述聞有說。說文：「霽，雨止也。」

40 築，說文：「擣也。」鄭注儀禮既夕記云：「築，實土其中，堅之。」此謂於樹根築土使堅固也。

大誥

誥，爾雅釋詁：「告也。」大誥，猶言普告、廣告也。篇首有「大誥爾多邦」之語，因以大誥名篇。

書序云：「武王崩，三監及淮夷叛；周公相成王將黜殷，作大誥。」史記周本紀及魯世家之說略同。按：

本篇文辭古奧，其語法與西周金文同；爲西周初年作品無疑。惟是否爲周公所作，則殊難遽定。

王若曰：「猷、大誥爾多邦，越爾御事[1]。弗弔！天降割于我家，不少延[2]。洪惟我幼沖人，嗣無疆大歷服[3]。弗造哲，迪民康，矧曰其有能格、知天命[4]？已！予惟小子，若涉淵水，予惟往求朕攸濟[5]。敷賁，敷前人受命，茲不忘大功，予不敢閉于天降威用[6]。

1 王，成王也。猷大誥爾多邦，釋文云：「馬本作大誥繇爾多邦。」是馬融本猷作繇，在誥字下。孔氏正義云：「鄭王本猷在誥下。」則鄭玄及王肅本，與馬本同。王莽仿本篇作大誥（見漢書翟方進傳），作「大誥道諸侯王……。」莽誥訓猷爲道；知其所據之本，猷字亦在誥字下。按：多士云：「王曰：猷、告爾多士。」多方云：「王若曰：猷、告爾四國多方。」句法與本篇開首語同。是知猷字應在大誥二字之上。蔡氏集傳云：「猷，發語辭也。」多邦，謂衆諸侯之國。越，與也；經傳釋詞有說。御事，僞孔傳說爲「御治事者」，卽一般官吏也。此指周之官吏言。

2 弔，方濬益綴遺齋彝器考釋（卷一、井仁鐘）云：「……書大誥諸篇之弗弔，詩節南山之不弔昊天，弔字皆當作淑。蓋古文叔作[illegible]，篆文弔作[illegible]，二字以形相近而譌者也。」按：朱彬經傳考證已訓弔爲淑，然未引金文爲證。又：王國維與友人論詩書中成語書（見觀堂集林），以爲不淑不弔，意謂不幸。按：吳澄書纂言（卷四）云：「不弔，猶言不幸。」是元人已有此說矣。割，釋文謂馬融本作害。害，禍害也；指武王之喪言。延，方言一云：「年長也；凡施於年者謂之延。」此言武王之年壽不少延長也。

3 洪惟，詞也；江氏集注音疏、經傳釋詞並有說。按：多方云：「洪惟圖天之命。」毛公鼎云：「弘唯乃智。」弘唯卽洪惟，皆二字連用爲發語詞。沖，稚也；已見盤庚。嗣，爾雅釋詁：「繼也。」無疆，猶今語無邊；言大也。歷，歷數也；義見爾雅釋詁郭注。服，爾雅釋詁：「事也。」此謂職事。大歷服，指王位言。

4 造，爾雅釋言：「爲也。」哲，智。迪，朱氏古注便讀云：「導也。」矧，爾雅釋言：「況也。」按：格，謂使神降臨。以上三語，言已非智者，不能導民於康安，況能使（感召）神靈降臨而知天命乎？

5 已，朱氏古注便讀云：「噫也。」按：已，莽誥作熙。師古曰：「熙，歎辭。」段氏古文尚書撰異，謂卽今之嘻字。噫、嘻，皆歎辭也。淵，深也；義見詩燕燕毛傳。濟，爾雅釋言：「渡也。」

6 敷，說文：「㪃也。」說文又謂：「㪃，讀與施同。」段注以爲㪃，「今字作施。」是敷卽施也。施，謂施行。賁，廣雅釋詁一：「美也。」此指美政言。敷前人受命，言施行前人所受之天命。莽誥敷賁作「奔走」，段氏撰異謂莽本或無敷賁之敷。如其說，則賁字當連下句讀，言奔走施行前人所受之天命也。亦通。忘，經義述聞謂與亡同。茲不忘大功，言如此始不至失亡大功也。大功，謂前人受命之功。閉，說文：「闔門也。」引申有拒絕之意。朱氏古注便讀云：「威用，猶作威也。」意謂誅伐之權。誅伐之權，古人謂天所賦予，故云天降威用。

寧王遺我大寶龜，紹天明[7]；卽命，曰：『有大艱于西土，西土人亦不靜，越茲蠢[8]。』殷小腆，誕敢紀其敘[9]。天降威，知我國有疵，民不康[10]。曰：『予復！』反鄙我周邦[11]。

7 吳大澂字說謂金文「文」字，作[illegible]等形，與寧字形相近；以爲此寧字乃文字之訛。云：「寧王卽文王，寧考卽文考。」又云：「前寧人實前文人之誤。」其說甚的。按：魏三體石經尚書君奭殘石：「我迪惟寧王德□。」寧字作[illegible]。篆文、隸書皆作寧。又同篇：「□□□□寧于上帝命。」寧字亦作[illegible]。而同篇他處及春秋殘石，文字古文皆作[illegible]。是孔壁古文尚書，已訛文爲寧矣。紹，吳氏尚書故云：「爲卲之借字。說文：『卲，卜問也。』」吳氏尚書大義云：「天明，天命也。」按：易賁卦釋文云：「明，蜀才本作命。」是明與命通。

8 卽命，就而聽命也；已見金縢。此謂聽命於大寶龜。曰，謂占辭所云。艱，謂災難；此義甲骨文習見。西土，謂周。亦，語詞，無承上之義；經傳釋詞有說。越，于也；義見盤庚「越其罔有黍稷」釋文。茲，指此時言。蠢，爾雅釋詁：「動也。」以上占辭。

9 腆，孔氏正義引王肅云：「主也。」殷小腆，謂武庚。予舊從其說。王氏蓋讀腆爲典，故訓爲主。然典可訓爲動詞之主，未可以爲國君之主。今按：腆，厚也；意謂豐盛，此義左傳習見。殷小腆，謂武庚國勢稍盛也。誕，語詞。紀其敘，朱氏古注便讀云：「紀，猶理也。敘，緒也。」紀其敘，謂理殷之王業。莽誥紀作犯。按：其敘之其，當指殷小腆言，故以作紀爲正。

10 天降威，指武王之喪。疵，爾雅釋詁：「病也。」康，安。

11 予，指武庚言。復，謂復國。鄙，王先謙尚書孔傳參正以爲當讀爲圖。按：鄙，古但作啚，而圖字俗亦作啚。此字蓋本作啚，傳寫者易爲鄙也。圖，謀也。

今蠢，今翼日，民獻有十夫，予翼，以于敉寧武圖功[12]。我有大事、休，朕卜幷吉[13]。肆予告我友邦君，越尹氏、庶士、御事[14]，曰：『予得吉卜；予惟以爾庶邦，于伐殷逋播臣[15]。』

12 今蠢，言武庚已倡亂。今，經傳釋詞：「孫炎注爾雅釋詁曰：『卽，猶今也。』故今亦可訓爲卽。」今翼日，卽翌日也。民，當作人，謂官吏。獻，猶賢也；義已見皋陶謨注[61]。十夫，十人也。翼，助也；義見詩卷阿鄭箋。于敉之于，猶詩葛覃「黃鳥于飛」、東門之枌「穀旦于逝」之于，語詞；經傳釋詞有說。敉（ㄇㄧˇ），莽誥作「終」。蓋讀敉爲彌。彌，終也。終，意謂完成。寧，文之訛。寧武，文王武王也。圖功，圖謀之功業；指伐紂開國言。

13 大事，戰事也。休，爾雅釋詁：「美也。」又釋言：「慶也。」意謂吉祥。并吉，皆吉也。非一卜，故云。

14 肆，猶故也；此義前已數見。越，與也；義亦前見。尹氏，王國維謂內史爲執政之一人，周初謂之作册，其長謂之尹氏。說見所著釋史（觀堂集林）。庶，衆。士，疑指武官言。尹氏至御事，指周之官吏言。

15 于，往也；義見詩桃夭毛傳。逋（ㄅㄨ），逃亡也；已見牧誓注[11]。播，孔氏正義云：「謂播蕩逃亡之意。」犯罪者多逃亡，故逋播臣卽犯罪之臣也；此指武庚等言。

爾庶邦君，越庶士、御事，罔不反曰：『艱大，民不靜，亦惟在王宮、邦君室[16]。越予小子，考翼，不可征；王害不違卜[17]？』

16 反，與西伯戡黎「祖伊反曰」之反同義，對也。亦，且也；經詞衍釋有說。管、蔡皆王室之人，武庚爲邦君，故云在王宮邦君室。

17 越，猶惟也；經傳釋詞有說。考，于氏尚書新證讀爲孝。考、孝通用，見金縢注[10]。翼，朱氏古注便讀云：「敬也。」考翼，孝敬也。害，東坡書傳謂與詩葛覃「害澣害否」之害同義，曷也。經傳釋詞更有詳說。違卜，言不從龜卜之指示。

肆予沖人，永思艱[18]。曰，嗚呼！允蠢鰥寡，哀哉[19]！予造天役，遺大投艱于朕身[20]。越予沖人，不卬自恤[21]。義爾邦君，越爾多士─尹氏、御事，綏予曰[22]：『無毖于恤，不可不成乃寧考圖功[23]。』

18 予沖人，成王自稱之辭。永，久也；義見詩白駒鄭箋。永思艱，言長久考慮此艱難之事。

19 允，經傳釋詞云：「猶用也。」蠢，謂擾動。言武庚之亂擾動鰥寡。

20 造，莽誥作遭。按：文侯之命：「造天丕愆。」桂氏札樸（卷一）云：「文侯之命：嗣造天丕衍，孔傳訓造爲遭，是造遭以聲借也。」此造字亦當讀爲遭。役，使也；義見淮南本經篇注。投，說文：「擿也。」擿卽擲。大、艱，指國政言。

21 越，惟。卬（ㄤ），爾雅釋詁：「我也。」恤，憂也；亦見爾雅釋詁。

22 義，朱彬經傳考證訓爲宜；是也。義應貫下文綏字讀，言爾邦君宜如此綏予也。綏，告也；說見盤庚注[71]。

23 毖（ㄅㄧˋ），王氏讀書雜志說衞尉卿衡方碑云：「廣韻曰：『毖，告也。』……車騎將軍馮緄碑曰：『刊石表績，以毖來世。』」。皮氏今文尚書考證，復擧張遷碑「刊石立表，以毖後昆」之文，以申其義。按：此毖字亦當訓告。恤，憂也。毖恤，猶告勞之比。寧考，卽文考，亡父也；此指武王言。乃寧考圖功，汝先父所圖謀之功業也。

已！予惟小子，不敢替上帝命[24]。天休于寧王，興我小邦周；寧王惟卜用，克綏受茲命[25]。今天其相民，矧亦惟卜用[26]。嗚呼！天明畏，弼我丕丕基[27]。」

24 已，噫。替，莽誥作僭；魏三字石經作朁（見隸續），卽僭字。顏氏漢書注云：「僭，不信也。」段氏撰異謂作僭爲長。作替者，蓋傳寫之誤。

25 休，美也；見注[13]。又：嘉也；義見國語楚語上韋注。此爲嘉美之意。寧王，文王。小邦周，自謙之辭。綏，爾雅釋詁：「安也。」克綏受茲命，言文王安然受天命成王業。按：文王已及身稱王，本篇及康誥，與詩文王，周書祭公篇，均有明證。盂鼎亦云：「不顯玟王，受天有大命。」

26 相，助也；義見詩清廟毛傳。矧，又也；經傳釋詞有說。以上二語，意謂應遵吉卜而東征。

27 明，謂顯揚善人。畏，讀爲威，謂懲罰惡人。參皐陶謨「天明畏，自我民明威。」弼，說文：「輔也。」丕，爾雅釋詁：「大也。」又釋訓：「丕丕，大也。」丕丕，猶今語大大的。羌伯毀、師奎父鼎，均有「對揚天子不㔻魯休」語。郭氏兩周金文辭大系考釋（班毀）謂不㔻用例與不顯同，舊卽釋㔻爲顯。又引許瀚云不㔻卽書大誥及立政之丕丕，以爲「上丕借不，下丕作㔻以見重意。」按：丕丕，當卽不㔻。惟金文「不顯」語習見，顯字皆不作㔻。㔻蓋與丕同義，亦大也。基，與下文「弗棄基」之基同義。淮南主術篇：「建以爲基。」注：「基，業也。」

王曰：「爾惟舊人，爾丕克遠省，爾知寧王若勤哉[28]！天閟毖我成功所，予不敢不極卒寧王圖事[29]。肆予大化誘我友邦君[30]。天棐忱辭，其考我民，予曷其不于前寧人圖功攸終[31]？天亦惟用勤毖我民，若有疾[32]；予曷敢不于前寧人攸受休畢[33]？」

28 舊人，指久於官位之人言。丕，語詞。省，爾雅釋詁：「察也。」遠省，言記憶遠年之事。寧王，文王。若勤，如此勤勞。

29 閟（ㄅㄧˋ），秘也。文選魯靈光殿賦張注引閟宮「閟宮有侐」，閟作秘；是閟秘二字通用。毖，告也；

見注[23]。所，與召誥「王敬作所」、君奭「多歷年所」等所字用法同；朱氏古注便讀云：「詞也。」極，與亟通，急也；經義述聞有說。卒，爾雅釋詁：「終也。」寧王圖事，文王所圖謀之事業。

30 肆，故今也。化，猶教也；朱氏古注便讀說。誘，導也；義見呂氏春秋決勝篇高注。

31 棐（ㄈㄟˇ），漢書食貨志上集注云：「讀與匪同。」忱，信也；義見詩大明毛傳。天匪忱辭，意與詩大明「天難忱斯」相似，言天不可信賴也；孫氏駢枝有說。辭、斯，古通；王國維有說，見劉盼遂觀堂學書記（國學論叢第二卷第二號）。考，考察。前寧人，即前文人，謂亡故之祖先。攸，猶用也；以也。終，謂完成。

32 勤，惜也；義見詩鴟鴞正義引王肅說。毖，莽誥作勞。勤毖，愛惜、慰勞也。若有疾，言愛護周至，若民有疾然。

33 前寧人攸受休，言前文人所受之福慶；意謂王業。畢，廣雅釋詁三：「竟也。」意謂終竟其功業。

王曰：「若昔，朕其逝[34]。朕言艱日思[35]。若考作室，既厎法，厥子乃弗肯堂，矧肯構[36]？厥父菑，厥子乃弗肯播[37]，矧肯穫？厥考翼其肯曰：『予有後，弗棄基[38]？』肆予曷敢不越卬敉寧王大命[39]？若兄考，乃有友伐厥子，民養其勸弗救[40]？」

34 若昔，意謂若昔年伐紂之事。逝，爾雅釋詁：「往也。」謂往伐武庚。

35 言，語詞，詩經中習見；經傳釋詞有說。艱日思，言日思此艱難之事也。

36 考，日知錄（卷二十五）云：「古人曰父曰考，一也。」舉本文與康誥「大傷厥考心」、及易蠱卦「有子考无咎」爲證。且云「自檀弓定爲生曰父死曰考之稱」。厎，定也；義見堯典釋文引馬注。堂，僞孔傳說爲堂基；是也。矧，況。構，說文：「蓋也。」淮南氾論篇：「築土構木。」注云：「構，架也。」

架木爲欒椽之屬，故曰菑。

37 菑（卩），爾雅釋地：「田一歲曰菑。」卽新墾一年之田。播，播種。穫，說文：「刈穀也。」

38 翼，經義述聞以爲衍文；茲從之。基，業也；已見注[27]。

39 肆，故；越，于；卬，我；敉，終；寧王，文王；義皆前見。大命，謂國運。

40 于氏尚書新證以爲古無兄考連文之例；因謂無逸「無皇曰」及「則皇自敬德」兩皇字，漢石經皆作兄，是皇與兄通。兄考，卽皇考也。茲從其說。友，莽誥作效。楊氏覈詁疑本當作爻（爻、叐二字形近易混），故漢書讀爲效而今本訛爲友也。楊氏謂：說文爻，交也。按：交，互也。楊說可取。伐，殺也；說見盤庚注[41]。養，莽誥作長；蓋訓養爲長也。諸家因謂民養爲民之長；疑非是。蓋養可訓爲長養之長，而未可說爲長官之長也。按：民養蓋猶孟子所謂人牧之比；人牧爲牧人者，民養爲養民者，皆指君主及官吏言也。勸，于氏尚書新證以爲觀之訛。云：觀，金文但作雚，後人誤加力字偏旁，遂訛爲勸。按：君奭：「割申勸寧王之德」，禮記緇衣引作「周田觀文王之德」；是觀勸互訛之證。此以作觀爲長。予作釋義時，說民爲敃，養爲助長，勸爲鼓勵；今更正。

王曰：「嗚呼！肆哉！爾庶邦君，越爾御事[41]。爽邦由哲，亦惟十人，迪知上帝命[42]。越天棐忱，爾時罔敢易法，矧今天降戾于周邦[43]？惟大艱人，誕鄰胥伐于厥室，爾亦不知天命不易[44]。予永念曰：天惟喪殷；若穡夫，予曷敢不終朕畝[45]？天亦惟休于前寧人，予曷其極卜？敢弗于從、率寧人有指疆土[46]？矧今卜幷吉？肆朕誕以爾東征；天命不僭，卜陳惟若茲[47]。

41 肆，爾雅釋言：「力也。」謂努力。越，與也；義已前見。

42 爽，朱氏古注便讀云：「明也。」哲，謂明智之人。十人，卽前文之十夫。迪，語詞；已見盤庚注[75]。

按：多方「不克終日勸于帝之迪」，釋文云：「迪，……馬本作攸。」是迪攸互通。石鼓文「田車」石：「君子逌樂。」以逌爲攸。盤庚「厥攸作」之攸，敦煌卷子本古文尚書作逌。疑古者逌攸互用；作迪者，蓋逌之誤也。

43 越，猶惟也；已見注17。棐忱，見注31。時，平時。易，楊氏覈詁云：「輕慢也。」矧，況。戾，拂逆也；朱氏古注便讀說。此謂拂逆不順之事。

44 大艱人，謂管蔡。誕，讀爲延。鄰，謂武庚。胥，相也。厥室，謂王室。以上略本楊氏覈詁說。按：不知之不，當讀爲丕；語詞。不易，不容易。

45 永，爾雅釋詁：「長也。」永念，謂深長考慮。穡夫，農夫。終，終竟；意卽完成。

46 休，意謂造福。前寧人，卽前文人。極，讀爲孟子萬章下「亟問亟餽鼎肉」之亟，屢也。率，爾雅釋詁：「循也。」寧人，謂前文人。指，莽誥作旨。按：旨與只通，是也；義見詩南山有臺鄭箋。本句意謂：豈敢不順從龜卜，以遵循先祖之遺規而保有是疆土乎？

47 肆，故。誕，語詞。僭，差也；義見詩抑毛傳。陳，示也；義見國語齊語「相陳以功」注。若茲，如此也；謂東征吉。

康誥

定公四年左傳：「子魚（衞大夫祝佗字）曰：『……昔武王克商，成王定之。選建明德，以藩屏周。……分康叔以……殷民七族，……封畛土略，自武父以南，及圃田之北竟。……命以康誥，而封於殷虛。』」書序、史記衞康叔世家，皆本此爲說。是謂本篇乃武庚之亂既平，成王封康叔於衞時之誥辭也。

白虎通姓名篇云：「文王十子，詩傳曰：……康叔封，南季載，……管、蔡、霍、成、康、南，皆采也。」僞孔傳云：「康，圻內國名。叔，封字。」孔氏正義云：「知康圻內國名者，以管、蔡、郕、霍，皆國名，則康亦國名，而在圻內；馬、王亦然。惟鄭玄以康爲謚號。」是康字舊有三說：一以爲采邑；一以爲國名；又一，則以爲謚號。

按：康非謚號，孫氏注疏會辨之，云：「衞世家云：『康叔卒，子康伯代立。』……案：康叔子又稱康伯，則康非謚甚明。」孫氏之說良是。況謚法之興，王國維氏疑當在宗周共懿諸王以後（見觀堂集林遹敦跋）。益可證康叔之康，必非謚號。至采之與國，名雖異而實無大別。蓋古者國與邑往往難分；觀乎管、蔡、霍、成皆爲國名，則康亦當爲國名矣。

傳世銅器有康侯鼎，銘云：「康侯丰作寶障。」方濬益綴遺齋彝器考釋（卷三、康侯鼎）云：「吳清卿中丞謂此鼎爲衞康叔之器，丰卽康叔之名。濬益按：中丞說是也。……又按：詩地理考引世本云：『康叔居康，從康徙衞。』宋忠注：『康叔從畿內之康，徙封衞；衞卽殷虛定昌之地。』馬融王肅皆云：康，國名，在千里之畿內。既滅管叔，更封爲衞侯。此自是未徙封時所作，故稱康侯。又：康叔子曰康伯，史記索隱引世本：『衞康伯名髡。』是一傳之後，猶襲舊稱。書康誥鄭康成注，以康爲謚，其說非矣。」劉心源奇觚室吉金文述（卷一、康侯鼎），亦有相似之說。按：方氏書成於清光緒己亥（二十五年），劉氏書成於光緒壬寅（二十八年）。方書當時未刊行，劉氏自不得見方氏之說；則是二人不謀而同也。近年濬縣出土銅器，其銘有「康侯」字者，尚有罍、爵、斧、奇形刀等（見雙劍誃吉金圖錄），蓋亦皆康叔之器。史記索隱引宋忠云：「畿內之康，不知所在。」孫氏注疏云：「路史國名紀云：『姓書：康叔故城在潁川，宋衷以爲畿內國。』姓書蓋何氏姓苑，今亡。云在潁川者，說文：『邟，潁川縣。』漢書地理志，潁川有周承休侯國。元始二年，更名邟。集韻：『邟，縣名，在潁川。』又有鄌，同音，地名；則卽康也。」按：孫氏之說甚諦。讀史方輿紀要云：「承休廢縣，在今汝州州治子城東。」（校者按：原稿附有便條云，說文（邟字）段注：「後漢光武紀注曰：『承休所封故城，在今汝州東北。』通典曰：『汝州梁縣，光武封姬常爲周承休公，故城在今縣東。』方輿紀要曰：『承休廢縣，在今汝州州治子城東。光武封姬常於東郡觀縣曰衞公，以邟縣廢入陽城。』然則始在邟縣，後徙於觀爲衞公，則非邟縣地矣。」今附於此。）卽今河南臨汝縣也。惟王畿千里之說，周初有無此制，尚是問題。漢人謂康爲畿內之國，殆臆言之耳。

自左傳以本篇爲成王封康叔於衞時之誥辭，書序、史記，復承其說，宋以前經師均無異言。至胡宏始以本篇爲武王誥康叔之書。王柏書疑（卷六）云：「後世信小序，以此篇爲成王告康叔之書，又言周公託王命而言；不勝纏繞。至本朝蘇氏，方明篇首四十八字爲洛誥脫簡。五峯胡先生及吳氏棫，又定爲武王之書，大綱方見倫次。」蔡氏集傳亦謂本篇爲武王告康叔之書，有辨頗詳。簡氏集注述疏云：「胡氏寅（里案：寅，疑當作宏。）云：『康誥者，武王告康叔也。』朱子注大學從之，此蔡義之所繇也。」按：胡氏皇王大紀，以康誥載於武王紀，不屬成王，爲朱子所本。朱子注大學之說，見大學或問。又朱子語類（卷七十九）及朱子分別答李堯卿及陳安卿之問（並見朱文公文集卷五十七），亦皆申言此意。蔡傳之說，幾全襲朱子之意，特未明言耳。諸家以本篇爲武王告康叔之書，良是；惟仍以爲康叔封於衞時之誥辭，則非。蓋康叔封於衞，在武庚之亂平後，其時武王已歿也。

今既知康叔初封於康，後徙封於衞；則封於康時，自當在武庚之亂以前，亦即當武王之世。本篇題曰康誥，而時王稱康叔曰弟；可知此乃康叔封於康時武王告之之辭也。惟篇首四十八字，與後文不相應，宋以來學者，多以爲錯簡，說亦甚諦。詳見後。

惟三月，哉生魄，周公初基作新大邑于東國洛[1]；四方民大和會，侯、甸、男邦、采、衞，百工播民，和見士于周[2]。周公咸勤，乃洪大誥治[3]。

1 篇首四十八字，蘇軾（書傳）、洪邁（容齋續筆卷十五）、蔡沈（書經集傳）、簡朝亮（尚書集注述疏），均謂當在洛誥篇首；金履祥（尚書表注）謂當在梓材篇首；吳澄（書纂言），以爲與梓材「王曰封」至「戕敗人宥」七十四字，互爲錯簡；陳櫟（書集傳纂疏）謂當在召誥「越七日甲子」之前；陳夢家（西周銅器斷代㈠，考古學報第九册。）亦以爲應屬於召誥；方苞（方望溪先生全集、讀尚書記）謂「其時其地，實與多士篇應」；吳汝綸（尚書故）則以爲係大誥之末簡。說雖紛紜；而以此四十八字爲他篇之錯簡則一也。以諸說按之，謂此章經文應在洛誥篇首者，近是。簡氏集注述疏云：「三月，在周公攝政之七年；據洛誥篇終七年而繫之也。……此篇首三月，蓋從七年十二月而追敍其初也。」按召誥：召公先周公至洛相宅，於三月初得卜，遂營洛；與本章首三句所言合。召誥又言：「周公乃朝用書命庶殷──侯、甸、男邦伯。」亦與本章後段諸語合。洛誥之末章爲總結，本章蓋洛誥引首之文而錯簡於此也。哉，爾雅釋詁：「始也。」白虎通日月篇：「援神契曰：月三日成魄也。」魄，說文引作霸，金文通作霸。哉生魄，謂月之二三日及稍後數日也；王國維說（見觀堂集林、生霸死霸考）。基，爾雅釋詁：「謀也。」東國，意謂東方。洛，謂洛水附近；字應作雒。

2 和，猶合也；義見禮記郊特牲「陰陽和而萬物得」正義。會，猶聚也；義見禮記月令鄭注。侯、甸、男邦、采、衞，舊說以爲五服之諸侯。按：禹貢五服之說，與此不同。周禮九服之前五服與此同者，蓋周禮據此而增益之。此五者爲諸侯之稱殆無可疑，惟其詳未能具說。蓋禹貢之說乃後起，未可以之說周初之制也。百工，百官。播，與大誥「逋播臣」之播同義；播民，謂殷民也。和，與上文「大和會」之和同義。見，簡氏集注述疏云：「猶效也。」引史記天官書注「效，見也」爲證。士，蔡氏集傳云：「說文曰：『事也。』詩曰：『勿士行枚。』」見士，謂效力於事務也。周，謂周人。

3 勤，爾雅釋詁：「勞也。」卽今語慰勞之意。洪，吳氏尚書故云：「讀爲降。」按：孟子滕文公下：「洚水者，洪水也。」是洪降音通之證。治，楊氏覈詁讀爲辭。按：說文辤字籀文作辞；齊侯鎛鐘作辞，讀爲嗣；邾公牼鐘亦作辞，其義爲茲或斯。字皆从台聲，與治所从同。辤、辭二字，古已混用；是治可與辭通也。

王若曰：「孟侯，朕其弟，小子封[4]。惟乃丕顯考文王，克明德愼罰，不敢侮鰥寡，庸庸、祗祗，威威、顯民[5]。用肇造我區夏，越我一二邦，以修我西土[6]。惟時怙，冒聞于上帝，帝休[7]。天乃大命文王，殪戎殷，誕受厥命[8]。越厥邦厥民，惟時敍[9]。乃寡兄勖，肆汝小子封，在茲東土[10]。」

4 王，武王也；觀其稱康叔爲弟，而自稱寡兄可知。漢書王莽傳以此爲「周公居攝稱王」；非是。孟侯，呂氏春秋正名篇云：「齊湣王，周室之孟侯也。」高注：「孟，長也。」意謂諸侯之尊者。其，猶之也；

經傳釋詞有說。封，康叔名。
5 乃，汝。丕，語詞。顯，意謂昭著。考，父。德，與罰對舉，當訓爲恩惠。明德，言施惠於人公明。庸
庸，爾雅釋訓：「勞也。」祗祗，廣雅釋訓：「敬也。」威威，讀爲畏威；謂畏天威。顯民，言使民光
顯。光顯，意謂善美也。
6 肇，始也；義見詩生民毛傳。區夏，謂周。成公二年左傳：「周書曰：明德愼罰，文王所以造周也。」
造周，卽釋肇造區夏之義。按：文選張平子東京賦：「且高既受命建家造我區夏矣。」薛綜注云：「區，
區域也。」立政：「乃伻我有夏。」吳氏尚書故云：「有夏，謂周也。岐周在西，左傳陳公子少西字夏，
鄭公孫夏字子西，是古以西土爲夏矣。」吳氏所論甚諦。君奭亦有「惟文王尚克修和我有夏」之語；夏
指周言，其義尤顯。我區夏，我之區域西土（周）也。越，與。一二邦，指西土之諸侯言。修，治也；
義見禮記中庸鄭注。西土，西方也；已見牧誓。
7 惟時怙，齊召南尚書注疏考證云：「按：古讀至怙字爲句。趙岐注孟子，引『冒聞于上帝』，則知伏生
今文句讀亦同也。宋儒始以『惟時怙冒』爲句。」怙，于氏尚書新證讀爲故；又釋冒聞爲上聞，茲從其
說。休，廣雅釋詁一：「喜也。」
8 殪（一），殺也；義見文選東京賦薛注。戎，爾雅釋詁：「大也。」西周初年每稱殷曰大商，曰大邦殷。
中庸作「壹戎衣」，蓋聲之誤也。誕，語詞。受命，謂受天命開國。
9 越，於也，猶言於是也；經傳釋詞有說。厥邦厥民，謂殷邦殷民。時，是。敍，就緒；謂安定也。
10 寡，義當如寡人之寡。寡兄，自謙之辭。勖，爾雅釋詁：「勉也。」謂勖勉從事。肆，廣雅釋詁四：
「[illegible]也。」東土，指康地言。其地在周之東，故云。

王曰：「嗚呼！封。汝念哉！今民將在祗遹乃文考，紹聞衣德言[11]；往敷求于殷先哲王，用保乂民[12]。汝丕遠惟商耇成人，宅心知訓[13]。別求聞由古先哲王，用康保民，弘于天[14]。若德裕乃身，不廢在王命[15]。

11 念，爾雅釋詁：「思也。」即今語所謂考慮。民，章太炎古文尚書拾遺定本，以爲古文民字作[illegible]，而蘇望所摹大誥，民獻字作[illegible]，與古文女作[illegible]者同。因謂此民字當爲女，即汝也。茲從其說。祗，敬。遹，爾雅釋言：「述也。」乃文考，謂文王。紹，楊氏覈詁讀爲昭；茲從之。衣，江氏集注音疏讀爲殷；是也。衣、殷二字互通，見注8。殷德言，謂殷人有德者之言也。

12 敷，普也；此義前已屢見。乂與艾古通用。艾，爾雅釋詁：「養也。」又云：「相也。」保乂，猶言保護也。

13 丕，語詞。遠，久遠。惟，爾雅釋詁：「思也。」耇（ㄍㄡ），老也；義見詩南山有臺毛傳。宅，與度古通。漢書韋玄成傳：「先后茲度。」注引臣瓚曰：「案：古文宅度同。」此宅字當讀爲度；度量也。訓，爾雅釋詁：「道也。」

14 由，於也；義見詩抑鄭箋。康，爾雅釋詁：「安也。」弘于天，荀子富國篇引作「弘覆乎天。」是弘下有覆字。弘，大也。覆，謂覆被。覆被，猶言保護也。

15 裕，饒也；義見詩角弓毛傳。乃，汝。廢，謂罷黜。二語意謂：若汝身能富饒於德，則不爲王命所罷黜也。王命，荀子富國篇作王庭（據宋本），其意無殊。

王曰：「嗚呼！小子封。恫瘝乃身，敬哉[16]！天畏棐忱，民情大可見[17]。小人難保；往盡乃心，無康好逸豫，乃其乂民[18]。我聞曰：『怨不在大，亦不在小；惠不惠，懋不懋[19]。』已！汝惟小子，乃服惟弘王，應保殷民[20]。亦惟助王宅天命，作新民[21]。」

16 恫（ㄉㄨㄥ）爾雅釋言：「痛也。」瘝，僞孔傳訓爲病。孔氏正義云：「瘝，病；釋詁文。」按：瘝（ㄍㄨㄢ），今本爾雅作鰥，蓋聲同字通也。恫瘝乃身，言如疾痛之在汝身。敬，謹也。

17 畏，讀爲威。棐忱，見大誥注31。天威棐忱，意謂不可專信賴上天對殷之懲罰，而己不自奮勉也。大可見，謂甚易見。

18 小人，猶言細民；謂一般民衆。無，勿。康，吳氏尚書故訓爲長；按，長猶久也。逸，安。豫，爾雅釋詁：「樂也。」乂，治也。

19 怨不在大二語，意謂怨不在大小。惠，順也；義見詩燕燕毛傳。懋，說文：「勉也。」二語意謂：雖不欲順從者，亦當順從之；不欲勉爲者，亦當勉爲之也。

20 已，噫。服，職事；已見大誥注3。弘，與紘通；淮南子精神篇：「天地之道，至紘以大。」可證。此當讀爲紘。紘，維也；義見史記司馬相如傳「降集乎北紘」集解引郭璞說。此作動詞用，維護也。應，與膺通；受也。應保即膺保，義猶受保，言受而保之也。經義述聞說。

21 宅，度。作，謂作成之。作新民，意謂使殷遺民革除舊習而成爲周之新民也。

王曰：「嗚呼！封。敬明乃罰[22]。人有小罪非眚，乃惟終，自作不典[23]；式爾[24]，有厥罪小，乃不可不殺。乃有大罪非終，乃惟眚災適爾；既道極厥辜，時乃不可殺[25]。」

22 敬，謹。明，明察。乃，汝。

23 眚，義如堯典「眚災肆赦」之眚，過也；義見易訟卦釋文引鄭注。非眚，言有意犯罪，而非過失。終，謂終永其過而不悔改。典，法。

24 式，經傳釋詞云：「語詞之用也。」又云：「用，詞之以也。」爾，如此。式爾，猶言以此也。

25 非終，言能悔改。適，義如詩伐木「寧適不來」之適。適爾，蔡氏集傳云：「偶爾如此」也。道極，于氏新證云：「道，應作迪。君奭：『我道惟文王德延。』馬本道作迪。前人以迪訓蹈，與道同義，遂改迪爲道也。迪，用也。極，金文作亟。極、殛古通。多方：『我乃其大罰殛之。』釋文：『殛，本又作極。』英倫隸古定本亦作極。謂責罰也。」辜，罪。時，是。

王曰：「嗚呼！封。有敍時，乃大明服，惟民其勑懋和[26]。若有疾，惟民其畢棄咎[27]。若保赤子，惟民其康乂[28]。非汝封刑人殺人，無或刑人殺人；非汝封又曰劓刵人，無或劓刵人[29]。」

26 有，吳氏經詞衍釋云：「猶惟也。」敍，江氏集注音疏云：「釋詁云：『順，敍也。』……敍、順轉相訓也。」又云：「時，是。」有敍時，惟順是也。江氏又云：「僖二十三年左傳，胥卜偃引此『乃大明服』；又荀子富國篇引『乃大明服』云云，皆不聯引時字，明時字當屬有敍讀也。」明服，謂刑罰明而民服。勑，荀子富國篇引作力；致力也。懋，吳氏尚書故云：「東京賦：『四靈懋而允懷。』薛綜注：『懋，悅也。』」按：勑懋和，言致力於和洽也。

27 若有疾，意謂愛護民衆周至；參大誥注32。畢，爾雅釋詁：「盡也。」咎，爾雅釋詁：「病也。」此謂疾苦。

28 赤子，謂嬰兒。孔氏正義云：「子生赤色，故言赤子。」康，安。乂，治。康乂，安定也。

29 刑人殺人，謂自專刑殺。劓（ㄧ），割鼻也；義見易睽卦虞注。刵（ㄦ），說文：「斷耳也。」經義述聞疑刵當作刖。刖，斷足也。

王曰：「外事，汝陳時臬司，師茲殷罰有倫[30]。」又曰：「要囚，服念五六日，至于旬時，丕蔽要囚[31]。」王曰：「汝陳時臬事，罰蔽殷彝[32]；用其義刑義殺，勿庸以次汝封[33]。乃汝盡遜，曰時敍；惟曰未有遜事[34]。已！汝惟小子，未其有若汝封之心，朕心朕德惟乃知[35]。凡民自得罪，寇攘姦宄，殺越人于貨，暋不畏死，罔弗憝[36]。」

30 外事，江氏集注音疏云：「外事，聽獄之事也。聽獄在外朝，故曰外事。」臬，廣雅釋詁一：「法也。」陳，示也；義見國語齊語韋注。時，是。臬司，王國維與友人論詩書中成語書二（見觀堂集林）云：「汝陳時臬司，孔傳讀司字下屬。案下文云：『汝陳時臬事。』古司、事二字通用（原注：詩小雅『擇三有事』，毛公鼎云『粵三有嗣』。）；則臬司即臬事，孔讀失之。」陳時臬司，言宣示此法律之事也。師，謂取法。殷罰，殷人之刑罰。倫，理也；義見禮記學記鄭注。有倫，謂合理者。

31 要、幽古讀音近；要囚者，幽囚也；王國維說，見與友人論詩書中成語書二。幽囚，囚繫也。服，思之也；義見詩關雎毛傳。服念，考慮也。旬，十日。丕，詞之乃也；經傳釋詞說。蔽，斷也。周禮天官大宰之職：「以弊邦治。」鄭注：「弊，斷也。」又：秋官小司寇之職：「以五刑聽萬民之獄訟，附于刑，用情訊之，至于旬，乃弊之。」鄭注：「十日乃斷焉。」弊、蔽同。是蔽有判斷之義。

32 彝，法。罰蔽殷彝，言用殷法斷罪也；楊氏覈詁說。

33 義，善也；義見詩文王毛傳。勿庸以次汝封，荀子致仕篇、及宥坐篇兩引此語，次皆作即；致仕篇即字下接「女惟曰」三字；宥坐篇作「予惟曰」三字。孔子家語始誅篇引此文，則作「勿庸以即汝心」，下接「惟曰」二字。荀子及家語雖有小異，而次字作即則同。段氏撰異云：「小篆垐字古文作堲。」是次即音近，義可互通。庸，用也；義見詩兔爰毛傳。即，就也；義見詩東門之墠毛傳。言勿用（即不可）就汝封之意予人以刑罰也。

34 遜，順也；義見呂氏春秋順民篇注。汝盡遜，言民衆皆順從汝。曰，吳氏尚書故云：「曰聿同字。聿，辭也。」時，是。敍，義如洪範「彝倫攸敍」之敍，就緒也；此謂安定。惟曰未有遜事，意謂不自滿足，尚云民衆未順從也。

35 已，噫。簡氏集注述疏云：「未其有若者，言未見佗人有如之也。」德，行爲。乃，汝也。

36 自得罪，謂自動犯罪，非由人誘。越，禮記緇衣鄭注：「越之言蹶也。」殺越人，即殺倒人。于，義當如孟子萬章上「女其于予治」之于，爲（讀去聲）也。言爲貨財而殺人也。暋（ㄇㄧㄣˇ），爾雅釋詁：「強也。」即勉力之意。罔弗憝（ㄉㄨㄟˋ），孟子萬章下引作「凡民罔不譈」，說文（心部）引作「凡民罔不懟」。是罔上當有凡民二字。懟，即憝；與譈聲同義通。孟子釋此語云：「是不待教而誅者也。」是憝即誅殺也。按：詩常武：「鋪敦淮濆」，閟宮：「敦商之旅」，宗周鐘：「王辜伐其至」，周書世俘篇：「凡憝國九十有九國」，敦、辜、憝，皆殺伐之義（說詳拙著詩三百篇成語零釋，見書傭論學集。），可與孟子之說互證。

王曰：「封！元惡大憝，矧惟不孝不友[37]。子弗祗服厥父事，大傷厥考心[38]；于父不能字厥子，乃疾厥子[39]；于弟弗念天顯，乃弗克恭厥兄[40]；兄亦不念鞠子哀，大不友于弟[41]。惟弔茲，不于我政人得罪，天惟與我民彝大泯亂[42]。曰：乃其速由文王作罰，刑茲無赦[43]。

37 元，大也；義見詩六月毛傳。憝，廣雅釋詁三：「惡也。」與上文憝字異義。矧，猶亦也；經傳釋詞有說。友，爾雅釋訓：「善兄弟爲友。」

38 祗，敬。服，孫氏注疏云：「同艮。說文云：『治也。』」考，父也。古者父生時亦稱考，日知錄卷二十五有說。

39 字，愛也；義見詩生民毛傳。疾，惡也；義見禮記少儀鄭注。

40 天顯，古成語，又見多士，猶言天道、天理也。昭公二十五年左傳云：「爲父子兄弟姑姊甥舅昏媾姻亞，以象天明。」天明，猶天顯，意謂上天所顯示之道理也。

41 鞠，爾雅釋言：「稚也。」哀，猶今語所謂可憐。

42 弔，爾雅釋詁：「至也。」政，與正通；說詳立政。正人，官長也。不于我政人得罪，意謂未干犯官府所定之刑法。彝，法則。泯亂，泯亦亂也；經義述聞說。

43 由，用也；義見詩君子陽陽毛傳。文王作罰，文王所定之刑罰也。茲，指不孝不友等人而言。赦，免罪也。

不率大戛，矧惟外庶子訓人，惟厥正人、越小臣、諸節[44]；乃別播敷，造民大譽[45]；弗念弗庸，瘝厥君[46]。時乃引惡，惟朕憝[47]。已，乃其速由茲義率殺[48]。

44 率，爾雅釋詁：「循也。」戛，蔡氏集傳云：「法也。」按：爾雅釋詁：「典、彝、法、則、刑、範、矩、庸、恒、律、戛、職、秩，常也。」是戛與典、彝、刑、法等字通義。蔡氏訓法，是也。不率大戛，即不遵循大法。矧，猶亦也；經傳釋詞有說。外庶子，禮記燕義云：「古者周天子之官，有庶子官，庶子官，職（鄭注：「主也。」）諸侯卿大夫士之庶子之卒（鄭讀爲倅，副也。），掌其戒令，與其教治。」簡氏集注述疏云：「外者，……蓋外服之官也。」訓人，孔氏正義云：「鄭玄以訓人爲師長。」茲從其說。惟，猶與也；經傳釋詞有說。正人，官長。越，與。諸節，疑謂持節出使之官吏。

45 播、敷，皆有布義，言宣布也。別播敷，謂不依朝廷意旨，而以私意另宣布政令也。造民大譽，言造成民衆對己之大譽。

46 念，顧念。痡，爾雅釋詁：「勞也。」瘝，病痛。

47 時，是。引，申也；義見國語齊語韋注。引惡，言引申其惡，卽增長其惡也。憝，謂惡人。惟朕憝，乃朕之惡人也。

48 已，噫。由，用。義，善。率，與律通，法也。楊氏覈詁云：「義率，猶上文義刑也。」

亦惟君惟長，不能厥家人，越厥小臣外正[49]；惟威惟虐，大放王命；乃非德用乂[50]。

49 君、長，謂諸侯。能，善也；義見荀子勸學篇楊注。文公十六年左傳，宋昭公曰：「不能其大夫，至于君主母以及國人，諸侯誰納我？」不能之義，與本經正同；意謂不善率導，致不能和洽相處也。越，與。外正，外官。

50 放，義如堯典「方命圮族」之方，逆也；參堯典注[46]。乂，治。非德用乂，言非德惠可以治之，意謂當征討之也；朱氏古注便讀說。

汝亦罔不克敬典，乃由裕民[51]；惟文王之敬忌，乃裕民[52]。曰：『我惟有及。』則予一人以懌[53]。」

51 敬，謹。典，法。由，以也，用也；經傳釋詞有說。裕，廣雅釋詁四：「容也。」梓材有「合由以容」語，容乃容保之義。此裕字，蓋意謂容保也。下裕字義同。

52 之，猶是也；義見詩蓼莪鄭箋。敬忌，古常語，顧命呂刑皆有之，義猶敬畏也；楊氏覈詁說。

53 及，吳氏尚書故引隱公元年公羊傳：「及，猶汲汲也。」懌，說（悅）也；義見詩板毛傳。

王曰：「封！爽惟民，迪吉康[54]。我時其惟殷先哲王德，用康乂民作求[55]。矧今民罔迪不適，不迪則罔政在厥邦[56]。」

54 爽，經傳釋詞云：「發聲也。……凡書言洪惟、爽惟、丕惟、誕惟、迪惟、率惟，皆詞也；解者皆失之。」迪，爾雅釋詁：「道也。」作動詞用，則有率導之義。皐陶謨：「迪朕德。」史記夏本紀作「道吾德」，是其證。吉，善也；義見詩摽有梅毛傳。康，安。迪吉康，言導之於善良康安之境。

55 時其，是以也；尚書故說。惟，爾雅釋詁：「思也。」求，與逑、仇並通，匹也。作求，猶言作匹、作配、作對也；王國維說，見與友人論詩書中成語書二。按：作求、作配，卽媲美之意；言與殷先哲王媲美也。

56 迪，導。適，善也；義見廣雅釋詁一。罔政，義猶詩十月之交之「無政」，言無善政也。

王曰：「封！予惟不可不監，告汝德之說，于罰之行[57]。今惟民不靜，未戾厥心，迪屢未同[58]；爽惟天其罰殛我，我其不怨[59]。惟厥罪無在大，亦無在多，矧曰其尚顯聞于天[60]。」

57 監，視也；義見詩節南山毛傳。不監，猶言不察也。德、罰對言，德，惠也；罰，懲罰也。于，猶與也；經傳釋詞有說。行，道也；王氏經義述聞說。

58 今惟之「惟」，有「假令」義；尚書故說。戾，定也；義見詩桑柔毛傳。迪，導。同，和也；義見呂氏春秋審分覽君守篇高注。

59 殛，誅責也；義見堯典「殛鯀于羽山」正義。其，猶將也；經傳釋詞有說。

60 矧，猶亦也。曰，古與聿互用，語助詞，經傳釋詞有說。尚，且也；義見文選七發注引國語賈注。顯聞于天，言明顯爲天所聞也。

王曰：「嗚呼！封。敬哉！無作怨，勿用非謀非彝蔽時忱，丕則敏德[61]。用康乃心，顧乃德，遠乃猷裕，乃以民寧，不汝瑕殄[62]。」

61 作怨，褻造怨恨。非謀，不善之謀。非彝，不當之法。蔽，塞也；義見文選辯命論引論語為政篇鄭注。時，是也；指吏民言。忱，說文：「誠也。」此謂實情。丕則，於是也；經傳釋詞有說。敏德，江氏集注音疏引周禮師氏之文說之。按：周禮地官師氏：「以三德教國子……二曰敏德，以為行本。」鄭注：「敏德，仁義順時者也。」孫詒讓周禮正義云：「說文攴部云：『敏，疾也。』順時，卽敏疾之義。論語集解引孔安國云：『敏，行之疾也。』故以為行本。」則敏德，謂疾進於德也。

62 康，和也；義見史記樂書「而民康樂」正義。乃，汝。顧，念也；義見禮記大學篇鄭注。遠，長遠。猷裕，道也；王氏經義述聞說。按：方言（卷三）：「裕、猷，道也。」為王說所本。瑕，按：詩經中屢見「不……瑕（或作遐）……」之語；瑕（或遐），語助也；說見拙著詩三百篇成語零釋（載書傭論學集）。殄，爾雅釋詁：「絕也。」不汝瑕殄，言不絕滅汝也。

王曰：「嗚呼！肆汝小子封。惟命不于常；汝念哉！無我殄享[63]。明乃服命，高乃聽，用康乂民[64]。」

63 肆汝小子封語，已見前文，而肆字義異。此肆字義當如大誥「肆哉」之肆，用力也。命，謂天命。不于常，猶言無常也。享，祭祀。殄享，意謂國家滅亡。

64 明，大戴記誥志篇云：「孟也。」孟，爾雅釋詁：「勉也。」故明有勉義。服命，猶言職事。高，猶廣也；于氏尚書新證說。高乃聽，江氏集注音疏所謂勿偏聽也。

王若曰：「往哉，封。勿替敬典；聽朕告汝，乃以殷民世享[65]。」

65 替，廢也；義見詩楚茨毛傳。敬典，可敬之法典也。聽，從也；義見戰國策秦策二高注。世享，世世祭享；意謂永保其國也。康地皆殷之遺民，故云以殷民世享。

酒誥

史記衞康叔世家，言周公申告康叔，「告以紂所以亡者，以淫於酒。酒之失，婦人是用，故紂之亂自此始。」書序云：「成王旣伐管叔蔡叔，以殷餘民封康叔，作康誥。酒誥、梓材。」世人多以作字連康誥、酒誥、梓材讀，以爲三篇共一序；非也。段氏古文尚書撰異（書序第三十二）云：「楊子法言問神篇曰：『昔之說書者序以百，而酒誥之篇俄空焉，今亡夫！』謂書序有百，而酒誥則無序；非謂尚書闕酒誥也。凡後人所謂數篇同一序，皆有有目無序者廁其間，如『咎繇矢厥謨，禹成厥功，帝舜申之，作大禹、咎繇謨。棄稷。』按其實，則棄稷不統於此序；所以作棄稷者不傳也。……酒誥、梓材，亦正此類。……子雲獨舉酒誥者，舉一以例其餘也。」按：段氏此說甚諦。是酒誥與梓材之序，皆已佚而不傳也。本篇開首「王若曰」，經典釋文云：「馬本作成王若曰。」孔氏正義云：「馬、鄭、王本，以文涉三家，而有成字。」是歐陽、大小夏侯、及馬、鄭、王諸本，皆作「成王若曰」。周初原本有無成字，雖難質確證；然漢代諸本旣有成字，則以本篇之王爲成王，可知。史記以爲周公告康叔者，蓋爾時周公方攝政，雖以王命誥，實周公之意也。

蔡氏集傳，以爲武王封康叔於妹土，故作書誥敎之。且引吳氏之說云：「酒誥一書，本是兩書，以其皆爲酒而誥，故誤合爲一。自『王若曰明大命于妹邦』以下，武王告受故都之書也；自『王曰封我西土棐徂邦君』以下，武王告康叔之書也。」是吳（疑爲吳棫）蔡兩氏，皆以本篇之王爲武王。按：本篇旣云：「明大命于妹邦。」妹邦爲紂都所在，克殷後爲武庚或三監所轄之地。武庚未叛之前，康叔尚在康；而康在河南，其地距妹邦頗遠。本篇旣言妹邦，時王又呼封之名（吳氏兩書誤合爲一之說，恐未的。），是乃武庚之亂平後，康叔已封於衞，周公以成王命告之之辭也。

韓非子說林上云：「康誥曰：『毋彝酒。』」以酒誥爲康誥。簡氏集注述疏云：「此酒誥而繫之康誥者，酒誥以告康叔，猶康誥也。」按：詩、書諸篇，其篇名蓋皆後人所命；至戰國時，似篇題尚未盡一致，故韓非以酒誥爲康誥，猶墨子以甘誓爲禹誓，以洪範爲周詩也。（校者按，原稿有便條云：孫詒讓尚書駢枝：「周禮賈疏序周禮廢興引鄭君周禮敍云：『案尚書盤庚、康誥、說命、泰誓之屬三篇，序皆云某作若干篇。』依鄭說書敍盤庚云作盤庚三篇，說命云作說命三篇，泰誓云作泰誓三篇。康誥敍文蓋正與彼同，此鄭以前本也。……古酒誥梓材，本皆冡康誥爲上中下篇，故韓非子說林篇云：『康誥曰：「毋彝酒」者，彝酒，常酒也。』今其文在酒誥，是秦以前酒誥亦偁康誥，而梓材可以類推矣。」今附於此。）又：漢書藝文志云：「劉向以中古文校歐陽大小夏侯三家經文，酒誥脫簡一，召誥脫簡二；率簡二十五字者，脫亦二十五字；簡二十二字者，脫亦二十二字。文字異者，七百有餘，脫字數十。」中古文卽孔壁古文，其本既不傳，則今本酒誥有脫簡，且與孔壁古文多不同之字，從可知矣。

王若曰：「明大命于妹邦[1]。乃穆考文王，肇國在西土[2]；厥誥毖庶邦庶士，越少正、御事，朝夕曰：『祀茲酒[3]。』

1 三家本及馬、鄭、王本，王上並有成字，說見本篇解題。經典釋文云：「馬本作成王若曰。注云：『言成王者，未聞也。俗儒以爲成王骨節始成，故曰成王。或曰：以成王爲少成二聖之功，生號曰成王，沒因爲諡。衞賈以爲戒成康叔以愼酒成就人之道也，故曰成。此三者，吾無取焉。吾以爲後錄書者加之；未敢專從，故曰未聞也。』」按：王國維遹𣪘跋（見觀堂集林）云：「周初諸王，若文、武、成、康、昭、穆，皆號而非謚也。」則成王生時，固可稱王。然就易封爻辭、書周誥、詩雅頌等資料覘之，凡時人稱時君，皆但曰王，無曰某王者；惟本篇此語爲例外。以是言之，馬氏以成字爲後人所加，殆可信也。明，作動詞用，意謂昭告也。命，命令。妹邦，詩桑中正義引鄭玄云：「妹邦，紂之都所處也。」王先謙詩三家義集疏（桑中篇）云：「水經注淇水篇畧云：『泉源水有二源：一水出朝歌城西北，其水南流，東屈，逕朝歌城南。晉書地道記曰：本沬邑也。詩云：爰采唐矣，沬之鄉矣。殷王武丁，始遷居之爲殷都也。』此沬邑卽朝歌之證。……沬邑之沬，卽妹邦之妹，皆轉音借字。其本字當爲牧，卽牧野也。」按：牧野之牧，說文作坶，云：「朝歌南七十里地。」其地在今河南淇縣。康叔封於衞，妹邦（卽朝歌）爲衞都所在，故云「明大命于妹邦」也。

2 乃，汝。穆，舊以昭穆之穆說之，恐未的。按：穆，美也；義見詩淸廟毛傳。穆考，美善之父也。肇，爾雅釋詁：「始也。」肇國，謂開國。西土，西方。

3 毖，告也；讀書雜志說。參大誥注23。誥毖，猶言告敎也。越，與。少正，孫氏注疏云：「正人之副。」卽副首長也。左傳鄭有少正公孫僑，孔子家語魯有少正卯，可證古有少正之職。祀，與巳通；此當讀爲巳，止也。兪氏羣經平議說。

惟天降命肇我民，惟元祀[4]。天降威，我民用大亂喪德，亦罔非酒惟行[5]。越小大邦用喪，亦罔非酒惟辜[6]。

4 王國維與友人論詩書中成語書二（見觀堂集林）云：「天降命於君，謂付以天下。」肇我民，意猶上文所云肇國。惟元祀，謂開國改元也。

5 此三語皆假設之辭。行，意猶今語「風行」。

6 越，發語詞。辜，爾雅釋詁：「罪也。」

文王誥敎小子，有正、有事，無彝酒[7]。越庶國飲，惟祀；德將，無醉[8]。惟曰：『我民廸小子惟土物愛，厥心臧，聰聽祖考之彝訓[9]。越小大德，小子惟一[10]。』

7 小子，猶今語所謂青年。有，如有夏有殷之有，語詞。正、事對擧，則正爲長官，事爲一般官吏；吳氏尚書故說，見立政。無，勿。彝，爾雅釋詁：「常也。」韓非子說林上：「康誥曰：『毋彝酒。』彝酒者，常酒也。」

8 庶，衆。庶國，謂衆諸侯之國。惟祀，言惟於祭祀之時。將，廣雅釋言云：「扶也。」德將無醉，孫氏注疏云：「當以德相扶持，不至于醉。」

9 民，讀爲敃，勉也；楊氏覈詁說。廸，爾雅釋詁：「道也。」於此爲率導之意。土物，孫氏注疏云：「土所生之物，謂黍稷。洪範云：『土爰稼穡。』」愛，惜也；義見詩烝民鄭箋。臧，善。聰，管子宙合篇云：「聞審謂之聰。」彝訓，法敎。

10 越，語詞。德，德行。論語子張篇：「大德不逾閑，小德出入可也。」小、大，謂關涉之輕重也。一，謂專一不貳。

妹土嗣爾股肱，純其藝黍稷，奔走事厥考厥長[11]。肇牽車牛遠服賈，用孝養厥父母；厥父母慶，自洗腆，致用酒[12]。

11 妹土，卽妹邦。嗣，繼。嗣爾股肱，言繼爲爾股肱之臣。純，專也；義見文選七發注引國語賈逵注。藝，孫氏注疏云：「當作埶。」說文：「埶，穜也。」奔走，意謂勤勉。

12 肇，爾雅釋詁：「謀也。」服，爾雅釋詁：「事也。」此作動詞用，意謂從事。賈，商賈。慶，善也；

義見詩皇矣毛傳。此謂善其子能孝。洗，當讀爲先。易繫辭上：「聖人以此洗心。」漢石經及京荀諸家洗皆作先；是洗先通用之證。先，謂率先也。腆（ㄊㄧㄢˇ），說文：「設膳腆腆多也。」致用酒，言因此以致飲酒；意謂似此者可不禁。

庶士、有正，越庶伯君子，其爾典聽朕教[13]。爾大克羞耇惟君，爾乃飲食醉飽[14]。丕惟曰，爾克永觀省；作稽中德[15]。爾尚克羞饋祀，爾乃自介用逸[16]。茲乃允惟王正事之臣；茲亦惟天若元德，永不忘在王家[17]。」

13 正，長官。越，與。庶伯，楊樹達積微居讀書記云：「庶伯，即下文之侯、甸、男、衞、邦伯也。」按：庶，衆也。庶伯，即衆邦伯，謂諸侯也。君子，在官位者之稱。其爾，尚書故云：「猶爾其，倒文也。」典，爾雅釋詁：「常也。」

14 孫氏注疏云：「釋詁云：『克，能也。』『羞，進也。』耇（ㄍㄡˇ）者，方言十云：『老也。』」惟，猶與也；金履祥書經注、王氏經傳釋詞並有說。此二語意謂：爾如能以酒食大進奉於老年人與君長，爾乃可以飲食醉飽也。

15 丕惟，語詞。永，長久。觀省，謂觀察反省。作，則也。稽，猶合也；義見禮記儒行篇鄭注。中德，僞孔傳以爲「中正之德」，是也。

16 尚，庶幾也；義見詩兎爰鄭箋。羞，進。饋，與餽同。戰國策中山策「飲食餔餽」，高注云：「吳謂食爲餽，祭鬼亦爲餽。」則饋祀即祭祀也。介，讀爲匄，乞也；于氏新證說。逸，樂也。祭祀後必燕飲，故云。

17 允，爾雅釋詁：「誠也。」惟，玉篇：「爲也。」正、事，見注7。若，爾雅釋言：「順也。」元，善也；義見禮記王制鄭注。曾氏尚書正讀云：「忘，讀爲亡，失也。」永不忘在王家，言其國永不爲王朝所廢。

王曰：「封！我西土棐徂邦君、御事、小子，尚克用文王教，不腆于酒[18]。故我至于今，克受殷之命。」

18 于氏尚書新證謂：棐與匪通（此義習見），匪、彼古同聲（本經傳釋詞說）。徂，卽獻，語助詞。茲從之。腆，方言十三：「厚也。」於此爲盛多之意。

王曰：「封！我聞惟曰：在昔殷先哲王，廸畏天，顯小民，經德秉哲[19]。自成湯咸至于帝乙，成王畏相[20]。惟御事厥棐有恭，不敢自暇自逸，矧曰其敢崇飲[21]？越在外服，侯、甸、男、衞邦伯[22]；越在內服，百僚庶尹、惟亞、惟服、宗工，越百姓里居，罔敢湎于酒[23]。不惟不敢，亦不暇。惟助成王德顯，越尹人祗辟[24]。

19 廸，語詞。經，行也；義見孟子盡心下「經德不回」趙注。秉，持。哲，智。

20 咸，簡氏集注述疏云：「咸，皆也；猶徧也。」又申之云：「詩豐年云：『降福孔皆。』毛傳云：『皆，徧也。』魯語云：『小賜不咸。』左傳謂之『小惠未徧』。其義也。」帝乙，紂父。成王，謂成就王業。畏相，謂敬畏輔佐王室之臣。

21 棐，說文：「輔也。」有，猶以也；吳氏經詞衍釋有說。惟御事厥棐有恭，言諸臣能恭謹輔佐王室。矧，況。崇，廣雅釋詁三：「聚也。」

22 服，職事。外服，指諸侯言。伯，爾雅釋詁：「長也。」邦伯，國之首長，卽諸侯。侯、甸、男、衞，皆諸侯，故云。

23 內服，謂王朝官員。僚，爾雅釋詁：「官也。」百僚，指下文尹、亞等官言。尹，爾雅釋言：「正也。」謂官之長。惟，猶與也；說見經傳釋詞。亞，次也；義見文公六年左傳「爲亞卿焉」杜注。此謂副長官。服，謂一般官吏。宗工，孫氏注疏解爲宗人。按：蓋謂宗人之在官者。越，與。百姓里居，舊說謂是卿大夫致仕居田里者。按：矢令彝云：「諸尹、眔里君、眔百工。」史頌𣪘：「友里君、百生。」周書嘗麥篇，亦有「閭率、里君」等官。是里居當作里君。由閭率、里君連文觀之，里君蓋卽里長。古者二十五家爲里，義見詩將仲子毛傳。周書商誓篇：「及太史比、小史昔，及百官里居獻民。」居，蓋亦君之訛也。百姓，卽史頌𣪘之百生。王氏尚書稗疏云：「凡六經所言百姓，皆大夫以上賜姓之家也。……至孔孟之時，民亦得有百姓之稱，則相沿之差。」湎，說文：「沈於酒也。」

24 越，與。尹，說文：「治也。」尹人，言治理人民。祗，敬。辟，爾雅釋詁：「法也。」

我聞亦惟曰：在今後嗣王酣身，厥命罔顯于民，祗保越怨不易[25]。誕惟厥縱淫泆于非彝，用燕、喪威儀，民罔不衋傷心[26]。惟荒腆于酒，不惟自息，乃逸[27]。厥心疾很，不克畏死；辜在商邑，越殷國滅無罹[28]。弗惟德馨香、祀登聞于天，誕惟民怨[29]。庶羣自酒，腥聞在上[30]；故天降喪于殷，罔愛于殷，惟逸[31]。天非虐，惟民自速辜[32]。」

25 後嗣王，謂紂。酣，說文：「酒樂也。」命，命令。顯，照著。祗，但。保，安也；義見詩天保鄭箋。越，于也；義見夏小正傳。不易，不改變也。

26 誕惟，發語詞。下文同。泆，釋文云：「又作逸，亦作佚。」樂也。非彝，非法。燕，簡氏集注述疏云：「燕飲也。」威儀，態度舉止也。衋（ㄒㄧˋ），說文：「傷痛也。」

27 荒，簡氏集注述疏云：「樂之無厭也。」引詩抑「荒湛于酒」爲證。惟，語詞。或訓爲思；亦通。乃，經傳釋詞云：「異之之詞也。」乃逸，意謂竟然逸樂不休。

28 疾，害也；義見後漢書傅毅傳注。很，說文：「盭也。」盭，古戾字，卽違逆不順；引申有兇惡之意。克，能。商邑，指商國言。越，于。罹，爾雅釋詁：「憂也。」

29 德馨香，謂美德也。僖公五年左傳引周書曰：「黍稷非馨，明德惟馨。」可與此互證。祀，與已通；已，與以通。此祀字應讀爲已，以也。俞氏羣經平議說。登，爾雅釋詁：「陞也。」登聞，上聞也。

30 自酒，言不因祭祀、敬長等事，而自動飲酒也。腥，謂酒食腥穢之氣。上，指天言。

31 惟逸，言爲其逸樂也。

32 速，召也；義見詩行露毛傳。

王曰：「封！予不惟若茲多誥。古人有言曰：『人無於水監，當於民監[33]。』今惟殷墜厥命，我其可不大監撫于時[34]！

33 西周時代，作介詞用之于字，無作於者；故此二於字，皆當作于。然自唐石經以下，諸本皆作於，故仍之。監，與鑑、鑒並通；廣雅釋詁三：「鑑，照也。」金文監字作[illegible]，象人張目對水盆照面之狀，卽鑑、鑒之本字也。

34 撫，覽也；義見文選神女賦序注。監撫，猶言監覽也；楊氏覈詁說。時，是；指殷墜命言。

予惟曰：汝劼毖殷獻臣[35]，侯、甸、男、衞；矧太史友、內史友，越獻臣百宗工[36]；矧惟爾事，服休、服采[37]；矧惟若疇：圻父薄違，農父若保，宏父定辟，矧汝剛制于酒[38]。厥或誥曰：『羣飲。』汝勿佚，盡執拘以歸于周，予其殺[39]。又惟殷之迪諸臣、惟工，乃湎于酒，勿庸殺之，姑惟教之有斯明享[40]。乃不用我教辭，惟我一人弗恤，弗蠲乃事，時同于殺[41]。」

35 劼，當是誥字之訛。誥毖，誥教也。王國維說，見與友人論詩書中成語書二（觀堂集林）。獻，猶賢也；義見論語八佾篇集解引鄭注。

36 矧，又也；下同。經傳釋詞有說。太史、內史，鄭玄謂「掌記言記行」。鄭說見禮記玉藻正義引。友，僚友也。太史、內史，皆有屬員，故曰友。楊氏覈詁有說。越，與。獻，賢。百，言衆多也；義見後漢書明帝紀注。宗工，見注[23]。

37 事，官吏。孔氏正義云：「鄭玄以服休為燕息之近臣，服采為朝祭之近臣。」姑從其說。

38 舊以「矧惟若疇圻父，薄違農父，若保宏父定辟」為句，茲改從蔡氏集傳。按蔡傳斷句，實從王安石之說。困學紀聞（卷二）云：「荆公以違、保、辟絕句，朱文公以為夐出諸儒之表。」是也。疇，類也；義見戰國策齊策三高注。若疇，猶言彼輩。僞孔傳云：「圻父，司馬。農父，司徒。」又云：「宏父，司空。」按：詩祈父：「祈父，予王之爪牙。」毛傳云：「祈父，司馬也；職掌封圻之兵甲。」僞孔以圻父為司馬，蓋本此為說。至以農父為司徒，宏父為司空，則未詳所據，蓋臆言之也。又按：古者往往以父名官，詩韓奕有顯父，周書成開篇亦有顯父，又有言父、正父、機父等官。則此圻父、農父、宏父之為官名，當無可疑；惟其職掌如何，尚待詳考耳。薄，迫也；義見淮南子天文篇注。此謂迫擊之。違，謂違逆不順之人。若，善。辟，法。剛，強也；義見國語周語中韋注。

39 誥，告。佚，孫氏注疏云：「佚與失聲相近。說文：『失，縱也。』」其，將然之詞。

40 廸，句中語助詞；經傳釋詞有說。惟，與。工，官。庸，用也；義見詩兔爰毛傳。有，猶於也；吳氏經詞衍釋有說。斯，語助也；經傳釋詞有說。明享，古習用語；服尊：「服肇夙夕明享。」是其證。按：

詩楚茨：「祀事孔明。」鄭箋云：「明，猶備也；絜也。」中庸：「齊明盛服。」鄭注：「明，猶潔也。」是明享卽潔祀之意。

41 用，意謂遵從。教辭，告教之言。恤，爾雅釋詁：「憂也。」弗恤，意謂不顧慮。蠲（ㄐㄩㄢ），朱氏古注便讀云：「善也。」時，是。同，謂同於周人。于，經傳釋詞云：「于，猶乎也；其在句中者，常語也。」

王曰：「封！汝典聽朕毖，勿辯乃司民湎于酒[42]。」

42 典，爾雅釋詁：「常也。」聽，聽從。毖，告也；說見大誥注[23]。辯，廣雅釋詁一：「使也。」乃司民，汝所管理之民衆也。

梓材

酒誥、梓材二篇之序並佚（說見酒誥解題）。史記衞康叔世家，以為周公旦懼康叔齒少，為梓材，示君子可法則。是謂本篇作於周公攝政時也。蔡氏集傳謂本篇：「亦武王誥康叔之書。」且云：「按：此篇文多不類，自『今王惟曰』以下，若人臣進戒之辭。……審其語脈，一篇之中，前則尊諭卑之辭，後則臣告君之語，蓋有不可得而強合者矣。」因謂此篇得於簡編斷爛之中，而誤以不同篇之文，合為一篇者。吳澄書纂言（卷四）移康誥開首四十八字，冠於本篇之前，而將「王曰：封！以厥庶民」至「戕敗人宥」，移至康誥，以為「互錯一簡」。吳氏又云：「案：召誥言甲子周公乃朝用書命庶殷侯甸男邦伯，疑此篇即其命侯甸男邦伯之書也。」按：本篇文脈不相連屬，蔡氏之說誠是；惟是否有脫簡，抑或由兩篇之斷簡，誤合為一篇？殊難遽定。以文義衡之，自篇首至「戕敗人宥」，似為一事；「王啓監」以下，似另為一事。前者「王曰」之王，為武王抑為成王？不能確知；後者則似成王時書也。本篇自「汝若恆越曰」以下，殊不類告庶殷之辭，故吳氏之說，恐亦未的。篇中有梓材二字，因以名篇。

王曰：「封！以厥庶民暨厥臣、達大家，以厥臣達王，惟邦君[1]。

1 朱氏古注便讀云：「上臣，謂衆臣。下臣，統大家而言。」達，通也；義見孟子盡心上趙注。此謂通達上下之情。大夫稱家。大家，猶孟子所謂巨室也。孫氏注疏、朱氏古注便讀並有說。惟，玉篇：「為也。」邦君，謂諸侯。惟邦君，意謂能如是乃可為諸侯也。

汝若恆越曰：『我有師師——司徒、司馬、司空、尹、旅[2]。曰：予罔厲殺人；亦厥君先敬勞，肆徂厥敬勞[3]。肆往，姦宄、殺人、歷人宥[4]；肆亦見厥君事，戕敗人宥[5]。』」

2 汝，天子謂康叔也。若，猶其也；經傳釋詞有說。恆，爾雅釋詁：「常也。」越，語詞。師師，孫氏注疏云：「上師，釋詁云：『衆也。』下師，鄭注周禮云：『猶長也。』」是師師，卽衆官長。尹，爾雅釋言：「正也。」旅，爾雅釋詁：「衆也。」是尹，謂主管官；旅，謂一般官吏。

3 曰，設爲師師之言。周書謚法篇云：「殺戮無辜曰厲。」敬勞，吳氏尚書故云：「猶矜閔也。敬，讀爲矜。勞、勤同訓；穀梁傳：『勤雨者，閔雨也。』」肆、故。徂，且也；孫氏駢枝說。

4 肆，語詞。往，往昔。姦宄，姦宄之人。殺人，殺人之人。歷人，洪頤煊讀書叢錄云：「爾雅釋言：『辟，歷也。』大戴禮子張問入官篇：『歷者，獄之所由生也。』歷人，亦謂犯法之人。」宥，赦也；義見國語齊語韋注。

5 見，孫氏注疏云：「猶效也。」戕敗人，殘害他人之人也。

「王啟監，厥亂爲民[6]。曰：無胥戕，無胥虐，至于敬寡，至于屬婦，合由以容[7]。王其效邦君、越御事，厥命曷以引養引恬[8]？自古王若茲，監罔攸辟[9]。

6 啓，廣雅釋詁三：「開也。」周禮天官大宰之職：「立其監。」鄭注云：「監，謂公侯伯子男各監一國。」是啓監卽開設諸侯之國也。經義述聞云：「厥亂爲民，論衡效力篇引作厥率化民。爲者，化之借字；亂者，率之借字也。」按：亂，三體石經作[illegible]，與率字易混，故二字每互訛。率，用也；義見詩思文毛傳。

7 無，勿。胥，爾雅釋詁：「相也。」戕，傷也；義見易豐卦「自藏也」釋文引鄭注。敬，矜之假，亦卽鰥也；孫氏注疏有說。屬，說文作媰，云：「婦人姙身也。」小爾雅廣義則謂屬婦爲妾婦之賤者。合，同也；義見周禮秋官小行人鄭注。由，用也；義見詩君子陽陽毛傳。容，容保；意謂愛護也。

8 效，曾氏尚書正讀（卷四）云：「效，當爲效，形之譌也。效、斅古今字。」命，命運。引，長也；義見詩楚茨毛傳。養，廣雅釋詁一：「樂也。」恬，說文：「安也。」二句言王當告邦君及御事，（告以）如何乃能長安樂也。予作釋義時，用尚書故說；茲改正。

9 若茲，如此也；承上二句言。監，謂諸侯。辟，漢書五行志中之下集注引服虔云：「音邪辟之辟。」

惟曰：若稽田，既勤敷菑，惟其陳修，爲厥疆畎[10]。若作室家，既勤垣墉，惟其塗塈茨[11]。若作梓材，既勤樸斲，惟其塗丹雘[12]。

10 以下三喩，承上文言，乃設爲王告邦君及御事之辭也。稽，治也；義見周禮地官質人鄭注。敷，治也；說見禹貢注[1]。爾雅釋地：「田一歲曰菑。」郎新墾一年之田。陳，古通敶。周禮地官稍人注，引詩信南山云：「維禹敶之。」毛詩敶作甸。毛傳云：「甸，治也。」是陳有治義。經義述聞有說。修，亦治也；此義習見。疆，說文：「界也。」畎，田間水溝。周禮考工記匠人云：「廣尺深尺謂之畎。」

11 垣、墉，皆牆也。釋文引馬融云：「卑曰垣，高曰墉。」塗，說文引作𢿱。孔氏正義本作斁（下塗字同）。俞氏羣經平議謂：斁、𢿱、度並通；謀也。塈（ㄐㄧˋ），說文：「仰塗也。」茨（ㄘˊ），說文：「以茅葦蓋屋。」

12 梓，一切經音義十三引字林云：「楸也。」作梓材，言治梓爲器也。樸，釋文引馬融云：「未成器也。」孫氏注疏云：「樸，亦同朴。說文：『木皮也。』」斲（ㄓㄨㄛˊ），說文：「斫也。」雘（ㄏㄨㄛˋ），釋文引馬融云：「善丹也。」

今王惟曰：先王既勤用明德，懷爲夾[13]；庶邦享作，兄弟方來[14]。亦既用明德，后式典集，庶邦丕享[15]。

13 用明德，言依明德之道而行也。懷，懷柔之也。爲，使也；義見國語晉語八韋注。夾，一切經音義十二引蒼頡篇云：「輔也。」此句意謂懷柔諸侯使夾輔王室。庶，衆也；此義習見。享，爾雅釋詁：「獻也。」此謂進獻貢物。作，起也；義見詩無衣毛傳。享作，言起而進獻貢物。

14 兄弟方，王國維與友人論詩書中成語書二（觀堂集林）云：「與易之『不寧方』、詩之『不庭方』，皆三字爲句。方，猶國也。」兄弟方，謂友好之國。

15 既，墨子號令篇：「當遂材木，不能盡內，既燒之。」裴學海古書虛字集釋云：「既，猶即也。」后，謂諸侯。式，經傳釋詞云：「語詞之用也。」典，常。集，爾雅釋言：「會也。」此謂來朝。丕，猶於是也；經傳釋詞有說。享，與上享字同義。

皇天既付中國民越厥疆土于先王[16]，肆王惟德用，和懌先後迷民，用懌先王受命[17]。

16 付，說文：「與也。」越，與。

17 肆，爾雅釋詁：「故也。」懌，悅也；義見詩板毛傳。先，謂導其先。後，謂護其後。義參詩緜毛傳。迷民，迷惑之民衆。下懌字，一作斁（見釋文、及書古文訓）。說文：「斁，……一曰終也。」孫氏注疏解此句云：「用終先王所受大命。」是也。

已！若茲監[18]。惟曰：欲至于萬年惟王[19]，子子孫孫永保民。

18 已，噫。監，視也；義見詩節南山毛傳。若茲監，謂正視此言也。

19 惟，玉篇：「爲也。」

召誥

書序云：「成王在豐，欲宅洛邑，使召公先相宅，作召誥。」未言此時周公已否還政於成王。史記周本紀云：「周公行政七年，成王長，周公反政成王，北面就羣臣之位。成王在豐，使召公復營洛邑，如武王之意。周公復卜，申視，卒營築，居九鼎焉。曰：此天下之中，四方入貢道里均。作召誥、洛誥。」觀此文，似營洛之初，周公已還政成王。魯世家云：「成王七年二月乙未，王朝步自周，至豐。使太保召公先之雒相土。其三月，周公往營成周雒邑，卜居焉，曰：吉。遂國之。成王長，能聽政，於是周公乃還政於成王。」則謂還政在營洛之後。案洛誥，周公留洛並還政成王，在成王七年十二月；時洛邑已成。故召誥孔氏正義云：「武王既崩，周公卽攝王政，至此已積七年。將歸政成王，故經營洛邑。待此邑成，使王卽政。」其說與經文合。又：周書作雒篇云：「（周公）及將致政，乃作大邑成周于土中。」亦謂先營洛邑，而後還政。則魯世家之說是。周本紀先言還政，次言營洛；或前數語爲追敍後事，或爲史之駁文，未可知也。隋書李德林傳、通鑑外紀（卷三）等（詳見陳壽祺輯本尚書大傳）引尚書大傳云：「周公攝政一年救亂，二年克殷，三年踐奄，四年建侯衞，五年營成周，……。」其說未詳何據。以召誥、洛誥所載年月證之，大傳所謂五年營成周之說，殆不然也。

按：本篇所記，實爲二事：自開首至「錫周公」，記召公周公相宅及命庶殷營洛之事。其事在成王七年三月。自「曰拜手稽首」以下，乃召公告王之辭。因周公及庶殷、御事等咸在，故並呼而告之也。合召誥洛誥觀之，成王至洛，似在七年十二月洛邑既成，周公卽將致政之時。故本篇言「王乃初服」；洛誥言「予小子其退卽辟于周，命公後」也。若然，則本篇自「曰拜手稽首」以下，皆周公卽將還政時召公進戒成王之言也。前後兩事，皆與召公有關，故合爲一篇。漢書藝文志言，劉向以中古文校三家經文，召誥脫簡二。或「錫周公」與「曰拜手稽首」之間，今本有脫簡歟？志之，以待後證。

惟二月既望，越六日乙未，王朝步自周，則至于豐[1]。

1 二月，成王七年之二月也；由洛誥證之可知。鄭玄云：「是時周公居攝五年，二月三月，當爲一月二月。」鄭說分見周禮地官大司徒疏及詩文王正義引。案：鄭氏蓋據尚書大傳爲說。云：「二月三月，當爲一月二月」者，因洛誥成王七年十二月有戊辰，則五年三月朏不得爲丙午；提前一月，乃可與五年營洛之說合也。說詳江氏集注音疏。然周公攝政五年營洛之說，實與經文不合；故鄭說亦未的。既望，蔡氏集傳云：「十六日也。」越，踰也；義見漢書司馬相如傳下集注引文穎說。乙未，僞孔傳云：「二十一日。」朝，晨。步，史記集解引鄭玄云：「行也。」周，史記集解引馬融曰：「鎬京也。」武王以來都於此。豐，文王所都。史記集解引馬融云：「豐，文王廟所在。」詩王城譜正義引鄭玄云：「從鎬京行至於豐，就告文王廟。」案：鎬，在今陝西西安西南。豐，在今陝西鄠縣。兩城相距二十五里。

惟太保先周公相宅[2]。越若來三月，惟丙午朏，越三日戊申，太保朝至于洛，卜宅[3]。厥既得卜，則經營[4]。越三日庚戌，太保乃以庶殷，攻位于洛汭[5]。越五日甲寅，位成[6]。若翼日乙卯，周公朝至于洛，則達觀于新邑營[7]。越三日丁巳，用牲于郊，牛二[8]。越翼日戊午，乃社于新邑[9]，牛一，羊一，豕一。越七日甲子，周公乃朝用書命庶殷—侯、甸、男邦伯[10]。厥既命殷庶，庶殷丕作[11]。太保乃以庶邦冢君出取幣，乃復入，錫周公[12]。

2 太保，官名。召公奭時居是官，故此謂召公也。先，言在周公之先。相，爾雅釋詁：「視也。」宅，爾雅釋言：「居也。」相宅，謂視察居處。居處，指將營之洛邑言。

3 越若，與堯典之「曰若」、逸武成之「粵若」同，發語詞。來，義如來日來年之來。來月，次月也。朏(匚ㄟ)，漢書律歷志述古文月采篇云：「三日曰朏。」此言三月三日爲丙午。戊申，三月五日。朝，晨。洛，本應作雒，水名，見禹貢注[56]。卜宅，以龜占卜擬築城處之吉凶也。

4 得卜，謂得吉卜。經營，詩靈臺：「經之營之。」毛傳：「經，度之也。」鄭箋：「營，表其位。」是經爲測量；營爲立標杆以定建築物之方位也。

5 庚戌，三月七日。庶殷，衆殷人。攻，作也；義見詩靈臺毛傳。位，謂城郭宗廟宮室之位。洛汭，指洛水北岸言。

6 甲寅，三月十一日。

7 若，猶及也；經傳釋詞有說。乙卯，三月十二日。朝，晨。達觀，段氏古文尚書撰異云：「如今俗語云通看一徧。達，通也。今文尚書達作通。」新邑營，新邑經營之情形也。

8 丁巳，三月十四日。郊，祭天也。周書作雒篇云：「乃設丘兆於南郊，以祀上帝，配以后禝，日月星辰先王皆與食(此據孫氏注疏引。商務印書館影印明刊本有脫文。)」卽謂此也。

9 戊午，三月十五日。社，后土也；義見詩甫田毛傳。此言立社於新邑以祀地祇。周書作雒篇云：「乃建大社于國(國，或作周。)中。」卽此事也。

10 甲子，三月二十一日。朝，晨。書，戒命之辭；今所謂公文也。侯、甸、男，見康誥。邦伯，猶言諸侯。

11 丕，義如梓材「庶邦丕享」之丕；乃也。作，穀梁文公二年傳：「爲也。」卽從事工作。

12 以，猶與也；義見詩江有汜鄭箋。冢君，對諸侯之敬稱；說見牧誓注5。幣，玉帛也；義見國語鄭語韋注。錫，如禹貢「九江納錫大龜」之錫，獻也。　自此以上，記周召營洛邑之事；以下記召公進戒成王之言。雖非同時事，而皆與召公及洛邑有關，故編爲一篇。

曰：「拜手稽首，旅王若公[13]。誥告庶殷，越自乃御事[14]。嗚呼！皇天上帝，改厥元子茲大國殷之命[15]。惟王受命，無疆惟休，亦無疆惟恤[16]。嗚呼！曷其奈何弗敬[17]！

13 曰，召公曰也。拜手，叩首至手也。稽首，叩首至地也。旅，爾雅釋詁：「陳也。」猶言奉告也。江氏集注音疏云：「言旅王若公，則王在矣。」若，猶及也；已見注7。公，謂周公。

14 越，與。詩思齊鄭箋引此語作「越乃御事」，無自字；是也。乃，汝。御事，治事之臣。

15 改，革去也。元子，長子也。天之長子，即天子；此指殷王言。命，謂國運。

16 無疆，無窮盡也。休，福也；此義習見。恤，爾雅釋詁：「憂也。」

17 敬，謹也。

天既遐終大邦殷之命[18]。茲殷多先哲王在天，越厥後王後民，茲服厥命[19]；厥終智藏瘝在[20]。夫知保抱攜持厥婦子，以哀籲天；徂厥亡、出執[21]。

18 遐，與瑕通。詩思齊：「烈假不瑕。」鄭箋：「瑕，已也。」此遐字亦當訓已。大邦殷，周初稱殷曰大商，曰大邦殷。

19 越，猶及也；經傳釋詞有說。服，服從。厥命，謂殷先哲王之命令。

20 終，謂殷之末世，紂之時也。智藏，言智者隱遁不出仕。瘝，病也；參康誥注16。瘝，猶今語所謂毛病；謂才德不健全之人也。

21 夫，孔氏正義云：「猶人人。」知，說文：「詞也。」保，金文或作𠈃，象負子之形；當爲保之初誼。籲，說文：「呼也。」徂，與阻通；吳氏尚書故有說。亡，逃亡。出執，言有出亡者則拘執之也。

嗚呼！天亦哀于四方民，其眷命用懋，王其疾敬德[22]。相古先民有夏，天迪從子保；面稽天若，今時既墜厥命[23]。今相有殷，天迪格保[24]；面稽天若，今時既墜厥命。今沖子嗣，則無遺壽耇[25]；曰，其稽我古人之德，矧曰其有能稽謀自天[26]。嗚呼！有王雖小，元子哉[27]。其丕能諴于小民，今休；王不敢後，用顧畏于民碞[28]。

22 哀，說文：「閔也。」卽憐憫。眷，說文：「顧也。」眷命，顧念天命也。懋，勉。疾，猶急也；義見詩召旻鄭箋。敬德，謹於德行。

23 相，爾雅釋詁：「視也。」廸，經傳釋詞云：「詞之用也。」子，猶愛也；義見禮記中庸鄭注。從子保，言從而愛護之。面，于氏尚書新證讀爲偭，云：「偭訓背。」是也。按：稽，礙也；義見漢書公孫弘傳贊集注。面稽，蓋違背不順之意。天若，天所順從；卽天意也。無逸云：「非天攸若。」可與此互證。簡氏集注述疏有說。面稽天若，意謂夏之後王，違背天意。墜厥命，謂國亡也。

24 格，神降臨也；此義前已數見。

25 沖、幼。沖子謂成王。遺，謂棄而不用。壽耇，老年人。

26 稽，考也；此義習見。矧，亦。有，又。稽謀，考詢也。自，猶於也；吳氏尚書故說。

27 元子，與上文元子同義；卽天子也。

28 丕，語詞。諴（ㄒㄧㄢˊ），說文：「和也。」今，義如大誥「今翼日」之今；卽也。休，爾雅釋詁：「美也。」不，勿也；經傳釋詞及朱氏便讀並有說。後，說文：「遲也。」碞，困學紀聞（卷二）云：「說文：顧畏于民嵒，多言也。」萬氏集證云：「今本說文，嵒凡兩見：一，品部嵒下云：『多言也。……讀與聶同。……』一，山部嵒下云：『山巖也。从山品；讀若吟。』……皆不引書顧畏于民嵒句。惟石部碞下云：『磛碞也。从石品。周書曰：畏于民碞。讀與巖同。』王氏所引似誤。不然，其所見本異也。」俞氏羣經平議，則主困學紀聞之說，以爲本篇碞字應作嵒，乃多言之意。茲從其說。

王來紹上帝，自服于土中[29]。旦曰：『其作大邑，其自時配皇天[30]；毖祀于上下，其自時中乂[31]。王厥有成命，治民今休[32]。』王先服殷御事，比介于我有周御事[33]。節性，惟日其邁[34]。王敬作所，不可不敬德[35]。

29 紹，讀爲卲，卜問也；吳氏尚書故說。自，孔氏正義云：「鄭王皆以自爲用。」服，治也；簡氏集注述疏說。土中，中土也。古謂洛邑居天下之中，故云。周書作雒篇云：「乃作大邑成周于土中。」土中語與此同。

30 旦，周公名。召公述周公之言，君前臣名，故曰旦。自時，由是也。配皇天，言配合皇天之意旨。

31 毖，爾雅釋詁：「愼也。」（校者按：原稿上有眉批：「毖，告?」）上，謂天神。下，謂地祇。中，謂中土。乂，安也。

32 厥，猶其也。成，定也；義見國語周語下韋注。今，卽。休，美。以上召公追述周公之言。

33 服殷御事，使殷官吏服從也。比，義如盤庚「曷不暨朕幼孫有比」之比；親也。見盤庚注68。介，孫氏注疏云：「日本人山井鼎云：『足利古本作尒。』僞孔傳釋爲比近，則亦作尒字。介，文與尒相似。故後又增爲邇也。」按：尒，卽尔，亦卽爾字。比邇，親近也。

34 節，制也；義見國語越語下韋注。節性，謂不放縱性情。呂氏春秋重己篇云：「節乎性也。」是節性乃古人常語。邁，讀爲勱，勉也；楊氏覈詁說。

35 敬，謹。作，作爲。所，如君奭「多歷年所」之所，句末語助詞。敬德，謹愼於德行。

我不可不監于有夏，亦不可不監于有殷[36]。我不敢知曰，有夏服天命，惟有歷年[37]；我不敢知曰，不其延[38]，惟不敬厥德，乃早墜厥命。我不敢知曰，有殷受天命，惟有歷年；我不敢知曰，不其延，惟不敬厥德，乃早墜厥命。今王嗣受厥命，我亦惟茲二國命，嗣若功[39]。

36 監，爾雅釋詁：「視也。」有夏、有殷之有，與上文有周之有同，皆語助詞。

37 敢，語助詞；今魯語猶如此。我不敢知，猶今語「我可不知道」，謙辭也。服，疑有受義；下文「有殷受天命」，對證可知。或訓爲行；義雖可通，究不如訓受爲適。歷，小爾雅廣詁：「久也。」

38 延，爾雅釋詁：「長也。」

39 我亦之我，指周言。惟，爾雅釋詁：「思也。」嗣，繼。若，猶其也；經傳釋詞有說。功，事也；義見詩七月毛傳。二句意謂：我亦當思此二國所以興亡之命運，以繼承其事也。

王乃初服[40]。嗚呼！若生子，罔不在厥初生；自貽哲命[41]。今天其命哲，命吉凶，命歷年[42]。知今我初服，宅新邑，肆惟王其疾敬德[43]。王其德之用，祈天永命[44]。其惟王勿以小民淫用非彝、亦敢殄戮；用乂民，若有功[45]。其惟王位在德元，小民乃惟刑；用于天下，越王顯[46]。上下勤恤，其曰我受天命，丕若有夏歷年，式勿替有殷歷年，欲王以小民受天永命[47]。」

40 服，事。初服，始任政事也。

41 若生子二句，猶今語所謂「教子幼孩」；意謂愼其始也。貽，爾雅釋言：「遺也。」

42 其，將然之詞。歷，久。

43 孫氏注疏云：「說文云：『知，詞也。』案說文矤，亦詞也，俗矧字。與知字形相近。或當爲矧今我初服。」肆，故。疾，急。

44 之，猶是也；義見詩蓼莪鄭箋。祈，求也；義見詩賓之初筵毛傳。永命，謂長久之國運。

45 以，因。淫，過也；義見淮南子原道篇高注。彝，法也；義見周禮春官序官「司尊彝」鄭注。亦，語詞，無承上之義；經傳釋詞有說。敢，猶上文「我不敢知」之敢，亦語助詞。殄，爾雅釋詁：「絕也。」此謂滅絕之。此言勿因小民過於非法而遽殺之；意謂先教之而後刑也。經義述聞有說。乂，治。若，猶乃也；經義述聞說。

46 元，首也。刑，法也。義並見爾雅釋詁。二語意謂王之地位乃德之表率，爲小民所取法。越，於是也；經傳釋詞有說。越王顯，言於是王乃光顯也。

47 恤，爾雅釋詁：「憂也。」丕，語詞；本經習見。式，經傳釋詞云：「語詞之用也。」替，廢也；義見詩楚茨毛傳。勿替，意謂保持之。

拜手稽首曰：「予小臣，敢以王之讎民、百君子、越友民，保受王威命明德[48]。王末有成命，王亦顯[49]。我非敢勤，惟恭奉幣，用供王，能祈天永命[50]。」

48 敢，語詞。下文「我非敢勤」之敢同。東坡書傳云：「讎民，殷之頑民與三監叛者。友民，周民也。百君子者，殷周之賢士大夫也。」按：古稱官吏等勢位通顯之人爲君子；與後世謂賢良之人者不同。越，與。保受，猶言承受。威命，威嚴之命令。

49 末，孫氏注疏云：「孔晁注周書云：『終也。』」

50 奉幣，言奉幣以供王祭祀也。能，猶而也；經傳釋詞有說。

洛誥

洛，當作雒；說詳禹貢。作洛年月，詳召誥。周書作雒篇云：「周公……及將致政，乃作大邑成周于土中。城方千七百二十丈，郛方七百里，南繫于洛水，地因於郟山，以爲天下之大湊。」可與本篇互相參證。王國維洛誥解云：「誥，謂告天下。成王旣命周公（里案：謂命周公留洛。），因命史佚書王與周公問答之語、並命周公時之典禮，以誥天下；故此篇名洛誥。尚書記作書人名者，惟此一篇。」

按召誥，召公於三月戊申至洛，先周公相宅。旣得卜，則經營，至甲寅位成。次日乙卯，周公乃至洛，達觀于新邑營。是始經營者爲召公；周公至洛後，乃與召公共主其事。自三月下旬，迄是年十二月洛邑旣成之時，周公似未離洛；此觀於本篇所記情節可知也。周公留洛期間，成王在鎬，當已親處理政事；此可以情勢推知之。特周公尚未宣布致政耳。至十二月，洛邑旣成，成王至洛（說詳召誥），命周公留守洛邑，周公乃正式還政成王。本篇所記，卽成王至洛時，周公獻卜之事，及王與周公問答之辭，與夫命周公時之典禮也。本篇旣明言作册逸誥，又明著行事年月，故最爲可據。

周公拜手稽首曰：「朕復子明辟[1]。王如弗敢及天基命定命[2]，予乃胤保，大相東土，其基作民明辟[3]。予惟乙卯，朝至于洛師[4]。我卜河朔黎水[5]。我乃卜澗水東、瀍水西，惟洛食[6]。我又卜瀍水東，亦惟洛食。伻來以圖、及獻卜[7]。」

1 復，蔡氏集傳云：「如逆復之復。」簡氏集注述疏云：「復，白也。葉氏（里案：謂葉夢得。）謂如孟子『有復於王』之復也。辟，君也。」王氏洛誥解復申此義，並引周禮太僕「掌諸侯之復逆」，先鄭司農注云「復，謂奏事也」以明之。案：辟訓君，見爾雅釋詁。復子明辟，即告子明君也。

2 敢，如召誥「我不敢知」、及「敢以王之讎民百君子」之敢，語助詞。弗敢及，義即弗及。如弗敢及，如論語季氏篇「見善如不及」之如不及，急詞也。洛誥解云：「基，始也。基命，謂始受天命。」按：基命，謂周創業之事。定命，謂武王克殷之事。言王圖治之急，一若不能及先王創業及克殷之功績；意謂急欲及之也。

3 胤，嗣也；義見堯典釋文引馬融注。周公初保文武，又繼輔成王，故云胤保。相，視。基，爾雅釋詁：「謀也。」作，謂作成之。言謀使成王成為民之明君也。

4 乙卯，成王七年三月十二日。師，爾雅釋詁：「衆也。」人衆多處謂之師。洛師，猶京師之比。

5 我，意謂我們。以下所言卜事，皆在周公至洛之前；故此我非周公自稱。河，黃河。朱氏古注便讀云：「河朔黎水，在今河南衞輝府濬縣東北。」此言初卜於黎水附近建邑，雖未言卜之結果；然既未建邑於此，其不吉可知。

6 澗、瀍二水，並見禹貢。食，僞孔傳以為龜兆食墨。孫氏注疏非之，云：「食墨不必盡吉。」是也。而孫疏以玉食說之，似亦未的。簡氏集注述疏云：「食，用也。」引易「井泥不食」虞翻注、及國策「食高麗也」高誘注，皆訓食為用以證之。其說較佳；然亦難視為確詁。金祥恆兄謂：甲骨文吉字與食字形近，食字或吉之譌。案：甲骨文吉字作形者屢見，而食字則多作。二字形近。或此字古文原作，後人遂誤以為食字歟？此字雖難定，然為吉兆可知。

7 洛誥解云：「伻，使。圖，謀也。俾成王來雒，以謀定都之事，且獻卜兆於王。此周公所復者，皆追述王至雒以前事也。」案召誥，召公既得吉卜，即經營洛邑。其卜龜似留於洛邑。至是王來洛，周公乃以卜兆獻王也。

王拜手稽首曰：「公！不敢不敬天之休，來相宅，其作周匹休[8]。公既定宅，伻來，來，視予卜休恆吉；我二人共貞[9]。公其以予萬億年[10]。敬天之休，拜手稽首誨言[11]。」

8 敬，謹。休，襄公二十八年左傳：「以禮承天之休。」杜注云：「休，福祿也。」敬天之休，言敬謹於上天所賜之福祿也。上天所賜之福祿，指滅殷作周言。匹，孫氏注疏引詩文王有聲毛傳云：「配也。」作周匹休，言建立周朝，以配合天之休命。

9 洛誥解云：「伻來來者，上來謂周公使來；下來成王自謂已來也。視，示也。」卜休，所卜之休命。恆吉，吳氏尚書故云：「徧吉也。」貞，釋文引馬融云：「當也。」言得此吉卜，我二人共當之也。

10 以，尚書故引藏鈞衡云：「與也。」此句意謂公將與予子孫萬世。

11 誨，于氏尚書新證云：「吳大澂謂古謀字从言从每；是也。王孫鐘：『誨猷不飤。』可證。謀言，猶云咨言、問言。」茲從其說。

周公曰：「王肇稱殷禮，祀于新邑，咸秩無文[12]。予齊百工，伻從王于周；予惟曰：庶有事[13]。今王卽命，曰：『記功，宗，以功作元祀[14]。』惟命曰：『汝受命篤弼；丕視功載，乃汝其悉自教工[15]。』孺子其朋，孺子其朋，其往[16]。無若火始燄燄，厥攸灼，敘弗其絕[17]。厥若彝及撫事[18]。如予惟以在周工[19]，往新邑。伻嚮卽有僚，明作有功；惇大成裕，汝永有辭[20]。」

12 肇，爾雅釋詁：「始也。」稱，謂舉行也；義見周書祭公篇「公稱丕顯之德」孔注。殷禮，殷人之禮；此時周禮蓋尚未制定，故用殷禮。祀，當指篇末所載烝祭歲之祀事。咸，爾雅釋詁：「皆也。」秩，廣雅釋言：「序也。」咸秩，謂皆有秩序。文，讀爲紊，亂也；經義述聞說。就以上三語觀之，周公答王時，已在祭祀之後。

13 予齊百工，僞孔傳說爲「我整齊百官」，茲從之。伻，使。庶，庶幾也；將然之詞。有事，謂祭祀之事。孫氏注疏云：「春秋左氏僖九年傳曰：『天子有事于文武。』昭十五年傳曰：『有事于武宮。』皆謂祀事也。」以上數語，追敍往事。洛誥解云：「周公本意欲使百官從王，歸宗周以行此禮。故曰：『予惟曰：庶有事。』」

14 卽命，就而命之。他處亦有就而聽命之義，乃主動語氣與被動語氣之異也。此言王來洛命周公等。功，洛誥解云：「謂成雒邑之功。」宗，尊也；義見詩雲漢毛傳。此言尊崇其事。以功，謂此營洛之功。元，孫氏注疏云：「詩傳云：『大也。』」元祀，盛大之祭祀。

15 惟命曰，仍述成王之命也。受命，吳氏尚書故云：「受武王顧命也。」篤，爾雅釋詁：「固也。」意謂堅定不移。弼，說文：「輔也。」篤弼，指輔佐成王言。載，事也；義見詩文王毛傳。乃汝之汝，謂汝等。悉，爾雅釋詁：「盡也。」敎，尚書大傳作學。云：「效也。」（儀禮經傳通解續卷二十九祭義篇引）效工，謂致力於工事。

16 孺子，已見金縢。孔氏正義引鄭玄云：「孺子，幼少之稱，謂成王也。」案禮記檀弓下，舅犯謂公子重耳曰：「孺子其辭焉。」是年逾弱冠，亦可稱孺子。此時成王雖非甚幼，故周公仍以孺子稱之。朋，意謂交友。後漢書爰延傳，延上封事云：「故周公戒成王曰：『其朋，其朋。』言愼所與也。」三國志魏志三少帝紀何晏奏，亦謂愼所與。又蔣濟傳，濟上疏亦云：「周公輔政，愼於其朋。」皆謂朋爲交友。爰延傳李注、敦煌本（二七四八）、足利本、內野本，其往上並有愼字；茲從之。其往，僞孔傳以「自今已往」釋之，是也。

17 燄（一丂），說文：「火行微燄燄也。」灼，廣雅釋詁二：「爇也。」爇，說文：「燒也。」厥攸灼，言火勢盛。敍，爾雅釋詁：「緒也。」謂火之延續也。

18 彝，常法。厥若彝，僞孔傳釋爲「其順常道」，是也。案：及，隱公元年公羊傳云：「猶汲汲也。」撫，廣雅釋詁三：「持也。」撫事，猶治事也。

19 如，猶而也；經傳釋詞有說。在周工，謂在鎬京之官吏；此指隨周公來營洛邑者言。

20 伻，使。鄉，向。即，就。有，孫氏注疏云：「與友通。」友僚，猶今言同事；指已在洛之官吏言。明，孫氏注疏云：「與孟聲相近。釋詁云：『勉也。』」有，語詞。惇，與敦通。禹貢終南惇物，漢無極山碑作敦物，可證。吳氏尚書故云：「高誘淮南注：『敦者，致也。』」案：大，當如易繫辭上「有功則可大」之大，謂功業也。裕，饒也；義見詩角弓毛傳。言能致大功以成富饒也。裕饒，指國勢言。辭，疑當作嗣。說文籀文辭作𤔲。金文司徒、司工之司作𤔲或𤔲。盂鼎嗣作𤔲。是嗣與𤔲形音並相近。此蓋本作嗣，譌爲𤔲，又易爲辭也。永有嗣，謂世守王業。

公曰：「已！汝惟沖子，惟終[21]。汝其敬識百辟享，亦識其有不享[22]。享多儀，儀不及物，惟曰不享[23]。惟不役志于享[24]。凡民惟曰不享，惟事其爽侮[25]。乃惟孺子頒，朕不暇聽[26]。朕教汝于棐民彝[27]。汝乃是不蘉，乃時惟不永哉[28]。篤敍乃正父，罔不若；予不敢廢乃命[29]。汝往，敬哉！茲予其明農哉[30]。彼裕我民，無遠用戾[31]。」

21 已，噫。終，義當如君奭「罔不能厥初，惟其終」、及詩蕩「靡不有初，鮮克有終」之終，謂善其終也。

22 敬，謹。識，孫氏注疏云：「鄭注周禮云：『記也。』」百辟，洛誥解云：「諸侯也。」享，進獻也。

23 多儀，言儀節繁多。物，謂進獻之物。儀不及物，言進獻之物雖盛多而禮儀簡略。因有不敬之意，故曰不享。

24 役，使。志，意。役志，猶言用意也。

25 凡民，猶今語人們。爽侮，僞孔傳以「差錯侮慢」釋之；是也。

26 頒，說文引作攽，云：「分也。」王樹枏尚書商誼謂是分辨之意；是也。聽，義猶聽政、聽獄之聽；卽過問也。

27 棐，說文：「輔也。」棐民彝，輔民之常道。

28 蘉（ㄇㄤ），釋文引馬融云：「勉也。」錢氏十駕齋養新錄云：「蘉，从侵無義，疑卽㝱字。孟夢音相近，皆黽勉之轉聲；隸變訛爲蘉耳。」案：錢說甚諦。時，指享國年數言。永，久也。

29 篤，爾雅釋詁：「厚也。」卽厚道。敍，謂銓敍官爵。正、父，洛誥解云：「皆官之長也。」酒誥曰：『庶士有正。』又曰：『有正有事。』又曰：『矧惟若疇圻父，薄違農父，若保宏父，定辟。』」若，順。廢，棄。乃，汝。命，令。

30 往，自今以往。敬，謹。明，史記歷書云：「孟也。」孟，爾雅釋詁：「勉也。」農，廣雅釋詁三：「勉也。」則明農，卽黽勉之意。

31 彼，被通用。裕，容也。彼裕，謂覆被而容保之。吳氏尚書故說。用，猶以也。戾，爾雅釋詁：「止也。」無遠用戾，言勿因民居遠方以止（不達）其覆被容保之惠也。

王若曰：「公，明保予沖子。公稱丕顯德，以予小子，揚文武烈[32]。奉荅天命，和恆四方民，居師[33]。惇宗將禮，稱秩元祀，咸秩無文[34]。惟公德明光于上下，勤施于四方，旁作穆穆，迓衡不迷文武勤敎[35]。予小子夙夜毖祀[36]。」

32 明，勉。稱，行也；參注[12]。丕顯，詩經中習見。丕，語詞。此言公所行皆昭顯之德。以，猶與也；義見詩江有汜鄭箋。揚，發揚。烈，爾雅釋詁：「業也。」

33 荅，報答。恆、順通訓；和恆，和順也。吳氏尚書故說。師，謂洛師。尚書故云：「洛師單文稱師，猶周京單文稱京也。」

34 惇、厚。宗，崇；卽隆重。將，行也；義見詩燕燕毛傳。稱，擧行。元祀，見注[14]。咸秩句，見注[12]。

35 德明，德行之昭顯。上，謂天上。下，謂人間。勤，勞績。旁作穆穆，朱氏古注便讀云：「旁，溥也。作，爲也。……穆穆，美也。」迓衡，三國志魏文帝紀裴注引延康元年詔作御衡。楊氏覈詁云：「御衡，蓋謂柄政之意。」此言周公柄政不迷失文王武王殷勤之敎也。

36 毖祀，愼祀也；參召誥注[31]。

王曰：「公功棐迪篤，罔不若時[37]。」

37 孫氏注疏云：「棐，俌。廸，道。篤，厚。時，是。皆釋詁文。言公之功，輔道我甚厚，無不如我之是言；謂上所稱公德也。」

王曰：「公！予小子其退卽辟于周，命公後[38]。四方迪亂未定，于宗禮亦未克敉公功[39]。迪將其後，監我士、師、工；誕保文武受民，亂爲四輔[40]。」

38 退，謂自洛邑退返宗周。卽辟，就君位也。命公後，簡氏集注述疏云：「今命公於洛留後焉。」是也。蓋自是周公乃致政而留洛，成王歸鎬而正式親政矣。

39 迪，語詞。經傳釋詞于字條讀本句云：「四方迪亂未定。」茲從之。宗禮，隆重祭祀之禮也。孝經：「宗祀文王於明堂，以配上帝。」漢書兒寬傳：「宗祀天地，薦禮百神。」敉，終也；參大誥注[12]。此謂完成。蓋此時周公制禮，尚未完成；故前文言用殷禮，此言未克敉公功。

[40] 迪，猶用也。將，主也。皆尙書故說。洛誥解云：「士、師、工，皆官也。」受民，洛誥解云：「謂所受於天之民。立政曰：『相我受民。』又曰：『以乂我受民。』盂鼎曰：『粤我其勸，相先王受民，受疆土。』」亂，應作率，用也。說詳梓材注[6]。四輔，四方輔佐之臣；猶言屏藩也。

王曰：「公定，予往已[41]。公功肅將祗歡，公無困哉[42]。我惟無斁，其康事；公勿替刑，四方其世享[43]。」

[41] 定，爾雅釋詁：「止也。」言使周公留洛。往，謂返鎬京。已，語終詞；經傳釋詞有說。

[42] 功，事也；義見詩七月毛傳。肅，縮也；義亦見詩七月毛傳。此謂縮減。祗，疑當作祇，多也；二字譌亂已久。襄公二十九年左傳：「祇見疎也。」釋文：「祇，音支，本又作多。」易復卦初九爻辭：「无祇悔。」祇，九家本作⿰多支（見釋文）。⿰多支，多也；義見文選西京賦注引廣雅。祇有多義，蓋因古者支歌兩韻互通之故。此言公之事既縮減，將多歡樂。哉，漢書元后傳、及杜欽傳並引作我。周書祭公篇，自「公稱丕顯之德」以下數語，與本篇文略同；此句作「公無困我哉」。蓋今本脫我字，而今文家本脫哉字也。就此語及下文「公勿替刑」語觀之，似周公擬致政後不復理政事。如是則成王將有甚多困難；故成王勸其坐鎭洛邑，以監殷遺民及東方諸國；故云「公無困我」也。

[43] 無，勿。斁，厭也；義見詩葛覃毛傳。即倦怠之意。其康事，言政事將能平康。替，廢也；義見詩楚茨毛傳。刑，爾雅釋詁：「法也。」意卽典型。享，獻。世享，世世進享於王朝也。

周公拜手稽首曰：「王命予來承保乃文祖受命民[44]；越乃光烈考武王弘朕恭[45]。孺子來相宅，其大惇典殷獻民，亂爲四方新辟；作周、恭先[46]。曰，其自時中乂，萬邦咸休，惟王有成績[47]。予旦以多子越御事，篤前人成烈，荅其師；作周、孚先[48]。考朕昭子刑，乃單文祖德[49]。伻來毖殷，乃命寧予[50]；以秬鬯二卣，曰：『明禋，拜手稽首休享[51]。』予不敢宿，則禋于文王武王[52]。惠篤敘，無有遘自疾，萬年厭于乃德，殷乃引考[53]。王伻殷乃承敘，萬年其永觀朕子懷德[54]。」

44 承保，保護也；說詳盤庚注[51]。乃，汝。文祖，亡故之祖先也；參堯典注[68]。此謂文王。受命民，參注[40]。

45 越乃，猶爰乃。烈，爾雅釋詁：「光也。」光烈，猶言光顯。弘，大也；義亦見爾雅釋詁。朕，孫氏注疏云：「莊氏寶琛曰：『朕，當作訓。說文：伕，古文以爲訓字。蓋尚書本作伕，後改爲朕。』案：大傳有云：『以揚武王之大訓。』莊氏說是也。」

46 惇，厚。典，于氏尚書新證云：「蓋典爲簡册，易爲動詞，猶言册錄。……言其厚錄殷之賢人也。」獻，賢也。亂，當爲率；用也。新辟，新立之諸侯。作周，參注[8]。恭先，言以恭謹爲先務也。

47 時，是。中乂，參召誥注[31]。休，爾雅釋詁：「美也。」績，爾雅釋詁：「功也。」

48 多子，舊說謂衆卿大夫。按：疑指周公之子侄言。越，與。篤，廣雅釋詁二：「理也。」烈，業。荅、報答。師，衆；指殷遺民言。孚先，以孚信爲先。

49 考，朱氏古注便讀云：「成也。」案：考訓成，見詩考槃毛傳。昭子，蔡氏集傳云：「猶所謂明辟也。」刑，典型。言使成王成爲國之典型。單，吳氏尚書故云：「單、殫同字。一切經音義引書緯正作殫。注云：『殫，盡也。』爾雅釋文引字林：『單，極盡也。』」

50 伻來，謂王使使者來。毖殷，告於殷遺；蓋卽多士篇之誥也。寧，洛誥解云：「安也。詩曰：『歸寧父母』；盂爵曰：『惟王初□于成周，王命盂寧鄧伯』。是上下相存問通稱寧也。」案：尚書故已有此說，而王氏之說較詳。寧予，問候予也。

51 秬（ㄐㄩ），說文：「黑黍也。」鬯（ㄔㄤ），說文：「以秬釀鬱草，芬芳攸服以降神也。」卣（ㄧㄡ），酒器。禋，精意以享也；義見國語周語上。明禋，猶酒誥之明享也。休，美。休享，謂好好祭獻。

52 宿，經一宿也。

53 惠，吳氏尚書故云：「詞之惟也。君奭篇：『予不惠若茲多誥。』卽酒誥之『予不惟若茲多誥』也。」又云：「篤敍，安順也。」自，尚書故云：「詩箋：『自，由也。』由，於也。無有遘自疾，無或遇於疾也。」厭，釋文引馬融云：「飫也。」卽滿足之意。乃，汝。殷，吳闓生尚書大義云：「盛也。」引考，尚書故云：「長壽也。」

54 伻，使。承敍，尚書故云：「承順也。」又云：「爾雅：『觀，示也。』」朕子，蔡氏集傳以「我孺子」釋之，以爲指成王。案：周公稱成王曰子明辟，曰朕昭子，曰沖子、孺子；此朕子，猶言吾子也。指成王言。懷，說文：「念思也。」

戊辰，王在新邑，烝，祭歲：文王騂牛一，武王騂牛一[55]。王命作册逸祝册，惟告周公其後[56]。王賓，殺、禋，咸格，王入太室祼[57]。王命周公後，作册逸誥，在十有二月，惟周公誕保文武受命、惟七年[58]。

55 戊辰，劉歆三統曆（見漢書律歷志）以爲成王七年十二月晦日，洛誥解從之。郭氏甲骨文字研究、釋歲篇，謂是年三月三日爲丙午（見召誥），則十二月不應有戊辰。董作賓先生中國年曆總譜，定成王七年閏三月，因推得十二月三十日爲戊辰。則三統曆之說，蓋可信也。烝，冬祭也；義見爾雅釋天。歲，蔡氏集傳以爲歲舉之祭。案：儀禮少牢饋食禮：「來日丁亥，用薦歲事。」蔡氏說本此。唐蘭天壤閣甲骨文存考釋（三十一葉），謂烝、祭、歲爲三種祭名。案：下文有殺、禋語，言用牲之事；知唐氏說非是。騂（ㄒㄧㄥ）牛，赤色牛；義見詩閟宮毛傳。

56 作册逸，洛誥解云：「作册，官名。逸，人名。……彝器多稱作册某，或云作册內史某，或但云內史某。其長，云作册尹，亦曰內史尹，亦單稱尹氏，皆掌册命臣工之事。此云作册逸，猶他書云史佚尹佚矣。」祝册，宣讀告神之册文也。參金縢「册祝」注。告，謂告於文王武王之靈。所告者，卽命周公留後（留守洛邑）之事也。

57 賓，郭氏卜辭通纂考釋（第三十九片）云：「洛誥之王賓，乃假賓爲宔若儐也。」案：甲骨文王宔語習見，宔義與儐同。儐，迎神也。殺，殺牲。禋，置牲於柴上而燎之也。參堯典「禋於六宗」注。咸格，謂文武之靈皆已降臨。太室，廟寢中央之大室也；說詳王國維明堂廟寢通考（見觀堂集林）。祼（ㄍㄨㄢ），灌鬯也；義見詩文王毛傳。言以秬鬯灌地降神也。

58 洛誥解云：「『惟周公誕保文武受命、惟七年』者，上紀事，下紀年；猶艅尊云：『惟王來正人方，惟王廿有五祀』矣。」案：周公自武王崩後攝政，至是七年。故曰誕保文武受命、惟七年。或以誕保文武受命，指周公留守洛邑言，恐不然也。洛誥解又云：「書法先日次月次年者，乃殷周間記事之體，殷人卜文及庚申父丁角、戊辰彝皆然。」蓋周公攝政，至是年終止；明年，成王親政，周公卽留守洛邑。此王朝大事，故謹書年月以記之也。

多士

書序云：「成周既成，遷殷頑民。周公以王命誥，作多士。」史記周本紀之說略同。案：洛誥周公告成王云：「伻來毖殷。」召誥云：「周公乃朝用書命庶殷。」時爲成王七年三月甲子日。所謂毖殷，所謂命庶殷，卽此多士之誥也。本篇開首云：「惟三月，周公初于新邑洛，用告商王士。」其下卽云「王若曰」。明爲是年三月周公在洛以王命告庶殷之事。其時與事，與召誥及洛誥所言者正合。是時初營洛邑，尙未完成；故書序「成周既成」之說，實未的也。因告殷之多士，故以多士名篇。

惟三月，周公初于新邑洛，用告商王士[1]。

1 三月，爲成王七年之三月。據召誥，知爲三月甲子日。士，猶後世所謂官員也。周公以王命告，故此言周公告，繼云王若曰。

王若曰：「爾殷遺多士[2]！弗弔，旻天大降喪于殷[3]；我有周佑命，將天明威，致王罰，勑殷命終于帝[4]。肆爾多士，非我小國敢弋殷命；惟天不畀允罔固亂，弼我；我其敢求位[5]？惟帝不畀，惟我下民秉爲，惟天明畏[6]。

2 爾殷遺多士，爾等殷王所遺留之衆官吏也。此呼而告之之辭。

3 弗弔，不幸也；參大誥注2。爾雅釋天：「秋爲旻天。」詩經中亦數見旻天一辭，先儒多本爾雅說之。

然就經文核之，未見有秋天之義。案：其義蓋如今語「老天」耳。降喪，言降下喪亡之禍。
4 佑，吳氏尚書故云：「陸德明易釋文：『佑，配也。』佑命，猶詩之言配命。」此言我周人配合天命。將，行也；義見詩燕燕毛傳。明，謂顯揚善人。威，謂懲罰惡人。參皋陶謨注[35]。將天明威，言行上天所予揚善懲惡之權。致，猶言推行。王罰，王者之罰。勑，與飭通。國語齊語：「以飭其子弟。」韋注：「飭，敎也。」於此爲令或使之意。殷之命運，定自上帝。今使其命運終止，亦由帝意；故曰勑殷命終于帝。
5 肆，語詞。弋，取也。釋文引馬融作翼，云：「義同。」畀，爾雅釋詁：「予也。」允，信；猶今語實在也。罔，邪曲誣罔也；義見論語雍也「罔之生也幸而免」皇侃疏。固，大戴禮曾子立事篇：「弗知而不問焉，固也。」盧氏注云：「固，專固也。」即固執不改之意。亂，暴亂也。此言實在邪曲誣罔而專爲暴亂之人，上天不以天下予之也。予舊從孫氏注疏說，今改正。弼，說文：「輔也。」求位，謂求天子之位。
6 秉，吳氏尚書故云：「周書諡法解：『秉，順也。』」案：爲，當如梓材「厥亂爲民」之爲，化也；參梓材注[6]。畏，與威通。參注[4]。

我聞曰：『上帝引逸。』有夏不適逸，則惟帝降格，嚮于時夏[7]。弗克庸帝，大淫泆，有辭[8]；惟時天罔念聞，厥惟廢元命，降致罰[9]。乃命爾先祖成湯革夏，俊民甸四方[10]。自成湯至于帝乙，罔不明德恤祀[11]。亦惟天丕建，保乂有殷；殷王亦罔敢失帝，罔不配天，其澤[12]。在今後嗣王，誕罔顯于天，矧曰其有聽念于先王勤家[13]？誕淫厥泆，罔顧于天顯民祗[14]。惟時上帝不保，降若茲大喪[15]。惟天不畀不明厥德；凡四方小大邦喪，罔非有辭于罰[16]。」

7 引逸，朱氏古注便讀云：「引，猶導也。逸，佚也；安樂也。」不，古與丕通；語詞。適，謂適度。丕適逸，言逸樂適度。帝，上帝。降格，神降臨也。引申之有神降福之意。嚮，向；謂往也。時夏，猶詩周頌之時周；謂逢時之夏也。

8 庸，用也；義見詩兔爰毛傳。弗克庸帝，言不能依照上帝之意而行。此指夏之末帝桀言。淫，過也；義見淮南原道篇高注。泆，與佚通。大淫泆，言太過度逸樂。有辭，孫氏注疏云：「辭者，說文云：『訟也。』有辭，言有罪狀。呂刑：『鰥寡有辭於苗。』」案：孫說是也。後文「有辭于罰」，及多方「屑有辭」之有辭，亦即有罪狀之意。

9 時，是。念，眷念。聞，恤問也。詩葛藟：「亦莫我聞。」經義述聞說聞字之義如此。元，大也；此義習見。元命，謂國運。

10 革，改也；義見易革卦釋文引馬、鄭注。俊民，才智之士。甸，治也；義見詩信南山毛傳。四方，意謂全國。

11 恤，愼也；經義述聞有說。邾公釛鐘：「用敬卹盟祀。」邾公華鐘：「以卹其祭祀盟祀。」恤、卹古通。是恤祀爲周人常語。

12 建，謂建立殷朝。保乂，保護。失帝，謂違失上帝意旨。其，猶乃也；經傳釋詞有說。澤，說文：「光潤也。」其澤，謂國勢乃光澤。

13 今後嗣王，謂紂。誕，發語詞。罔顯于天，謂紂無美德顯聞於天。矧，況。有，又。聽，吳氏尚書故云：「高誘秦策注：『聽，察也。』」念，顧念。勤家，謂勤勞於國家之故事。

14 誕、厥，皆語詞。淫厥泆，言過度逸樂。天顯，天道也；參康誥注40。祇，病也；義見詩何人斯毛傳。

15 大喪，謂亡國。

16 不明厥德，謂不能昭明其德之人。有辭于罰，謂應受懲罰之罪狀。

王若曰：「爾殷多士！今惟我周王，丕靈承帝事[17]。有命曰：『割殷！』告勑于帝[18]。惟我事不貳適，惟爾王家我適[19]。予其曰：惟爾洪無度。我不爾動，自乃邑[20]。予亦念天即于殷大戾，肆不正[21]。」

17 丕，語詞。靈，善也；義見詩定之方中鄭箋。承，奉承不失墜也；義見禮記孔子閒居鄭注。帝事，上帝所命之事。

18 割，剝也；奪也；參湯誓注[4]。勑，敎也；令也。參注[4]。言割殷之命，乃上帝所勑令。

19 事，指征伐言。貳，猶別也；義見國語晉語四韋注。適，爾雅釋詁：「往也。」

20 洪，爾雅釋詁：「大也。」度，謂法度。動，謂擾動。自乃邑，言擾動由於汝商邑。

21 念天，言顧念天意。即，即將也。于，疑當作予。史記屈原賈生列傳：「請問于服兮。」索隱云：「漢書作予服。」是于予互訛之證。予，與也。戾，爾雅釋詁：「罪也。」言予亦顧念天意即將予殷以重大之罪責。肆，故。不，讀爲丕；語詞。正，周禮夏官大司馬之職：「賊殺其親則正之。」鄭注云：「正之者，執而治其罪。」即征討之意也。肆不正，即故征討之。

王曰：「猷，告爾多士[22]。予惟時其遷居西爾[23]。非我一人奉德不康寧，時惟天命[24]。無違！朕不敢有後，無我怨[25]。惟爾知惟殷先人有冊有典，殷革夏命[26]。今爾又曰：『夏迪簡在王庭，有服在百僚[27]。』予一人惟聽用德，肆予敢求爾于天邑商[28]。予惟率肆矜爾[29]；非予罪，時惟天命。」

22 猷，發語詞；說見大誥注[1]。

23 時，是。其，猶乃也；經傳釋詞有說。遷居西爾，謂遷爾居於西方。指遷殷民於洛邑言。

24 奉，孫氏注疏云：「猶秉也。」奉德，猶言秉德、持德。時，是。

25 無，勿。有，猶或也；經傳釋詞有說。後，與召誥「王不敢後」之後同義，遲也。

26 典，說文：「莊都說：大册也。」典册，卽書籍。二句意謂：典册中載有殷革夏命之史實。

27 夏，指夏士言。迪，猶攸也；語詞。簡，擇也；義見詩簡兮鄭箋。此謂選擇之使爲官吏。王庭，指殷之朝廷言。服，爾雅釋詁：「事也。」此謂職事。僚，與寮通。寮，爾雅釋詁：「官也。」百僚，謂各種官職。

28 聽，謂聽從。用德，謂用有德之人。肆，爾雅釋詁：「故也。」天邑商，疑當作大邑商。大邑商一辭，甲骨卜辭中數見。卜辭大邑商之大字有作[illegible]者，或以爲天字。按：金文大字或作[illegible]（大保鼎），象人正立之形。甲骨刻辭不能作肥筆，故大之頭部刻成方匡，遂與天字混也。

29 率，用也；義見詩思文毛傳。率肆矜爾，論衡雷虛篇引作「率夷憐爾」。十駕齋養新錄云：「矜、憐，古今字。論語：『則哀矜而勿喜。』論衡引作憐。」按：論衡蓋以憐釋矜，疑非古今字。肆，語詞。夷，如詩瞻卬「靡有夷屆」之夷，亦語詞也。

王曰：「多士！昔朕來自奄，予大降爾四國民命[30]。我乃明致天罰，移爾遐逖；比事臣我宗，多遜[31]。」

30 奄，國名；王國維謂在後之魯地。王氏北伯鼎跋（見觀堂集林）云：「奄地在魯。左襄二十五年傳，魯地有弇中。漢初古文禮經，出於魯淹中。皆其證也。……又尚書疏及史記索隱，皆引汲冢古文，盤庚自奄遷于殷。則奄又嘗爲殷都，故其後皆爲大國。武庚之叛，奄助之尤力。」孟子滕文公下：「周公相武王，誅紂。伐奄，三年討其君。」說者謂伐奄在討平武庚之亂之時。此云「來自奄」，乃追敘伐奄歸來時也。降，猶言發佈。四國，四方之國。四國民，猶言天下之民也。命，謂命令。

31 遐，爾雅釋詁：「遠也。」逖（ㄊㄧˋ），說文：「遠也。」移爾遐逖，指遷殷民於洛邑言。比，親也。事，侍奉。宗，族也；此義習見。我宗，意謂我周人。多遜，言應多遜順。

王曰：「告爾殷多士！今予惟不爾殺，予惟時命有申[32]。今朕作大邑于茲洛，予惟四方罔攸賓[33]。亦惟爾多士攸服，奔走臣我[34]，多遜。爾乃尚有爾土，爾乃尚寧幹止[35]。爾克敬，天惟畀矜爾[36]；爾不克敬，爾不啻不有爾土[37]，予亦致天之罰于爾躬。今爾惟時宅爾邑，繼爾居，爾厥有幹有年于茲洛[38]；爾小子，乃興從爾遷[39]。」

32 時，是。時命，謂不爾殺之命令。有，又。申，爾雅釋詁：「重也。」有申，言再重述之。

33 惟，玉篇：「爲也。」賓，爾雅釋詁：「服也。」

34 攸服之攸，敦煌本古文尚書作逌；語詞。服，服從。奔走，意謂勤勉。臣我，言臣服於我周人。

35 幹，軀體也。昭二十五年左傳：「唯是楄柎所以藉幹者。」楚辭招魂：「去君之恆幹。」幹，皆謂軀體也。寧幹，猶言安身，孫氏注疏說。止，語已詞；詩經中習見。

36 敬，謹。畀，與也；此義習見。畀矜，猶言賜憐。

37 孫氏注疏云：「啻者，但也。無逸篇云：『不啻不敢含怒。』鄭注作不但不敢含怒。」

38 宅爾邑，謂有邑聚使居之。有幹，謂保有其身。有年，吳氏尚書故云：「有壽命也。」

39 小子，謂年少之人。興，爾雅釋言：「起也。」

王曰[40]。又曰：「時予乃或言，爾攸居[41]。」

40 江氏集注音疏云：「王曰下葢有脫文。」

41 或，語助也；經傳釋詞有說。段氏古文尚書撰異云：「唐石經或言二字，初刻是三字。摩去重刻，致每行十字者，成九字矣。初刻隱然可辨，或言之閒多一字，諦視則是誨字，與傳敎誨之言合。」時予乃或誨言，謂今時予乃誨告汝等也。吳氏尚書故云：「高誘呂覽注：『居，安也。』」爾攸居，意謂爾等其安居於茲洛邑也。

無逸

簡氏集注述疏云：「無逸，石經作毋劮，大傳作毋佚，史記魯世家作毋逸，漢書梅福傳作亡逸，蓋古通也。」書序云：「周公作無逸。」史記魯世家云：「及成王用事，人或譖周公，周公奔楚。……周公歸，恐成王壯治有所淫佚，乃作多士，作毋逸。」皆謂本篇爲周公所作。按：本篇每章皆有「周公曰」云云，蓋史官所記周公戒成王之語，非周公自作也。逸，樂也。無逸者，勿逸樂也。本篇開首有無逸二字，因以名篇。

周公曰：「嗚呼！君子所其無逸[1]。先知稼穡之艱難，乃逸；則知小人之依[2]。相小人，厥父母勤勞稼穡，厥子乃不知稼穡之艱難，乃逸、乃諺，旣誕[3]。否則侮厥父母曰：『昔之人，無聞知[4]。』」

1 君子，謂君王官吏等。所，經傳釋詞云：「語助也。……君子所其無逸，言君子其毋逸也。」

2 小人，民衆也。依，隱也。隱，痛也。經義述聞說。

3 相，爾雅釋詁：「視也。」諺，漢石經作憲。孫氏注疏云：「詩板傳云：『憲憲，猶欣欣也。』則憲亦自喜之意。」誕，非正也；義見淮南子說山篇「弦高誕而存鄭」注。

4 否則，漢石經作不則。不，古與否、丕通。不則，猶於是也；經傳釋詞說。昔之人，意謂老年人。無聞知，猶今語無知識也。

周公曰：「嗚呼！我聞曰，昔在殷王中宗，嚴恭寅畏，天命自度，治民祗懼，不敢荒寧[5]。肆中宗之享國，七十有五年[6]。其在高宗，時舊勞于外，爰曁小人[7]。作其卽位，乃或亮陰，三年不言[8]。其惟不言，言乃雍[9]。不敢荒寧，嘉靖殷邦[10]。至于小大，無時或怨[11]。肆高宗之享國，五十有九年[12]。其在祖甲，不義惟王，舊爲小人[13]。作其卽位，爰知小人之依；能保惠于庶民，不敢侮鰥寡[14]。肆祖甲之享國，三十有三年。自時厥後，立王生則逸[15]。生則逸，不知稼穡之艱難，不聞小人之勞，惟耽樂之從[16]。自時厥後，亦罔或克壽；或十年，或七八年，或五六年，或四三年。」

5 以隸釋（卷十四）所載漢石經殘字校之，自「侮厥父母」至「治民祇懼」，唐石經本（今通行本同）欠三十八字。自「治民祇懼」至前「自時厥後」，唐石經本（今通行本同）多「其在祖甲」至「三十有三年」一段四十三字；另又衍二字（說詳拙著漢石經尚書殘字集證卷二）。故洪氏云：「此碑獨闕祖甲，計其字蓋在中宗之上。」其說是也。段氏古文尚書撰異云：「考殷本紀，太甲稱太宗，太戊稱中宗，武丁廟爲高宗。漢書王舜劉歆曰：『於殷，大甲曰大宗，大戊曰中宗，武丁曰高宗。周公爲毋逸之戒，舉殷三宗以勸戒成王。』儻非尚書有太宗二字，司馬王劉不能肊造。」因謂：「則今文尚書祖甲二字，作太宗二字；其文之次，當云：昔在殷王太宗，其在中宗，其在高宗。不則今文家末由倒易其次第也。今本史記同古文尚書者，蓋或淺人用古文尚書改之。」按：段氏謂今文本祖甲當作太宗，其次第應在中宗之前；所論甚諦。至謂淺人改史記，則無確證。孫海波魏三字石經集錄，所作碑圖，與今本同。可知古文本與今文本互異。太史公曾見古文尚書；則所依據者，乃古文本也。中宗，詩烈祖序鄭箋以爲太戊；歷代經師皆承其說。按：戩壽堂所藏甲骨文字，有斷片曰：「中宗祖乙，牛吉。」太平御覽（卷八十三）引竹書紀年云：「祖乙滕卽位，是爲中宗。」王國維據此，證明中宗乃祖乙，而非太戊。說見所著殷卜辭中所見先公先王續考（見觀堂集林）。王氏著此文後，甲骨文出土愈多，「中宗祖乙」之文數見；證知王氏之說，至確不可易。嚴，敬也；義見詩殷武毛傳。寅，亦敬也；義見爾雅釋詁。簡氏集注述疏云：「嚴恭者，以外貌言。寅畏者，以內心言。」度，度量。祗，爾雅釋詁：「敬也。」荒寧，古成語，文侯之命、毛公鼎、晉姜鼎皆見之；惟兩鼎銘荒皆作妄。按：孟子梁惠王下：「從獸無厭謂之荒。」荒寧，蓋謂過度逸樂也。

6 肆，故。朱氏古注便讀云：「享，猶受也。」享國，謂在位。有，讀爲又。

7 高宗，武丁也。史記魯世家集解引馬融云：「武丁爲太子時，其父小乙使行役，有所勞役於外。」又引鄭玄云：「爲父小乙將師役於外也。」時，中論夭壽篇引作寔；實也。舊，久也；義見詩抑鄭箋。史記作久。暨，爾雅釋詁：「與也。」

8 作，猶及也；經傳釋詞有說。亮陰（ㄢ），論語憲問篇作諒陰，禮記喪服四制作諒闇，尚書大傳作梁闇。詩商頌譜正義引鄭玄云：「諒闇，轉作梁闇。楣，謂之梁。闇，謂廬也。小乙崩，武丁立，憂喪三年之禮，居倚廬柱楣，不言政事。」鄭氏以諒闇不言爲居喪，其說與論語合。按：國語楚語上：「昔殷武丁能聳其德至于神明，以入于河。自河徂亳，於是乎三年默以思道。卿士患之，曰：『王言以出令也；若不言，是無所稟令也。』武丁於是作書曰：『以余正四方，余恐德之不類，茲故不言。』」呂氏春秋重言篇引述「諒闇三年不言」之語，而說爲天子應愼言；亦不以爲居喪。故韋注楚語默字，云：「諒闇也。」論語集解引孔云：「諒，信也。陰，猶默也。」則亮陰卽誠然沈默之意；鄭氏說恐未的。

9 雍，和也；義見堯典僞孔傳。史記作讙，卽和悅之意。

10 嘉，爾雅釋詁：「善也。」靖，安也；義見盤庚釋文引馬注。

11 小，謂幼年人。大，謂成年人。詩泮水：「無小無大，從公于邁。」可證。時，是；指高宗言。

12 五十有九年，史記魯世家作五十五年；漢石經（見隸釋），漢書五行志中之下、劉向、杜欽傳，論衡無形、異虛篇，皆作百年。未詳孰是。

13 史記魯世家集解引馬融云：「祖甲有兄祖庚，而祖甲賢，武丁欲立之。祖甲以王廢長立少不義，逃亡民間。故曰：『不義惟王，久爲小人』也。」惟，爲也；經傳釋詞有說。

14 作，及。依，見注2。惠，愛也；義見詩北風毛傳。

15 時，是。厥，猶之也；經傳釋詞有說。

16 耽（ㄉㄢ），樂之甚也；義見詩常棣釋文引韓詩說。之，猶是也。

周公曰：「嗚呼！厥亦惟我周太王、王季，克自抑畏[17]。文王卑服，卽康功田功[18]。徽柔懿恭，懷保小民，惠鮮鰥寡[19]。自朝至于日中昃，不遑暇食，用咸和萬民[20]。文王不敢盤于遊田，以庶邦惟正之供[21]。文王受命惟中身，厥享國五十年[22]。」

17 太王，王季之父。王季，文王之父。抑，朱氏古注便讀云：「猶言自貶自屈也。」畏，謂敬畏天命。

18 卑服，蔡傳云：「猶禹所謂惡衣服也。」卽，就。康，楊氏覈詁謂與荒通，以爲山澤荒地。按襄公二十四年穀梁傳：「四穀不升謂之康。」疏云：「康是虛荒之名。」可爲楊氏說之證。功，事也。

19 徽，和也。堯典「愼徽五典」，史記譯徽爲和；是徽有和義。周書諡法篇云：「溫柔聖善曰懿。」懷，安也；義見詩終風鄭箋。惠，愛。鮮，漢石經(見隸釋)、漢書景十三王傳、谷永傳，並作于；茲從之。

20 昃（ㄗㄜ），同昗，日西側也。咸，桂氏札樸（卷二）云：「說文：『諴，和也。』引周書丕能諴於小民。此咸亦當作諴。諴和並言，古語多如此。」

21 盤，爾雅釋詁：「樂也。」田，獵也；義見淮南子本經篇注。以，經義述聞云：「猶與也。」惟正之供，

22 國語楚語上引作「惟政之恭」。之，猶是也。言惟恭謹於政事也。中身，中年也。受命，謂繼王季之位。禮記文王世子言文王九十七而終；孟子公孫丑上，公孫丑謂文王百年而後崩。呂氏春秋季夏紀制樂篇，言文王卽位八年而地動，已動之後四十三年，凡文王立國五十一年而終。韓詩外傳（卷三）說與呂覽同。其說與本篇及公孫丑之言合。僞孔傳謂文王卽位時年四十七，未詳所據。

周公曰：「嗚呼！繼自今嗣王，則其無淫于觀、于逸、于遊、于田，以萬民惟正之供[23]。無皇曰[24]：『今日耽樂。』乃非民攸訓，非天攸若，時人丕則有愆[25]。無若殷王受之迷亂，酗于酒德哉[26]！」

23 繼自今，繼今以往也。淫，過也；義見淮南子原道篇注。觀，朱氏便讀云：「臺榭之樂也。」惟正之供，說見前。

24 皇，吳氏尚書故云：「王逸楚辭注：『皇皇，惶遽皃。』廣雅：『惶惶，勮也。』皇惶同字；勮劇同字。是皇有遽義也。」

25 訓，順也；兪氏羣經平議說。若，順。時，是。丕則，見注[4]。愆，過也；義見詩氓毛傳。

26 受，商紂名。酗，與酌同，醉怒也；義見漢書趙充國傳集注。德，行爲。

周公曰：「嗚呼！我聞曰：『古之人猶胥訓告，胥保惠，胥敎誨；民無或胥譸張爲幻[27]。』此厥不聽，人乃訓之；乃變亂先王之正刑，至于小大[28]。民否則厥心違怨，否則厥口詛祝[29]。」

27 胥，爾雅釋詁：「相也。」訓告，猶言告敎。保惠，見注[14]。譸（ㄓㄡ），一作侜；爾雅釋訓：「侜張，誑也。」郭注引本篇此語爲證。幻，說文云：「相詐惑也。」

28 聽，謂聽從。訓，順。正，讀爲政。小大，指正刑言。

29 違，詩谷風釋文引韓詩云：「很也。」很，卽怨恨。詛（ㄗㄨˇ），謂祝之使沮敗也；義見周禮春官序官「詛祝」鄭注。

周公曰：「嗚呼！自殷王中宗，及高宗，及祖甲，及我周文王，茲四人迪哲[30]。厥或告之曰：『小人怨汝詈汝。』則皇自敬德[31]。厥愆，曰：『朕之愆，允若時。』不啻不敢含怒[32]。此厥不聽，人乃或譸張爲幻。曰：『小人怨汝詈汝。』則信之。則若時，不永念厥辟，不寬綽厥心[33]。亂罰無罪，殺無辜。怨有同，是叢于厥身[34]。」

30 迪，語詞。哲，爾雅釋言：「智也。」

31 小人，民衆。詈，說文：「罵也。」皇，遽。敬德，謹於行爲。

32 愆，過。允，誠。時，是。不啻，不但也。

33 永，長久。辟，爾雅釋詁：「法也。」綽，緩也；義見詩淇澳毛傳。

34 同，合也；義見儀禮少牢饋食禮鄭注。叢，說文：「聚也。」

周公曰：「嗚呼！嗣王其監于茲[35]！」

35 監，爾雅釋詁：「視也。」

君奭

書序云：「召公爲保，周公爲師，相成王，爲左右。召公不說。周公作君奭。」史記燕召公世家云：「成王既幼，周公攝政，當國踐祚。召公疑之。作君奭。」二說雖小異，而謂召公疑周公則同。漢書王莽傳，羣臣奏云：「周公服天子之冕，南面而朝羣臣，發號施令，常稱王命。召公賢人，不知聖人之意，故不說也。」此與史記之說相似；惟「發號施令，常稱王命」二語，乃曲解大誥及康誥「王若曰」之文，史記無此說也。按：經文皆周公勉召公之言，並無召公疑周公之語。蔡氏集傳云：「詳本篇旨意，迺召公自以盛滿難居，欲避權位，退老厥邑；周公反覆告喻以留之爾。」其說蓋可信。此亦當時史官所記。

周公若曰：「君奭[1]！弗弔，天降喪于殷，殷既墜厥命，我有周既受。我不敢知曰，厥基永孚于休[2]；若天棐忱，我亦不敢知曰，其終出于不祥[3]。

1 君，孫氏注疏云：「是后、辟尊稱。」奭（·ㄕ），召公名。說文云：「讀若郝。」茲從俗讀。說文引史篇，謂召公名醜。惠氏九經古義云：「案：奭與奭相似。說文云：『䀠，古文以爲醜字。』皆從䀠，故史篇以爲召公名醜。」張政烺「說文燕召公史篇名醜解」（中央研究院歷史語言研究所集刊第十三本）以史篇原文醜應作壽，壽字與疇聲通，疇甲骨文作[illegible]，疇醜聲通，故後人誤壽爲醜。以上二說，姑存以備參。孫氏注疏云：「白虎通王者不臣篇云：『召公，文王子。』詩甘棠疏引皇甫謐云：『文王庶子。』」案：史記但云與周同姓。穀梁莊十三年傳云：『燕，周之分子也。』注云：『分子，謂周之別子孫也。』禮大傳云：『別子爲祖。』注云：『別子，謂公子。』然則是文王之從子。傳載文王之子，無名奭者。史記集解云：『譙周曰：周之支族，食邑於召，謂之召公。』是也。」

2 我不敢知語，已見召誥。敢，語助詞。基，業也；參大誥注27。孚，吳氏尚書故云：「孚、符同字。史記律書：『萬物剖符甲而出。』以符爲孚。」符，合也。休，福祥。

3 若，詞之惟也；經傳釋詞有說。棐忱，不可信賴也；參大誥注31。祥，吉也。

嗚呼！君！已曰時我[4]。我亦不敢寧于上帝命，弗永遠念天威，越我民；罔尤違、惟人[5]。在我後嗣子孫，大弗克恭上下，遏佚前人光在家[6]；不知天命不易、天難諶，乃其墜命，弗克經歷嗣前人恭明德[7]。在今予小子旦，非克有正，迪惟前人光，施于我沖子[8]。」

4 君字絕句，從吳氏尚書故說。君，謂君奭也。時，善也；義見詩頍弁毛傳。此言天已善我周室也。周已代殷受命，故云。

5 亦，語詞，無承上之義。寧，安也；意謂安享。越，與。尤，怨。違，恨也；參無逸注29。罔尤違、惟人，言人無有怨恨之者。

6 在我後嗣子孫云云，乃假設之辭。上下，指天神地祇言。遏，絕也；義見易大有象傳周易集解引虞翻注。佚，失。光，謂昭顯之德業。吳氏尚書故云：「在家，屬上爲句。在，猶於也。言絕失前烈于家也。」

7 不易，難也。諶（ㄔㄣ），爾雅釋詁：「信也。」天難諶，與前文之「若天棐忱」，大誥之「天棐忱辭」，詩大明之「天難忱斯」，語意相同，蓋周初常語也。吳氏尚書故云：「詩傳：『經，常也。』常、長同字。小爾雅：『歷，久也。』經歷者，長久也。」此言不能長久繼承前人恭明之德也。

8 正，吳氏尚書故云：「鄭士喪禮注：『正，善也。』」迪惟，亦見立政，發語詞；經傳釋詞有說。沖子，謂成王。

又曰：「天不可信，我道惟寧王德延，天不庸釋于文王受命[9]。」

9 信，信賴。道，馬融及魏石經皆作迪。迪惟，說見上。寧王，文王也；正義引鄭玄及王肅說。大誥注[7]亦有說。延，爾雅釋詁：「長也。」即延長、延續之意。庸釋語又兩見於多方。國語晉語一韋注云：「釋，舍也。」庸釋，猶言捨棄也；楊氏尚書覈詁說。文王受命，文王所受之天命也；謂周之王業。

公曰：「君奭！我聞在昔，成湯既受命，時則有若伊尹，格于皇天[10]。在太甲，時則有若保衡[11]。在太戊，時則有若伊陟、臣扈，格于上帝；巫咸，乂王家[12]。在祖乙，時則有若巫賢[13]。在武丁，時則有若甘盤[14]。率惟茲有陳，保乂有殷；故殷禮陟配天，多歷年所[15]。天惟純佑命，則商實百姓王人，罔不秉德明恤[16]；小臣屏侯甸，矧咸奔走[17]。惟茲惟德稱，用乂厥辟[18]。故一人有事于四方，若卜筮，罔不是孚[19]。」

10 伊尹，孫子用間篇云：「昔殷之興也，伊摯在夏。」曹操注云：「伊摯，伊尹也。」是伊尹名摯。格，金文多作各。神降臨曰格，祭祀以祈神降臨亦曰格，故引伸有感召之意。此當作感召解。參堯典注[5]。皇，大也；義見詩皇矣毛傳。

11 保衡，舊說以為即詩長發之阿衡。長發毛傳云：「阿衡，伊尹也。」史記殷本紀云：「伊尹，名阿衡。」是史公以阿衡為伊尹名。詩蕩正義引鄭云：「伊尹，名摯，湯以為阿衡，以尹天下，故曰伊尹。」是鄭玄以阿衡為官名。按：殷虛卜辭有伊尹，又有黃尹。黃、衡二字古通。唐蘭天壤閣甲骨文存考釋（三十九葉），以為黃尹即保衡或阿衡，與伊尹為二人。陳氏殷虛卜辭綜述（三六四頁），以為保衡，即卜辭之黃尹，亦以為非伊尹。此事雖尚無定論；然保衡非伊尹，蓋無可疑。

12 太戊，史記殷本紀以爲太甲之孫，太庚之子，雍己之弟；而三代世表，則以爲太甲之子，太庚之弟。以卜辭考之，殷本紀之說是也。說詳王國維殷卜辭中所見先公先王續考（見觀堂集林）。伊陟，鄭玄以爲伊尹之子，說見詩蕩正義。孔氏正義云：「夏社序云：『湯既勝夏，欲遷其社，不可；作夏社。疑至。臣扈。』則湯初有臣扈，已爲大臣矣；不得至今仍在，與伊尹之子同時立功。蓋二人名同，或兩字一誤也。」案：疑至、臣扈二篇，皆有目無序，非統於夏社之序也。書序中類此者多，說詳酒誥解題。然則臣扈未必爲湯時人；亦卽與本篇之臣扈，未必爲二人也。本篇爲周初文獻，以臣扈當太戊時，蓋可信。巫咸，經典釋文引馬融云：「巫，男巫也。名咸。殷之巫也。」白虎通姓名篇有巫咸；王氏經義述聞以爲巫咸當作巫戊，不然則咸非十日之名，白虎通不得以爲生日名子之證。案：王氏之說是也。乂，治也；此義習見。

13 祖乙，史記殷本紀、三代世表，漢書古今人表，皆以爲河亶甲子；以殷卜辭證之，乃仲丁子也。說詳王國維殷卜辭中所見先公先王續考。巫賢，僞孔傳云：「賢，咸子，巫氏。」孔氏正義申之云：「賢是咸子，相傳云然。」蓋傳說如此也。

14 甘盤，史記燕召公世家作甘般。漢書古今人表，甘盤與傅說並列，皆武丁時賢臣。殷武丁時卜辭有𠂤般（師盤），董作賓先生甲骨文斷代研究例，以爲卽甘盤；其說似可信也。

15 率惟語又兩見於立政，經傳釋詞以率爲語助；是也。有，亦語詞。吳氏尚書故云：「陳，謂位列。」有陳，猶今語所謂陣容也。陟，謂帝王崩也。吳氏尚書故云：「韓愈云：竹書紀年，帝王之沒皆曰陟。陟，昇也；謂昇天也。」昔人以爲帝王崩後，其魂靈上升於天，故曰陟。配天，謂祭天以先王配享。歷，經也；此義習見。所，與召誥「王敬作所」之所字，用法相同，句末語助也。

16 純佑，又見下文。頌毁、頌鼎，皆有「屯右」語，吳大澂愙齋集古錄（第十册）云：「屯，古純字。

右，古佑字。」並謂屯右爲古吉祥語。曾氏尚書正讀云：「純右，聯用字，古彝器銘中常見，意言敦篤福厚也。」以此義衡本篇兩處經文，皆不協。按：國語晉語九：「德不純。」韋注云：「純，壹也。」又：國語周語上：「帥舊德而守終純固。」韋注：「純，專也。」是純有專壹之義。佑，輔助也。本篇後文之純佑，謂專壹輔助；此純佑，則謂專壹輔助之臣也。頌鼎、頌毁言：「蘄匄康虔屯右。」頌器皆因受天子錫賜而作，故以專壹輔助天子自勉也。命，意謂賜予之。（校者按：原稿上有眉批：「純佑二字之義，再酌。可作福祿解？」）實，王樹枏尚書商誼云：「實、是同字，與之通借。」百姓，百官。王人，江氏集注音疏云：「王之族人，同姓之臣也。」恤，爾雅釋詁：「憂也。」此謂可憂慮之政事。小臣，孔氏正義引王肅云：「臣之微者。」屏，魏石經古文作幷；是也。侯、甸，諸侯也；已見康誥。

17 矧，亦。咸，皆。奔走，意謂勤勉從事。

18 茲，指上述諸臣言。稱，舉也；行也。參洛誥注[12]。惟德稱，言惟依美德而行。乂，與艾通；爾雅釋詁：「相也。」相卽輔佐之意。辟，君。

19 一人，謂天子。四方，猶言天下。孚，信服也。

公曰：「君奭！天壽平格，保乂有殷；有殷嗣，天滅威[20]。今汝永念，則有固命，厥亂明我新造邦[21]。」

20 公，周公。楊氏覈詁疑壽當讀爲疇；平當爲丕。云：「疇，猶昔也。」按：甲骨文疇作[illegible]，卽壽字所从。新序雜事五尹壽，荀子大略篇作君疇；是壽疇互通。丕，古但作不。而不字隸書作[illegible]，與平字易混。漢書王莽傳上：「平作二旬。」集注云：「平字或作丕。」蓋卽因平、不相似而混。不、丕又相通之故。丕，語詞。格，謂神降臨。此言天疇昔降臨（意謂降福）於殷也。有殷嗣，謂殷繼夏而有天下。

天滅威，謂天滅去威懲而善殷。

21 固命，鞏固之國運。亂，讀爲率，用也；參梓材注6。明，光顯也。

公曰：「君奭！在昔、上帝割申勸寧王之德，其集大命于厥躬22。惟文王尚克修和我有夏，亦惟有若虢叔，有若閎夭，有若散宜生，有若泰顛，有若南宮括23。又曰，無能往來茲迪彝教，文王蔑德降于國人24。亦惟純佑秉德，迪知天威，乃惟時昭文王25；迪見冒聞于上帝，惟時受有殷命哉26。

22 割申勸寧王之德，禮記緇衣引作「周田觀文王之德」。據緇衣鄭注，知作「割申勸寧王之德」者，乃古文也。金履祥書經注云：「割申勸，……或作周田觀。周字似害，必害字也。」于氏尚書新證云：「格伯毀周作[illegible]，師害毀害作[illegible]，形似易渾。堯典：『洪水方割。』鄭詩譜疏引作害。」按：周乃害字之誤，金于二氏所論甚諦。割、害古通。緇衣鄭注云：「割之言蓋也。」田，當爲申之誤。申，爾雅釋詁：「重也。」勸，當依緇衣作觀。寧，當依緇衣作文（參大誥注7）。此言上帝蓋重複觀察文王之德也。其，猶乃也；經傳釋詞有說。集，說文：「雧鳥在木上也。」即今語落在……上之意。大命，國運也。厥，指文王言。

23 修，爲也；義見文選西京賦薛注。和，和洽。有夏，謂周；參康誥注6。虢叔，僖公五年左傳：「虢仲、虢叔，王季之穆也；爲文王卿士，勳在王室，藏於盟府。」杜注：「虢仲、虢叔，王季之子，文王之母弟也。」閎夭，國語晉語四：「文王……，及其即位也，詢于八虞，而諮于二虢，度於閎夭，而謀於南宮。……」墨子尚賢上：「文王舉閎夭、泰顛於罝罔之中，授之政，西土服。」散宜生，困學紀聞（卷二）：「孔氏傳云：『散氏，宜生名。』愚案：漢書古今人表：『女皇，堯妃，散宜氏女。』當以散宜爲氏。」集證引閻百詩云：「大戴禮記帝繫篇：『堯娶于散宜氏之女，謂之女皇。』」則以散宜爲氏，是也。毛詩緜正義引尚書大傳云：「散宜生、南宮括、閎夭，三子相與學訟於太公，遂與三子見文王於羑里，獻寶以免文王。」泰顚、南宮括，俱見上文。

24 又曰，王氏尚書商誼云：「猶言有曰，假設之辭。」往來，猶言奔走；謂勤勉也。茲，如此。迪，廣雅釋言：「蹈也。」即履行之意。彝，法。蔑，無也；義見詩板毛傳。二句言虢叔等如不勤勉履行法敎，則文王即無德惠降於國人也。

25 純佑，參注[16]。迪，語詞；猶用也。時，是。惟時，猶於是也。昭，孫氏注疏云：「同詔。釋詁云：『勴也。』又云：『相，勴也。』」即輔助之意。

26 迪，猶用也。見，詩褰裳序：「思見正也。」正義云：「見者，自彼加己之辭。」即今語所謂被也。冒聞，上聞也；參康誥注[7]。惟時，參注[25]。

武王惟茲四人，尚迪有祿[27]。後暨武王，誕將天威，咸劉厥敵[28]。惟茲四人昭武王，惟冒，丕單稱德[29]。

27 吳澄書纂言云：「武王時虢叔已死，死者曰不祿。四人猶及武王之世，故曰尚迪有祿。」按：隱公三年公羊傳：「天子曰崩，……士曰不祿。」成十三、昭七、哀十五各年左傳，並有「無祿」語，皆謂死也。死謂之不祿、無祿，故有祿指生者言。迪，語詞。

28 暨，與。誕，發語詞。將，行也；義見詩簡兮毛傳。咸，皆。劉，爾雅釋詁：「殺也。」

29 昭，輔助也；參注[25]。冒，孫氏注疏云：「與懋聲相近，又通勖，勉也。」丕，詞。單，說文：「大也。」稱，行也。

在今予小子旦，若游大川，予往暨汝奭其濟[30]。小子同未，在位誕無我責[31]。收罔勖不及，耇造德不降[32]；我則鳴鳥不聞，矧曰其有能格[33]？」

30 暨，與。其，猶乃也。濟，渡過。

31 小子，周公自稱。同未，吳氏尚書故云：「同未者，詞昧也。鄭祭統注：『同之言詷也。』同，即顧命在後之詷。釋名：『未，昧也。』小子詷昧者，周公自謙之詞。」在位，謂在官位者。誕，語詞。無我責，言無有責我者；意謂己不聞善言也。本孫詒讓尚書駢枝說。

32 收，孫氏駢枝疑爲攸之訛。按：文選任彥昇天監三年策秀才文：「鳴鳥蔑聞。」李善注引本經，收字正作攸。孫說是也。攸爲語詞而用於句首者，如詩皇矣「攸馘安安」之例。罔勖不及，言己之所不及，罔有勖勉之者。耇，老。造，至。德，惠。降，謂施於民。

33 鳴鳥不聞，自言其昏聵。矧，況。格，謂使天神降臨也。

公曰：「嗚呼，君！肆其監于茲。我受命無疆惟休，亦大惟艱。告君乃猷裕，我不以後人迷[34]。」

34 乃，猶是也；經傳釋詞有說。猷裕，道也；參康誥注62。乃猷裕，此道理也。以，猶使也；義見戰國策秦策一高注。

公曰：「前人敷乃心，乃悉命汝，作汝民極[35]。曰：『汝明勖偶王，在亶[36]。乘茲大命，惟文王德丕承，無疆之恤[37]。』」

35 前人，江氏集注音疏云：「謂武王也。」敷，布。乃，高本漢書經注釋（陳舜政譯頁九〇〇）云：「這句話裡的『乃』字（古文字作ㄋ）是『厥』字（古文字作ㄚ）的譌誤。」茲從其說。敷乃心，宣布其心意也。悉，爾雅釋詁：「盡也。」作，猶洛誥作周之作。作汝，作成汝也。極，法則也；參洪範注9。
此言使汝成爲民衆之準則也。

36 曰，述武王之言。明，勉。明勖，猶黽勉也。偶，孫氏注疏云：「廣雅釋詁云：『耦，侑也。』偶，與耦通。」侑，助也。亶，爾雅釋詁：「誠也。」

37 乘，吳氏尚書故云：「戴鈞衡云：『漢書高紀：乘邊塞。李奇注：乘，守也。』」大命，國運。之，是。恤，憂也。

公曰：「君！告汝朕允[38]。保奭！其汝克敬以予監于殷喪大否，肆念我天威[39]。予不允惟若茲誥，予惟曰襄我二人[40]。汝有合哉，言曰：『在時二人[41]。』天休滋至，惟時二人弗戡[42]。其汝克敬德，明我俊民，在讓後人于丕時[43]。嗚呼！篤棐時二人，我式克至于今日休[44]。我咸成文王功于不怠，丕冒[45]；海隅出日，罔不率俾[46]。」

38 允，爾雅釋詁：「誠也。」

39 保，太保。敬，謹。以，共。監，視。否，不善也；義見太玄積初一范注。我天威，意謂我行不善致上天所降之威懲。

40 允，用。襄，成也；參皋陶謨注39。我，疑哉之訛。二人，周公及召公。襄哉二人，言我二人其輔成王業也。

41 合，謂意見相合。時，是。在時二人，言實在我二人也。

42 休，福祥。滋，說文：「益也。」意謂盛多。戡，與堪通；爾雅釋詁：「勝也。」弗戡，言不勝任。

43 明，義如堯典明揚之明，舉也。俊民，才智之士。吳氏尚書故云：「此望召公舉賢也。」讓，楊氏覈詁讀爲襄。案：襄，成也。丕，語詞。時，善也。

44 篤，義當如論語子張篇「信道不篤」之篤，誠而固也。棐，說文：「輔也。」我，謂周室。式，用。

45 我，謂我等。咸，皆。怠，懈。冒，勉也。

46 海隅出日，言海濱日出之處；意謂遠方也。俾，爾雅釋詁：「從也。」罔不率俾，無不率從也；經義述聞說。

公曰：「君！予不惠若茲多誥，予惟用閔于天越民[47]。」

47 惠，猶惟也；參皐陶謨注37。用，以。閔，憂也；義見宣公十二年左傳杜注。越，與。

公曰：「嗚呼，君！惟乃知民德，亦罔不能厥初，惟其終[48]。祇若茲；往，敬用治[49]。」

48 乃，汝。初，謂事之始。罔不能厥初，意謂始事之時無不善者。惟其終，意謂在能善其終也。此周初常語。詩大雅蕩：「靡不有初，鮮克有終。」可以互證。

49 祇若茲，言但只如此；指上文所言也。往，義如洛誥「其往」之往；自今以往也。敬，謹。用，以。敬用治，言敬謹以治理政事也。

多方

多方一辭，殷卜辭中數見。古稱國曰方；多方，猶言諸國也。本篇乃周公以成王命告諸國之辭，實對東土諸國而發，以其皆殷遺民也。誥辭開首有「告爾四國多方」之語，因以多方名篇。

尚書大傳云：「周公攝政，一年救亂，二年伐殷（里案：謂平武庚之亂。），三年踐奄。……」（隋書李德林傳引）本篇開首，有「王來自奄」語。依大傳意，則本篇當作於成王三年也。史記周本紀，則謂本篇作於成王七年周公返政之後。依其說，則「王來自奄」語既費解，且與「奔走臣我監五祀」之語不合。楊氏覈詁，以爲「篇中有『奔走臣我監五祀』一語，疑是周公監雒後五年之事，應卽成王卽位之十一年也。」且謂奄人屢叛，此言王來自奄，與成王三年踐奄，當非一事；亦卽與多士之「昔朕來自奄」，非一事也。予舊從其說。今案：胡宏皇王大紀，繫本篇於成王四年，繫多士於成王八年。云：「周公東征，三年而歸。明年奉王東伐淮夷，遂踐奄。還歸于豐，而作多方。」（卷二十）王柏書疑云：「多方當在前，多士當在後。多方曰：『告爾四國多方，惟爾殷侯尹民，我惟大降爾四國民命，爾罔不知。』……多士曰：『昔朕來自奄，予大降爾四國民命。』此可以知其先後也。」吳澄書纂言、朱鶴齡尚書埤傳、顧炎武日知錄、王鳴盛尚書後案、孫氏注疏、崔述豐鎬考信錄、魏源書古微、簡氏集注述疏、陳夢家西周銅器斷代㈢（考古學報第十一册），亦皆以爲多方應作於多士之前。細繹諸家之說，實較史記及覈詁之說爲勝。大傳二年伐殷之說，與金縢合。三年踐奄之說，與孟子合。史記封禪書云：「武王克殷二年，天下未寧而崩。」則自武王克殷，迄成王三年，適爲五年。是「臣我監五祀」者，謂臣服於周人監管之下，非謂臣服於周公監洛之年也。定公四年左傳，言武王克商，成王定之，分魯公以殷民六族，分康叔以殷民七族。是分散殷民，俾便管制，乃周初之策略。洛本殷之領土，據近年考古學資料證之，殷人固早有居此者。至克殷後，更遷殷頑於此。作洛邑之前，其地已多殷民，故曰「爾乃自時洛邑」。邑，聚落也。論語言「十室之邑」，可知邑非必城市。此洛邑，乃「作大邑于東國洛」前之聚落也。以此言之，本篇蓋作於成王三年，伐奄歸來之後也。（校者按，原稿夾有簽條云：陳喬樅今文尚書經說考（卷廿五）：「此（多方）誥多方在攝政三年，而云『自時雒邑』者，蓋成周之營，本為安集所遷之殷民。……召誥云：『厥既命庶殷，庶殷丕作。』是殷民早已先集雒邑。知遷殷在封衛之前，而非在營雒之後也。」今附於此。）

惟五月丁亥，王來自奄，至于宗周[1]。

1 五月，當為成王三年之五月，說見解題。王來自奄，成王自奄歸來也。奄，王國維謂在後之魯地。詳多士注30。宗周，鎬京。

周公曰：「王若曰：『猷，告爾四國多方，惟爾殷侯尹民[2]。我惟大降爾命，爾罔不知[3]。洪惟圖天之命，弗永寅念于祀[4]。惟帝降格于夏，有夏誕厥逸，不肯慼言于民[5]；乃大淫昏，不克終日勸于帝之迪，乃爾攸聞[6]。厥圖帝之命，不克開于民之麗[7]；乃大降罰，崇亂有夏，因甲于內亂[8]。不克靈承于旅，罔丕惟進之恭，洪舒于民[9]。亦惟有夏之民，叨懫日欽，劓割夏邑[10]。天惟時求民主，乃大降顯休命于成湯，刑殄有夏[11]。

2 周公曰王若曰者，乃周公轉達王命之辭。時周公雖攝政，而重要文告，仍以王命行之也。猷，發語詞；已見大誥。四國，猶言天下。惟，猶與也；經傳釋詞有說。吳氏尚書故引戴鈞衡云：「尹，治也。」殷侯尹民，故殷諸侯治下之民衆也。
3 降爾命，發布命令予爾等也。罔，無也；此義習見。爾無不知，意謂爾等皆應知曉也。
4 洪惟，發語詞；已見大誥。圖，于氏尚書新證云：「按：此篇圖字，皆啚之譌字。……徐灝云：『今官文書都鄙字作啚，正是古習相傳之正字。而俗吏誤讀爲圖，以爲圖之省體也。』按：徐說是也。……魏鄭文公碑，圖史之圖作啚；管子七法篇：『審於地圖。』宋本圖作啚。可資佐證。左昭十六年傳：『夫猶鄙我。』注：『鄙，賤也。』……鄙賤，猶言鄙棄。『洪惟圖天之命』，『厥圖帝之命』，言鄙棄天命帝命也。『圖厥政』，鄙棄其政事也。……」寅，敬也。祀，祭祀。
5 帝降格，上帝降臨也；意謂降福。誕，與大誥「肆朕誕以爾東征」之誕字，用法相同，句中語助也；經傳釋詞有說。逸，樂。慼，與戚通，憂也；義見詩小明毛傳。言，語詞，詩經中習用之。
6 勸，說文：「勉也。」廸，說文：「道也。」攸，猶所也。
7 圖，讀爲啚；參注[4]。開，謂放開。麗，羅也；意謂法網也。本孫氏注疏說。按：呂刑有「獄之麗」語，詩瞻卬有「罪罟」語；是以網羅喻刑法，爲西周時常語。
8 降罰，謂天降懲罰於夏。崇，爾雅釋詁：「重也。」甲，爾雅釋言：「狎也。」狎，習也；經常也。
9 靈承，善於承保也；與多士承字（註[17]）異義。旅，爾雅釋詁：「衆也。」罔丕惟進之恭，孫氏注疏云：「丕，與不通。進者，史記呂不韋傳云：『進用不饒。』索隱引小顏云：『財也。』漢書高帝紀云：『蕭何主進。』注師古曰：『進字本作賮。』」之，猶是也。恭，當讀爲供。言桀之民無不以財貨供桀也。洪，大也。舒，困學紀聞（集證本卷二下）「洪舒于民，古文作洪荼。薛氏曰：『大爲民荼毒也。』」原注云：「薛季宣書古文訓。」按：薛氏說是也。
10 叨（ㄊㄠ）懫（ㄓ），孫氏注疏云：「叨，說文作饕；云：『貪也。』重文作叨。又：『懫，忿戾也。』」

引周書此文；云：『讀與摯同。』」欽，孫疏又云：「欽，與厥通。釋詁云：『輿也。』」劓（一）割，猶言宰割。

11 惟時，猶於是也。民主，民衆之主宰；謂能保民之天子也。顯休命，昭顯休美之命令也。刑，廣韻引說文云：「罰辠也。」殄，爾雅釋詁：「絕也。」

惟天不畀純，乃惟以爾多方之義民，不克永于多享[12]。惟夏之恭多士，大不克明保享于民，乃胥惟虐于民[13]；至于百爲，大不克開[14]。乃惟成湯，克以爾多方，簡代夏作民主[15]。愼厥麗，乃勸；厥民刑，用勸[16]。以至于帝乙，罔不明德愼罰，亦克用勸。要囚，殄戮多罪，亦克用勸[17]；開釋無辜，亦克用勸。今至于爾辟，弗克以爾多方享天之命[18]。』

12 畀，與也。純，孫氏注疏云：「純者，方言云：『好也。』……謂天不與以美報也。」以，使。義民，良善之民。享，朱氏古注便讀云：「猶受也。」多享，謂多享受安樂也。

13 恭，孫氏注疏云：「恭，同共。」按：恭、共、供互通。恭多士，供職之諸官吏也。本孫疏說。明，勉。享，吳氏尚書故引戴鈞衡云：「養也。」胥，爾雅釋詁：「皆也。」惟，玉篇：「爲也。」

14 百爲，凡所作爲也。不克開，朱氏古注便讀云：「卽上文不克開民之麗；省文也。」

15 簡，與閒通。閒，迭也。簡代，迭代也。兪氏羣經平議說。

16 麗，謂刑法。乃勸，謂民乃勉於善。厥民刑，言施民以刑罰。用勸，言用以勸民爲善也。

17 要囚，幽囚也；已見康誥。多罪，謂罪多之人。

18 辟，君。爾辟，指紂言。享，享受。

嗚呼！王若曰：『誥告爾多方！非天庸釋有夏，非天庸釋有殷[19]。乃惟爾辟，以爾多方，大淫圖天之命，屑有辭[20]。乃惟有夏，圖厥政，不集于享[21]；天降時喪，有邦間之[22]。乃惟爾商後王，逸厥逸，圖厥政，不蠲烝，天惟降時喪[23]。

19 庸釋，捨棄也；已見君奭注[9]。

20 淫，過也。大淫，太過也。圖，鄙棄也；參注[4]。屑，荀子儒效篇：「屑然藏千溢之寶。」楊注云：「屑然，雜碎衆多之貌。」有辭，有罪狀也；參多士注[8]。

21 圖，鄙棄。參注[4]。集，就也；義見詩小旻毛傳。享，謂享受安樂。

22 時，是。喪，指亡國言。有邦，指殷言。間，爾雅釋詁：「代也。」

23 上逸字，爾雅釋言：「過也。」下逸字，安樂也。蠲（ㄐㄩㄢ）烝，吳氏尚書故云：「詩傳：『蠲，潔也。』爾雅：『烝，祭也。』」郝懿行云：『烝爲多祭，又爲凡祭之名。』此與上文爲偶。」

惟聖罔念作狂，惟狂克念作聖[24]。天惟五年須暇之子孫，誕作民主；罔可念聽[25]。天惟求爾多方，大動以威，開厥顧天[26]。惟爾多方，罔堪顧之[27]。惟我周王，靈承于旅，克堪用德，惟典神天[28]。天惟式教我用休，簡畀殷命，尹爾多方[29]。

24 聖，通也。念，常思也。二義並見說文。作，則。克，能。言通達之人，不常思慮則成爲狂人；狂人能常思慮，則成爲通達之人也。

25 五年，孔氏正義云：「從武王初立之年，數至伐紂，爲五年。文王受命九年而崩。其年武王嗣立。服喪三年，未得征伐。十一年服闋，乃觀兵於孟津。十三年方始殺紂。從九年至十三年，是五年也。」按：孔氏乃據武王十三年伐紂之說言之。而竹書紀年（新唐書歷志引）、史記齊世家，皆謂武王十一年伐紂（周本紀則作十二年）；史家多主此說。故孫氏注疏，以爲應自文王七年數至武王十一年。然未詳言其故。蔡氏集傳云：「五年必有指實而言，孔氏牽合歲月者，非是。」竊疑此五年或與後文之「臣我監五祀」之五祀，所指者為同一事。志之，以俟知者。須，爾雅釋詁：「待也。」暇，與假通；孫氏注疏、簡氏集注述疏並有說。吳氏尚書故云：「須假，猶緩假；緩假，猶寬假也。」之，是也；指成湯言。罔可念聽，言不考慮亦不聽從天意也。

26 求，如詩江漢「淮夷來求」之求，有問罪之義。動，驚動。威，懲罰。開，啓示也。開厥顧天，言啓示其顧念天威之心。

27 堪，爾雅釋詁：「勝也。」罔堪，意謂不能。

28 靈承于旅，見注[9]。典，法也；義見詩維清毛傳。

29 式，爾雅釋言：「用也。」用，猶以也。言天用教我以休祥之道也。簡畀，簡擇而付予之。尹，說文：「治也。」

今我何敢多誥？我惟大降爾四國民命[30]。爾曷不忱裕之于爾多方？爾曷不夾介乂我周王，享天之命[31]？今爾尚宅爾宅，畋爾田，爾曷不惠王熙天之命[32]？爾乃迪屢不靜，爾心未愛[33]；爾乃不大宅天命，爾乃屑播天命[34]；爾乃自作不典，圖忱于正[35]。我惟時其教告之，我惟時其戰要囚之，至于再，至于三[36]。乃有不用我降爾命，我乃其大罰殛之[37]。非我有周秉德不康寧，乃惟爾自速辜[38]。』

30 此蓋指大誥言。

31 忱裕，孫氏注疏云：「忱者，詩傳云：『信也。』裕者，方言云：『道也。』……言……汝何不以誠道之于衆國？」按：裕訓為道，有告教義；參吳闓生尚書大義。夾，一切經音義十二引蒼頡篇云：「輔也。」

介，爾雅釋詁：「右也。」邢疏引孫炎云：「介者，相助之義。」乂，與君奭「保乂有殷」之乂同義，保護也。

32 惠，爾雅釋言：「順也。」熙，和樂也；義見荀子儒效篇楊注。熙天之命，樂天之命也。

33 廸，與康誥「廸屢未同」之廸同義，率導也。愛，惠也。惠，順也。孫氏注疏說。

33 宅，度。屑播，吳氏尙書故云：「馬多士注：『屑，過也。』王逸楚辭注：『播，棄也。』」

34 典，法。圖，謀。忱，義與盤庚「恐沈于衆」之沈同；告言不正也。（校者按：見盤庚注30）正，謂正人。

35 惟時，於是。戰，與單通。公伐郐鐘：「攻單無敵。」戰作單。單，與殫通，盡也。戰要囚之，盡幽囚之也。參于氏新證及楊氏覈詁說。再、三，指告敎及幽囚言。

36 用我降爾命，依從我所發佈予爾等之命令也。殛，誅也。

37 速，爾雅釋言：「徵也。」又云：「徵，召也。」是速亦召也。

38

王曰：『嗚呼！猷，告爾有方多士[39]，暨殷多士。今爾奔走臣我監五祀，越惟有胥伯小大多正，爾罔不克臬[40]。自作不和，爾惟和哉！爾室不睦，爾惟和哉！爾邑克明，爾惟克勤乃事[41]。爾尙不忌于凶德，亦則以穆穆在乃位，克閱于乃邑、謀介[42]。爾乃自時洛邑，尙永力畋爾田，天惟畀矜爾[43]。我有周惟其大介賚爾，迪簡在王庭，尙爾事，有服在大僚[44]。』

39 有，猶上文有邦之有，語助詞。

40 我監，我周人監管之下也；參本篇解題。胥伯，大傳作胥賦。正，大傳作政。孫氏注疏謂胥指繇役言。賦，賦稅。于氏新證謂石鼓文及金文有𧶠、𧶠字，「以六書之誼求之，當作从貝，白聲。兮伯盤：『毌敢不出其𧶠其積。』是𧶠自當爲財賦之義。大傳作賦，義固無殊也。」正、政、征古通；此當讀爲征調之征。臬，廣雅釋詁一：「法也。」此謂守法。

41 爾邑，謂殷人聚居處。明，猶盛也；義見淮南子說林篇注。乃事，汝等之職事也。

42 尚，庶幾也；希冀之詞。不，讀爲丕；語詞。忌，說文：「憎惡也。」凶德，惡行也。穆穆，美也。閱，歷也；此義習見。於此有經久之意。介，助。謀介，謂謀助周室。

43 自時，吳氏尚書故云：「於是也。」於是，卽在此也。邑，謂聚落。尚，庶幾。畀矜，賜憐也；參多士注[36]。

44 大介，兪氏古書疑義舉例（卷五）云：「說文大部：『乔，大也。从大，介聲。讀若蓋。』凡經傳訓大之介，皆其叚字也。此經疑用本字。……乔賚，卽大賚也。」賚，爾雅釋詁：「賜也。」簡，擇也。王庭，謂周朝廷。尚，高尚。事，職事。服，謂職位。大僚，猶言高位也。

王曰：『嗚呼！多士！爾不克勸忱我命，爾亦則惟不克享，凡民惟曰不享[45]。爾乃惟逸惟頗，大遠王命[46]；則惟爾多方探天之威，我則致天之罰，離逖爾土[47]。』

45 勸，勉。忱，信。二享字，皆謂享受安樂也。凡民句與洛誥語同而義異。

46 逸，朱氏古注便讀云：「泆也；放蕩也。」頗，邪。遠，猶違離也。

47 探，吳氏尚書故引王樹枏云：「廣雅：『觸冒，探也。』探天威，謂觸冒天威。」逖，與逷通。逷，爾雅釋詁：「遠也。」

王曰：『我不惟多誥，我惟祇告爾命[48]。』

48 命，謂天命。

又曰：『時惟爾初；不克敬于和，則無我怨[49]。』」

49 時，是。爾初，謂自新之始也。敬，謹。敬于和，孔廣森經學卮言云：「敬于和，猶言敬與和也。」則無我怨，乃省略語；意謂如不敬于和，則將施以懲罰；如是則勿怨我也。

立政

史記魯世家：「成王在豐，天下已安，周之官政未次序，於是周公作周官。官別其宜，作立政。」是史公說政爲政治也。後世儒者，說政字多用此義。經義述聞云：「爾雅曰：『正，長也。』故官之長謂之正。……政與正同，……立正謂建立長官也。篇內所言皆官人之道，故以立正名篇；所謂惟正是乂之也。」按：王氏說甚諦。吳氏尚書故云：「政事對文，則政爲長官，事爲羣職；單文則長卽是官。」是立政者，猶言設官也。

書序云：「周公作立政。」史記說同（見前）。簡氏集注述疏云：「今考下文云：『周公若曰。』又云：『周公曰。』則周史記之，非周公所作也。」按：簡氏說良是。此蓋成王親政之初，周公告以設官之事，而史臣記之也。

周公若曰：「拜手稽首，告嗣天子王矣[1]。」

1 嗣天子，謂成王。王矣，謂爲王矣。此乃成王親政之初，周公警之之辭也。

用咸戒于王，曰王左右常伯、常任、準人、綴衣、虎賁[2]。

2 簡氏集注述疏云：「咸，猶徧也。」按：此義見國語魯語上韋注。曰，吳氏大義云：「曰、越通借。曰王左右，及王左右也。」左右，簡氏述疏云：「釋詁，左右與助義同。」此謂輔助天子之臣也。常伯、常任、準人，東坡書傳云：「王左右有牧民之長曰常伯，有任事之公卿曰常任，有守法之有司曰準人。」

蔡氏集傳承其說。簡氏述疏更申之，云：「伯，長也。常長民者，牧也。曲禮曰：『九州之長，入天子之國曰牧。』王制曰：『千里之外設方伯；八州，八伯。』蓋伯與牧一也。今言常伯，不惟州伯焉；凡大臣司牧而長民者，皆是也。……準，法平也。準人，平法之人也。」按：依蘇氏及簡氏說，則常伯為地方官之首長，常任為王朝之公卿，準人則司法之官也。綴衣，孫氏注疏云：「顧命云：『狄設黼扆綴衣。』則綴衣是主衣服之官。」虎賁，周禮夏官：「虎賁氏，掌先後王而趨以卒伍，軍旅會同亦如之。舍，則守王閑；王在國，則守王宮。」則虎賁乃天子護衞之臣也。

周公曰：「嗚呼！休茲，知恤鮮哉[3]！古之人迪惟有夏，乃有室大競，籲俊尊上帝，迪知忱恂于九德之行[4]。乃敢告教厥后曰：『拜手稽首，后矣。』曰：『宅乃事，宅乃牧，宅乃準，茲惟后矣[5]。謀面用丕訓德，則乃宅人，茲乃三宅無義民[6]。』

3 休茲，吳氏尚書故云：「猶云美哉也。茲，讀如嗟茲之茲。詩傳：『子兮者，嗟茲也。』……姚永樸云：『詩昭茲來許，漢碑作哉。劉昭續志注引東觀漢紀亦然。』是茲即哉也。」恤，憂。鮮，朱氏古注便讀云：「善也。」按：義見爾雅釋詁。

4 迪惟，語詞。有室，孫氏注疏云：「猶云有家，謂卿大夫也。」競，爾雅釋言：「彊也。」大競，猶今語極要強、極要好也。籲，呼。俊，才智之士。迪，語詞。忱，誠。恂，方言一：「信也。」九德，九種美德，今莫知其所指。或以皐陶謨之九德說之，恐非是。行，道也；義見詩載馳「亦各有行」毛傳。

5 宅，內野本作厇。按：宅，古與度互通。本篇下文：「文王惟克厥宅心。」隸釋（卷十四）所載漢石經，宅作度。是宅度互通之證。厇，古文宅字（見說文）。此當讀為度。事，一般官吏；即前文之常任。牧，地方首長；即前文之常伯。準，法官，即前文之準人。參東坡書傳說。茲，如此。惟，猶乃也；經傳釋詞有說。

6 謀面，吳氏尚書故云：「謀，古讀如敏。謀面者，黽勉也。與爾雅之蠠沒，方言之侔莫，皆一聲之轉；雙聲連綿字也。」用，以。丕，語詞。訓，順。乃，吳氏尚書故云：「猶能也。」宅人，謂度量賢能而任以官。三宅，指上文宅乃事等三者而言。義，讀爲俄，邪也；經義述聞說。民，疑本是人字，因唐時避諱，後人追改而誤。人，謂官吏。

桀德惟乃弗作往任，是惟暴德、罔後[7]。亦越成湯陟，丕釐上帝之耿命[8]。乃用三有宅，克即宅；曰三有俊，克即俊[9]。嚴惟丕式，克用三宅三俊[10]。其在商邑，用協于厥邑；其在四方，用丕式見德[11]。

7 德，指行爲言。弗作，不爲也。往任，謂以往任用官吏之道。暴德，猶言暴行。罔後，謂國滅絕世也。

8 亦越，經傳釋詞云：「承上起下之詞。」陟，義如堯典「汝陟帝位」之陟，謂登天子之位也。丕，語詞。釐，理也；義見詩臣工鄭箋。耿，說文引杜林云：「光也。」

9 有宅、有俊之有，皆語詞無義。吳氏尚書故云：「以事、牧、準三者度人，謂之三宅；以三者進人，謂之三俊。」即，就。曰，猶及也；參注2。克即宅，言所度皆當。克即俊，言所進用者皆才智之士也。

10 嚴，尊嚴也。丕，語詞。式，說文：「法也。」嚴惟丕式，克用三宅三俊；言湯尊嚴而足以爲法則者，以能從事三宅三俊之故也。

11 商邑，指殷都城言。協，爾雅釋詁：「和也。」四方，猶言天下。用丕式見德，言於是爲天下法式而顯現其德也。

嗚呼！其在受德暋，惟羞刑暴德之人，同于厥邦[12]；乃惟庶習逸德之人，同于厥政[13]。帝欽罰之，乃伻我有夏，式商受命，奄甸萬姓[14]。亦越文王、武王，克知三有宅心，灼見三有俊心；以敬事上帝，立民長伯[15]。立政：任人、準夫、牧，作三事[16]；虎賁、綴衣、趣馬、小尹，左右攜僕，百司庶府[17]；大都、小伯、藝人、表臣、百司，太史、尹伯、庶常吉士[18]；司徒、司馬、司空、亞、旅[19]；夷、微、盧、烝、三亳、阪尹[20]。文王惟克厥宅心，乃克立茲常事司牧人，以克俊有德[21]。

12 受；紂名；牧誓言商王受，可證。受德，猶前文言桀德也。周書克殷篇、呂氏春秋當務篇，皆謂紂名受德，恐非是。參楊氏覈詁說。暋（ㄏㄨㄣ），與昏通。說文昏：「一曰民聲。」是昏一作暋。盤庚：「不昏作勞。」孔氏正義云：「鄭玄讀昏爲暋。」是暋昏互通之證。此暋字應讀爲昏，迷亂也。羞，朱氏古注便讀云：「狃也；猶習也。」羞刑，謂慣用刑罰。暴德，行爲暴虐。同，共也。

13 庶，衆。習，慣於。逸德，邪惡之行爲。

14 欽，孫氏注疏云：「與厥通。釋詁云：『興也。』」按：興，起也。伻，使。有夏，謂周也；說詳康誥注[6]。式，用也；猶以也。奄，義如詩閟宮「奄有龜蒙」之奄，鄭箋云：「奄，覆。」按：即包有之意。甸，治也；義見詩信南山毛傳。萬姓，謂民衆。

15 心，意也。灼，說文作焯，云：「明也。」伯，亦長也。

16 蔡氏集傳云：「任人，常任也。準夫，準人也。牧，常伯也。」作，爲也。三事，指任人、準夫、牧而言；意謂三種職事也。

17 趣馬，僞孔傳云：「掌馬之官。」蓋本周禮夏官爲說。小尹，簡氏集注述疏云：「尹，正也。小官之正長，如周官虎賁氏之下有旅賁氏，趣馬之下有牧師也。」左右攜僕，王鳴盛尚書後案云：「左右攜持器物之僕，謂寺人，內小臣等也。」百司庶府，江氏集注音疏云：「若禮記曲禮云：天子之六府，曰：司土、司木、司水、司草、司器、司貨是也。周禮則官名言司者尤多。府則有太府、玉府、內府、外府、泉府、天府之屬。言百言庶，皆凡括百官之詞也。」自虎賁以下，至百司庶府，蔡氏集傳云：「此侍御之官也。」

18 大都、小伯，蔡氏集傳引呂氏曰：「大都、小伯者，謂大都之伯，小都之伯也。」楊氏覈詁云：「周禮載師注引司馬法：『小都，卿之采地。大都，公之采地。』小伯與大都對文，疑卽小都之長。都伯互稱，乃變文也。」藝人，曾氏尚書正讀云：「蓋徵稅官也。左昭十三年傳：『貢之無藝。』家語：『合諸侯而藝貢焉。』注：『藝，分別貢獻之事。』」表臣，于氏尚書新證謂：表，乃封之訛。散盤封作𡉚，諸家多誤爲表。封臣，卽封人，掌疆界者也。百司，此謂都邑之百司。太史，史官之長。尹伯，蓋謂尹氏也；楊氏覈詁說。庶常吉士，僞孔傳謂：衆掌常事之善士。自大都至庶常吉士，蔡氏集傳云：「此都邑之官也。」

19 司徒至亞、旅，蔡氏集傳云：「此諸侯之官也。」亞、旅，參牧誓注5。

20 夷，楊氏覈詁云：「疑亦戎名。睘卣有夷伯，是其證。」微、盧，並見牧誓。三亳，孔氏正義引鄭玄云：「湯舊都之民，服文王者，分爲三邑。其長居險，故言阪尹。蓋東成皐，南轘轅，西降谷也。」正義又云：「皇甫謐以爲：三亳，三處之地，皆名爲亳。蒙爲北亳，穀熟爲南亳，偃師爲西亳。」王國維說亳（見觀堂集林）云：「二說不同。然立政說文王事，時周但長西土，不得有湯舊都之民，與南北西三亳之地。此三亳者，自爲西夷。」茲從其說。烝，舊說或訓衆，或訓君，似皆未安；俞氏羣經平議以爲地名，蓋可信。阪尹，舊說率以爲險地之長官，似亦未安。俞氏平議，據昭公二十三年左傳「單子從阪道，劉子從尹道伐尹」之語，以爲阪、尹皆地名。余曩從其說。今按：阪道，蓋險坡之道；尹道，蓋入尹之道，似皆非地名。尹，雖爲邑名；而地在今宜陽（本日人竹添光鴻左傳會箋說），隣近洛邑，非蠻夷所居也。疑阪亦國族名，而非阪道之阪。尹，正也；長也。謂監視夷、微、盧、烝、三亳、阪諸戎狄國族之官長。蔡氏集傳所謂：「此王官之監於諸侯四夷者也。」

21 厥，語助詞。克厥宅心，言能度於心也。吳氏尚書故云：「常事，猶孟子所云常職也。司牧，猶左傳之言使司牧之也。常事司牧人，謂常職主治人也。」以克俊有德，言能進用俊傑有德之人也。

文王罔攸兼于庶言[22]。庶獄、庶愼，惟有司之牧夫，是訓用違[23]；庶獄、庶愼，文王罔敢知于茲[24]。亦越武王，率惟敉功，不敢替厥義德[25]；率惟謀從容德，以竝受此丕丕基[26]。

22 庶言，蔡氏集傳云：「號令也。」按：國語周語上：「有不祀則修言。」韋注：「言，號令也。」庶言，謂各種號令。號令繁多，不必盡出王朝，故文王不兼爲之。蔡氏集傳所謂：「文王不敢下侵庶職。」是也。

23 庶獄，諸獄訟之事。愼，于氏尚書新證云：「愼應讀訊。荀子賦篇：『行遠疾速而不可託訊者與。』注：『本或作託訓。』洪範：『于帝其訓』、『是訓是行』，史記訓並作順。易繫辭：「愼斯術也。」釋文：『愼，本作順。』荀子成相：『請布基愼聖人。』注：『愼，讀爲順。』是訊、訓、愼、順古通之證。……然則庶獄庶愼者，庶獄庶訊也。」按：獄，謂獄訟之事。訊，謂審訊盜賊姦宄等事。有司，謂主其事者。牧夫，官吏也。是訓用違，吳氏尚書故云：「廣雅：『訓，順也。』順者，從也。違者，不從也。言庶獄庶愼，一委有司，惟所從違也。」按：用、以通義，以、攸互用；此用字，猶語詞之攸也。龍君宇純疑用爲毋之訛；則於文義尤順。

24 知，意謂過問也。

25 率，用。敉，終；意謂完成。敉功，謂完成文王之功業。替，廢也；義見詩楚茨毛傳。厥，其也；指文王言。義，善也；義見詩文王毛傳。義德，善行也。

26 率惟，語助也；參君奭注15。謀，圖謀。容，吳氏尚書故云：「讀爲睿。鄭五行傳注：『容當爲睿。』是其證。」按：睿德，謂文王睿知之行爲也。竝，普也；經義述聞說。丕丕，大也。基，業也。丕丕基語，已見大誥。

嗚呼！孺子王矣！繼自今，我其立政立事[27]。準人、牧夫，我其克灼知厥若，丕乃俾亂；相我受民，和我庶獄、庶慎[28]。時則勿有間之，自一話一言[29]。我則末惟成德之彥，以乂我受民[30]。

27 繼自今，自今以後也。經義述聞云：「立政，謂建立長官也。立事，謂建立羣職也。」

28 若，爾雅釋詁：「善也。」丕乃，猶爰乃也。俾，使。亂，治也。相，輔助。受民，受於天之民也；前已數見。和，猶適也；義見淮南子說山篇注。適，即適當之意。

29 時，是。間，代也；義見詩桓毛傳。話，爾雅釋詁：「言也。」

30 末，終也；義見周書皇門篇孔晁注。吳氏尚書故云：「則末惟者，乃終有也。」彥，美士也；義見爾雅釋訓。乂，治理也。

嗚呼！予旦已受人之徽言咸告[31]。孺子王矣！繼自今，文子文孫，其勿誤于庶獄、庶慎，惟正是乂之[32]。自古商人，亦越我周文王，立政、立事：牧夫、準人，則克宅之，克由繹之，茲乃俾乂國[33]。則罔有立政，用憸人，不訓于德，是罔顯在厥世[34]。繼自今立政，其勿以憸人，其惟吉士，用勱相我國家[35]。

31 已受，漢石經作以前。按：已、以古通。受，毛公鼎作[illegible]。前，追毁作[illegible]。二字形近易混。作前是也。

徽，漢石經作徽。按：作徽義較長。徽，爾雅釋詁：「善也。」咸，偏也；參注[2]。

32 文子、文孫，猶言先王之子孫也。周人謂已歿之祖與父，曰文祖、文考，故其後人曰文子、文孫。誤，吳氏尚書故云：「誤者，虞也。詩傳：『虞，誤也。』是誤虞同義。」按：虞，顧慮也。下同。正，蔡氏集傳云：「猶康誥所謂正人，……指當職者爲言。」乂，治也。

33 宅，度。于氏尚書新證云：「由，用也。繹，乃擇之譌。魯頌泮水釋文：『繹，本作斁。』大雅思齊：『古之人無斁。』釋文：『斁，鄭作擇。』」以明繹擇互通。茲從其說。茲，如此。國字絕句，本孫氏注疏說。

34 則罔有立政，意謂若不善設官也。憸（ㄒㄧㄢ）人，釋文引馬融云：「利佞人也。」訓，順。是，猶則也；吳氏尚書故說。

35 吉士，善士也。勱（ㄇㄞˋ），說文：「勉力也。」相，輔助也。

今文子文孫，孺子王矣。其勿誤于庶獄，惟有司之牧夫。其克詰爾戎兵，以陟禹之迹[36]。方行天下，至于海表，罔有不服[37]。以覲文王之耿光，以揚武王之大烈[38]。嗚呼！繼自今後王立政，其惟克用常人[39]。」

36 詰，謹也；義見周禮大司寇鄭注。戎兵，武備也。陟，猶履蹈也；朱氏古注便讀說。禹之迹，僞孔傳云：「禹治水之舊迹。」按：猶言天下也。陟禹之迹，意謂統有天下。

37 方，普也。表，外也。

38 覲，爾雅釋詁：「見也。」耿，亦光也。烈，爾雅釋詁：「業也。」

39 常，吳氏尚書故云：「鄭儀禮注（里按：見士虞禮記）：『古文常爲祥。』爾雅：『祥，善也。』常人，善人也。」

周公若曰：「太史！司寇蘇公！式敬爾由獄，以長我王國[40]。茲式有愼，以列用中罰[41]。」

40 呼太史者，欲其記之。司寇，主刑之官。蘇公，蓋謂蘇忿生也。成公十一年左傳：「昔周克商，使諸侯撫封，蘇忿生以溫爲司寇。」至成王親政時，蘇忿生蓋尚在。式，用。敬，謹。由，朱氏古注便讀云：「以也；猶用也。」長，久也。

41 茲，指刑獄言。式，用。有，如盤庚「曷不暨朕幼孫有比」、及多士「朕不敢有後」之有，語助也。茲式有愼，言於此刑獄之事須愼重也。列，禮記服問：「傳曰：罪多而刑五，喪多而服五，上附下附，列也。」鄭注：「列，等比也。」中，義如論語子路篇「刑罰不中」之中，公平也。列用中罰，言比照罪過輕重而用公平之刑罰也。

顧命

說文：「顧，還視也。」史記周本紀集解引鄭玄曰：「臨終出命，故謂之顧。顧，將去之意也。」蔡氏集傳云：「成王將崩，命羣臣立康王，史序其事爲篇。」

王先謙尙書孔傳參正謂：伏生以顧命及康王之誥爲二篇；歐陽及大小夏侯，則合康王之誥於顧命，而爲一篇。說詳概說。書序亦分二篇。於顧命云：「成王將崩，命召公畢公率諸侯相康王，作顧命。」於康王之誥云：「康王既尸天子，遂誥諸侯，作康王之誥。」史記亦爲二篇（見周本紀）；惟於康王之誥，亦作康誥。與諸家不同。僞孔本自「諸侯出廟門俟」以上爲顧命，自「王出在應門之內」以下，爲康王之誥。孔氏正義於康王之誥云：「伏生以此篇合於顧命，共爲一篇。後人知其不可，分而爲二。馬、鄭、王本，此篇自『高祖寡命』已上，內於顧命之篇；『王若曰』已下，始爲康王之誥。」按：馬、鄭、王尙書注，至唐猶存（見唐志），正義所言當不誣。惟謂伏生以康王之誥合於顧命，則誤以歐陽、大小夏侯本爲伏生本耳。漢人以尙書二十九篇，應北斗及二十八宿之象。及河內女子獻泰誓，增多一篇，與星象不合；乃合康王之誥於顧命，意在維持二十九之數耳。馬、鄭、王三家所分，與僞孔本既不同；孰是孰非，已莫能詳。茲姑依歐陽及大小夏侯本，不更分爲二篇。

惟四月，哉生魄，王不懌[1]。甲子，王乃洮頮水；相被冕服，憑玉几[2]。乃同召太保奭、芮伯、彤伯、畢公、衞侯、毛公、師氏、虎臣、百尹、御事[3]。

1 漢書律歷志述劉歆三統歷云：「是歲十二月戊辰晦，周公以反政。故洛誥篇曰：『戊辰，王在新邑，烝祭歲。命作策。惟周公誕保文武受命惟七年。』成王元年，正月己巳朔，此命伯禽俾侯于魯之歲也。後三十年四月庚戌朔，十五日甲子，哉生霸。故顧命曰：『惟四月，哉生霸，王有疾不豫。甲子，王乃洮沬水。』作顧命。翌日乙丑，成王崩。」是劉歆以此四月為成王三十年之四月也。孫氏注疏云：「案：成王在位年數，史記無文。劉歆說以哉生霸為十五日，亦不可信。」哉，始。魄，月初生之明；非十五日也；說詳康誥注[1]。懌，悅也；義見詩板毛傳。

2 甲子，哉生魄後之甲子日也。劉歆以為哉生魄即甲子日，非是。洮（ㄊㄠ）、頮（ㄏㄨㄟ），釋文引馬融云：「洮，洮髮也。」又云：「頮，頮面也。」吳氏尚書故云：「馬蓋讀洮為縚也。鄭士昏禮注：『纚，縚髮。』是縚髮古人常語；若洮髮則無此稱也。……鄭讀洮為濯；則濯頮同事，下綴水字，殊為不詞。此經蓋縚為一事，頮水為一事也。」按：吳說較勝。相，孔氏正義引鄭玄云：「相者，正王服位之臣，謂太僕也。」被冕服，以冕加於王首，以袞服加於王身也。孔氏正義云：「覲禮：王服袞冕而有玉几。此既憑玉几，明服袞冕也。」憑，依也。玉几，以玉為飾之几也。

3 奭，召公奭；時為太保。芮（ㄖㄨㄟ）伯，詩桑柔正義引鄭玄書序注云：「芮伯，周同姓，國在畿內。」彤（ㄊㄨㄥ）伯，孔氏正義引王肅云：「彤，姒姓之國。」世本（桓公三年左傳正義引）鄭玄（詩桑柔正義引鄭玄書序注），皆謂芮為姬姓之國。按：漢書地理志左馮翊臨晉注云：「芮鄉，故芮國。」是其國在周畿內。疑初為姒姓之國，故有虞芮質成之事；至殷周之際，始為姬姓之國也。畢公、毛公，孔氏正義述世本之說云：「畢、毛，文王庶子。」師氏，主兵之官；已見牧誓。虎臣，偽孔以為虎賁氏。百尹，百官之長。御事，治事之官也；前已數見。

王曰：「嗚呼！疾大漸，惟幾[4]。病日臻，既彌留，恐不獲誓言嗣，茲予審訓命汝[5]。昔君文王武王，宣重光，奠麗陳教則肄[6]。肄不違，用克達殷集大命[7]。在後之侗，敬迓天威，嗣守文武大訓，無敢昏逾[8]。今天降疾、殆，弗興弗悟[9]。爾尚明時朕言，用敬保元子釗，弘濟于艱難[10]。柔遠能邇，安勸小大庶邦[11]。思夫人自亂于威儀，爾無以釗冒貢于非幾[12]。」

4 漸，劇也；義見列子力命篇「七日大漸」注。幾，爾雅釋詁：「危也。」

5 臻，爾雅釋詁：「至也。」彌，爾雅釋言：「終也。」彌留，言已將終而暫留也；本王氏孔傳參正說。嗣，當為嗣，籀文辭字；俞氏羣經平議說。審，詳也；義見呂氏春秋察微篇高注。訓命，猶言告教也。

6 宣，顯也；義見詩淇澳釋文引韓詩。文武二世，功業皆光顯，故曰重光。奠，定也；義見周禮天官職幣鄭注。麗，法也；參多方注[7]。陳，布也；義見國語周語上韋注。肄，勞也；義見詩谷風毛傳。

7 達，避也；義見國語周語中韋注。達，撻也，擊也；朱氏古注便讀說。集，廣雅釋詁三：「成也。」大命，國運也。

8 侗（ㄊㄨㄥˊ），朱氏古注便讀云：「僮也；猶言沖人孺子也。」此成王自謂。敬，謹。迓，迎。昏，讀為泯，蔑也；輕忽也；參牧誓注[10]。逾，吳氏尚書故云：「逾渝同字。詩傳：『渝，變也。』」

9 殆，爾雅釋詁：「危也。」興，爾雅釋言：「起也。」悟，說文：「覺也。」即今語清醒之意。

10 尚，庶幾。時，是。敬，謹。元子，太子也。釗（ㄓㄠ），康王名。弘，爾雅釋詁：「大也。」濟，渡過。

11 柔遠能邇，參堯典注[107]。安，吳氏尚書故云：「楊倞荀子注：『安，語助。……荀子多用此字。……』」勸，勉。庶邦，謂眾諸侯。

12 夫人，吳氏尚書故云：「高誘淮南注：『夫人，眾人也。』」按：猶今語所謂人人也。亂，治。冒，江氏集注音疏云：「觸也。」貢，釋文云：「馬、鄭、王作贛。……馬云：『陷也。』」江氏集注音疏云：「說文血部：䘏，从血，臽聲。或作𧗻，贛聲。則贛臽同聲。故云：贛，陷也。」非幾，吳氏尚書故云：「非法也。小爾雅：『幾，法也。』」

茲既受命還，出綴衣于庭[13]。越翼日乙丑，王崩。

13 出，徹出也。綴衣，僞孔傳云：「幄帳。」孔氏正義申之云：「下云：『狄設黼扆、綴衣。』則綴衣是黼扆之類。黼扆是王坐立之處，知綴衣是施張於王坐之上，故以爲幄帳也。」吳氏尚書故云：「喪大記云：『疾病，徹褻衣，加新衣。』是其事也。」

太保命仲桓、南宮毛，俾爰齊侯呂伋[14]，以二干戈，虎賁百人，逆子釗於南門之外[15]；延入翼室，恤宅宗[16]。丁卯，命作册度[17]。越七日癸酉，伯相命士須材[18]。

14 太保，召公奭也。時周公已歿，召公最爲元老重臣，故治喪及命新王，皆由召公主之。仲桓、南宮毛，二臣名。孫氏注疏云：「古今人表第三等，有中桓、南宮髦，當是今文。」俾，爾雅釋詁：「使也。」爰，說文：「引也。」呂伋，齊太公子丁公也。成王母邑姜，爲齊太公女，是呂伋乃王舅。時爲異姓中之重臣，故以迎新王。

15 二干戈，僞孔傳云：「桓、毛二臣，各執干戈。」逆，說文：「迎也。」南門，僞孔傳以爲路寢門。孫氏注疏申史記義，以爲廟門。吳氏尚書故云：「王崩在路寢，子釗亦在路寢矣。逆于路寢門外者，自路寢迎之，出就翼室耳。」

16 延，引也；朱氏古注便讀說。翼室，孫氏注疏云：「翼者，詩箋云：『在旁曰翼。』……翼室者，左路寢也。」吳氏尚書故云：「翼室，倚廬也。……爾雅：『室無東西廂曰寢。』是路寢故無夾室也。上言逆于路寢門外，若不出此門，何用迎邪？」按：吳氏說較勝。惟此時未必有倚廬之制；則翼室蓋路寢旁院之室也。恤宅宗，孫氏注疏云：「後漢書班固傳典引云：『正位度宗。』注云：『尚書曰：延入翼室，恤度宗。度，居也。宗，尊也。』江氏聲云：『宗者，白虎通宗族篇云：宗，尊也；爲先祖主也。是宗猶主也。憂居爲喪主。』」（按：孫氏引江聲說，乃逑其大意，與原文不盡同。）

17 作冊，官名；已見洛誥。度，謂度量制定喪禮等儀節。

18 伯相，僞孔傳云：「邦伯爲相，則召公。」須，待也；義見易歸妹釋文。此謂備材以待用。材，金履祥書經注云：「材，物也；……如下文禮器几席車（里案：車，一作事；恐非是。）輅戈鉞之類是也。」

狄設黼扆、綴衣[19]。牖間南嚮，敷重篾席、黼純，華玉仍几[20]。西序東嚮，敷重厎席、綴純，文貝仍几[21]。東序西嚮，敷重豐席、畫純，彫玉仍几[22]。西夾南嚮，敷重筍席、玄紛純，漆仍几[23]。

19 王國維周書顧命考（見觀堂集林）云：「以下記布几筵事。」按：此下所記行事，在廟。狄，孔氏正義云：「禮記祭統云：『狄者，樂吏之賤者也。』……喪大記復魄之禮云：『狄人設階。』是喪事使狄，與此同也。」黼，兩已相背形之花紋（），其色則黑白相間也。說詳拙著釋黹屯（見書傭論學集）。扆（ㄧ），與依通。周禮春官司几筵：「王位設黼依。」鄭注云：「依，其制如屏風然。」黼扆，飾有兩已相背形花紋之扆也。扆置於天子座後。綴衣，見前。

20 牖，窗。牖間，戶牖之間也。孔氏正義謂在窗東戶西；是也。嚮，同向。敷，布也；說文引作布。猶今語鋪也。重，雙層也。篾，說文引作㒝（讀與篾同），云：「纖蒻席也。」段氏古文尚書撰異云：「析其最外之青皮爲席，謂之筍席；析其次青者爲席，謂之篾席。」純，爾雅釋器：「緣，謂之純。」即邊緣也。黼純，席之邊緣，飾以兩已相背形之紋也。華玉，孔氏正義引鄭玄云：「五色玉也。」言以五色玉飾几。仍，說文：「因也。」謂因舊几不改作。

21 序，爾雅釋宮：「東西牆謂之序。」說文：「序，東西牆也。」段注：「堂上以東西牆爲介，禮經……謂正堂近序之處曰東序西序。」底，釋文引馬融云：「青蒲也。」孔氏正義引王肅云：「底席，青蒲席也。」綴，僞孔傳云：「雜彩。」文貝，有花紋之貝也。

22 豐席，孔氏正義引王肅云：「豐席，莞。」詩斯干鄭箋：「莞，小蒲之席也。」畫，孔氏正義引鄭玄云：「似雲氣，畫之爲緣。」彫玉，琢玉爲紋也。

23 夾，夾室；在序旁。筍席，見注[20]。玄紛純，孔氏正義引鄭注云：「以玄組爲之緣。」是鄭釋紛爲組也。組，今語謂之絲繩。漆，髹漆也。王國維周書顧命後考云：「昏禮與聘禮之几筵一，而此獨四者，曰：牖間、東序、西序三席，蓋爲大王、王季、文王；而西夾南嚮之席，則爲武王。然則何以不爲成王設也？曰：成王方在殯，去升祔尚遠，未可以入廟。且太保方攝成王，以命康王，更無緣設成王席也。」

越玉五重[24]：陳寶、赤刀，大訓、弘璧，琬、琰，在西序[25]；大玉、夷玉，天球、河圖，在東序[26]；胤之舞衣、大貝、鼖鼓，在西房[27]；兌之戈、和之弓、垂之竹矢，在東房[28]。大輅在賓階面[29]，綴輅在阼階面[30]，先輅在左塾之前[31]，次輅在右塾之前[32]。

24 王氏顧命考云：「以下記陳宗器。」越，與粵通，語詞。王國維陳寶說（見觀堂集林）云：「重者，非一玉之謂。蓋陳寶、赤刀爲一重，大訓、弘璧爲一重，琬（ㄨㄢ）、琰（ㄧㄢ）爲一重：在西序者三重。大玉、夷玉爲一重，天球、河圖爲一重：在東序者二重。合爲五重。」

25 陳寶，玉器名。秦文公曾獲陳寶，其質在玉石之間；說詳王氏陳寶說。赤刀，按：近人端方藏有古玉刀，長二尺九寸餘，其上塗朱（見陶齋古玉圖）。本經所謂赤刀，蓋卽此類。大訓，蓋卽上文所謂「文武大訓」，而著之於玉版者。弘璧，璧之大者。琬、琰，皆圭也。周禮春官典瑞鄭司農注云：「琬圭無鋒芒，……琰圭有鋒芒。」是圭之圓端者曰琬，尖端者曰琰。

26 大玉、夷玉、天球，孔氏正義引鄭玄云：「大玉，華山之球也。夷玉，東北之珣玗琪也。天球，雍州所貢之玉色如天者。」其說當否，未能遽定。河圖，胡渭易圖明辨（卷一）云：「據曹魏時張掖出石圖，有八卦之狀。高堂隆以比東序之世寶；則河圖當爲石類。兪玉吾琰云：『天球，玉也。河圖而與天球並列，蓋玉之有文者。』」按：兪說蓋是。河圖蓋具有自然紋之玉石，而獲之於黃河者也。後世附會之說，皆難徵信。周禮春官天府云：「凡國之玉鎭大寶器藏焉。若有大祭大喪，則出而陳之。旣事，藏之。」周禮之說，與此陳玉之事合。

27 胤、及下文兌、和、垂，鄭玄以爲皆古人造此物者之名（見周禮天府疏）。胤之舞衣，胤所製之舞衣也。大貝，孔氏正義引伏生書傳云：「散宜生之江淮，取大貝如大車之渠。」殆卽此也。鼖（ㄈㄣ），爾雅釋樂：「大鼓謂之鼖。」房，說文：「室在旁也。」段氏注云：「凡堂之內，中爲正室，左右爲房，所謂東房西房也。」

28 兌、和、垂，皆人名；見注27。

29 輅（ㄌㄨ），廣雅釋器：「車也。」通作路。大路，鄭玄云：「玉路也。」（見周禮春官典路疏）孔氏正義云：「周禮巾車：掌王之五輅：玉輅、金輅、象輅、革輅、木輅。是爲五輅也。此經所陳四輅，必是周禮五輅之四。……故知大輅，玉輅也。綴輅，……金輅也。」按：周禮所言五輅，未必與周初之制相合。而鄭玄及正義之說，後世多從之。姑存其說，以待後證。賓階，賓客所升之階，卽西階也。面，猶前也。

30 阼（ㄗㄨㄛ）階，主人所升之階，卽東階也。

31 先輅，鄭玄云：「先路，象路。」左塾之前，鄭氏又云：「門側之堂謂之塾；謂在路門內之西，北面與玉路相對也。」（見周禮天官典路疏）

32 次輅，孔氏正義，謂卽木輅。右塾之前，鄭玄云（出處同前）：「（次輅）在門內之東，北面。」按：周禮春官典路云：「掌王及后之五路，……若有大祭祀，則出路，贊駕說。大喪、大賓客亦如之。」大喪出路之說，可與本經互證。

二人雀弁執惠，立于畢門之內[33]；四人綦弁，執戈、上刃，夾兩階戺[34]；一人冕執劉，立于東堂[35]；一人冕執鉞，立于西堂[36]；一人冕執戣，立于東垂[37]；一人冕執瞿，立于西垂[38]；一人冕執銳，立于側階[39]。

33 王氏顧命考云：「以下記設兵衞。」雀弁「ㄅㄧㄢ」，孔氏正義引鄭玄云：「赤黑曰雀；言如雀頭色也。雀弁制如冕，黑色，但無藻耳。」簡氏集注述疏云：「士冠禮云：『爵弁服。』雜記云：『士弁而祭於公。』則弁者，士服也。」惠，兵器名。孔氏正義引鄭玄云：「惠狀蓋斜刃，宜芟刈。」其說當否，待考。（校者按：請參閱注39後所附資料。）畢門，吳氏尚書故引姚鼐云：「畢門者，廟之內門；穀梁傳所謂祭門也。」曾氏尚書正讀云：「畢門，鄭司農閽人及朝士注，並云：『路門，一曰畢門。』金榜云：『康王受册命在祖廟。畢門者，祖廟門也。』先儒以下經『王出在應門之內』，因釋畢門爲路門，蓋失考。」

34 綦（ㄑㄧˊ），孔氏正義引鄭玄云：「青黑曰綦。」上刃，蔡氏集傳云：「刃外嚮也。」夾，謂夾階戺而立。戺（ㄕˋ），廣雅釋宮：「砌也。」程瑤田謂卽夾階之斜石。（校者按：程說見釋宮小記，夾兩階戺圖說。）是也。四人者，乃二人夾賓階而立，二人夾阼階而立。

35 劉，孔氏正義引鄭玄云：「蓋今鑱斧。」鑱，說文：「銳也。」東堂，堂之東側近序處。此下凡在堂上服冕之侍衞，皆大夫也。

36 鉞，孔氏正義引鄭玄云：「大斧。」

37 戣（ㄎㄨㄟ），孔氏正義引鄭玄云：「戣、瞿，蓋今三鋒矛。」徐灝說文解字注箋云：「戴氏侗曰：『癸，鼎文作[illegible]。書云：一人冕執戣。殆似三歧矛，借爲壬癸之癸。』」按：[illegible]字金文數見；甲骨文亦有之，作[illegible]。蓋卽所謂三鋒矛也。（校者按：請參閱注[39]後所附資料。）垂，邊也；義見史記司馬相如傳「坐不垂堂」索隱引樂彥說。東垂，堂上之東邊。

38 瞿，見注[37]。西垂，堂上之西邊。

39 銳，孔氏正義引鄭玄云：「銳，矛屬。」孫氏注疏云：「銳，譌字也，當从說文作鈗。云：『侍臣所執兵也。周書曰：一人冕執鈗。讀若允。』」孫氏以說文鈗與鉈、鏦、錟等字相次，而後三者皆矛屬，以證鈗亦當爲矛屬。其說蓋是。按清人成瓘篛園日札（卷二），亦據說文，謂銳當爲鈗之誤。與孫說不謀而合。又：書古文訓亦作鈗，與說文同；益可助孫成二氏之說。側階，簡氏集注述疏云：「北堂之階也。」按：卽東房後北向之階，在堂之東北隅。（校者按：原稿上有眉批：「惠、戣……再參于省吾說。」並附有于氏尚書新證資料二則：「僞傳訓惠爲三隅矛。鄭康成云：『惠狀蓋斜刃，宜芟刈。』俞樾謂說文古文惠作[illegible]，[illegible]象三隅之形。按俞說近是。廣韻：『鏸，銳也。一曰矛三隅謂之鏸。』惠作鏸，猶戈之作鈛，戉之作鉞也。金文惠作[illegible]、作[illegible]。余藏一侯戟，在胡之上面多出一鋒，加以援胡二鋒，則爲三鋒矣，疑卽惠也。余又藏一[illegible]戟，援中有脊，亦象三鋒；考其形制，當在西周，與晚周匽戟有別。然則惠或卽雄戟歟？惟均無鋻。僞傳以矛名之，非是。鄭氏斜刃之解，未能驗諸實物，臆說也。」「鄭康成謂戣、瞿蓋今三鋒矛，非是。按戣卽鍨，郾王詈戈及□侯㦸殘戈均有鍨字。戣之作鍨，亦猶戵之卽鑺也。」今附於此。）

王麻冕黼裳，由賓階隮[40]。卿士邦君，麻冕蟻裳，入卽位[41]。太保、太史、太宗，皆麻冕彤裳[42]。太保承介圭，上宗奉同、瑁，由阼階隮[43]。太史秉書，由賓階隮，御王册命[44]。曰[45]：「皇后憑玉几，道揚末命，命汝嗣訓，臨君周邦；率循大卞，燮和天下，用荅揚文武之光訓[46]。」王再拜，興[47]。荅曰：「眇眇予末小子，其能而亂四方，以敬忌天威[48]？」乃受同、瑁，王三宿三祭三咤[49]。上宗曰：「饗[50]。」太保受同，降[51]。盥[52]。以異同，秉璋以酢[53]。授宗人同；拜，王荅拜[54]。太保受同，祭，嚌，宅[55]。授宗人同；拜，王荅拜。太保降[56]。收[57]。諸侯出廟門俟[58]。

40 王氏顧命考云：「此以下則專記册命事也。」麻冕，太平御覽（卷六八六）引鄭玄云：「三十升布冠也。」儀禮喪服傳鄭注云：「布八十縷爲升。」三十升，二千四百縷；布之至細者也。孔氏正義云：「王麻冕者，蓋袞冕也。……鄭玄周禮注云：『袞之衣五章，裳四章。』」裳，下衣也。黼裳，以黼形花紋飾於裳之邊緣也。參注19。此非喪服，然亦非純吉。隮，同躋，升也；義見爾雅釋詁及詩蝃蝀毛傳。孔氏正義云：「禮：君升阼階。此用西階升者，以未受顧命，不敢當主也。」

41 蟻裳，太平御覽（卷六八六）引鄭玄云：「蟻，謂色玄也。」卽位，各就其位也。孫氏注疏云：「經言入卽位，不言升階，知皆陪位於中廷也。」

42 太宗，僞孔傳云：「太宗、上宗，卽宗伯也。」謂太宗、上宗卽周禮之大宗伯，未知是否。然爲相禮之官，則無可疑。彤，僞孔傳云：「纁也。」孫氏注疏云：「周禮樂人注鄭司農云：『纁，絳也。』」是彤裳卽絳色之裳也。此純吉之服。

43 承，說文：「奉也。」介，爾雅釋詁：「大也。」又釋器云：「珪大尺二寸，謂之玠。」則介圭，大圭也。

上宗，卽太宗。參注42。同，鄭玄以爲酒杯。三國志吳志虞翻傳注引翻別傳云：「伏見故徵士北海鄭玄所注尙書，以顧命康王執瑁，古冃似同，從誤作同；旣不覺定，復訓爲杯，謂之酒杯。」是虞翻以同爲冃之誤。姚鼐云（見惜抱軒筆記卷一）：「經本是『上宗奉同』；其瑁字則作僞者因虞翻語而妄增。……若經本有瑁字，虞翻安得復讀同爲冃，而反譏康成釋爲酒杯之非乎？」按：姚氏說可信；蓋尙書或有作冃之本，讀者注瑁字於冃字下；其後瑁字誤變爲正文也。然此字實不應作冃。孫氏注疏云：「虞意欲以同爲冃，……妄詆鄭氏，實非也。下文王受同，三宿三祭三咤，太保受同，是同爲酒器，俱不可謂之冃。始知鄭說不可易也。江氏聲說同爲圭瓚，云：以挹鬯祼祭者；周禮謂之祼圭。王氏鳴盛亦云：下文太保以異同，秉璋以酢，則彼同是璋瓚矣。」按：孫江王三家之說蓋是。禮記明堂位：「灌用玉瓚。」鄭注云：「瓚形如槃，容五升。以大圭爲柄，是爲圭瓚。」又按：甲骨文凡字作月，卽槃之初文（說詳郭氏卜辭通纂二十九葉）。音讀與般盤同；甲骨文盤庚或作凡庚，可證。然則，此同字其月（盤）之誤歟？王氏顧命考云：「大保由阼階者，攝主，故由主階。」攝主，代理主人也。

44 秉，持。王氏顧命考云：「書，册書。古者命必有辭，辭書於册，謂之命書。」御，迓古通；迎也。御王册命，言迎王而册命之也。王氏顧命考說。

45 謂太史所讀册命之辭。

46 皇，大也；義見詩皇矣毛傳。后，君也。義見爾雅釋詁。此皇后，謂成王也。道，簡氏集注述疏云：「孝經云：『非先王之法言不敢道。』則道者，言也。」揚，廣雅釋詁二：「說也。」道揚，道說也。末，終也；參召誥注49。末命，謂最後之命令。嗣訓，朱氏古注便讀云：「繼守其訓也。」按：卽前文嗣守文武大訓之義。率，爾雅釋詁：「循也。」率循，遵循也。卞，僞孔傳訓法；蓋本王肅說。茲從之。燮，爾雅釋詁：「和也。」荅揚，猶詩江漢及金文中習見之對揚，謂報答之而又顯揚之也。光，昭顯也。

47 興，爾雅釋言：「起也。」

48 眇，微也；義見文選幽通賦「沓孤蒙之眇眇兮」曹大家注。末，小也；義見呂氏春秋精諭篇高注。其，猶寧也；而，猶以也；經傳釋詞並有說。亂，爾雅釋詁：「治也。」四方，猶言天下。忌，畏也；義見昭公十四年左傳杜注。敬忌，猶言敬畏。

49 乃受同，謂王受同於太宗也。此太保獻王酒，而由太宗授王。王氏顧命考說。瑁，王氏顧命考以爲涉上文而衍。按：蓋亦注文誤爲正文也；參注43。宿，孔氏正義引鄭玄云：「徐行前曰肅，卻行曰咤。王徐行前三祭，又三卻復本位。」是鄭玄讀宿爲肅。肅，爾雅釋詁：「進也。」故鄭玄以徐行前說之。咤，詫。說文作託，云：「奠爵酒也。」馬融作詫（見釋文：「與說文音義同。」）與鄭玄異義。僞孔傳說咤義，與說文同。孔氏正義申之云：「祭各用一同爲一進。三宿，謂三進爵；從立處而三進至神所也。三祭酒，三酹酒於神坐也。每一酹酒，則一奠爵；三奠爵於地也。」咤，今文作嚌；說詳王氏周書顧命後考。

50 饗，說文：「鄉人飲酒也。」僞孔傳云：「讚王曰饗福酒。」孔氏正義申之云：「於王三奠爵訖，上宗以同酌酒進王。讚王曰：饗福酒也。王取同嚌之，乃以同授太保也。」

51 受同，接受王饗酒之同也。降，謂下堂。下堂反同於篚也。

52 盥，洗手也；義見禮記內則「咸盥漱」釋文。

53 以異同，以另杯酌酒也。璋，半圭也；義見詩斯干毛傳。此謂瓚（卽同）柄。王氏顧命考云：「此太保旣獻王，乃自酢也。古敵者之禮，皆主人獻賓，賓酢主人。惟獻尊者，乃酌以自酢。……以異同自酢者，不敢襲尊者之爵也。」

54 宗人，舊說以爲卽周禮之小宗伯。姑從之。此謂太保以酢酒之同授與宗人也。拜，謂拜王。

55 受同，謂受同於宗人，爲將祭也。嚌（ㄐㄧˋ），禮記雜記下鄭注云：「嚌、啐，皆嘗也。嚌至齒，啐入口。」皆似飲而實不飲也。宅，以上文例之，當爲咤之假借。

56 降，下堂也。

57 收，簡氏集注述疏云：「徹禮器也。太保既降，則有司徹矣。」

58 諸侯，省文，意謂諸侯卿士等也。俟，謂俟後命。以上行事在廟。僞古文本顧命止此。

王出在應門之內[59]。太保率西方諸侯，入應門左[60]；畢公率東方諸侯，入應門右。皆布乘黃朱[61]。賓稱奉圭兼幣，曰：「一二臣衞，敢執壤奠[62]。」皆再拜稽首。王義嗣德，荅拜[63]。太保暨芮伯，咸進，相揖，皆再拜稽首[64]。曰：「敢敬告天子：皇天改大邦殷之命，惟周文武，誕受羑若，克恤西土[65]。惟新陟王，畢協賞罰，戡定厥功，用敷遺後人休[66]。今王敬之哉！張皇六師，無壞我高祖寡命[67]。」

59 僞古文尚書本，自此以下爲康王之誥。王出在應門之內者，吳氏尚書故云：「出者，出廟門也。應門之內爲治朝，故郭璞注釋宮，謂應門爲朝門也。諸侯出廟，在應門外；王出廟，在應門內。鄭注考工：廟寢同制。廟在寢東，廟內門與路門並，廟外門與應門並。廟之內外二門之間，必有廟寢相通之門，所謂闈也。王由此以至治朝也。」按：此言王立於應門內之中廷。以下行事在朝。

60 入應門左，言立於應門內之西側。

61 布乘黃朱，孫氏注疏云：「布者，廣雅釋詁云：『列也。』乘（ㄕㄥˋ），四馬也。詩叔于田云：『乘乘黃。』傳云：『四馬皆黃。』」案：古者車一乘駕四馬，故四馬爲乘。黃朱者，詩干旄疏引鄭駁異義云：『尚書顧命：諸侯入應門，皆布乘黃朱，言獻四黃馬朱鬣也。』」孔氏正義云：「定十年左傳云：『宋公子地有白馬四。公嬖向魋，魋欲之，公取而朱其尾鬣以與之。』是古人貴朱鬣。知朱者，朱其尾鬣也。」按：此諸侯獻王之馬也。

62 賓，僞孔傳云：「諸侯也。」稱，擧也；此義習見。吳氏尚書故云：「稱奉連文。」說文（玠字）引此語，圭上有介字。幣，謂幣貢；玉馬皮帛也；義見周禮天官太宰鄭注。奠，吳氏尚書故云：「鄭禮記注：『奠，猶獻也。』壤奠，猶言土貢。」

63 蔡氏集傳云：「義嗣德云者，史氏之辭也。康王宜嗣前人之德，故答拜也。吳氏曰：『穆公使人弔公子重耳，重耳稽顙而不拜。穆公曰：仁夫！公子稽顙而不拜，則未爲後也。盍爲後者拜；不拜，故未爲後也。』」

64 咸，皆。進，進前。相揖，言太保及芮伯相揖。皆再拜稽首，二人皆拜王也。

65 大邦殷，周初稱殷爲大邦殷，亦曰大商。誕，發語辭。羑，淮南子氾論篇高注云：「古牖字。」詩板：「天之牖民。」毛傳云：「牖，道也。」卽誘導之義。言文王武王受天之誘導也。若，句末語助詞。恤，憂慮。

66 陟，蔡傳釋爲升遐；謂新陟王爲成王；是也。竹書紀年於帝王之崩皆曰陟，可與此互證。畢，爾雅釋詁：「盡也。」協，和也；意謂適當。戡，爾雅釋詁：「克也。」卽今語能夠也。定，意謂成就。敷，溥。休，福祥。義皆前見。

67 張皇，張大也。六師，六軍也。天子六軍，說見詩瞻彼洛矣毛傳。高祖，孔氏正義云：「謂文王也。」寡命，孔氏正義引王肅云：「美文王少有及之，故曰寡有也。」僞孔傳云：「寡有之教命。」按：意謂獨特之命令。馬、鄭、王本，自此以上爲顧命。

王若曰：「庶邦侯、甸、男、衞！惟予一人釗報誥[68]：昔君文武，丕平富，不務咎，厎致齊信；用昭明于天下[69]。則亦有熊羆之士、不二心之臣，保乂王家，用端命于上帝[70]。皇天用訓厥道，付畀四方[71]。乃命建侯樹屏，在我後之人[72]。今予一二伯父，尚胥曁顧，綏爾先公之臣服于先王[73]。雖爾身在外，乃心罔不在王室[74]。用奉恤厥若，無遺鞠子羞[75]。」

68 馬鄭王本，自王若曰以下爲康王之誥。報，廣雅釋言：「復也。」報誥，猶言答復也。

69 丕，語詞。平，爾雅釋詁：「成也。」咎，猶罪過也；義見詩北山鄭箋。二語言造成民衆之富饒而不務罪過之也。厎，致。齊，同也；義見襄公二十二年左傳杜注。齊信，言民衆共同信賴之。

70 端，始也；俞氏羣經平議說。

71 訓，孫氏注疏云：「與順通。」厥，指文武言。畀，爾雅釋詁：「予也。」四方，猶言天下。

72 建侯，建置諸侯。樹屏，樹立屏藩；亦謂設置諸侯也。在，王氏經義述聞云：「相顧在也。」顧在，即眷顧之意。

73 伯父，儀禮覲禮言天子稱諸侯：「同姓大國則曰伯父，其異姓則曰伯舅；同姓小邦則曰叔父，其異姓小邦則曰叔舅。」一二，意謂少數；自謙不敢希望於衆諸侯也。胥，相。曁，與。顧，顧念。綏，讀爲緌。緌，爾雅釋詁：「繼也。」周禮天官夏采、禮記明堂位鄭注并云：「綏，當爲緌。」是綏緌互通之證。此言繼爾先公之臣服於先王（以臣服於今王）也。王氏經義述聞說。

74 外，謂王畿之外。乃，汝也。

75 奉，行也；義見國語晉語二韋注。恤，愼也；此義習見。厥，語詞。若，爾雅釋詁：「善也。」奉恤厥若，言謹愼行善也。鞠，爾雅釋言：「稚也。」鞠子，康王自謂也。

羣公既皆聽命，相揖趨出。王釋冕，反喪服[76]。

76 釋，謂解脫也；義見漢書霍光傳集注。反，還也。

費誓

費（ㄅㄧˋ），史記魯世家作肹。集解云：「徐廣曰：『一作鮮，一作獮。』駰案：尚書作柴。」索隱云：「尚書作柴誓，今尚書大傳作鮮誓。鮮誓即肹誓。古今字異，義亦變也。……柴，地名，即魯卿季氏之費邑。」（校者按：先生所據爲黃善夫刊本，與通行本略有出入。）按：費邑故地，在今山東費縣。此魯侯於費邑誓師之辭，故曰費誓。

書序云：「魯侯伯禽宅曲阜，徐夷並興，東郊不開，作費誓。」史記魯世家亦云：「伯禽即位之後，有管蔡等反也；淮夷徐戎，亦並興反。於是伯禽率師伐之於肹，作肹誓。」是書序史記，皆謂本篇爲伯禽伐淮夷徐戎等誓師之辭。歷代經師，皆從此說。近年余永梁撰柴誓的時代考一文（見國立第一中山大學語言歷史學研究所週刊第一集第一期、及古史辨第二册），則謂本篇乃魯僖公時作品。因：㈠、本篇文體與兮甲盤相似，不類周初作品。㈡、戎狄蠻夷等稱，春秋時最盛；本篇稱徐戎不稱徐方，與春秋時之風尚相合。楊氏尚書覈詁亦云：「竊疑西周諸侯，當承王命征伐；而此篇無一語道及王命，當是東周以後諸侯自專攻伐時之作品。且其文字，與秦誓相去不遠。據魯頌閟宮：『奄有龜蒙，遂荒大東，至于海邦，淮夷來同。』又曰：『保有鳧繹，遂荒徐宅，至于海邦；淮夷蠻貊。』此確敍魯公征討徐戎淮夷之事。泮水：『既作泮宮，淮夷攸服。矯矯虎臣，在泮獻馘。』亦明爲克服淮夷獻功之事。則詩書所載，自屬一事。而閟宮有『莊公之子』一語，鄭箋以爲僖公時事，似尚可信。」是楊氏亦以爲本篇當作於魯僖公時也。

按：本篇以「公曰」冠其首，知誓師者爲諸侯，後文云：「魯人三郊三遂。」知此諸侯爲魯公。而篇題曰「費誓」，知爲魯公於費地誓師之辭。段氏古文尚書撰異云：「考春秋之初，費自爲國。隱元年左傳云：「費伯率師城郎。」後幷於魯，爲季氏邑。僖元年左傳：『公賜季友汶陽之田及費』是也。」費未幷於魯之前，魯公自不應誓師於其地；今既誓於費，知此時費已幷於魯。亦可知此誓之作，不當前於魯僖公也。春秋僖公十三年經云：「公會齊侯、宋公、陳侯、衞侯、鄭伯、許男、曹伯于鹹。」左傳云：「淮夷病杞故。」又十六年經云：「多，十有二月，公會齊侯、宋公、陳侯、衞侯、鄭伯、許男、邢侯、曹伯于淮。」左傳：「會于淮，謀鄫，且東略也。」據此，可斷本篇之作，如非僖公十三年，卽爲十六年。更以曾伯霥簠證之，知本篇當作於僖公十六年十二月也。說詳拙著曾伯霥簠考釋（見書傭論學集）。

公曰：「嗟！人無譁！聽命！徂茲淮夷、徐戎並興，善敹乃甲冑，敿乃干，無敢不弔[1]。備乃弓矢，鍛乃戈矛，礪乃鋒刃，無敢不善[2]。

1 公，魯僖公。譁，喧譁。徂，于氏尚書新證云：「僞傳訓徂爲往征，非是。按：徂卽虘，亦作叡，語詞。小臣謎毀：『叡東夷大反，伯懋父以殷八師征東夷。』上句與此文例略同，下句言征，可證徂之不訓往征也。」茲，此。淮夷，淮水下游一帶之夷。徐戎，古徐州一帶之戎也。興，起也；此謂起事。敹（ㄌㄧㄠ），孔氏正義云：「鄭云：『敹，謂穿徹之。』謂甲繩有斷絕，當使敹理穿治之。」乃，汝。冑，首鎧也。敿（ㄐㄧㄠ），說文：「繫連也。」謂繫紛（紛，似綬而小。）於干，爲便攜持也。干，楯也。無，勿也。弔，方濬益綴遺齋彝器考釋（卷一、井仁鐘）謂當爲淑字之譌；是也。淑，善也。淑字从叔，而金文叔字與弔字相似，故易混。參大誥注[2]。

2 鍛，廣雅釋詁二：「椎也。」謂鍛鍊之。礪，廣雅釋詁三：「磨也。」

今惟淫舍牿牛馬[3]。杜乃擭，敜乃穽，無敢傷牿[4]。牿之傷，汝則有常刑[5]。

3 淫，爾雅釋詁：「大也。」舍，放也；義見論語述而篇釋文。牿（ㄍㄨˋ），說文：「牛馬牢也。」僞孔傳云：「大放舍牿牢之牛馬。」放，謂放牧。

4 杜，釋文云：「又作𢾩。」說文：「𢾩，閉也。」擭（ㄏㄨㄛˋ），禮記中庸篇釋文引尚書傳云：「捕獸機檻。」敜（ㄋ一ㄝˋ），說文：「塞也。」穽，與阱同；捕獸之陷井也。無，勿。牿，謂牢中所放出之牛馬。

5 常刑，固定之刑也。

馬牛其風，臣妾逋逃，勿敢越逐[6]；祗復之，我商賚汝[7]。乃越逐不復，汝則有常刑。

6 風，史記集解引鄭玄云：「走逸。」僖四年左傳：「唯是風馬牛不相及也。」服虔注云：「風，放也。」按：放有失義，故鄭以走逸說之。臣妾，鄭玄云（出處同上）：「厮役之屬也。」逋，說文：「亡也。」謂逃亡。越，踰也；義見漢書司馬相如傳下集注引文穎說。此謂離其部伍。逐，說文：「追也。」

7 復，白也；猶言報告也。參洛誥注1。商，賞也；朱氏古注便讀說。賚，爾雅釋詁：「賜也。」

無敢寇攘[8]。踰垣牆，竊馬牛，誘臣妾，汝則有常刑。

8 寇攘，史記集解引鄭玄云：「寇，劫取也。因其失亡曰攘。」

甲戌，我惟征徐戎[9]。峙乃糗糧，無敢不逮；汝則有大刑[10]。

9 董作賓先生中國年曆總譜，魯僖公十六年十二月癸酉朔。則甲戌乃是年十二月二日也。

10 峙，孫氏注疏云：「峙，从止；俗誤从山。釋詁云：『峙，具也。』」糗（ㄑ一ㄡˇ），說文：「熬米麥也。」糗糧，煮熟之米麥而暴乾之，以爲行糧也。逮，爾雅釋言：「及也。」不逮，意謂不能及時供應。汝則有大刑，乃省略語；意謂如不逮汝則有大刑也。

魯人三郊三遂，峙乃楨榦；甲戌，我惟築[11]。無敢不供；汝則有無餘刑、非殺[12]。

11 郊，爾雅釋地：「邑外謂之郊。」遂，禮記王制鄭注云：「遠郊之外曰遂。」三郊三遂，蓋指東南西三方言；魯北地遠，運輸艱難，故不使供也。峙，應作庤，說見上。乃，汝。楨榦，築牆版。僞孔傳云：「題曰楨，旁曰榦。」孔氏正義申之云：「題曰楨，謂當牆兩端者也。旁曰榦，謂在牆兩邊者也。」築，謂築壁壘。

12 供，供給。金氏書經注云：「無餘刑非殺者，所以刑之者無餘（里案：意謂諸刑皆可用），但非殺耳。」此句上亦有省文。

魯人三郊三遂，峙乃芻茭，無敢不多[13]。汝則有大刑。」

13 芻，說文：「刈草也。」謂新割之草。茭（ㄐㄧㄠ），說文：「乾芻。」卽已乾之草。不多下亦有省文。

呂刑

呂刑，禮記（表記、緇衣等篇）、孝經（天子章）、尚書大傳、史記（周本紀）俱作甫刑；墨子（尚賢中）及書序皆作呂刑。蓋作呂刑者，乃古文本；作甫刑者，則今文家本也（畧本馬瑞宸毛詩傳箋通釋說）。呂，國名；金文作郘（三代吉金文存卷一著錄郘鐘十二器，又卷二十著錄郘太叔斧三器。）。史記齊世家集解徐廣曰：「呂在南陽宛縣西。」按：即今河南南陽縣境。

書序云：「呂命穆王，訓夏贖刑，作呂刑。」史記周本紀：「穆王卽位，春秋已五十矣。……甫侯言於王，作修刑辟。……命曰甫刑。」皆謂本篇爲周穆王時作品。後世經師，咸從此說。傅孟眞（斯年）先生，則疑非王朝及中原諸侯作品，以「呂命王」一語，旣不能解作「王命呂」，又不宜解作「呂命穆王」。而所誥之人，則爲「伯父、伯兄、仲叔、季弟、幼子、童孫」，與周誥「越在外服，侯、甸、男、衞邦伯；越在內服，百僚庶尹」者異。且所述之事，爲三苗重黎等；復與周誥之述祖德、及以殷人夏后爲監戒者不同。因謂本篇爲外國書。蓋以別於中原之國也。說見所著中國古代文學史講義、及大東小東說（並見傅孟眞先生集）。錢穆先生以「呂刑始以刑爲肉刑之總名，又分出罰字專作罰金之義」，因謂其書爲晚出。說見所著周官著作時代考（收入兩漢經學今古文平議）。郭某金文叢考（金文所無考頁三三），以爲天地對稱之習尙，出現頗晚；本篇有「絕地天通」之語，已足知其爲非實錄。張西堂以爲蚩尤與重黎之傳說，其起甚晚；本篇言蚩尤重黎，故不應早至穆王時代。張氏復據詩崧高篇，以爲甫之有國，不得早於宣王，因謂本篇爲東周間之作（見尙書引論一九七、一九八頁）。凡此，則皆謂本篇非穆王時書也。

按：諸家謂此篇之成，當在穆王以後者，似屬可信。篇中數見「百姓」之辭，皆指民衆言；西周前期，亦無此義。而言「王享國百年」，此王如非穆王，則或爲平王。蓋平王爲申國之甥，王之立，由於申。申呂同爲姜姓之國，且相比隣。詩王風揚之水，有「戍申」「戍甫」之文，知周室東遷之初，申呂尙不疎於王朝。而平王在位五十一年，度其年壽，可能達百歲。以是言之，則本篇其平王因呂侯之請而作之命書乎？疑莫能明。姑依舊說，以俟知者。

惟呂命。王享國百年，耄荒[1]；度作刑以詰四方[2]。

1 惟呂命，孔氏正義引鄭玄云：「呂侯受王命，入爲三公。」是鄭讀「惟呂命」爲句，王字屬下讀。僞孔云：「言呂侯見命爲卿。」是亦讀至命字絕句也。書序言：「呂命穆王，訓夏贖刑。」史記周本紀：「甫侯言於王，作修刑辟。」是書序、史記，皆以「惟呂命王」爲句。段氏古文尙書撰異（書序）云：「按：『呂命穆王訓夏贖刑』八字一句，謂呂侯命穆王也。鄭注緇衣云：『傅說作書，以命高宗。』」是臣告君，亦可謂之命。然以臣命君，究屬罕見之例。茲仍從鄭氏斷句。惟呂命者，乃史官記事之辭，言王命呂也。享國，謂在位；義見無逸。尙書故以爲周開國至穆王百年，謂指周享國言。耄，老也；義見詩抑毛傳。荒，老耄也；義見禮記樂記鄭注。耄荒，猶言老邁也。

2 度，謂度其時宜。詰，周禮天官大宰之職，鄭注引呂刑此語，而說之云：「詰，猶禁也。」孫氏注疏云：「詰，一作誥。」又云：「詰作誥，今文尙書也。」按：孫氏此說，皮氏今文尙書考證（卷二十六）謂其蓋因困學紀聞而誤；是也。困學紀聞引呂刑此語，元刋本及清刋本，皆作詰；惟明萬曆間莆田吳獻台刋本作誥。孫氏蓋據吳氏刋本，因而致誤也。說詳拙著漢石經尙書殘字集證。

王曰：「若古有訓，蚩尤惟始作亂，延及于平民[3]。罔不寇賊，鴟義姦宄，奪攘矯虔[4]。苗民弗用靈，制以刑；惟作五虐之刑曰法，殺戮無辜[5]。爰始淫爲劓刵椓黥；越茲麗刑並制，罔差有辭[6]。

3 若，與粵、越並通；發語詞。訓，訓教也。蚩尤，釋文引馬融云：「少昊之末，九黎君名。」孔氏正義引鄭玄云：「蚩尤霸天下，黃帝所伐者。」又云：「學蚩尤爲此者，九黎之君，在少昊之代也。」二說不同。孫氏注疏云：「周書嘗麥解云：『昔天之初，命赤帝分正二卿。命蚩尤于宇少昊，以臨四方。蚩尤乃逐帝，爭于涿鹿之阿，九隅無遺。赤帝大懾，乃說于黃帝，執蚩尤，殺之于中冀，用名之曰絕轡之野。』（里案：孫氏所引有節文；下文引史記，同。）史記五帝本紀云：『神農氏世衰，諸侯相侵伐，蚩尤最爲暴，莫能伐。』又云：『蚩尤作亂，不用帝命；黃帝乃徵師諸侯，與蚩尤戰於涿鹿之野，遂禽殺蚩尤。而諸侯咸尊軒轅爲天子，代神農氏，是爲黃帝。』大戴禮用兵篇，子曰：『蚩尤，庶人之貪者也。』……」史記五帝本紀集解引應劭曰：「蚩尤，古天子。」傳說紛歧，莫衷一是。後世調停之說，亦皆難成定論；此不具述。延，引也；義見呂氏春秋重言篇高注。延及，牽連及之也。平民，民衆也。

4 鴟，釋文引馬融云：「輕也。」意謂輕慢不守法度。義，經義述聞讀爲俄，謂古者俄義同聲；俄，傾邪反側也。矯虔，漢書武帝紀：「撟虔吏」，顏注引韋昭曰：「凡稱詐爲矯，強取爲虔。」

5 苗民，鄭玄以爲九黎之君，云：「穆王深惡此族三生凶德，故著其惡而謂之民。」（孔氏正義引）。按：國語楚語下：「其後三苗，復九黎之德。」鄭氏蓋據此爲說。以苗民不應制法，故曰九黎之君。實則民不得有君義，則此苗民，乃包括苗民之君言之也。弗用靈，禮記緇衣引作「匪用命」。命、令、靈，古多通用。此言苗民不聽從命令也。制，墨子尚同中引作折。易豐卦象傳：「君子以折獄致刑。」釋文：

「折，斷也。」意謂裁斷。五虐之刑，五種苛虐之刑也。曰，楊氏覈詁謂當讀爲越；與也。辜，罪也。

6 淫，過也；義見淮南子原道篇高注。劓，刑鼻也。刵，斷耳也。黥，墨刑在面也。以上並見說文。椓，椓毀陰也；義見詩召旻鄭箋。越，發語詞。茲，此。麗，與多方「愼厥麗」之麗同義，刑罰也。幷制，意謂不論民衆善惡皆以此刑罰裁斷之也。差，爾雅釋詁：「擇也。」有辭，謂有罪狀；參多士注[8]。此言不擇其有罪狀者而刑之；以見用刑之濫也。

民興胥漸，泯泯棼棼；罔中于信，以覆詛盟[7]。虐威庶戮，方告無辜于上[8]。上帝監民，罔有馨香德，刑發聞惟腥[9]。皇帝哀矜庶戮之不辜，報虐以威，遏絕苗民，無世在下[10]。乃命重黎，絕地天通，罔有降格[11]。羣后之逮在下，明明棐常，鰥寡無蓋[12]。皇帝淸問下民，鰥寡有辭于苗[13]。德威惟畏，德明惟明[14]。

7 民，謂苗民。興，起也。胥，爾雅釋詁：「相也。」漸，孫氏注疏云：「猶詐也。荀子不苟篇云：『小人知則攫盜而漸。』正論篇云：『上幽險則下漸詐矣。』」泯泯棼棼（ㄈㄣ），孫氏注疏云：「周書祭公解云：『汝無泯泯芬芬。』孔晁云：『泯芬，亂也。』紛，與芬通。」按：漢書敍傳、論衡寒溫篇，棼棼俱作紛紛。中，當也；義見史記孔子世家索隱引宋均說。覆，反也；義見詩雨無正毛傳。詛（ㄗㄨˋ）盟，周禮春官詛祝鄭注：「盟詛主於要誓，大事曰盟，小事曰詛。」

8 威，謂施刑罰。庶戮，衆被戮之民。方，孫氏注疏云：「與旁通。說文云：『溥也。』」上，謂上天。

9 監，視。民，謂苗民。馨香德，謂美德也；參酒誥注[29]。發聞，謂氣味升發上聞於天也。

10 皇帝，意謂偉大之上帝。康有爲孔子改制考（卷十二、孔子改制法堯舜文王考）說下文「皇帝淸問下民」云：「古人主無稱皇帝者，蓋上帝也。」按：師訇毁云：「肆皇帝亡罘。」毛公鼎云：「肆皇天亡哭。」二語互證，可知皇帝即上帝。郭氏兩周金文辭大系考釋有說。哀矜，憐憫也。庶戮，參注[8]。不辜，無罪也。威，謂懲罰。遏，亦絕也；參湯誓注[7]。世，嗣也；義見國語晉語一韋注。下，謂人間。

11 重、黎，相傳爲顓頊時分司天地之人。國語楚語下：「顓頊……乃命南正重司天以屬神，命火正黎司地以屬民。」絕地天通，言斷絕人間與天神之連絡。降格，神降臨也。

12 羣后，謂衆諸侯。逮，義當如詩樛木序「后妃逮下也」之逮，猶今語待遇也。在下，謂民衆。明明，猶言黽勉。棐，讀爲非。墨子尚賢中引此語，棐作不。不常，即非常也。蓋，朱氏古注便讀云：「害也，傷也。」按：爾雅釋言：「蓋，割，裂也。」釋文：「蓋，舍人本作害。」是蓋害互通之證。

13 清，明審也；義見荀子解蔽篇楊注。有辭，有罪狀也。參多士注[8]。

14 德威，謂行爲威虐之人。惟威，謂懲罰之。德明，謂行爲光明之人。惟明，謂顯揚之。參皋陶謨「天明畏」二語注。　墨子尚賢中引本篇，「羣后之逮在下」三句十四字，在「有辭于苗」之下；「皇帝清問下民」二句十二字，在「罔有降格」之下。按：「皇帝清問」以下十二字，疑當在「刑發聞惟腥」句下。姑存此疑，以俟知者。

乃命三后，恤功于民[15]：伯夷降典，折民惟刑[16]；禹平水土，主名山川[17]；稷降播種，農殖嘉穀[18]。三后成功，惟殷于民[19]。士制百姓于刑之中，以教祗德[20]。穆穆在上，明明在下，灼于四方，罔不惟德之勤[21]。故乃明于刑之中，率乂于民棐彝[22]。典獄非訖于威，惟訖于富[23]。敬忌，罔有擇言在身[24]。惟克天德，自作元命，配享在下[25]。」

15 三后，伯夷、禹、稷也。恤，愼也；此義習見。功，事功。

16 降，謂發布。典，法。折，裁斷；參注[5]。刑，吳氏尚書故引戴鈞衡云：「法也。」

17 主，掌管。名，謂命名。

18 殖，呂氏春秋孟春紀：「五穀所殖。」高注：「殖，長也。」

19 殷，吳氏尚書故云：「廣雅：『殷，正也。』堯典『以殷仲春』，史記殷作正。惟殷于民，以正于民也。墨子作假；假亦正也。」

20 士，刑官；參堯典。制，折也；謂裁斷。參注5。中，周禮秋官小司寇：「以三刺斷庶民獄訟之中。」鄭注：「中，謂罪正所定。」按：猶今語所謂公平也。教，謂教民。祗，敬謹。

21 穆穆，爾雅釋訓：「敬也。」言敬謹。在上，謂君長。明明，參注12。在下，謂臣民。灼，猶言灼灼，明也；義見廣雅釋訓。此謂明著。之，是。勤，奮勉。

22 明，勉。率，用。乂，治。棐彝，非法者。

23 典，與敟通；說文：「主也。」訖，經義述聞云：「竟也；終也。」意謂終竟之目的。威，懲罰。富，讀爲福；經義述聞說。

24 忌，禮記表記鄭注云：「忌之言戒也。」敬忌，猶言敬畏。擇，讀爲斁，敗也。經義述聞說。

25 克，說文：「肩也。」意謂負荷。作，成就也。元命，大命也；指國運言。配享，言配合天命而享國。下，謂人間。

王曰：「嗟！四方司政典獄[26]。非爾惟作天牧[27]？今爾何監，非時伯夷播刑之迪[28]？其今爾何懲？惟時苗民匪察于獄之麗[29]；罔擇吉人，觀于五刑之中[30]；惟時庶威奪貨，斷制五刑，以亂無辜[31]。上帝不蠲，降咎于苗；苗民無辭于罰，乃絕厥世[32]。」

26 司政，主政之人。典獄，掌獄訟之官。

27 天牧，天定治民之官。襄公十四年左傳：「天生民而立之君，使司牧之。」可爲天牧二字作注脚。
28 監，視；猶言注意。時，是。播，傳布。迪，禮記緇衣引此語，鄭注云：「迪，道也。」
29 懲，戒。麗，法。匪察于獄之麗，意謂不依據法律斷獄。
30 吉，善。覲，說文：「諦視也。」中，公平。
31 庶威，衆威虐之官。奪貨，強取財貨之官。斷制，猶言審判。亂，擾亂。
32 蠲，善也；參酒誥注41。咎，罪過。苗民，猶言苗人；此蓋指其君言。無辭，猶今語無話可說；即無辭以自解也。

王曰：「嗚呼！念之哉！伯父、伯兄、仲叔季弟、幼子、童孫，皆聽朕言，庶有格命[33]。今爾罔不由慰日勤，爾罔或戒不勤[34]。天齊于民，俾我一日；非終惟終，在人[35]。爾尚敬逆天命，以奉我一人[36]。雖畏勿畏，雖休勿休[37]。惟敬五刑，以成三德[38]。一人有慶，兆民賴之，其寧惟永[39]。」

33 格命，神降臨而命之；意謂有福祥之事。
34 由，用也；義見詩小弁鄭箋。慰，說文：「安也。」日，釋文：「一音曰。」按：作曰是。曰、聿互通，語助詞。言無不以勤勉自慰也。戒，讀爲誡，敎也；義見荀子彊國篇楊注。
35 齊，利也；義見漢書王莽傳下集注引應劭說。俾，說文：「益也。」猶言加給。後漢書楊賜傳引此文俾作假，義亦相近。一日，意謂少許之時日。非終惟終，言國運不當終而竟終。在人，謂在於人爲也。
36 尚，庶幾。逆，爾雅釋言：「迎也。」奉，助也；義見淮南子說林篇注。
37 休，經義述聞：「休，喜也。休與畏正相反。言事雖可畏汝勿畏，事雖可喜汝勿喜。」

38 敬，謹。三德，未詳。或以洪範之剛、柔、正直說之；恐未的。

39 慶，善也；義見詩皇矣毛傳。兆，萬億也；義見禮記內則鄭注。惟，猶乃也；經傳釋詞有說。

王曰：「吁！來！有邦有土，告爾祥刑[40]。在今爾安百姓，何擇，非人？何敬，非刑？何度，非及[41]？兩造具備，師聽五辭[42]。五辭簡孚，正于五刑[43]。五刑不簡，正于五罰[44]。五罰不服，正于五過[45]。五過之疵，惟官、惟反、惟內、惟貨、惟來[46]；其罪惟均，其審克之[47]。五刑之疑有赦，五罰之疑有赦，其審克之。簡孚有眾，惟貌有稽；無簡不聽，具嚴天威[48]。

40 有邦有土，謂有國之諸侯。祥，爾雅釋詁：「善也。」

41 百姓，民眾。何擇非人，言何所選擇，豈非人乎？人，謂官吏。敬，謹。度，爾雅釋詁：「謀也。」及，史記周本紀作宜。按：宜，意謂刑之宜。

42 造，史記集解引徐廣云：「造，一作遭。」吳氏尚書故引錢大昕云：「兩遭，猶言兩曹。說文：『曹，獄之兩曹也。』」按：說文段注，以為兩曹即俗所謂原告被告。具，俱也。師，孫氏注疏云：「師，士師。周禮刑官之屬：士師，下大夫四人。」按：即司獄訟之官。辭，猶俗所謂口供；朱氏古注便讀有說。五刑因供辭而定，故曰五辭。

43 簡，吳氏尚書故云：「簡、檢通借，故舊傳以簡為核。……簡孚者，核驗也。」按：即核實之意。正，定也；朱氏古注便讀有說。

44 不簡，言不能核實其罪。罰，謂以金贖罪。罰分五等，故云五罰。

45 五過，孫氏注疏謂聽獄者之過；是也。五過之目見下。

46 疵，爾雅釋詁：「病也。」此猶言毛病。官，蔡氏集傳云：「威勢也。」又云：「反，報德怨也。內，女謁也。貨，賄賂也。」來，馬融作求（見釋文），云：「有求請賕也。」按：來，亦謂謁請，與求義相近。

47 均，等。克，漢書刑法志引作核。審克，審核也。

48 簡孚有衆，檢驗衆犯也。貌，史記作訊。說文引本經作緢。按：兮甲盤訊字作[illegible]，與緢形近，故訛爲緢，又轉爲貌也。有，語助詞。惟訊，謂訊問之。有稽，謂考核之。無簡，謂無可核驗。聽，今語受理之意。具，史記作共。爾雅釋詁：「共，具也。」嚴，敬也；義見詩殷武毛傳。此謂敬謹。天威，天定之懲罰也。

墨辟疑赦，其罰百鍰，閱實其罪[49]。劓辟疑赦，其罰惟倍[50]，閱實其罪。剕辟疑赦，其罰倍差[51]，閱實其罪。宮辟疑赦，其罰六百鍰[52]，閱實其罪。大辟疑赦[53]，其罰千鍰，閱實其罪。墨罰之屬千，劓罰之屬千[54]，剕罰之屬五百，宮罰之屬三百，大辟之罰其屬二百：五刑之屬三千。

49 墨，周禮秋官司刑鄭注云：「墨，黥也；先刻其面，以墨窒之。」辟（ㄆ・ㄧ），爾雅釋詁：「辠也。」辠，與罪同。疑赦，言有可疑則赦而不施墨刑；但罰之耳。鍰（ㄏㄨㄢ），古貨幣單位名。閱實，猶言核實。

50 惟倍，言倍於墨罰；卽二百鍰也。

51 剕（ㄈㄟˋ），孫氏注疏云：「當作䠊。」䠊，爾雅釋言：「刖也。」卽斷足之刑。倍差，史記周本紀集解引馬融云：「倍二百爲四百鍰也。差者，又加四百之三分一，凡五百三十三三分一也。」按：馬說恐未的。此蓋言視劓罰二百之倍而差，殆謂三百鍰也。

52 宮，刑之一種。周禮司刑鄭注云：「宮者，丈夫則割其勢，女子閉於宮中。」六，史記作五；集解引徐廣云：「一作六。」

53 大辟，死刑也；禮記文王世子：「其死罪，則曰：某之罪在大辟。」

54 墨罰之屬千，言致墨罰之罪者，其類凡千種也。言罰，則刑可知。

上下比罪，無僭亂辭，勿用不行；惟察惟法，其審克之[55]。上刑適輕下服，下刑適重上服，輕重諸罰有權[56]。刑罰世輕世重，惟齊非齊，有倫有要[57]。罰懲非死，人極于病[58]。非佞折獄，惟良折獄，罔非在中[59]。察辭于差，非從惟從[60]。哀敬折獄，明啟刑書胥占，咸庶中正[61]。其刑其罰，其審克之。獄成而孚，輸而孚[62]。其刑上備，有並兩刑[63]。」

55 比，例也；義見禮記王制釋文。蔡氏集傳云：「罪無正律，則以上下刑而比附其罪也。」僭，差也；義見詩抑毛傳。辭，謂口供。不行，謂今所不行之法；蔡氏集傳說。察，詳審。法，依照法律。

56 上刑，謂重刑。適，宜也；義見呂氏春秋離俗覽適威篇高注。下服，服下罪也；謂減等。上服，謂加等。權，衡量也。

57 世，後漢書應劭傳引作時；言刑罰時輕時重也。周禮秋官大司寇：「一曰：刑新國，用輕典。二曰：刑平國，用中典。三曰：刑亂國，用重典。」惟齊非齊，謂齊其不齊者。不齊，意謂非法也。倫，理也；義見禮記學記鄭注。要，朱氏古注便讀云：「猶中也。」意謂中正。

58 非死，言非置之死地。極，困厄也。孟子離婁下：「又極之於其所往。」趙注：「極者，惡而困之也。」病，謂痛苦。

59 佞，謂佞人。折獄，斷獄。良，謂良善之人。在中，謂在於中正（公平）也。

60 差，孫氏注疏云：「杜預注左傳云：『差池，不齊一。』」察辭于差，言詳審口供之不一致者。非從惟從，王樹枏尚書商誼云：「公羊宣十二年傳：『告從。』注：『從，服從也。』……惟，乃也。言察辭于差，則不服者乃服也。」

61 敬，孫氏注疏云：「敬與矜聲相近，今文作矜。」哀矜，憐憫也。啓，廣雅釋詁三：「開也。」胥，相。占，史記平準書索隱引郭璞云：「自隱度也。」咸，皆。庶，庶幾。

62 成，定也。孚，謂得其實情。輸，讀爲渝，變也；謂變更既定之讞也。經義述聞說。

63 其刑上備，有並兩刑，孫氏注疏云：「備同葡，說文云：『具也。』……其刑上備者，具列爰書上之，勿增減其罪狀也。有並兩刑者，……言犯二罪以上，止科一刑也。」

王曰：「嗚呼！敬之哉，官伯族姓[64]！朕言多懼[65]。朕敬于刑，有德惟刑[66]。今天相民，作配在下，明清于單辭[67]。民之亂，罔不中聽獄之兩辭；無或私家于獄之兩辭[68]。獄貨非寶，惟府辜功，報以庶尤[69]。永畏惟罰，非天不中，惟人在命[70]。天罰不極庶民，罔有令政在于天下[71]。」

64 敬，謹。官伯，朱氏古注便讀以爲刑官之長。族姓，謂同姓官吏。

65 多懼，謂多恐懼之辭。

66 敬，謹。有德，謂有德之人。惟，猶乃也。

67 相，釋文引馬融云：「助也。」作配，意謂配合天意。下，謂人間。明清，明審也。吳氏尚書故云：「玉藻：『視容清明。』鄭注：『清明，察于事也。』」單辭，一面之辭也。孫氏注疏云：「後漢書光武本紀，永平三年詔曰：『明察單辭。』注云：『單辭，猶偏聽也。』」

68 亂，爾雅釋詁：「治也。」中聽，以中正之態度聽之。兩辭，兩造之辭。無，勿。按：家，當爲圂之訛。家，大克鼎作[illegible]。圂，毛公鼎作[illegible]。二字形近易混。圂，與溷通；說見桂氏說文義證。說文：

「溷，亂也。」

69 獄貨，言斷獄而受財貨。非寶，猶言不可貴。府，廣雅釋詁一：「取也。」辜，罪。功，事也；義見詩七月毛傳。惟府辜功，言惟取罪事也。庶，衆。尤，與郵通，怨也；義見荀子議兵篇楊注。

70 畏，敬畏。罰，刑罰之事。中，中正。在，察也；義見詩文王鄭箋。惟人在命，言人（官吏）當察天命行事。

71 極，至也；義見詩載馳毛傳。令，爾雅釋詁：「善也。」

王曰：「嗚呼！嗣孫[72]！今往何監、非德[73]？于民之中，尚明聽之哉[74]！哲人惟刑；無疆之辭，屬于五極；咸中、有慶[75]。受王嘉師，監于茲祥刑[76]。」

72 嗣孫，謂繼承開國之君之孫，指呂侯言。

73 今往，自今以往。監，猶今言正視；謂注意也。德，惠也。此謂自今以往當何所注意，豈非德惠乎？

74 中，謂案情。周禮秋官小司寇：「歲終，則令羣士計獄弊訟，登中于天府。」又鄉士：「獄訟成，士師受中。」中，皆謂案情也。尚，庶幾。聽，謂聽獄。

75 惟刑，意謂掌理刑罰。無疆，無窮也。五極，蔡氏集傳云：「五刑也。」吳氏尚書故云：「極，誅也。五誅，即五刑也。」按：極，與上文「人極于病」之極同義，困厄也。五刑皆困厄人者，故曰五極。咸，皆。中，中正。慶，善也；參注39。

76 嘉，善也；師，衆也；義並見爾雅釋詁。嘉師，善良之民衆也。監，正視，猶言注意。祥刑，善刑也。

文侯之命

書序：「平王錫晉文侯秬鬯圭瓚，作文侯之命。」是謂本篇爲周平王命晉文侯之書也。史記晉世家，則謂本篇乃周襄王命晉文公之書。新序（善謀篇）說同史記。鄭玄則申書序之義。明代以前經師，多從書序；清儒則頗有遵信史記之說者。篇首言：「父義和。」釋文引馬融云：「能以義和諸侯。」是馬氏不以義和爲名號。孔氏正義云：「鄭玄讀義爲儀。儀、仇，皆訓匹也；故名仇字儀。」晉文侯名仇。是鄭玄以義和爲文侯字也。王引之春秋名字解詁下（經義述聞卷二十三），謂：「古太子於諸侯無稱字者。」因言：「或以義爲字，或以義和爲字，並當闕疑。」近人溫廷敬文侯之命釋疑（見國立中山大學文史學研究所月刊第二卷第二期）云：「王命諸侯，雖無稱字者。然或亦以仇名不美，改稱其字；如王於諸侯大夫稱字；又魯哀公於孔子誄詞亦稱尼父之例。」按：文侯以條之役生，因名曰仇；乃取敵仇之義。當時師服已議此名之不當（見桓公二年左傳）。以仇既非嘉名，且文侯於平王有大功，故稱其字，以尊寵之，似甚合理。固不必泥於「古天子於諸侯無稱字者」之說也。

楊氏尚書覈詁云：「詩譜：『鄭武公與晉文侯定平王于東都。』隱六年左傳：『我周之東遷，晉鄭焉依。』國語：『晉文侯于是乎定天子。』又僖二十八年左傳敍襄王享文公之事，曰：『用平禮也。』杜注：『以周平王享晉文侯仇之禮享晉侯。』則文侯之相平王，平王之命文侯，皆似實有其事。……文公不名義和，且不稱文侯。疑書序是也。」按：駁史記而申書序之義者，始於史記索隱。宋葉大慶考古質疑（卷一），亦有辨證。清代以來，論之者頗多；而以楊氏此說，言簡而義明。楊樹達讀尚書文侯之命（見積微居小學述林卷六）云：「史記晉世家記晉侯燮以下，……凡十五世，皆稱曰侯。至曲沃武公滅晉侯緡，盡以其寶器賂周釐王，釐王命曲沃武公爲晉君，列爲諸侯，更號曰晉武公。自是以後，君皆稱公。」並舉晉侯與晉公之謚相同者凡八君。以爲謚雖相同，以公侯異稱，故不虞其混淆。是知文侯必非文公矣。

又按：本篇言：「閔予小子嗣，造天丕愆。」明是王新即位而遭大難之辭。此與平王合，與襄王不合。且本篇所敍王錫晉侯秬鬯彤弓等物，亦與僖公二十八年左傳所載襄王錫晉文公者不同。益可知本篇爲平王命晉文侯之書，而非襄王命晉文公之書。齊召南尚書注疏考證，謂本篇作於平王元年。今按：昭公二十六年左傳「攜王奸命，諸侯替之而建王嗣」句下，正義引汲冢書紀年云：「平王奔西申。而立伯盤以爲大子，與幽王俱死于戲。先是申侯魯侯及許文公，立平王於申；以本大子，故稱天王。幽王既死，而虢公翰又立王子余臣於攜；周二王並立。二十一年，攜王爲晉文公所殺；以非本適，故稱攜王。」伯盤，即伯服；日知錄（卷二）有說。晉文公之公，當作侯。二十一年，爲晉文侯二十一年，即周平王十一年。然則本篇蓋作於攜王被殺，平王既定於東都之時，其時當爲平王十一年也。

其他與本篇著成時代有關問題，詳拙著尚書文侯之命著成的時代一文（見書傭論學集）。

王若曰：「父義和[1]！丕顯文武，克慎明德；昭升于上，敷聞在下；惟時上帝集厥命于文王[2]。亦惟先正，克左右昭事厥辟[3]；越小大謀猷，罔不率從[4]。肆先祖懷在位[5]。

1 王，周平王。父，同姓尊長之稱。晉與周同姓，故平王以父稱文侯。義和，文侯字；說見解題。和，江氏集注音疏、王鳴盛尚書後案，皆以爲語餘之聲。按：仇非嘉名，前已言之。義字既取匹義；更取與仇反相之和字以配之；似有意爲之，恐非語餘之聲也。

2 文武，文王、武王。丕，語詞。上，謂上天。敷，溥。下，謂人間。惟時，猶言於是。集，與君奭「其集大命于厥躬」之集同義，意謂降下也。大命，謂王業。

3 正，官長。先正，先王時諸臣。左右，與佐佑同義；輔助也。昭，義當如君奭「乃惟時昭文王」、及「惟茲四人昭武王」之昭，輔助也。辟，君。

4 越，三體石經作粵，發語詞。猷，亦謀也。率，吳氏尚書故云：「率、從同義。周書大匡篇：『三州諸侯咸率。』孔晁注：『率，奉順也。』」

5 肆，故。懷，安也；義見詩終風鄭箋。

嗚呼！閔予小子嗣，造天丕愆[6]；殄資澤于下民，侵戎，我國家純[7]。即我御事，罔或耆壽俊在厥服，予則罔克[8]。曰惟祖惟父，其伊恤朕躬[9]。嗚呼！有績，予一人永綏在位[10]。

6 閔，猶今語可憐。嗣，謂繼承王位。造天丕愆，孔氏正義引王肅云：「遭天之大愆。」是王氏讀造爲遭，訓丕爲大。茲從之。愆，吳氏尚書故云：「李善文選注，鶱與愆通。楊倞荀子注：『鶱，咎也。』愆，又作𢙈，與蹇通借。易：『蹇，難也。』」則丕愆即大難也。此指幽王被殺、携王爭位而言。

7 殄，絕。資，財。澤，祿也；義見孟子公孫丑下趙注。侵戎，言爲犬戎所侵。純，金文純字皆作屯；蓋屯即純之初文。此純字應讀爲屯。說文：「屯，難也。」

8 即，猶若也；經傳釋詞有說。御事，猶言官吏，前已數見。或，猶有也；經傳釋詞有說。耆壽，謂年老之人。俊，書古文訓、內野本並作畯。此當與金文習用之畯字同，語詞。服，職位。克，義當如呂刑「惟克天德」之克，負荷也；意謂勝任。

9 祖、父，皆謂同姓諸侯。伊，爾雅釋詁：「維也。」恤，憂慮。

10 績，爾雅釋詁：「功也。」綏，安也。

父義和！汝克紹乃顯祖[11]。汝肇刑文武，用會紹乃辟，追孝于前文人[12]。汝多修，扞我于艱[13]。若汝，予嘉[14]。」

11 紹，爾雅釋詁：「繼也。」乃，汝。

12 肇，爾雅釋詁：「謀也。」刑，法也；此謂取法。會，吳氏尚書故云：「說文：『期，會也。』禮記哀公問疏：『會，猶期也。』用會者，以期也。」紹，魏三體石經作昭；顯也。辟，君。前文人，已故之祖先。

13 多，周禮夏官司勳：「戰功曰多。」修、脩通用，善也；義見文選張衡思玄賦舊注。多修，言戰功善美也。扞（ㄏㄢˋ），衞也；義見文公六年左傳杜注。艱，謂艱難之境。以上二語，指文侯殺攜王以定平王而言。

14 嘉，爾雅釋詁：「美也。」

王曰：「父義和！其歸視爾師，寧爾邦[15]。用賚爾秬鬯一卣；彤弓一，彤矢百；盧弓一，盧矢百；馬四匹[16]。父往哉！柔遠能邇，惠康小民，無荒寧，簡恤爾都，用成爾顯德[17]。」

15 視，意謂照顧。師，眾也；謂民眾。寧，安定。

16 賚，爾雅釋詁：「賜也。」秬鬯，黑黍酒。卣，酒器。參洛誥注[51]。彤，說文：「丹飾也。」即赤色。盧，蓋黸之省；說文：「齊謂黑為黸。」按：僖公二十八年左傳所載襄王賜晉文公之物，秬鬯彤弓矢與此同；別有大輅之服，戎輅之服，及玈弓矢千；無馬四匹，而有虎賁三百人。

17 柔遠能邇，安遠如邇也；語已見堯典。惠，愛。康，安。荒寧，過度逸樂也；參無逸注[5]。簡，周書謚法：「壹德不解曰簡。」獨斷下亦有此語。是簡有專一不懈之義。恤，顧慮。爾都，意謂晉國。顯德，昭明之德也。

秦誓

書序：「秦穆公伐鄭，晉襄公帥師敗諸崤。還歸，作秦誓。」是書序以爲本篇作於秦穆公三十三年崤之戰敗歸時也。史記秦本紀云：「（穆公）三十六年，繆公復益厚孟明等，使將兵伐晉。渡河，焚船，大敗晉人，取王官及鄗。以報殽之役。……繆公乃自茅津渡河，封殽中尸，爲發喪，哭之三日。乃誓於軍曰：」以下即節引本篇之文。是史記謂本篇作於穆公三十六年、報崤之役時也。按：崤之戰，僖公三十二年及三十三年左傳，載之甚詳。穆公不聽老臣蹇叔之諫，以致敗績。本篇辭氣，既充滿悔意。且一則云：「尚猷詢茲黃髮，則罔所愆。」再則云：「番番良士，旅力既愆，我尚有之。」皆與崤戰敗後之情勢合，而與報崤之役不合。葉大慶考古質疑（卷一）云：「書之秦誓，乃穆公自悔而作爾；史記則以爲作于渡河焚船、大敗晉人之後。」以爲史記之說未的。是也。

公曰：「嗟！我士！聽無譁！予誓告汝羣言之首[1]。

1 公，秦穆公。我士，史記作士卒，謂軍士也。首，本也；義見禮記曾子問鄭注。此謂要旨。

古人有言曰：『民訖自若是多盤[2]。責人斯無難；惟受責俾如流，是惟艱哉[3]。』我心之憂，日月逾邁，若弗云來[4]。惟古之謀人，則曰未就予忌；惟今之謀人，姑將以爲親[5]。雖則云然，尚猷詢茲黃髮，則罔所愆[6]。番番良士，旅力既愆，我尚有之[7]。仡仡勇夫，射御不違，我尚不欲[8]。惟截截善諞言，俾君子易辭，我皇多有之[9]！

2 訖，盡也。盤，樂也。義並見孔氏正義。

3 俾，爾雅釋詁：「從也。」如流，言如流水之順。

4 逾，過。邁，行也；義見詩蟋蟀毛傳。若，經傳釋詞云：「小爾雅曰：『若，乃也。』云，語助詞。」

5 忌，吳澄書纂言云：「語詞，如詩『抑罄弓忌。』」此二語言古之謀人，去己已遠，未能來就予也。姑將，猶言姑且。

6 猷，與猶通。吳氏尚書故云：「鄭禮記注：『猶，尚也。』尚猷連文。左傳：『十年尚猶有臭。』與此同。」按：尚猷，猶言尚且。黃髮，爾雅釋詁邢疏引舍人云：「老人髮白復黃也。」此謂黃髮之老人。愆，過錯。

7 番番（ㄆㄛ），江氏集注音疏云：「史記秦本紀節錄此篇，隱括其文，云：『古之人謀黃髮皤皤，則无所過。』以番番屬于黃髮，則番番爲老人狀皃。說文白部云：『皤，老人皃也。从白，番聲。』故云。番番，讀當爲皤皤，老人頭白皃也。」旅，孫氏注疏云：「卽膂省文。」愆，失也；義見昭公二十六年左傳杜注。有，親也；經義述聞有說。

8 仡（ㄧˋ），說文：「勇壯也。」違，失。

9 截截，文公十二年公羊傳引作諓諓。孫氏注疏云：「越語范蠡曰：『又安知是諓諓者乎？』注云：『諓諓，巧辯之言。』」此當爲巧辯之狀。諞（ㄆㄧㄢ），說文：「便巧言也。」俾，使。易辭，公羊傳（同上）引作易怠。何注云：「易怠，猶輕惰也。」皇，與遑通（例多不具舉），暇也；義見詩殷其雷毛傳。

昧昧我思之[10]：如有一介臣，斷斷猗無他技；其心休休焉，其如有容[11]。人之有技，若己有之；

人之彥聖，其心好之，不啻若自其口出，是能容之[12]。以保我子孫黎民，亦職有利哉[13]。人之有技，冒疾以惡之；人之彥聖，而違之，俾不達，是不能容[14]。以不能保我子孫黎民，亦曰殆哉[15]。

10 朱氏便讀云：「昧昧，猶默默也。」

11 介，大學引作个。吳氏書纂言云：「介猶个也。」斷斷，禮記大學鄭注云：「誠一之貌也。」猗，大學引作兮。詩伐檀：「河水淸且漣猗。」孔氏正義云：「猗，辭也。」蓋猗兮聲近，可以互通。休休，禮記大學釋文引鄭注云：「寬容貌。」其，猶乃也；經傳釋詞有說。

12 彥，爾雅釋訓：「美士爲彥。」則彥猶賢也。聖，明也。不啻，不但也。是，大學作寔。寔，實也；義見左氏桓六年經杜注。

13 職，爾雅釋詁：「常也。」

14 冒，大學引作娼。鄭注云：「妬也。」疾，與嫉通。易旅卦王注：「衆之所嫉也。」釋文云：「嫉，……本亦作疾。」此讀爲嫉。違，鄭注大學云：「猶戾也。」此謂掣肘也。達，謂達成目的；意謂成功。

15 殆，爾雅釋詁：「危也。」

邦之杌隉，曰由一人；邦之榮懷，亦尚一人之慶[16]。

16 杌（˙ㄨ）隉（ㄋ˙ㄧㄝ），僞孔傳云：「杌隉，不安，言危也。」說文：「隉，危也。……班固說：『不安也。』周書曰：『邦之阢隉。』……」是杌說文作阢。一人，穆公自謂也。榮，盛也；義見荀子大略篇楊注。懷，安也；義見詩終風鄭箋。尚，庶幾。慶，福也；義見國語周語下韋注。

附編一　尚書逸文

清江聲創輯尚書逸文，孫星衍爲之補輯，成書二卷。孫氏序云：「其有篇名可按，列于前；無篇名而稱虞書若夏商周書者，次之；但稱尚書者，又次之；不稱尚書，而注義疑爲逸書，與文似尚書者，附焉。」其書成於乾隆六十年，刋入岱南閣叢書。至嘉慶二十年，孫氏著「尚書今古文注疏」既成，乃將有篇名可按之逸文，附在注疏之末，分列書序之後。視舊著逸文，頗有增益。復別輯泰誓一篇，升入正文。近人簡朝亮所著「尚書集注述疏」亦輯有逸文三卷，與江、孫二氏所輯互有出入。茲略仿孫氏體例，而併「百篇外尚書」與「疑逸書」爲一類。又：泰誓之篇，大傳及史記所載者，似皆解說或概述之語，未必太誓原文。且西漢晚年以後所引述者，殆皆河內太誓，而非先秦之本。故本編既未以此篇升爲正文，且於漢以下人所引述者，悉予刪汰，蓋恐以紫亂朱也。復按：古人引經，往往不墨守原文，如隱六年及莊十四年左傳之引盤庚。而漢人又往往引說經之言但稱爲某經曰，如說文引皐陶謨之四載是也。若斯類者，既非尚書逸文，故概不闌入本篇，以是去取之間，與諸家輯本，頗有異同。至於西漢人所引周書佚文，亦可能出於逸周書。因莫能審辨，姑著之以俟知者。

九共（孔壁古文有九共九篇）

予辯下土，使民平平，使民無敿。（尚書大傳九共引書曰）

五子之歌（孔壁古文有）

啟乃淫逸康樂，野于飲食，將將銘莧磬以力，湛濁于酒，渝食于野。萬舞翼翼，章聞于天，天用弗式。（墨子非樂上引武觀曰。按：武觀，說者謂卽五子之歌。）

胤征（孔壁古文有）

厥匪玄黃，昭我周王。（堯典正義：「（鄭玄）注禹貢引胤征云。」）

帝告（孔壁古文無，百篇書序有。）

施章乃服，明上下。（尚書大傳帝告引書曰）

湯征（孔壁古文無，百篇書序有。）

湯曰：「予有言，人視水見形，視民知治不。」伊尹曰：「明哉言！能聽道，乃進君國子民爲善者，皆在王官；勉哉勉哉！」湯曰：「汝不能敬命，予大罰殛之，無有攸赦。」（史記殷本紀引湯征文。按：孔壁古文無此篇；史記得錄之者，殆伏生壁本之殘文，而太史公曾見之也。）

葛伯仇餉。（孟子滕文公下引書曰）湯一征，自葛始，天下信之。東面而征西夷怨，南面而征北狄怨。曰：「奚爲後我？」（孟子梁惠王下引書曰）「徯我后，后來其蘇。」（同上引書曰。　按：滕文公下云：「湯始征，自葛載，十一征而無敵於天下。東面而征西夷怨，南面而征北狄怨。曰：「奚爲後我？」不云書曰，下文則引書曰：「徯我后，后來其無罰。」又：滕文公下孟子曰：「湯居亳，與葛爲鄰；葛伯放而不祀。湯使人問之曰：何爲不祀？曰：無以供犧牲也。湯使遺之牛羊。葛伯食之，又不以祀。湯又使人問之曰：何爲不祀？曰：無以供粢盛也。湯使亳衆往爲之耕；老弱饋食。葛伯率其民，要其有酒食黍稻者奪之，不授者殺之。有童子以黍肉餉，殺而奪之。」此蓋孟子概述尚書之文，故不云書曰；趙岐亦不以爲逸書。玆附於此。）

湯誓

聿求元聖，與之戮力同心，以治天下。（墨子尚賢中引湯誓）

予小子履，敢用玄牡，敢昭告于皇皇后帝，有罪不敢赦，帝臣不蔽，簡在帝心。朕躬有罪，無以萬方；萬方有罪，罪在朕躬。（論語堯曰篇。　墨子兼愛下引湯說云：「湯曰：惟予小子履，敢用玄牡，告於上天后曰：今天大旱，卽當朕身。履未知得罪于上下，有善不敢蔽，有罪不敢赦，簡在帝心。萬方有罪，卽當朕身；朕身有罪，無及萬方。」又：國語周語上引湯誓曰：「余一人有罪，無以萬夫；萬夫有罪，在余一人。」呂氏春秋順民篇云：「昔者湯克夏而正天下。天大旱，五年不收。湯乃以身禱於桑林曰：余一人有罪，無及萬夫；萬夫有罪，在余一人。無以一人之不敏，使上帝鬼神傷民之命。」　按：尚書各篇篇名，先秦時尚無定稱，如堯典一作帝典，甘誓一作禹誓是也。此文墨子作湯說，而百篇中無湯說之目。國語作湯誓。其伏生本湯誓外，尚別有一湯誓乎？抑伏生本湯誓有逸文乎？疑未能明也。）

仲虺之誥（孔壁古文無，百篇書序有。）

我聞有夏，人矯天命于下，帝式是增，用爽厥師。（墨子非命篇引仲虺之告。　按：此文非命上中下皆引之，而小有不同。上篇作：「我聞于夏，人矯天命，布命于下，帝伐之惡，襲喪厥師。」中篇作：「我聞有夏，人矯天命，布命于下，帝式是惡，用闕師。」此據下篇。）

諸侯自爲得師者王，得友者霸，得疑者存，自爲謀而莫己若者亡。（荀子堯問篇吳起引中蘬之言。又：呂氏春秋驕恣篇李悝曰：「（楚莊）王曰：仲虺有言，不穀說之。曰：諸侯之德，能自爲取師者王，能自取友者存。其所擇而莫如己者亡。」）

亂者取之，亡者侮之。（左傳襄十四年中行獻子引仲虺之言。又：襄三十年鄭子皮引仲虺之志。又：宣十二年隨武子曰：「仲虺有言曰：取亂侮亡。」此據左傳襄三十年所引；襄十四年上下句互易。）

湯誥（孔壁古文有）

維三月，王自至於東郊，告諸侯羣后：「毋不有功於民，勤力迺事，予乃大罰殛女，毋予怨！曰：古禹皐陶，久勞于外，其有功乎民，民乃有安。東爲江，北爲濟，西爲河，南爲淮；四瀆已脩，萬民乃有居。后稷降播，農殖百穀。三公咸有功于民，故后有立。昔蚩尤與其大夫作亂百姓，帝乃弗予，有狀。先王言不可不勉，曰：不道，毋之在國。女毋我怨。」（史記殷本紀引湯誥）

咸有壹德（孔壁古文有）

惟尹躬及湯，咸有壹德。（禮記緇衣引尹吉曰）惟尹躬天見于西邑夏，自周有終，相亦惟終。（同上）

伊訓（孔壁古文有）

惟太甲元年，十有二月乙丑朔，伊尹祀于先王，誕資有牧方明。（漢書律歷志引伊訓）

天誅造攻自牧宮，朕載自亳。（孟子萬章上引伊訓）

載孚在亳，征是三朡。（堯典正義所引鄭注典寶序引伊訓）

太甲（孔壁古文無，百篇書序有。）

民非后，無能胥以寧，后非民，無以辟四方。（禮記表記引太甲）

毋越厥命以自覆也，若虞機張，往省括于厥度則釋。（禮記緇衣引太甲）

天作孽，猶可違；自作孽，不可活。（孟子公孫丑上引太甲；離婁上同。禮記緇衣引作：「天作孽，可違也；自作孽，不可以逭。」）

顧諟天之明命。（禮記大學引太甲）

說命（孔壁古文無，百篇書序有。）

曰：「以余正四方，余恐德之不類，茲故不言。」　曰：「若金，用女作礪；若津水，用女作舟；若天旱，用女作霖雨。啟乃心，沃朕心。若藥不瞑眩，厥疾不瘳；若跣不視地，厥足用傷。」（國語楚語上白公曰：「昔殷武丁能聳其德，至于神明，以入于河，自河徂亳，於是乎三年默以思道。卿士患之曰：王言以出令也；若不言，是無所稟令也。武丁於是作書曰云云。」賈逵、唐固，皆以武丁所作書爲說命。又：孟子滕文公上引書曰：「若藥不瞑眩，厥疾不瘳。」）

念終始典于學。（禮記文王世子引兌命；學記同。）

學學半。（禮記學記引兌命）

敬孫務時敏，厥脩乃來。（同上）

惟口起羞，惟甲冑起兵，惟衣裳在笥，惟干戈省厥躬。（禮記緇衣引兌命）

爵無及惡德，民立而正事，純而祭祀，是爲不敬。事煩則亂，事神則難。（禮記緇衣引兌命）

高宗之訓（孔壁古文無，百篇書序有。）

三年，其惟不言，言乃讙。（禮記坊記引高宗云。鄭曰：「名篇在尙書。」孔氏正義曰：「鄭不見古文尙書序有高宗之訓，此經有高宗云，謂是高宗之訓篇有此語，故云名篇在尙書。」）

大誓（孔壁古文無，百篇書序有。）

紂夷之居，而不肯事上帝，棄闕其先神而不祀也。曰：「我民有命，毋僇其務，天不亦棄縱而不葆。」（墨子非命中引太誓。　按：上篇引太誓曰：「紂夷處，不肯事上帝鬼神，禍厥先神禔不祀。乃曰：吾民有命，無廖排漏；天亦縱之，棄而弗葆。」又：天志中篇云：「紂越厥夷居，不肯事上帝，棄厥先神祇不祀。乃曰：吾有命，無廖僔務天下，天亦縱棄紂而不葆。」）

小人見姦巧，乃聞不言也，發罪鈞。（墨子尙同下引大誓）

紂有億兆夷人，亦有離德，余有亂臣十人，同心同德。（昭二十四年左傳引大誓。又：成二年左傳云：「商兆民離，周十人同。」）

紂有臣億萬人，亦有億萬之心，武王有臣三千，而一心。（管子法禁篇引泰誓）

天視自我民視，天聽自我民聽。（孟子萬章上引泰誓）

民之所欲，天必從之。（襄三十一年、昭元年左傳引大誓。又：國語周語中、鄭語，皆引太誓此文。）

朕夢協朕卜，襲于休祥，戎商必克。（國語周語下引大誓）

文王若日若月，乍照光于四方，于西土。（墨子兼愛下引泰誓）

予克紂，非予武；惟朕文考無罪。紂克予，非朕文考有罪；惟予小子無良。（禮記坊記引大誓）

惡乎君子，天有顯德，其行甚章，爲鑑不遠，在彼殷王。謂人有命，謂敬不可行，謂祭無益，謂暴無傷。上帝不常，九有以亡。上帝不順，祝降其喪。惟我有周，受之大帝。（墨子非命下引太誓）

獨夫紂。（荀子議兵篇引泰誓）

我武惟揚，侵于之疆；則取于殘，殺伐用張，于湯有光。（孟子滕文公下引太誓）

武成（孔壁古文有）

維一月壬辰，旁死霸，若翌日癸巳，武王乃朝步自周，于征伐紂。（漢書律歷志引武成）粵若來三月，既死霸，粵五日甲子，咸劉商王紂。（同上）惟四月，既旁生霸，粵六日庚戌，武王燎于周廟，翌日辛亥，祀于天位，粵五日乙卯，乃以庶國祀馘于周廟。（同上）

血流浮杵。（論衡語增篇引武成）

嘉禾（孔壁古文無，百篇書序有。）

周公奉鬯，立于阼階，延登。贊曰：「假王莅政，勤和天下。」（漢書王莽傳，羣臣上奏引嘉禾。）

康誥

父不慈，子不祇，兄不友，弟不共，不相及也。（僖三十三年左傳引康誥。又：昭二十年左傳引康誥曰：「父子兄弟，罪不相及。」　按：僖三十三年左傳所引，蓋康誥逸文；昭二十年左傳所引，蓋約擧逸康誥之文。）

周官（孔壁古文無，百篇書序有。）

立太師太傅太保，茲惟三公。（周禮保氏序官疏所述鄭志引周官之文）

君陳（孔壁古文無，百篇書序有。）

爾有嘉謀嘉猷，入告爾君于內，女乃順之于外，曰：「此謀此猷，惟我君之德。」於乎！是惟良顯哉。（禮記坊記引君陳）

未見聖，若己弗克見；既見聖，亦不克由聖。（禮記緇衣引君陳）

出入自爾師虞，庶言同。（禮記緇衣引君陳）

畢命（孔壁古文無，百篇書序有。）

惟十有二年六月，庚午朏，王命作策，豐刑。（漢書律歷志引畢命豐刑）

君牙（孔壁古文無，百篇書序有。）

夏日暑雨，小民惟曰怨咨；多祁寒，小民亦惟曰怨。（禮記緇衣引君雅。按：君雅，即君牙。）

蔡仲之命（孔壁古文無，百篇書序有。）

王曰：「胡，無若爾考之違王命也。」（定四年左傳引蔡仲命書）

虞夏書

祇載見瞽瞍，夔夔齋栗。瞽瞍亦允若。（孟子萬章上引書曰。疑虞書。）

堯子不肖，舜使居丹淵爲諸侯，故號曰丹朱。（太平御覽卷六三引尚書逸篇。疑虞書。）

洚水警余。（孟子滕文公下引書曰。疑虞書。）

禹七年水。（墨子七患篇引夏書）

禹抑鴻水，十三年過家不入門。陸行乘車，水行載舟，泥行蹈毳，山行即橋。（史記河渠書引夏書）

皐陶邁種德。（莊八年左傳引夏書）

昏，墨，賊，殺。（昭十四年左傳引夏書）

天子之德，廣運乃神，乃武乃文。（呂氏春秋諭大篇引夏書）

地平天成。（僖二十四年左傳引夏書）

與其殺不辜，寧失不經。（襄二十六年左傳引夏書）

念茲在茲，釋茲在茲，名言茲在茲，允出茲在茲。惟帝念功。（襄二十一年左傳引夏書。又：哀六年左傳引夏書「允出茲在茲」一句。）

成允成功。（襄五年左傳引夏書）

戒之用休，董之用威，勸之以九歌，勿使壞。（文七年左傳引夏書）

官占，唯能蔽志，昆命于元龜。（哀十八年左傳引夏書）

眾非元后何戴？后非眾，無與守邦。（國語周語上引夏書）

一人三失，怨豈在明？不見是圖。（國語晉語九引夏書）

關石和鈞，王府則有。（國語周語下引夏書）

遒人以木鐸徇于路，官師相規，工執藝事以諫。（襄十四年左傳引夏書）

辰不集于房，瞽奏鼓，嗇夫馳，庶人走。（昭十七年左傳引夏書）

惟彼陶唐，帥彼天常，有此冀方。今失其行，亂其紀綱，乃滅而亡。（哀六年左傳引夏書）

有窮后羿。（襄四年左傳引夏訓）

商書

從命而不拂，微諫而不倦，爲上則明，爲下則遜。（荀子臣道篇引書曰）

嗚呼！古者有夏，方未有禍之時，百獸貞蟲，允及飛鳥，莫不比方，矧住人面，胡敢異心？山川鬼神，亦莫敢不寧，若能共允，住天下之合，下土之葆。（墨子明鬼下引商書。江聲曰：「住字……當作隹，隹讀當皆爲惟。」）

湯五年旱。（墨子七患篇引殷書）

刑三百，罪莫重於不孝。（呂氏春秋孝行覽引商書）

五世之廟，可以觀怪；萬夫之長，可以生謀。（呂氏春秋諭大篇引商書）

以相陵懱。（說文心部引商書）

周書

雖有周親，不如仁人。百姓有過，在予一人。（論語堯曰篇。按：墨子兼愛中引此文作「傳曰」。說苑君道篇引：「百姓有罪，在予一人」二語，云「書曰」。江聲謂此文見論語堯曰篇，不稱書曰，據說苑君道篇、墨子兼愛篇所引，則四句皆尚書文矣。）

天降下民，作之君，作之師，惟曰其助上帝，寵之四方。有罪無罪惟我在，天下曷敢有越厥志！（孟子梁惠王下引書曰）

大國畏其力，小國懷其德。（襄三十一年左傳引周書）

皇天無親，惟德是輔。（僖五年左傳引周書）黍稷非馨，明德惟馨。（同上）民不易物，惟德繄物。（同上）

粵三日丁亥。（說文于部引周書）

宮中之宂食。（說文宀部引周書）

我有蠽于西。(說文蚰部引周書)

來就惎惎。(說文心部引周書)

國無三年之食者，國非其國也；家無三年之食者，子非其子也。(墨子七患篇引周書)

將欲敗之，必姑輔之；將欲取之，必姑予之。(韓非子說林上引周書。又：戰國策魏策一引周書，同。)

往者不可及，來者不可待，賢明其世，謂之天子。(呂氏春秋聽言篇引周書)

民，善之則畜也，不善則讎也。(呂氏春秋適威篇引周書)

若臨深淵，若履薄冰。(呂氏春秋愼大篇引周書)

允哉允哉。(呂氏春秋貴信篇引周書)

掩雉不得，更順其風。(淮南子覽冥篇引周書)

上言者，下用也；下言者，上用也。(淮南子氾論篇引周書。韓非子說林下引周書云：「下言而上用。」蓋約舉之辭。)

必參而伍之。(史記蒙恬列傳引周書)

農不出則乏其食，工不出則乏其事，商不出則三寶絕，虞不出則財匱少。(史記貨殖列傳引周書)

欲起無先。(史記楚世家引周書)

前車覆，後車戒。(說苑善說篇引周書)

以左道事君者誅。(漢書王商傳引周書)

記人之功，忘人之過，宜爲君者也。(漢書陳湯傳引周書)

天子見怪則修德，諸侯見怪則修政，卿大夫見怪則修職，士庶人見怪則修身。(後漢書楊賜傳引周書)

未詳時代逸書

居安思危。（襄十一年左傳引書曰）

聖有謩勳，明徵定保。（襄二十一年左傳引書曰）

聖作則。（昭六年左傳引書曰）

欲敗度，縱敗禮。（昭十年左傳引書曰）

孝乎惟孝，友于兄弟，施於有政。（論語爲政篇引書云）

厥辟不辟，忝厥祖。（禮記坊記引書云）

丕顯哉文王謨！丕承哉武王烈！佑啟我後人，咸以正無缺。（孟子滕文公下引書曰）

有攸不惟臣，東征；綏厥士女，篚厥玄黃，紹我周王見休；惟臣附于大邑周。（孟子滕文公下；趙注謂尚書逸篇之文。）

必有忍也，若能有濟也。（國語周語中引書曰）

民可近也，而不可上也。（國語周語中引書曰）

先時者殺無赦，不逮時者殺無赦。（荀子君道篇引書曰）

德幾無小。（呂氏春秋報更篇引書。　墨子明鬼下云：「禽艾之道之曰：得璣無小，滅宗無大。則此言鬼神之所賞，無小必賞之；鬼神之所罰，無大必罰之。」）

紳之束之。（韓非子外儲說左上引書曰）

既雕既琢，還歸其樸。（同前）

樹德莫如滋，除害莫如盡。（戰國策秦策三引書云）

去邪無疑，任賢無貳。（戰國策趙策二引書云）

成功之下，不可久處。（史記蔡澤列傳引書曰）

恃德者昌，恃力者亡。（史記商君列傳引書曰）

裕汝衆。（白虎通號篇引尚書）

太社唯松，東社唯柏，南社唯梓，西社唯栗，北社唯槐。（白虎通社稷篇引尚書）

三年一考，少黜以地。（白虎通考黜篇引尚書）

咨爾伯。（白虎通王者不臣篇引尚書）

黼黻衣，黃朱紼。（白虎通紼冕篇引書曰）

愼始而敬終，終以不困。（襄二十五年左傳引書曰）

疑逸書

堯曰：「咨爾舜！天之歷數在爾躬，允執其中。四海困窮，天祿永終。」（論語堯曰篇）

放勳曰：「勞之，來之，匡之，直之，輔之，翼之，使自得之，又從而振德之。」（孟子滕文公上）

舜往于田，號泣于旻天。（孟子萬章上。　說文日部引虞書曰：「仁閔覆下則稱旻天」。）

帝使其子，九男二女，百官牛羊倉廩備，以事舜於畎畝之中。（孟子萬章上）

父母使舜完廩，捐階；瞽瞍焚廩。使浚井，出，從而揜之。象曰：「謨蓋都君，咸我績。牛羊父母，倉廩父母，干戈朕，琴朕，弤朕，二嫂使治朕棲。」象往入舜宮，舜在牀琴。象曰：「鬱陶思君爾。」忸怩。舜曰：「惟茲臣庶，汝其于予治。」（孟子萬章上）

欲常常而見之，故源源而來，不及貢，以政接于有庳。（孟子萬章上）

伊尹曰：「予不狎于不順。」（孟子盡心上）

（武）王曰：「無畏！寧爾也，非敵百姓也。」若崩厥角稽首。（孟子盡心下）

禹曰：「濟濟有眾，咸聽朕言。非惟小子，敢行稱亂；蠢茲有苗，用天之罰。若予既率爾羣對諸羣，以征有苗。」（墨子兼愛下引禹誓。　按：此當爲甘誓之文；而儒墨兩家傳本不同，標題亦異。）

允不著，惟天民不而葆。既防凶心，天加之咎。不慎厥德，天命焉葆！（墨子非命下引禹之總德）

其恒舞於宮，是謂巫風。其刑，君子出絲二衛，小人否。似二伯黃徑。乃言曰：嗚呼！舞佯佯，黃言孔章。上帝弗常，九有以亡。上帝不順，降之百殃；其家必壞喪。（墨子非樂上引湯之官刑）

睎夫聖武知人，以屏輔而身。（墨子尚賢下引先王之書豎年之言）

夫建國設都，乃作后王君公，否用泰也。輕大夫師長，否用佚也。維辯使治天均。（墨子尚同中引先王之書相年之道）

附編二　書序集釋

今傳僞孔本尚書，卷前有孔安國序，世人謂之大序。此序乃東晉人所僞，自宋以來，諸家辨之審矣。其各篇之序，即世所謂小序者，雖號爲百篇，實僅存六十七篇。蓋六十七序中，同一篇題而分爲三篇者凡四，分爲四篇及分爲九篇者各一，合之共省十九序。不同之二篇而共一序者凡四，不同之三篇而共一序者一，合之共省六序。僅存篇目而缺序者凡八。三者總計，省序及缺序共三十有三；故實存序文六十七篇也。

王氏經義述聞、陳氏今文尚書經說考，皆謂伏生所傳尚書有序。然其言實莫能徵信。至今傳之書序，即所謂小序者，乃漢景帝時出於孔壁者也。法言問神篇云：「昔之說書者序以百，而酒誥之篇俄空焉。」言酒誥之篇缺序；知揚氏曾見書序。論衡正說篇：「孝景帝時，魯共王壞孔子教授堂以爲殿，得百篇尚書於牆壁中。……東海張霸，案百篇之序，空造百兩之篇，獻之成帝。」又云：「案百篇之序，闕遺者七十一篇。」所謂「得百篇尚書」，乃指百篇尚書之篇目而言。曰「案百篇之序」，是知序凡百篇（包括但有篇題而無序說者言之），與法言之說同。漢書藝文志著錄尚書古文經四十六卷。按：孔壁所出古文尚書，較伏生所傳者增多十六篇。伏生本二十九篇，加十六爲四十五；漢志此語乃以篇爲卷，而云四十六者，乃並書序一卷言之（說詳王先謙尚書孔傳參正序例）。此益可證古文尚書固有序。漢志亦謂古文尚書出孔子壁中，與論衡之說同（惟謂出於武帝末，與論衡說異。按：論衡是也。）是可知書序與古文尚書同出於孔壁也。

書序作者，尚無定說。漢志云：「故書之所起遠矣；至孔子纂焉，上斷於堯，下訖于秦，凡百篇，而爲之序，言其作意。」是謂書序爲孔子所作。馬融、鄭玄、王肅，亦皆以爲孔子所作（見孔氏正義）。後世承此說者固多，而疑之者亦眾。如林光朝、馬廷鸞等，以爲書序乃歷代史官轉相授受者；金履祥則以爲齊魯諸儒次第傅會而作者；朱子亦以爲決非夫子之言、孔門之舊（林光朝以下諸說，據經義考卷七十三。）近儒如康有爲（新學僞經考）、崔適（史記探源）等，則皆謂爲劉歆僞作。今按：書序與古文尚書，既同出於孔壁，而孔壁諸經藏於先秦；太史公作史記，復屢用其說；其非劉歆所僞，自不待言。然以爲孔子所作者，亦未的。蓋堯典至金縢十餘篇，除盤庚、禹貢兩篇外，其餘諸篇，蓋皆著成於戰國之世；則百篇尚書之編定，約當戰國晚年（說詳概說）。而湯征、及太甲兩序，已襲孟子爲說，知其著成時代，不得前乎戰國中葉。以此兩事證之，其非孔子所作，又可斷言。簡氏集注述疏云：「夫書序者，蓋周秦閒經師之一說云爾。」其言是也。

書序本自爲一卷，至僞孔傳乃散入各篇之首。今仍併爲一卷，以復其舊。惟僞孔傳所列諸序次第，與鄭玄本不同（詳見概說）；而鄭本次第，亦與史記不盡合。茲從鄭本。

昔在帝堯，聰明文思，光宅天下[1]。將遜于位，讓于虞舜，作堯典[2]。

1 光，與廣通。經義述聞說。宅，讀爲度。光宅天下，謂廣度天下之事。

2 遜，讓也；義見後漢書獻帝紀注。段氏撰異說此序云：「自曰若稽古帝堯，至陟方乃死是也。古文尚書與今文同。」堯典、今存。

虞舜側微[1]，堯聞之聰明，將使嗣位，歷試諸難[2]，作舜典[3]。

1 此本堯典側陋之語而小變之。側，伏也；說見堯典注[52]。微，孫氏注疏云：「玉篇作𢼸，引此文云：『𢼸，賤也。』」側微，謂微賤之人。

2 歷，爾雅釋詁：「數也。」

3 孔壁古文有舜典，亡於晉永嘉之亂。今所傳舜典，乃僞孔自堯典所析出者。僞孔本以「愼徽五典」以下爲舜典，並於其上杜撰「曰若稽古帝舜」等二十八字。簡氏集注述疏引或說云：「舜典不亡，今堯典自『帝曰欽哉』以上，此序所謂將遜于位，讓于虞舜者也。蓋堯典也。自『愼徽五典』已下，此序所謂將使嗣位，歷試諸難者也。蓋舜典也。」是說簡氏已辨其非。孟子萬章上趙岐注云：「孟子時尚書凡百二十篇，逸書有舜典之敍，亡失其文。孟子諸所言舜事，皆堯典及逸書所載。」按：謂尚書百二十篇，蓋據緯書爲說；其實不然。至謂孟子所言舜事，皆堯典及逸書（當指逸舜典）所載，其說蓋可信也。

帝釐下土方[1]，設居方，別生分類，作汩作[2]。九共九篇，槀飫[3]。

1 釐，釋文：「馬云：賜也、理也。」此爲治理之義。釋文又云：「下土絕句；一讀至方字絕句。」段氏撰異謂：「釋文云讀至方字絕句，是也。」詩長發云：「洪水芒芒，禹敷下土方」；蓋書序所本。帝，謂舜。方，國也。下土方，意謂天下諸國。

2 設居方，謂設置可居之處。生，謂生物。別生分類，即易傳所謂「方以類聚，物以羣分」之意。汩，治也；義見楚辭天問王注。汩作，蓋謂治水之事也。

3 九共九篇及汩作，曾出於孔壁，而並亡於晉永嘉之亂。槀飫，久亡。九共及槀飫之序亦佚，而附載其篇題於汩作之後；非此三篇共一序也。

皐陶矢厥謨，禹成厥功，帝舜申之[1]，作大禹、皐陶謨。益稷[2]。

1 矢，陳也。申，重也。義並見爾雅釋詁。言重申二臣之謀。

2 孔壁古文有大禹謨、益稷，已亡於晉永嘉之亂。今尚書中大禹謨，乃東晉梅賾所傳之僞本。皐陶謨今存；惟僞古文析「帝曰來禹」以下爲益稷；非是。益稷，馬、鄭、王本作棄稷。此序似統大禹、皐陶謨兩篇；益稷之序，蓋已亡佚，而附載篇題於此。段氏撰異（見康誥、酒誥、梓材序）云：「按其實，則棄稷不統於此序，所以作棄稷者不傳也。」其說良是。

禹別九州，隨山濬川[1]。任土作貢[2]。

1 隨山，謂隨山刊木。濬川，謂疏導河流。

2 孔氏正義引鄭玄云：「任土，謂定其肥磽之所生。」文選雪賦：「任地班行。」注云：「任，猶因也。」周禮大司徒：「以任土事。」鄭玄注云：「任，謂就地所生，因民所能。」廣雅釋言：「貢，獻也。」又釋詁二：「貢，稅也。」田稅曰賦，進獻方物曰貢。此處貢字義兼貢、賦。任土作貢，謂因土地之宜，以定其貢賦之等第。段氏撰異云：「任土作貢之下，疑當有作禹貢三字。」禹貢，今存。

啟與有扈戰于甘之野，作甘誓[1]。

1 甘誓，今存。餘詳本篇解題。

太康失邦，昆弟五人，須于洛汭[1]，作五子之歌[2]。

1 太康，啓子。釋文：「須，馬云：止也。」洛，當作雒；水名。汭，河流曲處之內側也。

2 孔壁古文有五子之歌，已亡於晉永嘉之亂。今尚書中五子之歌，乃東晉梅賾所傳僞本。國語楚語上：「

堯有丹朱，舜有商均，啓有五觀。」韋注云：「五觀，啓子，太康昆弟也。」墨子非樂上：「於武觀曰：『啓乃淫溢康樂，野于飲食。』」段氏撰異據此，以爲五觀卽武觀，亦卽五子之歌。且謂五子非五人。按：五觀、武觀，或卽五子之歌。尙書篇題，先秦尙未一致，故往往歧異，殊不足怪，惟周書嘗麥篇云：「其在啓之五子，忘伯禹之命。」離騷云：「啓九辯與九歌兮，夏康娛以自縱。不顧難以圖後兮，五子用失乎家巷。」是五子非一人也。

羲和湎淫，廢時亂日[1]；胤往征之[2]，作胤征[3]。

1 堯典云：「乃命羲和，欽若昊天，歷象日月星辰，敬授人時。」桓十七年左傳云：「天子有日官，諸侯有日御。」服虔注：「日官日御，典歷數者也。」史記夏本紀云：「帝中康時，羲和湎淫。」是羲氏和氏歷世爲日官，至中康時湎淫廢職也。湎，說文云：「沈於酒也。」時，四時。日，日之干支。

2 史記集解引鄭玄云：「胤，臣名。」僞孔傳則以爲胤國之君。

3 孔壁古文有胤征，已亡於晉永嘉之亂。今尙書中胤征，乃東晉梅賾所傳僞本。

自契至于成湯八遷[1]，湯始居亳，從先王居[2]，作帝告。釐沃[3]。

1 契本居亳，後居於蕃，是一遷也。其子昭明居砥石，是二遷也。昭明又由砥石遷商，是三遷也。其子相土又東徙泰山下，後復歸商邱，是四遷五遷也。帝芬三十三年，商侯遷於殷，是六遷也。孔甲九年，殷侯復歸於商邱，是七遷也。至湯始居亳，從先王居，則爲八遷。說詳王國維說契至於成湯八遷（觀堂集林）。

2 湯所居之亳，王國維謂在今山東省曹縣南，見所著說亳（觀堂集林）。相傳帝嚳居亳，故云從先王居。

3 告，史記殷本紀作誥；索隱云：「一作佶。」史記無釐沃二字，孫氏注疏因疑「帝告釐沃」乃一篇。

按：以百篇之目核之，帝告、釐沃當爲二篇。此當爲帝告序；蓋釐沃序佚，而附其篇目於此。帝告、釐沃二篇。至漢皆亡。

湯征諸侯，葛伯不祀，湯始征之[1]，作湯征[2]。

1 孟子滕文公下云：「湯居亳，與葛爲鄰。葛伯放而不祀。湯使人問之曰：『何爲不祀？』曰：『無以供犧牲也。』湯使遺之牛羊，葛伯食之，又不以祀。湯又使人問之曰：『何爲不祀？』曰：『無以供粢盛也。』湯使亳衆，往爲之耕，老弱饋食。葛伯率其民，要其有酒食黍稻者奪之，不授者殺之。有童子以黍肉餉，殺而奪之。書曰：『葛伯仇餉。』此之謂也。」疑書序本此爲說。又：梁惠王下引書曰：「湯一征，自葛始，天下信之。」孫氏注疏引孟子趙注云：「葛，夏諸侯嬴姓之國。」

2 湯征、亡。

伊尹去亳適夏，既醜有夏，復歸于亳[1]。入自北門，乃遇汝鳩、汝方[2]，作汝鳩、汝方[3]。

1 適，爾雅釋詁：「往也。」去亳適夏，謂去湯適桀也。醜，說文：「可惡也。」

2 江氏集注音疏以史記引述「乃遇汝鳩汝方」之語，無乃字，因云：「乃，衍字也。」方，史記作房。僞孔傳云：「鳩、方二人，湯之賢臣。」

3 此二篇共爲一序，二篇經文並亡。

湯既勝夏，欲遷其社，不可，作夏社[1]。疑至、臣扈[2]。

1 遷社，謂遷移夏之社神。禮記郊特牲云：「喪國之社屋之，不受天陽也。」哀四年穀梁傳云：「亳，亡國也。亡國之社以爲廟屏，戒也。其屋，亡國之社，不得上達也。」湯之不遷夏社，蓋以可屋而不可遷也。簡氏集注述疏有說。夏社，亡。

2 疑至，臣扈，皆亡。二篇之序亦佚，而附其篇題於夏社序之後。孔氏正義本馬融說，以疑至、臣扈爲二臣名。按：史記殷本紀無疑至、臣扈，而次夏社於湯誓、典寶之後。

伊尹相湯伐桀，升自陑，遂與桀戰于鳴條之野[1]，作湯誓[2]。

1 僞孔傳云：「陑，在河曲之南。」孫氏注疏云：「陑字說文所無，未知何字之誤，亦未詳其地所在也。」孔氏正義引鄭玄云：「鳴條，南夷地名。」僞孔傳云：「地在安邑之西。」孫氏注疏及簡氏集注述疏皆據呂氏春秋簡選篇、淮南主術篇、修務篇等，以爲應從鄭注；其說較長。

2 孔氏正義堯典篇云：「孔以湯誓在夏社前，於百篇爲第二十六。鄭以爲在臣扈後，第二十九。」湯誓，今存。

夏師敗績，湯遂從之，遂伐三朡，俘厥寶玉[1]，誼伯、仲伯作典寶[2]。

1 莊十一年左傳云：「大崩曰敗績。」詩還：「並驅從兩肩兮。」毛傳：「從，逐也。」三朡，孫氏注疏云：「郡國志，濟陰定陶有三亭鬷。」朡，史記作㚇。㚇、朡、鬷，三字並通。俘，爾雅釋詁：「取也。」

2 誼，史記作義。誼伯、仲伯，二臣名。孔壁古文有典寶，已亡於晉永嘉之亂。

湯歸自夏，至於大坰[1]，仲虺作誥[2]。

1 大坰，史記殷本紀作泰卷陶。集解引徐廣曰：「一無此陶字。」索隱云：「鄒誕生卷作餉，又作泂；則卷當爲坰，與尚書同，非衍字也。其下陶字，是衍耳。何以知然？解尚書者，以大坰今定陶，是也。舊本或傍記其地名，後人轉寫，遂衍斯字也。」

2 仲虺，荀子堯問篇作中蘬，史記殷本紀作中䴢。定元年左傳：「薛宰曰：薛之皇祖奚仲居薛，以爲夏車正。奚仲遷于邳，仲虺居薛，以爲湯左相。」是仲虺爲奚仲之後。孟子盡心下趙注，以爲萊朱卽仲虺；未詳所據。仲虺之誥，亡。今尚書中仲虺之誥，乃東晉梅賾所傳僞本。

湯既黜夏命[1]，復歸于亳，作湯誥[2]。

1 黜，說文：「貶下也。」黜夏命，意謂克夏。

2 孔壁古文有湯誥，已亡於晉永嘉之亂。史記殷本紀載有湯誥逸文。今尚書中之湯誥，乃東晉梅賾所傳僞本。

伊尹作咸有一德[1]。

1 據堯典孔氏正義，僞孔以本篇次太甲後，第四十，當太甲時。鄭玄以爲在湯誥後，第三十二。史記亦在湯誥後，當成湯時。孔壁古文有咸有一德，已亡於晉永嘉之亂。今尚書中咸有一德，乃東晉梅賾所傳僞本。

咎單作明居[1]。

1 史記殷本紀集解引馬融云：「咎單，湯司空也。明居，民之法也。」明居，亡。

成湯既沒，太甲元年[1]，伊尹作伊訓、肆命、徂后[2]。

1 孟子萬章上云：「湯崩，太丁未立，外丙二年，仲壬四年，太甲顚覆湯之典刑。」史記殷本紀云：「帝中壬卽位四年崩，伊尹迺立太丁之子太甲。太甲，成湯適長孫也，是爲帝太甲。帝太甲元年，伊尹作伊訓，作肆命，作徂后。」序言「成湯既沒，太甲元年。」蓋略言之。

2 史記集解引鄭玄云：「肆命者，陳政教所當爲也。徂后者，言湯之法度也。」徂后，久亡。孔壁古文有伊訓、肆命，已亡於晉永嘉之亂。今尚書中伊訓，乃東晉梅賾所傳僞本。此當是三篇共一序。

太甲既立，不明，伊尹放諸桐[1]。三年，復歸于亳，思庸[2]。伊尹作太甲三篇[3]。

1 桐，史記殷本紀集解引鄭玄云：「地名也，有王離宮焉。」史記正義引晉太康地記云：「尸鄉南有亳坂；東有城，太甲所放處也。」正義謂尸鄉在偃師縣西南五里。

2 思庸，僞孔傳云：「念常道。」蓋因庸有常義而引申之也。孟子萬章上云：「太甲顚覆湯之典刑，伊尹放之於桐。三年，太甲悔過，自怨自艾，於桐處仁遷義三年，以聽伊尹之訓己也，復歸于亳。」史記殷本紀之說略同。春秋經傳集解後序述竹書紀年則云：「伊尹放太甲于桐，乃自立。」又云：「七年，太甲潛出自桐，殺伊尹。」與此說異。

3 太甲三篇，亡。今尚書中太甲三篇，乃東晉梅賾所傳僞本。

沃丁既葬伊尹于亳，咎單遂訓伊尹事，作沃丁[1]。

1 沃丁，太甲子。咎單，殷賢臣。訓，告也；義見漢書揚雄傳下集注。沃丁，亡。

伊陟相太戊[1]，亳有祥，桑穀共生于朝[2]；伊陟贊于巫咸，作咸乂四篇[3]。

1 伊陟，僞孔傳云：「伊尹子。」未詳所據。太戊，史記殷本紀以爲太庚子。以甲骨文資料證之，是也。馬融以爲太甲子（見釋文），非是。

2 史記殷本紀云：「帝太戊立，伊陟爲相。亳有祥，桑穀共生於朝，一暮大拱。帝太戊懼，問伊陟。伊陟曰：『臣聞妖不勝德，帝之政其有闕與？帝其修德。』太戊從之，而祥桑枯死而去。」桑穀生於朝之異，史記殷本紀，說苑君道篇，漢書郊祀志，皆以爲太戊時事。尚書大傳，說苑君道篇、敬愼篇，漢書五行志

（中之下），則以爲在武丁時。呂氏春秋制樂篇，韓詩外傳三，又以爲在成湯時。傳說異辭，莫衷一是。

3 漢書郊祀志引此序，孟康注云：「贊，說也。」咸，人名。時爲巫官，故稱巫咸。咸乂四篇，亡。

太戊贊于伊陟，作伊陟、原命[1]。

1 史記殷本紀云：「帝大戊贊伊陟于廟，言弗臣；伊陟讓，作原命。」史記集解引馬融云：「原，臣名也。」史記無伊陟篇題，而以此爲原命序。殆以兩篇共序而略之歟？伊陟，亡。孔壁古文有原命，亡於晉永嘉之亂。

仲丁遷于囂，作仲丁[1]。

1 仲丁，太戊子。囂，史記殷本紀作隞。隞，即詩車攻「搏獸于敖」之敖。隞、敖通。鄭箋：「敖，鄭地。今近滎陽。」史記正義引括地志云：「滎陽故城，在鄭州滎澤縣西南十七里，殷時敖地也。」敖地在今河南省滎陽縣。仲丁，亡。

河亶甲居相，作河亶甲[1]。

1 河亶甲，仲丁之弟。相，史記殷本紀正義引括地志云：「故殷城，在相州內黃縣東南十三里，即河亶甲所築。都之，故名殷城也。」其地在今河南內黃縣境。河亶甲，亡。

祖乙圮于耿，作祖乙[1]。

1 祖乙，史記殷本紀以爲河亶甲子，王國維據殷虛卜辭，證知爲仲丁子，說詳所著殷卜辭中所見先公先王續考（觀堂集林）。圮，釋文引馬融云：「毀也。」謂國都毀於水也。史記圮作遷，耿作邢。索隱云：「邢，音耿，近代本亦作耿，今河東皮氏縣有耿鄉。」其地在今山西省河津縣。祖乙，亡。

盤庚五遷，將治亳殷[1]，民咨胥怨，作盤庚三篇[2]。

1 將治亳殷，孔氏正義引束皙云：「孔子壁中尚書云：『將始宅殷。』」是也。說詳王國維說殷（觀堂集林）。宅殷，謂遷居於殷。殷故地，在今河南安陽縣。

2 咨，詩蕩：「文王曰咨。」毛傳：「嗟也。」胥，爾雅釋詁：「相也。」盤庚，今存。

高宗夢得說，使百工營求諸野，得諸傅巖，作說命三篇[1]。

1 高宗，殷王武丁也，小乙之子。說，武丁夢中所得賢人。詩臣工毛傳：「工，官也。」百工，即百官也。傅，地名。巖，穴也；義見楚辭七諫（哀命）王注。史記殷本紀云：「武丁夜夢得聖人，名曰說。以夢所見視羣臣百吏，皆非也。於是迺使百工營求之野，得說於傅險中。是時說爲胥靡，築於傅險。見於武丁，武丁曰：是也。得而與之語，果聖人。擧以爲相，殷國大治，故遂以傅險姓之，號曰傅說。」孟子告子下，墨子尚賢下亦載傅說事。說命三篇，亡。今尚書中說命三篇，乃東晉梅賾所傳僞本。

高宗祭成湯，有飛雉升鼎耳而雊[1]。祖己訓諸王，作高宗肜日，高宗之訓[2]。

1 雉，山雞。雊，說文云：「雄雉鳴也。」

2 甲骨文關於肜祭之記載甚夥，肜日上之人名，乃被祭之祖先，而非主祭之人。序言「高宗祭成湯」，非是。說詳高宗肜日解題。此蓋兩篇共一序；高宗之訓，亡。

殷始咎周，周人乘黎[1]。祖伊恐，奔告于受，作西伯戡黎[2]。

1 詩文王正義引鄭注云：「咎，惡也。」又云：「乘，勝也。」

2 祖伊，殷賢臣。受，紂名。戡，朱氏便讀云：「勝也。」西伯戡黎，今存。

殷既錯天命，微子作誥父師少師[1]。

1 錯，釋文引馬融云：「廢也。」父師，史記作太師，謂是樂官。皇侃論語疏引鄭玄云：「父師者，三公也；時箕子爲之奴。」「少師者，太師之佐，孤卿也；時比干爲之死也。」二說不同。（參看本書微子篇注[1]）簡氏集注述疏云：「以佗序例之，當云：微子誥父師少師，作微子。」微子，今存。

惟十有一年，武王伐殷，一月戊午，師渡孟津，作泰誓三篇[1]。

1 孟津，黃河渡口名。水經注云：「河水又東，逕平縣故城北。……河南有鉤陳壘，世傳武王伐紂，八百諸侯所會處。…… 河水於斯有盟津之目，…… 故曰孟津，亦曰盟津，……又曰富平津。」其地在今河南省孟津縣。泰誓，久亡。論衡正說篇云：「孝宣皇帝之時，河內女子發老屋，得逸易、禮、尚書各一篇，奏之。宣帝下示博士，然後易、禮、尚書各益一篇，而尚書二十九篇始定矣。」隋志以爲尚書所益之一篇卽泰誓。此河內女子所得泰誓，馬融已辨其僞（見孔氏正義引）；後亦亡逸。今尚書中泰誓三篇，乃東晉梅賾所傳僞本。

武王戎車三百兩，虎賁三百人，與受戰于牧野，作牧誓[1]。

1 戎，兵也。義見禮記檀弓上鄭注。虎賁，王之衞士。受，紂名。牧，地名。牧野，牧之郊野也。說詳本書牧誓篇。孫氏注疏以爲孟子盡心篇及周本紀，皆云虎賁三千人；此序云三百人，當是三千人之誤。牧誓，今存。

武王伐殷，往伐，歸獸，識其政事，作武成[1]。

1 獸，與狩通。周書世俘篇言伐紂之後，武王狩禽。則歸獸謂克紂之後，武王狩獵也。本簡氏集注述疏說。識，記也。孔壁古文有武成，孔氏正義引鄭玄云：「建武之際亡。」今尚書中武成，乃東晉梅賾所傳僞本。

武王勝殷殺受，立武庚，以箕子歸，作洪範[1]。

1 史記宋世家云：「武王封紂子武庚祿父，以續殷祀。」孔氏正義云：「本紀（按：當作宋世家。）武庚祿父雙言之。伏生尚書傳云：『武王勝殷，繼公子祿父。』是一名祿父也。」以，猶與也；義見詩擊鼓鄭箋。以箕子歸，言與箕子共歸鎬京也。史記周本紀言武王十一年伐紂，作大誓、牧誓、武成、分器。後二年，問箕子以天道。蓋以洪範次分器之後。然左傳三引洪範，說文五引洪範，皆曰商書。殆以其爲商人所陳之法歟？洪範，今存。

武王既勝殷，邦諸侯，班宗彝，作分器[1]。

1 邦，史記周本紀作封。江氏集注音疏云：「邦，古封字也。」按：邦封非一字，而古多通用。邦諸侯，謂分封諸侯也。班，國語周語中：「而班先王之大物。」韋注：「分也。」彝，說文云：「宗廟常器也。」班宗彝，周本紀謂分殷之器物。分器，亡。

西旅獻獒，太保作旅獒[1]。

1 旅，孔氏正義謂是西戎國名。獒，僞孔傳以爲大犬，蓋本爾雅釋畜。馬融獒作豪，云：「酋豪也。」（見釋文）鄭玄說與馬融同（見孔氏正義）。按：當以僞孔爲正。太保，僞孔傳以爲召公奭。孔壁古文有旅獒，已亡於晉永嘉之亂。今尚書中旅獒，乃東晉梅賾所傳僞本。

巢伯來朝[1]，芮伯作旅巢命[2]。

1 周禮象胥序官疏引鄭玄云：「巢伯，殷之諸侯。聞武王克商，慕義而來朝。」又禮記王制正義引鄭玄云：

「伯，爵也。南方遠國。」

2 詩桑柔正義引鄭玄云：「芮伯，周同姓國，在畿內。」旅，爾雅釋詁：「陳也。」旅巢命，謂陳告巢伯之命也。旅巢命，亡。

武王有疾，周公作金縢[1]。

1 有疾，釋文云：「馬本作有疾不豫。」金縢，今存。本篇屢稱周公，或但曰公，自非周公所作。且文辭不古，乃後人述古之作也。說詳本篇解題。

武王崩，三監及淮夷叛[1]；周公相成王，將黜殷，作大誥[2]。

1 周書作雒篇云：「武王克殷，乃立王子祿父，俾守商祀；建管叔于東，建蔡叔、霍叔于殷，俾監殷臣。」詩東山正義引鄭玄云：「三監，管叔、蔡叔、霍叔三人，爲武庚監於殷國者也。」祿父，武庚名。

2 黜，孔氏正義引鄭玄云：「貶退也。」大誥，今存。

成王既黜殷命，殺武庚；命微子啟代殷後，作微子之命[1]。

1 微子之命，亡。今尚書中微子之命，乃東晉梅賾所傳僞本。

唐叔得禾，異畝同穎[1]，獻諸天子。王命唐叔歸周公于東，作歸禾[2]。

1 昭十五年左傳云：「唐叔，成王之母弟也。」禾，孫氏注疏謂：「即今之小米也。」畝，史記魯世家作母。周本紀集解引鄭玄云：「二苗同爲一穗。」孫氏注疏云：「母與拇通。易：『咸其拇。』虞翻注云：『拇，是（當作足）大指也。』……異母，如枝指也；其上合穎。」

2 歸，史記魯世家作餽。歸、餽古通。時周公居東，故云歸周公于東。歸禾，亡。

周公既得命禾，旅天子之命，作嘉禾[1]。

[1] 孔氏正義引鄭玄云：「受王歸己禾之命與其禾。」旅，爾雅釋詁：「陳也。」嘉禾，亡。

成王既伐管叔、蔡叔，以殷遺民封康叔，作康誥[1]。酒誥、梓材[2]。

[1] 此序蓋本定公四年左傳爲說。按：康誥當爲武王封康叔於康時之誥，說詳康誥篇解題。

[2] 段氏撰異云：「揚子法言問神篇曰：『昔之說書者序以百，而酒誥之篇俄空焉，今亡夫。』謂書序有百，而酒誥則無序；非謂尚書闕酒誥也。凡後人所謂數篇同一序，皆有有目無序者厠其閒。」按：段說是也。酒誥、梓材序並佚，而附其篇目於此。康誥、酒誥、梓材，今並存。

成王在豐，欲宅洛邑，使召公先相宅，作召誥[1]。

[1] 召誥，今存。說詳是篇解題。

召公既相宅，周公往營成周，使來告卜，作洛誥[1]。

[1] 告卜，謂以所卜之兆告成王也。餘詳洛誥解題。洛誥，今存。

成周既成，遷殷頑民；周公以王命誥，作多士[1]。

[1] 多士，今存。按：以召誥及洛誥證之，多士篇當爲成王七年三月甲子，周公以王命告庶殷之辭。時始營洛邑，尚未成也。說詳本篇解題。

周公作無逸[1]。

[1] 無逸，今存。簡氏集注述疏云：「無逸之篇，稱周公曰者凡七。蓋史敍其辭，而非周公作之也。」

召公爲保，周公爲師，相成王爲左右；召公不說，周公作君奭[1]。

1 簡氏集注述疏云：「周官保氏疏引鄭志云：『趙商問曰：案成王周官：立大師、大傅、大保，茲惟三公。則三公自名師保，何也？答曰：周公左，召公右，兼師保，初時然矣。』鄭志引周官者，書亡篇之逸文也。……賈子云：『昔者成王幼，召公爲大保，周公爲大傅，大公爲大師，蓋三公也。』周公繇大傅而爲大師也。」召公不說之說，解者異辭；以經文證之，未見不說之義。說見本篇解題。君奭，今存。

成王東伐淮夷，遂踐奄[1]，作成王政[2]。

1 踐，史記周本紀作殘。詩破斧正義引鄭玄云：「踐，讀曰翦。翦，滅也。」奄，國名；後爲魯地。

2 政，釋文云：「馬本作征。」其義爲長。成王政，亡。

成王既踐奄，將遷其君於蒲姑[1]。周公告召公，作將蒲姑[2]。

1 蒲，史記周本紀作薄。釋文謂馬融本亦作薄。薄姑，史記集解引馬融云：「齊地。」昭公九年左傳云：「蒲姑商奄，吾東土也。」昭公二十年左傳，晏子對齊景公曰：「昔爽鳩氏始居此地，季萴因之，有逢伯陵因之，蒲姑氏因之，而後大公因之。」漢書地理志敍齊地云：「……殷末有薄姑氏，皆爲諸侯國。此地至周成王時，薄姑氏與四國共作亂，成王滅之，以封師尚父，是爲大公。」據此，則薄姑爲齊地，可無疑義。其地蓋因薄姑氏居之而得名。江氏集注音疏，據尚書大傳謂蒲姑乃奄君名。且謂此序當言將遷其君蒲姑，「於」乃衍字。按：奄後爲魯地，蒲姑在齊，則蒲姑不得爲奄君，其理至明。江說實未的也。

2 將，簡氏述疏云：「行也。將行遷之。」按：將蒲姑乃省略語；意謂將遷其君於蒲姑也。將蒲姑，亡。

成王歸自奄，在宗周，誥庶邦，作多方[1]。

1 多方，今存。以經文證之，多方應次多士之前。自宋以來，諸儒言之者頗衆。說詳本篇解題。

成王既黜殷命，滅淮夷，還歸在豐，作周官[1]。

1 史記周本紀黜作絀，滅作襲，義與序無殊。魯世家云：「成王在豐，天下已安，周之官政未次序，於是周公作周官。官別其宜，作立政。以便百姓。」堯典孔氏正義云：「孔以周官在立政後，第八十八，鄭以爲在立政前，第八十六。」是鄭本與史記同。周官，亡。今尚書中周官，乃東晉梅賾所傳僞本。

周公作立政[1]。

1 立政，今存。簡氏集注述疏云：「立政之篇，稱周公曰者一，稱周公若曰者再。蓋史敍其辭，而非周公作之也。」

成王既伐東夷，肅愼來賀[1]。王俾榮伯作賄肅愼之命[2]。

1 肅愼，史記周本紀作息愼。釋文云：「馬本作息愼。云：北夷也。」

2 史記周本紀集解引馬融云：「榮伯，周同姓，畿內諸侯，爲卿大夫也。」賄，集解引孔云：「賜也。」（今本僞孔傳訛，說詳阮氏校勘記。）賄肅愼之命，亡。

周公在豐，將沒，欲葬成周。公薨，成王葬於畢[1]。告周公，作亳姑[2]。

1 史記魯世家云：「周公在豐，病將沒，曰：『必葬我成周，以明吾不敢離成王。』周公既卒，成王亦讓，葬周公於畢，從文王；以明予小子不敢臣周公也。」畢地在今陝西咸陽縣北畢原；文、武、周公皆葬於此。

2 亳姑，亡。

周公既沒，命君陳分正東郊成周，作君陳[1]。

1 禮記坊記鄭注云：「君陳，蓋周公之子，伯禽弟也。」簡氏集注述疏引詩雨無正鄭箋云：「正，長也。」成周，在洛之東，故曰東郊。簡氏又云：「今言成周之正者，蓋王官之長也。」君陳，亡。今尚書中君陳，乃東晉梅賾所傳僞本。

成王將崩，命召公、畢公率諸侯相康王，作顧命[1]。

1 伏生本以顧命與康王之誥爲二篇；其後合爲一篇；東漢諸家及僞孔本，復分爲二篇，而分篇情形不同；說詳概說及本篇解題。顧命，今存。

康王既尸天子，遂誥諸侯，作康王之誥[1]。

1 尸，爾雅釋詁：「主也。」尸天子，謂主天子之事也。康王之誥，今存。

康王命作册畢，分居里，成周郊，作畢命[1]。

1 作册，官名；掌册命臣工之事。說詳王國維洛誥解（觀堂集林）。畢，以洛誥及金文諸例證之，當爲人名。史記周本紀作畢公者，疑公字涉下文分字而誤衍也。僞孔傳云：「分別民之居里，……成定東周之郊境。」訓成爲定，是也。孔氏正義引鄭玄云：「今其逸篇，有册命霍侯之事，不同與此敍相應，非也。」（江氏集注音疏云：「當云不與此序相應。正義引之，誤多同字。」）按：疑此篇自有命霍侯之語；後人誤讀，以「康王命作册」爲句，畢字屬下讀，又以畢爲畢公，故不相應耳。漢書律歷志云：「康王十二年六月戊辰朔，三日庚午，故畢命豐刑曰：『惟十有二年六月庚午朏，王命作策豐刑。』」語簡而義難明。蓋尚書別一逸篇之語，非畢命之文也。畢命，亡。今尚書中畢命，乃東晉梅賾所傳僞本。

穆王命君牙爲周大司徒，作君牙[1]。

1 牙，一作雅。君牙，亡。今尚書中君牙，乃東晉梅賾所傳僞本。

穆王命伯冏爲周太僕正，作冏命[1]。

1 冏，史記周本紀、說文俱作臩。孫氏注疏云：「臩蓋今文，冏古文也。」僞孔傳云：「伯冏，臣名也。」史記周本紀云：「穆王閔文武之道缺，乃命伯臩申誡太僕國之政，作臩命。」簡氏集注述疏云：「蓋稱曰大僕，其爲長可知矣。今序又稱正焉。如曰：正，長也。其於大僕，若綴旒然。論語云：『政者，正也。』則正者，所以爲政也。今言爲太僕政也，史記云：『乃命伯臩申誡大僕國之政。』是也。」簡氏申史記之說，是也。周禮夏官序官太僕鄭注云：「僕，侍御於尊者之名。大僕，其長也。」爲，讀去聲。孔壁古文有冏命，已亡於晉永嘉之亂。今尚書中之冏命，乃東晉梅賾所傳僞本。

蔡叔既沒，王命蔡仲踐諸侯位，作蔡仲之命[1]。

1 蔡叔名度。定公四年左傳云：「管、蔡啓商，惎間王室，王於是乎殺管叔而蔡蔡叔，以車七乘徒七十人。其子蔡仲改行帥德，周公舉之，以爲己卿士；見諸王而命之以蔡。其命書云：『王曰：胡！無若爾考之違王命也。』」胡，蔡仲名。堯典孔氏正義云：「孔以蔡仲之命次君奭後，第八十三。鄭以爲在費誓前，第九十六。」蔡仲之命，亡。今尚書中蔡仲之命，乃東晉梅賾所傳僞本。

魯侯伯禽宅曲阜，徐夷並興，東郊不開，作費誓[1]。

1 就經文證之，本篇乃魯僖公伐淮夷徐戎時誓師之辭；序以爲伯禽，誤也。說詳本篇解題。開，釋文云：「馬本作闢。」二字義同，意謂通也。堯典孔氏正義云：「孔以費誓在文侯之命後，第九十九。鄭以爲在呂刑前，第九十七。」費誓，今存。

呂命穆王[1]，訓夏贖刑[2]，作呂刑[3]。

1 呂，呂侯；亦即甫侯。孫氏注疏云：「命，告也。」蓋本史記周本紀爲說。簡氏集注述疏云：「經曰：『惟呂命。』此漢志所謂『王命甫侯作刑』也。序者以爲呂命穆王，失之矣。」按：蓋序者讀經文「惟呂命王」爲句，故云「呂命穆王」也。餘詳本篇解題。

2 孫氏注疏云：「訓夏贖刑者，申訓夏時贖刑之法。」

3 呂刑，今存。

平王錫晉文侯秬鬯圭瓚，作文侯之命[1]。

1 文侯，晉文侯仇也。史記晉世家誤以爲晉文公重耳。說詳本篇解題。文侯之命，今存。

秦穆公伐鄭，晉襄公帥師敗諸崤[1]。還歸，作秦誓[2]。

1 穆，史記秦本紀作繆。崤，左傳、史記皆作殽。秦晉崤之戰，見僖三十二及三十三年左傳。史記以本篇爲崤之敗後三年，穆公伐晉報崤之役時，誓師之辭。證之經文，其說未的。說詳本篇解題。

2 秦誓，今存。

附編三　僞古文尚書襲古簡注

僞古文尚書二十五篇，行世千餘年。宋元明諸儒皆有疑之者；至閻百詩、惠定宇等書出，其僞遂成定讞。本書概說中已詳言之矣。此二十五篇之僞書，既有其倖得之地位，亦未宜汰而不錄，故以附諸本書之末。按：僞書作者，多襲古書之語，雜入其杜撰之文中；故易售其欺。學者既知其僞，於是淸代諸儒，多有述作，於襲古之語，揭其出處。朱氏古注便讀，於僞書襲古處，一一注其出處於句下，最便省覽；然亦間有疏失。爰仿朱氏之例，參以孫喬年尚書古文證疑，簡氏尚書集注述疏，及吳闓生尚書大義等書，益以鄙見，述爲茲編。孫氏證疑（卷四），列舉僞古文採摭經傳之辭凡三百六條；本編則得二百七十八條。蓋孫書於僞古文檃栝故書語意、及但取古語中一二字者，亦俱列入；本編則否。且僞古文襲故書之語，而未爲孫氏所舉者，亦頗多也。僞古文分堯典之後半爲舜典，復於所謂舜典前，僞撰二十八字。其「曰若稽古」四字，乃襲自堯典。「濬哲文明」語，則襲自王粲七釋。「溫恭允塞」語，亦襲七釋「允恭玄塞」爲之，而略有改易。此二十八字，於本編中無可附麗，爰識於此云。

大禹謨

「曰若稽古」大禹（前四字見堯典），曰，文命敷於四海，祗承于帝。曰，后克艱厥后，臣克艱厥臣，政乃乂，黎民敏德。帝曰：俞！允若茲，嘉言罔攸伏。野無遺賢，「萬邦咸寧」（見易乾彖傳，邦作國。）。稽于眾，「舍己從人」（見孟子公孫丑上），「不虐無告，不廢困窮。」（略本莊子天道篇語）惟帝時克。益曰：都！「帝德廣運，乃聖乃神，乃武乃文。」（略本呂氏春秋諭大篇引夏書之文）皇天眷命，奄有四海，爲天下君。禹曰：惠迪吉，從逆凶，惟影響。益曰：吁！戒哉！儆戒無虞，罔失法度，罔遊于逸，罔淫于樂。「任賢勿貳，去邪勿疑。」（戰國策趙策二引書云，上下二句互易。）疑謀勿成，百志惟熙。罔違道以干百姓之譽，罔咈百姓以從己之欲。無怠無荒，四夷來王。禹曰：於！帝念哉。德惟善政，政在養民。「水、火、金、木、土、穀。」（見文公七年左傳）惟修；「正德利用厚生」（同上），惟和；九功惟敍，九敍惟歌。「戒之用休，董之用威，勸之以九歌，俾勿壞。」（文公七年左傳引夏書，末句原作勿使壞。）帝曰：俞！「地平天成」（僖公二十四年左傳引夏書之文），六府三事允治，萬世永賴，時乃功。帝曰：格汝禹！朕宅帝位，三十有三載，耄期倦于勤；汝惟不怠，總朕師。禹曰：朕德罔克，民不依。「皐陶邁種德」（莊公八年左傳引夏書之文），「德乃降」（見莊公八年左傳），「黎民懷之」（見皐陶謨），帝念哉。「念茲在茲，釋茲在茲，名言茲在茲，允出茲在茲。惟帝念功。」（襄公二十一年左傳引夏書之文）帝曰：皐陶！「惟茲臣庶」（見孟子萬章上），罔或干予正。「汝作士」（見堯典），明于五刑，以弼五教。期于予治，刑期于無刑，民協于中。「時乃功」（見皐陶謨），懋哉！皐陶曰：帝德罔愆，臨下以簡，御眾以寬；罰弗及嗣，賞延于世；「宥過無大，刑故無小。」（見論衡答佞篇，上下二句互易。）罪疑惟輕，功疑惟重。「與其殺不辜，寧失不經。」（襄公二十六年左傳引夏書之文）好生之德，洽于民心。茲用不犯于有司。帝曰：「俾予從欲以治」（見荀子大略篇，俾作維，以作而。），四方風動，惟乃之休。「帝曰：來禹。」（見臯陶謨）「降水儆予」（孟子滕文公上引書曰，降作洚，儆作警。），「成允成功」（襄公五年左傳引夏書之文）。惟汝賢，克勤于邦，克儉于家，不自滿假。惟汝賢，「汝惟不矜，天下莫與汝爭能。」（改易荀子君子篇之文）汝惟不伐，天下莫與汝爭功。予懋乃德，嘉乃丕績。「天之歷數在汝躬」（見論語堯曰篇，汝作爾。），汝終陟元后。「人心惟危，道心惟微。」（荀子解蔽篇引道經語，惟皆作之。）惟精惟一，「允執厥中」（見論語堯曰篇，厥作其。）。無稽之言勿聽，弗詢之謀勿庸。可愛非君？可畏非民？「眾非元后何戴？后非眾，罔與守邦。」（國語周語上引夏書，罔作無。）欽哉！「愼乃有位」（見臯陶謨，有作在。），敬修其可願。「四海困窮，天祿永終。」（見論語堯曰篇）「惟口出好興戎」（墨子尚同中引先王之書術令之道），朕言不再。禹曰：枚卜功臣，惟吉之從。帝曰：禹！「官占，惟先蔽志，昆命于元龜。」（哀公十八年左傳引夏書，先作能。）朕志先定，詢謀僉同，鬼神其依，龜筮協從，「卜不習吉」（見哀公十年左傳，習作襲。）。禹拜稽首固辭。帝曰：毋！惟汝諧。正月朔旦，受命于神宗；率百官，若帝之初。帝曰：咨禹！惟時有苗弗率，汝徂征！禹乃會羣后，誓于師曰：「濟濟有眾，咸聽朕命。」（墨子兼愛下引禹誓，朕命作朕言。）「蠢茲有苗」（同上），昏迷不恭，侮慢自賢，反道敗德。「君子在野，小人在位。」（見詩隰桑序；上下二句互易。）民棄不保，天降之咎。肆予以爾眾士，「奉辭伐罪」（見國語鄭語）。爾尚一乃心力，其克有勳。三旬，苗民逆命。益贊于禹曰：惟德動天，無遠弗屆。滿招損，謙受益，時乃天道。帝初于歷山，「往于田，日號泣于旻天，于父母。」（改易孟子萬章上之文）負罪引慝，「祗載見瞽瞍，夔夔齋慄。瞽亦允若。」（孟子萬章上引書曰，慄作栗，瞽作瞽瞍。）至諴感神，矧茲有苗？「禹拜昌言曰：

俞！」（見皐陶謨）班師振旅。帝乃誕敷文德，舞干羽于兩階。七旬，有苗格。

五子之歌

太康尸位，以逸豫滅厥德，黎民咸貳。乃盤遊無度，畋于有洛之表，十旬弗反。「有窮后羿」（襄公四年左傳引夏訓），因民弗忍，距于河。厥弟五人，御其母以從，徯于洛之汭。五子咸怨，述大禹之戒以作歌。其一曰：皇祖有訓，「民可近，不可下。」（改易國語周語中引書之文）民惟邦本，本固邦寧。予視天下，愚夫愚婦，一能勝予。「一人三失，怨豈在明？不見是圖。」（國語晉語九引夏書之文）予臨兆民，懍乎若朽索之馭六馬。爲人上者，奈何不敬！其二曰：訓有之，「內作色荒，外作禽荒。」（改易國語越語下之文）甘酒嗜音，峻宇彫牆；有一于此，未或不亡。其三曰：「惟彼陶唐，有此冀方。今失厥道，亂其紀綱，乃底滅亡。」（改易哀公六年左傳引夏書之文）其四曰：明明我祖，萬邦之君。有典有則，貽厥子孫。「關石和鈞，王府則有。」（國語周語下引夏書之文）荒墜厥緒，覆宗絕祀。其五曰：嗚呼曷歸！予懷之悲。萬姓仇予，予將疇依？「鬱陶乎予心，顏厚有忸怩。」（改易孟子萬章上之文）弗愼厥德，雖悔可追！

胤征

惟仲康肇位四海，胤侯命掌六師，羲和廢厥職，酒荒于厥邑，胤后承王命徂征。告于眾曰：嗟予有眾！「聖有謨訓，明徵定保。」（襄公二十一年左傳引書之文，謨訓作謩勳。）先王克謹天戒，臣人克有常憲，百官修輔，厥后惟明明。每歲孟春，「遒人以木鐸徇于路，官師相規，工執藝事以諫。」（襄公十四年左傳引夏書之文）其或不恭，「邦有常刑」（周禮小宰職文，邦作國。），惟時羲和，「顛覆厥德，沈亂于酒。」（詩大雅抑之文，沈亂作荒湛。）畔官離次，俶擾天紀，遐棄厥司。乃季秋月朔，「辰弗集于房，瞽奏鼓，嗇夫馳，庶人走。」（昭公十七年左傳引夏書，弗作不。）羲和尸厥官，罔聞知，昏迷于天象，以干先王之誅。政典曰：「先時者殺無赦，不及時者殺無赦。」（荀子君道篇引書曰，及作逮。）今予以爾有眾，奉將天罰。爾眾士同力王室，尚弼予，欽承天子威命。火炎崐岡，玉石俱焚。天吏逸德，烈于猛火。殲厥渠魁，脅從罔治，舊染汙俗，咸與惟新。嗚呼！「威克厥愛，允濟。」（改易昭公二十三年左傳之文）愛克厥威，允罔功。其爾眾士，懋戒哉！

仲虺之誥

成湯放桀于南巢，「惟有慚德」（見襄公二十九年左傳，惟作猶。）。曰：「予恐來世以台爲口實」（改易國語楚語下之文）。仲虺乃作誥曰：嗚呼！惟天「生民有欲」（改易周書文酌篇之文），無主乃亂。惟天生聰明時乂。有夏昏德，民墜塗炭；天乃錫王勇智，表正萬邦，纘禹舊服，茲率厥典，奉若天命。「夏王有罪，矯誣上天，以布命于下。」（墨子非命篇上中下引仲虺之告，小有異同。）「帝用不臧」（見昭公元年左傳，帝用作后帝。），「式商受命」（見立政），用爽厥師。簡賢附勢，「寔繁有徒」（昭公二十八年左傳引鄭書，寔繁作實蕃。），肇我邦于有夏，若苗之有莠，若粟之有秕。小大戰戰，罔不懼于非辜。矧予之德，言足聽聞。惟王不邇聲色，不殖貨利，德懋懋官，功懋懋賞，用人惟己，改過不吝，克寬克仁，彰信兆民。「乃葛伯仇餉，初征自葛。東征西夷怨，南征北狄怨。曰：奚獨後予？」（綴輯孟子梁惠王下、滕文公下之文）攸徂之民，室家相慶。曰：「徯予后，后來其蘇。」（孟子梁惠王下引書曰，予作我。）民之戴商，厥惟舊哉。佑賢輔德，顯忠遂良；「兼弱攻昧」（見宣公十二年左傳），「取亂侮亡」（同上，引仲虺之言。）；「推亡固存」（見襄公十四年左傳），邦乃其昌。德日新，萬邦惟懷；志自滿，九族乃離。王懋昭大德，建中于民，「以義制事」（見荀子君子篇），以禮制心，垂裕後昆。予聞曰：「能自得師者王，謂人莫己若者亡。」（改易荀子、吳子、呂氏春秋等書引仲虺之語）好問則裕，自用則小。嗚呼！愼厥終，惟其始。「殖有禮，覆昏暴。」（改易閔公元年左傳之文）欽崇天道，永保天命。

湯誥

王歸自克夏，至于亳，誕告萬方。王曰：嗟！爾萬方有眾，明聽予一人誥。惟皇上帝，降衷于下民，若有恆性，克綏厥猷惟后。夏王滅德作威，以敷虐于爾萬方百姓；爾萬方百姓罹其凶害，弗忍荼毒，並告無辜于上下神祇。「天道福善禍淫」（改易國語周語中引先王之令之文），降災于夏，以彰厥罪。肆台小子，將天命明威，不敢赦。「敢用玄牡，敢昭告于上天神后。」（改易論語堯曰篇文）請罪有夏，「聿求元聖，與之戮力。」（節墨子尚賢中引湯誓之文）以與爾有眾請命。上天孚佑下民，罪人黜伏，「天命弗僭」（見大誥，弗作不。）。賁若草木，兆民允殖。俾予一人輯寧爾邦家。茲朕「未知獲戾于上下」（改易墨子兼愛下引湯說之文），慄慄危懼，若將「隕于深淵」（見哀公十五年左傳）。

「凡我造邦，無從匪彝，無即慆淫，各守爾典，以承天休。」（國語周語中引先王之令，邦作國，匪作非。）爾有善，朕弗敢蔽；罪當朕躬，弗敢自赦。「惟簡在上帝之心。其爾萬方有罪，在予一人；予一人有罪，無以爾萬方。」（連綴並改易論語堯曰篇及國語周語上引湯誓之文）嗚呼！尚克時忱，乃亦有終。

伊訓

「惟元祀，十有二月乙丑，伊尹祠于先王。」（改易漢書律歷志引伊訓之文）奉嗣王祗見厥祖。侯甸羣后咸在，「百官總己以聽冢宰」（見論語憲問篇，此省於字。）；伊尹乃明言烈祖之成德，以訓于王。曰：嗚呼！古有夏先后，方懋厥德，罔有天災；「山川鬼神，亦莫不寧。」（墨子明鬼下引商書之文，此省敢字。）暨鳥獸魚鼈咸若。于其子孫弗率，皇天降災，假手于我有命，「造攻自鳴條，朕哉自亳。」（改易孟子萬章上引伊訓之文）惟我商王，布昭聖武，代虐以寬，兆民允懷，今王嗣厥德，罔不在初，「立愛惟親，立敬惟長。」（改易禮記祭義篇之文）始于家邦，終于四海。嗚呼！先王肇修人紀，「從諫弗咈，先民時若。居上克明，爲下克忠。」（改易荀子臣道篇引書之文）與人不求備，檢身若不及，以至于有萬邦。茲惟艱哉！敷求哲人，俾輔于爾後嗣。制官刑，儆于有位。曰：「敢有恆舞于宮，酣歌于室，時謂巫風。」（改易墨子非樂上引湯之官刑之文）敢有殉于貨色，恆于遊畋，時謂淫風。敢有侮聖言，逆忠直，遠耆德，比頑童，時謂亂風。惟茲三風十愆，卿士有一于身，家必喪；邦君有一于身，國必亡。臣下不匡，其刑墨。具訓于蒙士。嗚呼！嗣王祗厥身。念哉！「聖謨洋洋，嘉言孔彰。惟上帝不常，作善，降之百祥；作不善，降之百殃。」（改易墨子非樂上引湯之官刑之文）爾惟德，罔小，萬邦惟慶；爾惟不德，罔大，墜厥宗。

太甲上

惟嗣王不惠于阿衡，伊尹作書曰：先王「顧諟天之明命」（大學引大甲之文），以承上下神祇，社稷宗廟，罔不祗肅，天監厥德，用集大命，撫綏萬方。惟尹躬克左右厥辟宅師，肆嗣王丕承基緒。「惟尹躬先見于西邑夏，自周有終，相亦惟終。」（禮記緇衣引尹吉之文，先作天。）其後嗣王罔克有終，相亦罔終。嗣王戒哉！祗爾厥辟，「辟不辟，忝厥祖。」（禮記坊記引書云）王惟庸罔念聞。伊尹乃言曰：先王「昧爽丕顯」（昭公三年左傳引讒鼎之銘，爽作旦。），「坐以待旦」（見孟子離婁下），旁求俊彥，啟迪後人。「無越厥命以自覆」（禮記緇衣引大甲，無作毋。），愼乃儉德，惟懷永圖。「若虞機張，往省括于度，則釋。」（同上，此于下省厥字。）欽厥止，率乃祖攸行。惟朕以懌，萬世有辭。王未克變。伊尹曰：茲乃不義，習與性成。「予弗狎于弗順」（孟子盡心上引伊尹語，弗皆作不。），營于桐宮，密邇先王，其訓，無俾世迷。王徂桐宮居憂，克終允德。

太甲中

惟三祀，十有二月朔，伊尹以冕服奉嗣王歸于亳。作書曰：「民非后，罔克胥匡以生；后非民，罔以辟四方。」（改易禮記表記引大甲之文）皇天眷佑有商，俾嗣王克終厥德，實萬世無疆之休。王拜手稽首曰：予小子不明于德，自底不類。「欲敗度，縱敗禮。」（昭公十年左傳引書曰）以速戾于厥躬。「天作孽，猶可違；自作孽，不可逭。」（互用孟子公孫丑上及禮記緇衣引大甲之文）既往背師保之訓，弗克于厥初；尚賴匡救之德，圖惟厥終。伊尹拜手稽首曰：修厥身，允德協于下，惟明后。先王子惠困窮，「民服厥命」（見召誥，民作玆。），罔有不悅。並其有邦。厥鄰乃曰：「徯我后，后來無罰。」（孟子滕文公下引書曰，此來下省其字。）王懋乃德，視乃厥祖，無時豫怠。奉先思孝，接下思恭；「視遠惟明，聽德惟聰。」（改易國語楚語上之文）朕承王之休無斁。

太甲下

伊尹申誥于王曰：嗚呼！惟天無親，克敬惟親。民罔常懷，懷于有仁。鬼神無常享，享于克誠。天位艱哉！德惟治，否德亂。與治同道，罔不興；與亂同事，罔不亡。終始愼厥與，惟明明后（唐石經明下無后字）。先王惟時懋敬厥德，「克配上帝」（見詩大雅文王）。今王嗣有令緒，尚監茲哉！「若升高，必自下；若陟遐，必自邇。」（改易中庸之文）無輕民事，惟難；無安厥位，惟危。愼終于始，有言逆于汝心，必求諸道；有言遜于汝志，必求諸非道。嗚呼！弗慮胡獲？弗爲胡成？「一人元良，萬邦以貞。」（改易禮記文王世子引古語之文）君罔以辯言亂舊政，臣罔以寵利居成功，「邦其永孚于休」（改易君奭之文）。

咸有一德

伊尹既復政厥辟，將告歸，乃陳戒于德。曰：嗚呼！「天難諶」（見君奭），「命靡常」（見詩大雅文王，命上省天字。）。常厥德，保厥位；厥德匪常，「九有以亡」（墨子非樂上引湯之官刑，又非命下引太誓之文。）。夏王弗克庸德，慢神虐民；皇天弗保，監于萬方，啟迪有命，眷求一德，俾作神主。「惟尹躬暨湯，咸有一德。」（禮記緇衣引尹吉之文，暨作及，一作壹。）克享天心；受天明命，以有九有之師，爰革夏正。非天私我有商，惟天佑于一德；非商求于下民，惟民歸于一德。德惟一，動罔不吉；德二三，動罔不凶。惟吉凶不僭，在人；惟天降災祥，在德。今嗣王新「服厥命」（見召誥，服上原有玆字。），惟新厥德，「終始惟一」（見荀子議兵篇，惟作如。），時乃日新。任官惟賢材，左右惟其人。臣爲上爲德，爲下爲民。其難其愼，惟和惟一。德無常師，主善爲師；善無常主，協于克一。俾萬姓咸曰：大哉王言！又曰：一哉王心！克綏先王之祿，永底烝民之生。嗚呼！「七世之廟，可以觀德；萬夫之長，可以觀政。」（改易呂氏春秋諭大篇引商書之文）后非民罔使，民非后罔事。無自廣以狹人，「匹夫匹婦」（見論語憲問篇、孟子萬章下。），不獲自盡，民主罔與成厥功。

說命上

王宅憂，亮陰三祀，既免喪，「其惟弗言」（見無逸，弗作不。）。羣臣咸諫于王曰：嗚呼！知之曰明哲，明哲實作則。天子惟君萬邦，百官承式，「王言，惟作命；不言，臣下罔攸禀令。」（改易國語楚語上之文）王庸作書以誥曰：「以台正于四方，惟恐德弗類，玆故弗言。」（同上）恭默思道。夢帝賚予良弼，其代予言。乃審厥象，俾以形旁求于天下。說築傅巖之野，惟肖；爰立作相，王置諸其左右。命之曰：朝夕納誨，以輔台德。「若金，用汝作礪；若濟巨川，用汝作舟楫；若歲大旱，用汝作霖雨。啟乃心，沃朕心。若藥弗瞑眩，厥疾弗瘳；若跣弗視地，厥足用傷。」（同上。若藥二句，亦見孟子滕文公上引書曰，弗皆作不。）惟暨乃僚，罔不同心，以匡乃辟。俾率先王，迪我高后，以康兆民。嗚呼！欽予時命，其惟有終。說復于王曰：「惟木從繩則正，后從諫則聖。」（改易說苑正諫篇之文）后克聖，臣不命其承，疇敢不祗若王之休命。

說命中

惟說命總百官，乃進于王曰：嗚呼！明王奉若天道，「建邦設都，樹后王君公，承以大夫師長。」（改易墨子尚同中引先王之書相年之道）不惟逸豫，惟以亂民。惟天聰明，惟聖時憲，惟臣欽若，惟民從乂。「惟口起羞，惟甲冑起戎，惟衣裳在笥，惟干戈省厥躬。」（禮記緇衣引兌命，戎作兵。）王惟戒茲，允茲克明，乃罔不休。惟治亂在庶官，官不及私昵，惟其能。「爵罔及惡德」（禮記緇衣引兌命，罔作無。），惟其賢。慮善以動，動惟厥時。有其善，喪厥善；矜其能，喪厥功。惟事事乃其有備，「有備無患」（見襄公十一年左傳）。無「啟寵納侮」（定公元年左傳引古語），無恥過作非。惟厥攸居，政事惟醇。「黷于祭祀，時謂弗欽。禮煩則亂，事神則難。」（改易禮記緇衣引兌命之文）王曰：旨哉！說！「乃言惟服」（見詩大雅板，乃作我，惟作維。），乃不良于言，予罔聞于行。說拜稽首曰：「非知之艱，行之惟艱。」（互用昭公十年左傳及司馬法嚴位篇之文）王忱不艱，允協于先王成德。惟說不言，有厥咎。

說命下

王曰：來汝說！台小子舊學于甘盤，既乃遯于荒野，「入宅于河，自河徂亳。」（改易國語楚語上之文）暨厥終罔顯。爾惟訓于朕志，若作酒醴，爾惟麴糵；「若作和羹，爾惟鹽梅。」（改易昭公二十年左傳之文）「爾交脩予，罔予棄。」（改易國語楚語上之文）予惟克邁乃訓。說曰：王！人求多聞，時惟建事。學于古訓，乃有獲。「事不師古」（見史記秦始皇本紀），以克永世，匪說攸聞。惟學遜志，「務時敏，厥脩乃來。」（禮記學記引兌命之文）允懷于茲，道積于厥躬。惟「斅學半」（同上，斅作學。），「念終始典于學」（禮記學記引兌命之文），厥德脩罔覺。監于先王成憲，其永無愆。惟說式克欽承，旁招俊乂，列于庶位。王曰：嗚呼！說！四海之內，咸仰朕德，時乃風。股肱惟人，良臣惟聖。昔先正保衡，作我先王。乃曰：予弗克俾厥后惟堯舜，其心愧恥，「若撻于市」（約孟子公孫丑上之文）。一夫不獲，則曰：時予之辜。佑我烈祖，「格于皇天」（見君奭）。爾尚明保予，罔俾阿衡專美有商。惟后非賢不乂，惟賢非后不食。其爾克紹乃辟于先王，永綏民。說拜稽首曰：敢對揚天子之休命。

泰誓上

惟十有三年春，大會于孟津。「王曰：嗟我友邦冢君，」（見牧誓）「越我御事庶士」（約大誥文），明聽誓！惟天地萬物父母，惟人萬物之靈，亶聰明，作元后，「元后作民父母」（見洪範，元后作天子。）。「今商王受」（見牧誓），弗敬上天，降災下民；沈湎冒色，敢行暴虐；罪人以族，官人以世。「惟宮室臺榭陂池侈服」（改易淮南子主術篇之文），以殘害于爾萬姓。焚炙忠良，「刳剔孕婦」（見墨子明鬼下）。皇天震怒，命我文考，「肅將天威」（見君奭，肅作誕。），大勳未集。肆予小子發，以爾友邦冢君，觀政于商。惟受罔有悛心，「乃夷居，弗事上帝神祇，遺厥先宗廟弗祀。」（改易墨子非命中引太誓之文，上篇及天志中引文略同。）犧牲粢盛，既于凶盜，「乃曰：吾有民有命，罔懲其侮。」（同上）「天佑下民，作之君，作之師，惟其克相上帝，寵綏四方。有罪無罪，予曷敢有越厥志！」（改易孟子梁惠王下引書之文）同力度德，「同德度義」（見昭公二十四年左傳）。「受有臣億萬，惟億萬心；予有臣三千，惟一心。」（改易管子法禁篇引泰誓之文）商罪貫盈，天命誅之；予弗順天，「厥罪惟鈞」（見呂刑，厥作其。）。予小子夙夜祗懼，受命文考，「類于上帝」（見堯典，類上省肆字。），宜于冢土，以爾有眾，「厎天之罰」（見湯誓，厎作致。）。天矜于民，「民之所欲，天必從之。」（襄公三十一年及昭公元年左傳引大誓之文）「爾尚弼予一人」（見湯誓，弼作輔。），永清四海，「時哉弗可失」（改易昭公二十七年左傳之文）！

泰誓中

惟戊午，王次于河朔，羣后以師畢會。王乃徇師而誓曰：嗚呼！西土有眾，「咸聽朕言」（見湯誓，咸作悉。）：我聞吉人爲善，「惟日不足」（見詩小雅天保，惟作維。）；凶人爲不善，亦惟日不足。「今商王受」（見牧誓），力行無度，「播棄犂老」（見國吳語吳語及墨子明鬼下，犁作黎。），昵比罪人，淫酗肆虐，臣下化之。朋家作仇，脅權相滅。無辜籲天，穢德彰聞。惟天惠民，惟辟奉天。有夏桀弗

克若天，流毒下國，天乃佑命成湯，降黜夏命。惟受罪浮于桀，剝喪元良，賊虐諫輔。「謂己有
天命，謂敬不足行，謂祭無益，謂暴無傷。厥監惟不遠，在彼夏王。」（改易墨子非命下引大誓之文）天
其以予乂民，「朕夢協朕卜，襲于休祥，戎商必克。」（國語周語下引大誓之文）「受有億兆夷人，離
心離德；予有亂臣十人，同心同德。」（改易昭公二十四年左傳引大誓之文）「雖有周親，不如仁人。」
（見論語堯曰篇）「天視自我民視，天聽自我民聽。」（孟子萬章上引泰誓之文）「百姓有過，在予一人。」
（見論語堯曰篇）「今朕必往」（見湯誓）。「我武維揚，侵于之疆，取彼凶殘，我伐用張，于湯有光。」
（改易孟子滕文公下引太誓之文）「勖哉夫子」（見牧誓）！罔或無畏，寧執非敵，百姓懍懍，「若崩厥角」
（改易孟子盡心下之文）。嗚呼！乃一德一心，立定厥功，惟克永世。

泰誓下

時厥明，王乃大巡六師，明誓眾士。王曰：嗚呼！我西土君子！「天有顯道」（墨子非命下引太誓，
道作德。），厥類惟彰。「今商王受」（見牧誓），狎侮五常，荒怠弗敬，「自絕于天」（見史記周本紀），
結怨于民。斮朝涉之脛，「剖賢人之心」（見淮南子俶眞篇）。作威殺戮，毒痡四海。崇信姦回，放
黜師保。屛棄典刑，囚奴正士。郊社不修，宗廟不享。作奇技淫巧以悅婦人。「上帝弗順，祝降
時喪。」（改易墨子非命下引太誓之文）爾其孜孜，「奉予一人，恭行天罰。」（互用並改易湯誓、牧誓之文）
古人有言曰：撫我則后，虐我則讎。獨夫受，洪惟作威，乃汝世讎。「樹德務滋，除惡務本。」
（改易哀公元年左傳之文）肆予小子，誕以爾眾士，殄殲乃讎。爾眾士其尚迪果毅，以登乃辟。功多有

厚賞，不迪有顯戮。嗚呼！「惟我文考，若日月之照臨，光于四方，顯于西土。」（改易墨子兼愛下引泰誓之文）「惟我有周，誕受多方。」（改易墨子非命下引太誓之文）「予克受，非予武，惟朕文考無罪。受克予，非朕文考有罪，惟予小子無良。」（禮記坊記引大誓，受作紂。）

武成

「惟一月壬辰，旁死魄，越翼日癸巳，王朝步自周，于征伐商。」（改易漢書律歷志引武成之文）厥四月哉生明，王來自商，至于豐。乃偃武修文，「歸馬于華山之陽，放牛于桃林之野，示天下弗服。」（改易禮記樂記之文）丁未，祀于周廟，邦甸侯衞，「駿奔走，執豆籩。」（改易禮記大傳之文）越三日庚戌，柴望，大告武成。既生魄，庶邦冢君暨百工，受命于周。王若曰：嗚呼！羣后！惟先王建邦啟土，公劉克篤前烈，至于大王，肇基王迹，王季其勤王家。我文考文王，克成厥勳，誕膺天命，以撫方夏。「大邦畏其力，小邦懷其德。」（襄公三十一年左傳引周書，邦作國。）惟九年，大統未集。予小子其承厥志，底商之罪，告于「皇天后土」（見僖公十五年左傳），所過名山大川。曰：「惟有道曾孫周王發」（改易墨子兼愛中引傳曰之文），將有大正于商。今商王受無道，「暴殄天物」（改易禮記王制之文），害虐烝民，「爲天下逋逃主，萃淵藪。」（見昭公七年左傳）予小子既獲仁人，敢祗承上帝，「以遏亂略」（見襄公八年左傳，遏作討。）。華夏蠻貊，「罔不率俾」（見君奭），恭天成命。「肆予東征，綏厥士女。惟其士女，篚厥玄黃，昭我周王，天休震動，用附我大邑周。」（改易孟子滕文公下之文）「惟爾有神」（見襄公十八年左傳，惟作唯。），「尚克相予」（見昭公二十一年左傳，克作輔。），以濟兆民，「無作神羞」（見襄公十八年左傳）。「既戊午，師逾孟津。」（改易泰誓序之文）癸亥，陳于商郊，「俟天休命」（見易大有象傳，俟作順。）「甲子昧爽」（約牧誓之文），受率「其旅若林，會于牧野。」（改易詩大雅大明之文）罔有敵于我師。前徒倒戈，攻于後以北。「血流漂杵」（改易孟子盡心下之文），「一戎衣，天下大定。」（改易中庸之文）乃反商政，政由舊。「釋箕子囚，封比干墓，式商容閭。散鹿臺之財，發鉅橋之粟。」（互用呂氏春秋愼大篇，管子版法解，史記周本紀之文。）大賚于四海，而萬姓悅服。列爵惟五，分土惟三，建官惟賢，位事惟能。重民五敎，惟食喪祭。惇信明義，崇德報功。「垂拱而天下治」（見管子任法篇）。

旅獒

「惟克商，遂通道于九夷八蠻。」（改易國語魯語下之文）西旅厎貢厥獒。太保乃作旅獒，用訓于王。曰：嗚呼！明王愼德，四夷咸賓，「無有遠邇」（見盤庚上），畢獻方物，惟服食器用。王乃昭德之致于異姓之邦，無替厥服，「分寶玉于伯叔之國，時庸展親。」（改易國語魯語下之文）「人不易物，惟德其物。」（改易僖公五年左傳引周書之文）德盛不狎侮，狎侮君子，罔以盡人心；狎侮小人，罔以盡其力。不役耳目，百度惟貞。玩人喪德，玩物喪志。志以道寧，言以道接。不作無益害有益，功乃成；不貴異物賤用物，民乃足。犬馬非其土性不畜，珍禽奇獸，不育于國。不寶遠物，則遠人格；「所寶惟賢」（見張衡東京賦，寶作貴。），則邇人安。嗚呼！夙夜罔或不勤。不矜細行，終累大德。爲山九仞，功虧一簣。允迪茲，生民保厥居，惟乃世王。

微子之命

「王若曰：猷。」（見大誥）殷王元子！惟稽古崇德象賢，統承先王，修其禮物，作賓于王家；與國咸休，永世無窮。嗚呼！乃祖成湯，克「齊聖廣淵」（見文公十八年左傳）。皇天眷佑，「誕受厥命」（見康誥）。撫民以寬，除其邪虐，功加于時，德垂後裔。爾惟踐修厥猷，舊有令聞。恪慎克孝，肅恭神人。「予嘉乃德，曰篤不忘。」（改易僖公十二年左傳之文）「上帝時歆」（見詩大雅生民，時作居。），下民祗協，庸建爾于上公，尹茲東夏。欽哉！往敷乃訓，「慎乃服命」（見康誥，慎作明。）；率由典常，以蕃王室（見襄公二十九年左傳）。弘乃烈祖，律乃有民，「永綏厥位」（見文侯之命，厥作在。），毗予一人。世世享德，萬邦作式。俾我有周無斁。嗚呼！往哉惟休，「無替朕命」（見詩大雅韓奕，替作廢。）。

蔡仲之命

惟周公位冢宰，正百工。羣叔流言，「乃致辟管叔于商，囚蔡叔于郭鄰。」（改易周書作雒篇之文）「以車七乘」（見定公四年左傳），降霍叔于庶人，「三年不齒」（見周禮大司寇之職，原作不齒三年。）。「蔡仲克庸祗德，周公以爲卿士。叔卒，乃命諸王，邦之蔡。」（改易定公四年左傳之文）王若曰：小子胡！惟爾率德改行，克慎厥猷；肆予命爾侯于東土，往卽乃封。敬哉！爾尚蓋前人之愆，惟忠惟孝。爾乃邁迹自身，克勤無怠，以垂憲乃後。率乃祖文王之彝訓，「無若爾考之違王命」（見定公四年左傳，命下此省一也字。）。「皇天無親，惟德是輔。」（僖公五年左傳引周書之文）民心無常，惟惠之懷。爲善不同，同歸于治；爲惡不同，同歸于亂。爾其戒哉！「愼厥初，惟厥終，終以不困。」（改易襄公二十五年左傳引書曰）不惟厥終，終以困窮。懋乃攸績，睦乃四鄰，「以蕃王室」（見襄公二十九年左傳），以和兄弟。康濟小民，率自中。無作聰明亂舊章。詳乃視聽，罔以側言改厥度，則予一人汝嘉。王曰：嗚呼！小子胡，汝往哉！「無荒棄朕命」（見盤庚中，棄作失。）。

周官

惟周王撫萬邦，巡侯甸，四征弗庭，綏厥兆民。六服羣辟，罔不承德。歸于宗周，董正治官。王曰：若昔大猷，「制治于未亂」（改易老子六十四章之文），保邦于未危。曰：唐虞稽古，建官惟百，內有百揆四岳，外有州牧侯伯。庶政惟和，「萬國咸寧」（見易乾彖傳）。夏商官倍，亦克用乂。明王立政，不惟其官，惟其人。今予小子，祗勤于德，夙夜不逮。仰惟前代時若，訓迪厥官。「立太師、太傅、太保，茲惟三公。」（周禮保氏序官疏所述鄭志引周官之文）論道經邦，燮理陰陽。「官不必備，惟其人。」（改易禮記文王世子之文）「少師、少傅、少保，曰三孤。」（改易漢書百官公卿表之文）貳公弘化，寅亮天地，弼予一人。「冢宰掌邦治」（約周禮天官冢宰之文），「統百官」（見周禮天官大宰之職），均四海。「司徒掌邦教」（約周禮地官司徒之文），敷五典，擾兆民。「宗伯掌邦禮」（約周禮春官宗伯之文），治神人，和上下。「司馬掌邦政」（約周禮夏官司馬之文），統六師，「平邦國」（同上）。「司寇掌邦禁」（約周禮秋官司寇之文），詰姦慝，刑暴亂。司空掌邦土，居四民，時地利。六卿分職，各率其屬，以倡九牧，阜成兆民。六年五服一朝。又六年，王乃時巡。考制度于四岳，諸侯各朝于方岳，大明黜陟。王曰：嗚呼！凡我有官君子，欽乃攸司，愼乃出令，令出惟行，弗惟反。以公滅私，民其允懷。學古入官，「議事以制」（見昭公六年左傳），政乃不迷。其爾典常作之師，無以利口亂厥官。蓄疑敗謀，怠忽荒政，不學牆面，莅事惟煩。戒爾卿士，功崇惟志，業廣惟勤，惟克果斷，乃罔後艱。位不期驕，祿不期侈。恭儉惟德，「無載爾僞」（襄公二十年左傳引逸詩）。作德，心逸日休；作僞，心勞日拙。「居寵思危」（襄公十一年左傳引書曰，寵作安。），罔不惟畏，「弗畏入畏」（見太玄經禮次七，弗作不。）。「推賢讓能」（見荀子仲尼篇），庶官乃和；不和，政厖。舉能其官，惟爾之能；稱匪其人，惟爾不任。王曰：嗚呼！「三事暨大夫」（見詩小雅雨無正，此多一暨字。），敬爾有官，亂爾有政，以佑乃辟，永康兆民，萬邦惟無斁。

君陳

王若曰：君陳！惟爾「令德孝恭」（見國語周語下）。「惟孝友于兄弟，克施有政。」（改易論語爲政篇引書云）命汝尹茲東郊，敬哉！昔周公「師保萬民」（見襄公十四年左傳），民懷其德。往愼乃司，茲率厥常，懋昭周公之訓，「惟民其乂」（約康誥之文）。我聞曰：至治馨香，感于神明。「黍稷非馨，明德惟馨。」（僖公五年左傳引周書之文）爾尚式時周公之猷訓，惟日孜孜，無敢逸豫。「凡人未見聖，若不克見；既見聖，亦不克由聖。」（改易禮記緇衣引君陳之文）爾其戒哉！「爾惟風，下民惟草。」（改易論語顏淵篇之文）「圖厥政」（見多方），莫或不艱。有廢有興，「出入自爾師虞，庶言同則繹。」（改易禮記緇衣引君陳之文）「爾有嘉謀嘉猷，則入告爾后于內，爾乃順之于外。曰：斯謀斯猷，惟我后之德。嗚呼！臣人咸若時，惟良顯哉。」（改易禮記坊記引君陳之文）王曰：君陳！爾惟弘周公丕訓，無依勢作威，無依法以削。寬而有制，從容以和。殷民在辟，予曰辟，爾惟勿辟；予曰宥，爾惟勿宥，惟厥中。有弗若于汝政，弗化于汝訓，辟以止辟，乃辟。狃于姦宄，敗常亂俗，三細不宥。爾無忿疾于頑，「無求備于一夫」（見論語微子篇，于作於，夫作人。），「必有忍，其乃有濟。」（改易國語周語中引書曰）有容，德乃大。簡厥修，亦簡其或不修；進厥良，以率其或不良。惟民生厚，因物有遷。違上所命，從厥攸好。爾克敬典在德，時乃罔不變，允升于大猷。惟予一人膺受多福，其爾之休，終有辭于永世。

畢命

「惟十有二年，六月庚午朏。」（漢書律歷志採三統曆引畢命豐刑之文）越三日壬申，「王朝步自宗周，至于豐。」（改易召誥之文）以成周之眾，命畢公保釐東郊。王若曰：嗚呼！父師！惟文王武王，敷大德于天下，用克受殷命。惟周公左右先王，「綏定厥家」（見詩周頌桓，綏作克。）。毖殷頑民，遷于洛邑，密邇王室，式化厥訓。既歷三紀，世變風移，「四方無虞」（改易昭公四年左傳之文），「予一人以寧」（見康誥，寧作懌。）。道有升降，政由俗革，不臧厥臧，民罔攸勸。惟公懋德，「克勤小物」（改易國語晉語九之文），弼亮四世，正色率下，罔不祗師言。嘉績多于先王，予小子垂拱仰成。王曰：嗚呼！父師！今予祗命公以周公之事。往哉！「旌別淑慝，表厥宅里。」（改易六韜盈虛篇之文）

「彰善癉惡」（見禮記緇衣，彰善作章義。），「樹之風聲」（見文公六年左傳）。弗率訓典，殊厥井疆，俾克畏慕。申畫郊圻，慎固封守，以康四海。政貴有恆，辭尚體要，不惟好異。商俗靡靡，利口惟賢，餘風未殄。公其念哉！我聞曰：世祿之家，鮮克由禮。以蕩陵德，實悖天道。敝化奢麗，萬世同流，茲殷庶士，席寵惟舊，怙侈滅義，服美于人。驕淫矜侉，將由惡終；雖收放心，閑之惟艱。資富能訓，「惟以永年」（漢書郊祀志引太誓，惟作可。）。惟德惟義，時乃大訓。不由古訓，于何其訓？王曰：嗚呼！父師！邦之安危，惟茲殷士；「不剛不柔」（見詩商頌長發），厥德允修。惟周公克慎厥始，惟君陳克和厥中，惟公克成厥終。三后協心，同底于道。道洽政治，「澤潤生民」（見荀子臣道篇，潤作被。）。四夷左衽，罔不咸賴。予小子永膺多福。公其惟時成周建無窮之基，亦有無窮之聞。子孫訓其成式，惟乂。嗚呼！罔曰弗克，惟既厥心；罔曰民寡，惟慎厥事。欽若先王成烈，以休于前政。

君牙

王若曰：嗚呼！君牙！「惟乃祖乃父」（見盤庚上，惟作暨。），世篤忠貞，「服勞王家」（見金縢，服作勤。），「厥有成績」（改易洛誥之文），紀于太常。「惟予小子」（見詩周頌訪落，惟作維。），「嗣守文武成康遺緒」（改易顧命之文）；「亦惟先王之臣，克左右亂四方。」（改易文侯之命之文）心之憂危，若蹈虎尾，涉于春冰。今命爾予翼，作「股肱心膂」（見國語周語下）。纘乃舊服，無忝祖考。弘敷五典，式和民則。爾身克正，罔敢弗正。民心罔中，惟爾之中。「夏暑雨，小民惟曰怨咨；冬祁寒，小民亦惟曰怨咨。」（改易禮記緇衣引君雅之文）厥惟艱哉！思其艱以圖其易，民乃寧。嗚呼！「丕顯哉文王謨！丕承哉武王烈！啟佑我後人，咸以正罔缺。」（孟子滕文公下引書曰，啓佑作佑啓，罔缺作無缺。）爾惟敬明乃訓，用奉若于先王。「對揚文武之光命」（改易顧命之文），「追配于前人」（改易文侯之命之文）。王若曰：君牙！乃惟由先正舊典時式，民之治亂在茲。率乃祖考之攸行，昭乃辟之有乂。

冏命

王若曰：伯冏！惟予弗克于德，嗣先人宅丕后。怵惕惟厲，中夜以興，思免厥愆。昔在文武，聰明齊聖。小大之臣，咸懷忠良。其侍御僕從，罔匪正人。以旦夕承弼厥辟，出入起居，「罔有不欽」（見盤庚下，不作弗。）。「發號施令」（見禮記經解，施作出。），罔有不臧。下民祗若，「萬邦咸休」（見洛誥）。「惟予一人無良」（禮記坊記引大誓之文，一人作小子。），實賴左右前後有位之士，匡其不及，繩愆糾謬，格其非心，俾克紹先烈。今予命汝作大正，正于羣僕侍御之臣。懋乃后德，交修不逮。愼簡乃僚，無以「巧言令色」（見皐陶謨），便辟側媚，「其惟吉士」（見立政）。僕臣正，厥后克正；僕臣諛，厥后自聖。后德惟臣，不德惟臣。爾無昵于憸人，充耳目之官，迪上以非先王之典。非人其吉，惟貨其吉，若時，「瘝厥官」（見康誥，官作君。），惟爾大弗克祗厥辟，惟予汝辜。王曰：嗚呼！欽哉！永弼乃后于彝憲。

校讀後記

一、尚書集釋爲先師屈翼鵬先生遺稿，先師於民國六十八年二月十六日不幸因病遽爾去世時，本書已大致就緒，然而未及最後訂正出版。先師去世不久，師母擬將先師遺稿陸續整理付梓。爰命偉泰、鳳五校讀本書，而由龍師宇純、張師以仁、及丁邦新先生負召集、指導之責。全書自概說至禹貢，主要由鳳五負責校讀；自甘誓至附編三，主要由偉泰負責校讀。

二、本書原稿雖已大致就緒，然尚餘部分工作未竟。其一，原稿間有眉批或簽條，如酒誥解題夾有簽條，其上抄有孫詒讓尚書駢枝說法一則，以爲古酒誥、梓材本皆蒙康誥爲上中下篇，故韓非子說林篇稱酒誥爲康誥。倘先師在世時出版本書，自將有所定奪，校者則僅能將其置於相關文句之下，以供讀者參考。他如金縢篇夾有簽條云：「賈誼新書修政語下：『周成王年二十歲，卽位享國，親以其身見於粥子之家而問焉。』查原書！」又如顧命注三四上有簽條：「查程瑤田說戺」，眉批：「查程氏說之出處」。凡此，則遵照指示查核資料，並將所得置於適當文句之下。以上均加括號及校者按語，以示與正文有別。其二，本書係爲訂補尚書釋義而作，尚書釋義初版於民國四十五年八月，列入現代國民基本知識叢書第四輯，時政府遷臺未久，社會物力尚艱，故該叢書每册字數均有限制。爲顧及此項限制，尚書釋義於文字義訓多未注明出處；引述諸家之說，亦僅能概述其結論，無法列舉其論證。以上均係本書所擬加以增補者。（詳見本書概說末段）爲增補此類資料，先師曾先後請數位助理襄助查核資料出處，惟此項工作既多且煩，偶有筆誤，勢所難免。如爾雅釋詁誤爲釋言，釋言誤爲釋詁之類。且部分資料顯係出於轉引，非自原書摘出，難免與原文有所出入。如洪範注一二：「庶徵，禮記禮器正義引鄭玄云：『庶，衆也。徵，驗也。謂衆行得失之驗。』」按此段本爲正義之說，孫星衍尚書今古文注疏誤以爲鄭玄注，並云：「鄭注見禮器疏。」故此條注釋顯係沿孫疏而致誤者也。因此校者於校讀本書原稿時，卽設法將每項義訓及資料一一核對原出處。但因本書引用資料至爲廣博，其中不乏難覓之專著及論文，以故校者無法於短期内將其一一搜羅查核。惟就總數而言，大致已將百分之九十以上之出處加以校核。

三、本書引用資料，稱引書名篇名，間有體例不一之處。如「逸周書」，或稱「周書」，校者據平日師說，作「周書」爲是，故凡稱「逸周書」者，一律改作「周書」。又本書引述資料，有時詳注出處篇名卷次，如「國語周語上」、「戰國策秦策一」、「孟子梁惠王上」。有時則僅注明「國語周語」、「戰國策秦策」、「孟子」等。爲使本書體例一致，且便於讀者覆檢，校者於原文未詳注出處篇名卷次之處，一律加以添注。

四、尚書經文，校者據藝文印書館影印清嘉慶二十年江西府學所刻阮元十三經注疏本校刊，遇有阮刻明顯錯誤之處，則改從其他善本。史記、漢書，先師引文均據百衲本，其中注文間有與通行本出入較大者，校者於必要時酌加按語說明。部分書籍，據校讀所見，本書前後引用所據版本不一。蓋因研究時間旣長，復歷經動亂遷徙，以致先後所據版本非一，乃勢所必然。校者於無關緊要之處，多仍從其舊。蓋非必要時，自以儘量少更動原文爲妥。

五、校者於需要訂正原稿資料及出處時，以不更動著者原意爲原則。故先師之著述意見，絲毫未受影響。又本書凡經訂正之處，均經校者與龍師宇純、張師以仁、及丁邦新先生逐條討論，以資愼重。

李偉泰
周鳳五 謹識

中華民國七十一年十二月
於國立臺灣大學中國文學系

屈萬里先生全集2

尚書集釋

2021年1月三版　　定價：新臺幣600元
2022年11月三版二刷

著　　者　屈萬里

出版者	聯經出版事業股份有限公司	副總編輯	陳逸華
地址	新北市汐止區大同路一段369號1樓	總編輯	涂豐恩
叢書主編電話	(02)86925588轉5305	總經理	陳芝宇
台北聯經書房	台北市新生南路三段94號	社長	羅國俊
電話	(02)23620308	發行人	林載爵
台中辦事處	(04)22312023		
台中電子信箱	e-mail:linking2@ms42.hinet.net		
郵政劃撥帳戶第0100559-3號			
郵撥電話	(02)23620308		
印刷者	世和印製企業有限公司		
總經銷	聯合發行股份有限公司		
發行所	新北市新店區寶橋路235巷6弄6號2F		
電話	(02)29178022		

行政院新聞局出版事業登記證局版臺業字第0130號

本書如有缺頁，破損，倒裝請寄回台北聯經書房更換。　ISBN 978-957-08-5699-6 (精裝)
聯經網址 http://www.linkingbooks.com.tw
電子信箱 e-mail:linking@udngroup.com

國家圖書館出版品預行編目資料

尚書集釋 / 屈萬里著 . 三版 . 新北市 . 聯經 .
2021.01 . 372面 . 13.5×21公分 .
(屈萬里先生全集 ; 2)
ISBN 978-957-08-5699-6(精裝)
[2022年11月三版二刷]

1.書經 2.注釋

621.112 110000459